Zu diesem Buch

Es geht in diesem Buch um eine Theorie der Gewalt.

Die sogenannten Aggressionstheorien – u. a. von Freud, Fromm, Hacker, Lorenz, Plack – haben zwei Nachteile: 1. enthält der Begriff »Aggression« Positives, umschließt verwandte Tätigkeiten wie Antrieb, Trieb, Wehr, Selbstbehauptung, Wut, Abgrenzung, Hunger ... Demgegenüber soll das ausschließlich Negative der Beschädigung und Zerstörung, des unaufhörlichen, global gewordenen Schadenstiftens getroffen werden. 2. wird jede Aggressionstheorie auf »den« Menschen bezogen und dabei die Realität außer acht gelassen, daß Destruktion ein Phänomen der Männergesellschaft ist, an der Millionen einzelne Männer Anteil haben. Deshalb war es notwendig, eine Theorie der Gewalt geschlechterspezifisch aufzustellen, im Fall »Muttersöhne« auf den Mann zu beschränken.

Männer machen die Welt kaputt. Nicht alle tun das. Wer macht es und warum? Es gibt Männer, die ihrer Arbeit nachgehen und sich ihrer Liebe widmen. Was unterscheidet sie von den Gewaltfreunden und Abgründigen, die nicht leben und leben lassen wollen?

Der Autor: 1942 in Wiesbaden geboren, aufgewachsen in der Mark Brandenburg, Schule im Süden von Berlin (DDR), Studium in der BRD: Jura, Psychologie, Soziologie, Musik und Film in Göttingen, Frankfurt, Wiesbaden und München. 1968 juristisches Staatsexamen, 1970 Dissertation über den Rechtsschutz der angewandten Kunst. Seit 1970 Schriftsteller. Veröffentlichungen: 1971 »Sie wolln auch kein Antwort hörn«, Beitrag des Hessischen Rundfunks zum Dürerjahr (Frankfurter Hefte 2, 1972), 1973 »Der Untergang des Mannes« – Selbstkritik als Gesellschaftskritik, 1974 »Dressur des Bösen« – Darstellung der Familie als Ursprung des Bösen, Entzauberung der Idylle »Mutter-Kind«. 1975 »Der selbstbefriedigte Mensch«, 1976 »Männerbilder«, 1977 »Manifest für den freien Mann« – (1983 2. Teil: »Manifest 83«), 1977 »Frau Dr. Johnsohn«, Theaterstück über eine berufstätige Frau zwischen Mutterbindung und Männerherrschaft (daraus 1982 Fernsehspiel »Dr. Margarete Johnsohn«, gemeinsam mit Anne Rose Katz). 1980 »Das Paradies der Väter«, gemeinsam mit Alexej Mend, 1984 »Die Elternaustreibung«, autobiographischer Roman über das Ende einer Liebesbeziehung und die Trennung der Menschen von ihren Eltern. 1985 »Zehn Gründe, kein Fleisch mehr zu essen« – Die Männergesellschaft und das Fleisch, zur Naturpolitik der Menschen- und Tierrechte.

Volker Elis Pilgrim

Muttersöhne

Rowohlt

Veröffentlicht im Rowohlt Taschenbuch Verlag GmbH,
Reinbek bei Hamburg, Dezember 1989
Die Originalausgabe erschien im Claassen Verlag GmbH,
Düsseldorf 1986, unter dem Titel »Muttersöhne«.
Copyright © 1986 by Claassen Verlag GmbH, Düsseldorf
Copyright © für das Nachwort
by Rowohlt Taschenbuch Verlag GmbH, Reinbek bei Hamburg
Umschlaggestaltung: Thomas Henning
Lektorat: Jürgen Volbeding
Gesamtherstellung Clausen & Bosse, Leck
Printed in Germany
1680-ISBN 3 499 18240 8

Für die Krötenprinzessin

Mißglück der Mannwerdung

Männer machen die Welt kaputt. Nicht alle tun das. Wer macht es, und warum? Es gibt Männer, die ihrer Arbeit nachgehen und sich ihrer Liebe widmen, die keine Lust auf Blutbäder und Schauergeschehnisse haben. Was unterscheidet sie von den Gewaltfreunden und Abgründigen, die nicht leben und leben lassen wollen?

Drei herausragende Schreckensgestalten haben im 19. und 20. Jahrhundert Qual verbreitet, wie Männer es nie zuvor getan: Hitler, Stalin und Napoleon. Sie haben Gehilfen und Vorläufer gehabt und Heere von Mitmachenden unter ihre Kräfte bekommen. Das Wichtigste: Sie haben Nachfahren an allen Orten der Erde, die zündeln und es darauf anlegen, den Planeten in einen glühenden Feuerball zurückzusprengen. Von Napoleon über Wilhelm II., den Starter des Ersten Weltkriegs mit zehn Millionen Toten, zu Stalin und Hitler steigerte sich der Blutfluß. Ronald Reagan und seine Helfer belegten mehr als alle seine Amtsvorgänger die Erde mit Waffen, die eines Tages die Leiber von Milliarden Menschen verletzen und vernichten sollen.

Die gegenwärtig großen Blutmänner sind Tiefkühldiktatoren. Ihr Tun und Trachten ist eingefroren in demokratischem Gehabe. Ihre Aktionen werden mit ökonomischen Erfordernissen bemäntelt (Waffenproduktion kurbele die Wirtschaft an) und mit politischen Notwendigkeiten maskiert (Verteidigung, militärisches Gleichgewicht, Nachrüstung, Vergeltung).

So umweghaft die Blutspur laufen wird zwischen heutigem Waffenversteck und übermorgigem Körperverschmachten, so nebulös ist die seelische Formation der Männer, die gegenwärtig Gewalt planen, antun und befehlen. Die Glanz-und-Glorie-Vernichter stellten ihre Gesinnung und ihr Verhalten noch aus, so daß Wesentliches über sie zu Tage gefördert werden konnte.

Napoleon, Bismarck, Hindenburg, Wilhelm II., Stalin, Hitler, Alexander der »Große«, Hannibal, Cäsar, Caligula, Nero, Karl V., Philipp II., Ludwig XIV., Iwan der Schreckliche, Dschingis Khan, Friedrich der »Große«, Robespierre, Hitlers Co-Diktatoren Mussolini und Franco, seine Second-hand-Vernichter Himmler, Röhm, Eichmann, Göring, Goebbels, Höß, Heydrich, Mengele . . . haben etwas Gemeinsames. Sie wuchsen auf in enger Beziehung zu ihren Müttern und hatten blasse, entweder brutale oder seelisch verschwommene, oftmals verschwindende Väter.

Das Lebendigste und das Tödlichste stehen in einer Beziehung zueinander. Madonna macht Blutsohn. Napoleon war fünfzehn, als sein Vater starb, Hitler vierzehn, Stalin zehn. Die Väter von Napoleon und Hitler waren manchmal ganze Jahre abwesend. Der Vater Stalins verließ die Lebensgemeinschaft mit der Mutter, als der Sohn fünf war. Napoleon wurde mit neun Jahren von seinem Vater getrennt.

Die Mutterbindung entwickelt einem Mann die Machtanfälligkeit und legt seine Neigungen für Gewalttaten fest.

Heiraten hieß für die von der Männergesellschaft unterdrückte Frau Entwurzelung. Normalerweise mußte das Mädchen oder die junge Frau ihre Familie, den Ort ihrer Kindheit und ihre Freundinnen und Freunde verlassen. Und sie mußte heiraten als Bündel von Funktionen: Mutter der Kinder, Haushaltsführung, Mannversorgung und Männerseelenstützung. Sie durfte nicht heiraten als Person. »Nicht als Person« heißt, sie hatte keine freie Wahl unter den Männern, sie durfte sie nicht kennenlernen, gar ausprobieren, bis ihr einer gefiel, sie durfte überhaupt nicht geschlechtlich tätig sein, bevor sie heiratete, und dann nur mit dem Gemahl nach dessen Belieben, Fähigkeiten und Verlangen. Sie war Objekt. Entweder der Mann erwählte sie, oder ihre Eltern vermittelten sie, vereinbarten eine Heirat mit den Eltern des Mannes. Sie durfte keinen Beruf erlernen, der ihr Bestätigung hätte geben können. Sie wurde auf Tätigkeiten gedrillt, die sie später im Haushalt des

Mannes ausüben sollte: Kochen, Nähen, Umgang mit Kleidern, Lebensmitteln, Hausrat und Kindern. Sie wurde nicht Schmiedin, Tischlerin, Sattlerin, Bäckerin, Dachdeckerin, Spenglerin.

Nicht titulierbar – »Frau Schornsteinfegerin« gab es nicht –, geschlechtlich nicht erfahren, familien- und ortsfremd, wartete die Frau, bis irgend etwas kam, woraus sie ihr Leben beziehen konnte. Das Glück mit Mann gab es bei soviel Fremdbestimmung meist nicht, oder es verrauchte, wenn der Draufgänger sein begehrtes Ziel, die Jungfrau zu besitzen, erreicht hatte; er wollte oder mußte ja auch viel arbeiten, unterwegs sein, regeln, lenken, herrschen oder Krieg führen.

Von der Seite des Mannes her war der Frau Brachliegen beschert, gedehnt ihr Leben zwischen Willkommen und Abschied. Da kam ein Kind! Nun gab es Dauer, Auf und Ab, Täglichkeit und Nächtlichkeit, inständiges Tun, das endlich Bestätigung brachte: »Frau Mutter« fühlte sich gebettet im Sein. Und die Augen des Kindes schauten, wie die ihrer Geschwister auf sie geschaut. Das Baby lächelte das Großmutterlächeln zurück. Die Nase brachte ihr den Vater, das Haar die Mutter, all das verlorene Kinderglück, ins fremde Haus. Das Baby war Boden, in das sich die entwurzelte Frau einpflanzen konnte. Das Baby wurde Funktion, die der berufslosen Frau eine Daseinsberechtigung gab. Und das Baby war Partner, in das die geschlechtlich ermattende Frau sich während seines Erwachsenwerdens allmählich hineinlieben würde.

So war es, so ist es noch immer.

Frauen kämpfen um ihre sexuelle Selbständigkeit, um ihr Entscheidungsrecht, mit welchem Mann sie wo zusammenleben wollen. Am schwersten haben sie es beim Erringen eines Berufes, der ihr Leben auszeichnet, der sie abhebt von der Hilfskraft oder Haushandlangerin. »Frau Lehrerin« gibt es heute ebenso wie »Herrn Lehrer«, »Frau Ärztin« mehr und mehr, »Frau Professorin« dafür seltener, noch rarer sind »Frau Maurerin« oder »Frau Klempnerin«. »Frau Bankdirektorin« und »Frau Bundeskanzlerin« wird Frauen nicht angeboten, nicht vorgemacht und zu werden immer noch verwehrt. Die anziehende Arbeitslosenschraube macht den Frauenmühen um die Dinge schnell den Garaus.

Am Fundament der beruflichen Ausgrenzung der Frau ist noch nichts geändert worden. Und eine freie Entscheidung über Wohnort, Lebensform und Sexualität gibt es für Frauen erst so kurz, daß sie die alten Unfreiheiten immer noch verinnerlicht haben, denn eine unübersehbare Mütter-Töchter-Kette gab und gibt Angst und Not von Seele zu Seele weiter.

Für die Mütter der Blutmänner war der Deckel der Unfreiheit noch nicht um Zentimeter angehoben. Das Verfahren »Unfreie Frau produziert gewaltanfälligen Sohn« lief reibungslos ab. Und es ist noch heute das einzige Know-how der Männergesellschaft, sich die Kampf- und Zerstörungswilligkeit ihrer Mitglieder nachzuschaffen.

Frauen haben Söhne und Töchter. Das Saatgut der Gewalt geht aber nur in der Verbindung Mutter – Sohn auf. Die Gewalttätigkeit der Frauen, die viel seltener ist und nie das Ausmaß der Blutrunst der Männer erreicht, wird durch ein anderes Modell seelischer Identifikation begünstigt. Die unfreie Frau bindet Töchter nicht gleichermaßen wie Söhne; und eine enge Beziehung der Mutter zu ihren Töchtern hat eine andere Wirkung als eine enge Beziehung zu ihren Söhnen.

Bindung entsteht durch einen frühen Mangel und eine unbenötigte spätere Fülle an Zuwendung. Der ungünstigen Verteilung des Affekthaushaltes der Mutter ist der Sohn mehr als die Tochter ausgesetzt.

Die Männergesellschaft interessiert sich nur für die Geburt neuer männlicher Exemplare. Das Interesse am Stammhalter und Penisträger, am Krieger, Arbeiter, Genossen und Herrscher hat die Vorstellung entstehen lassen, Söhne würden von Müttern mehr geliebt als Töchter.

Lieben heißt, dem Kinde geben, was ein Kind braucht, ihm die *nötigen* Gefühle zukommen zu lassen. Die Überfrachtung mit Aufgaben, Funktionen, Erwartungen schafft nicht Liebe. Auch in der Geschlechterbeziehung ist das so. Je mehr Soll und Muß, um so weniger Herz. Die Mutter wird gepriesen bei der Geburt eines Sohnes. Sie dreht auf, pflegt, nährt, spricht, erzieht, kontrolliert, bemüht sich aus voller Kraft, aber im Tiefsten ist sie verletzt, daß sie abermals eine Zurücksetzung erfährt. Denn die Geburt eines Menschen des weiblichen Geschlechts ist der Männergesellschaft nichts wert.

Die Funktion der Durchreicherin des Männermaterials füllt eine Frau nicht mit Liebe. Hinter der Pose der Habachtstellung an der Wiege des Knaben braut sich in ihrer Brust auch Rache zusammen. Im Kleid der Sorge ist ein Loch, vernäht mit Formalitäten.

Was Männer immer wieder behaupten, wenn sie sich vor Frauen fürchten, wird auch im Verhältnis Mutter – Sohn eine zentrale Rolle spielen; der Erwachsene fühlt es, der Junge darf es nicht merken: Die Frau rächt am einzelnen Mann, was ihr die Gesamtheit der Männergesellschaft antut. Und »einzelner Mann« ist auch ihr Sohn, ist jedes Mitglied des männlichen Geschlechts. Der Mangel an Liebe versteckt sich am allermeisten hinter übertriebener Fürsorge. Niemand soll spüren – besonders Vater und Sohn nicht –, daß die Seele der Frau für den Sohn nicht schwingt, für alles Männliche nicht schwingen kann, solange sie gefesselt ist.

Auf dem älteren Jungen lasten noch mehr Bedeutungen als auf dem Kleinkind. Der erwachsene Sohn ist für die Mutter zweifacher Ersatz.

Sollte am Anfang des Verhältnisses Mutter – Vater ein die Frau befriedigendes Lieben stattgefunden haben, bleibt das nicht so. Der Mann spaltet seine Gefühle. Er zieht nach einigen Jahren seine Liebesenergien von der Ehefrau ab. Er braucht sie bei anderen Frauen und beim Aufsteigen. Ihn schlägt die Karriere in Bann, der Kampf ums Dasein im feindlichen Männergesellschaftsleben. Für die Frau sind Nebenmänner in der Regel unmöglich, und an einen neuen Haupt-Mann heranzukommen wird ihr noch immer äußerst schwer gemacht, besonders wenn sie auf die Wechseljahre zugeht, erst recht, wenn sie sie überschritten hat. Eine sich entwickelnde, sich befreiende, reif gewordene Frau ist für den durchnormten Mann kein Eroberungsziel.

Also Sohn. Die Gefühle der Frauen, die von den arbeitsabberufenen Männern nicht erwidert werden, richten sich auf die Söhne und bleiben dort hängen.

Nur wenigen Frauen gelingt es, in den Produktions- und Entscheidungsgremien zu kämpfen wie ein Mann. Den meisten Frauen bleibt die Arbeitswelt, fast allen mit Sicherheit die Herrschaftsebene der Männergesellschaft verschlossen. Über den Sohn schiebt sich die Frau in die ihr verbotenen Gebiete hinein. Tatkraft und Machtentfaltung des Sohnes sind aus der Existenz der Mutter ableitbar. Die Frau behält den Sohn als Partner und genießt ihren Anteil bei seiner Bewältigung der ihr verstellten Gesellschaft.

Eine Frau ohne eigenen Beruf, eine Frau in unfreiem Geschlecht, eine Frau ohne Vergangenheit, eine Frau mit diesen drei Entbehrungen hat auch keine Zukunft. Für das Kind soll sie nur Station sein. Der Sohn macht wieder Welt wie Vater, die Tochter wird in einen fremden Männerbereich überführt.

Am Sinn des Daseins nicht zu verzweifeln, heißt für die Frau, das Durchgangsstadium der Kinderbetreuung aufzuheben. Obwohl sie bei ihrem erwachsenen Kind keine Funktion mehr zu verrichten hat, bleibt sie an seiner Seele angeschlossen. Denn die einzige Möglichkeit, auf eine Zukunft hinzuleben, bringt ihr das Festhalten am Kind.

Ohne Perspektive kann kein Mensch sein. Die geringste, schmalste Perspektive ist: »Bleiben, wie es ist, wie es war.« Ein Bauer wird anbauen, bis er es nicht mehr kann. Ein Tischler wird hobeln, sägen, leimen wie eh und je. Auch ein Fließbandarbeiter kann, solange er gesund ist, sich weiterhetzen lassen – denkbar beschädigtste Perspektive, und doch ist es eine. Der Frau rutscht sogar die Perspektive des Bleibens, Lassens, Fortsetzens weg. Nur zehn bis zwanzig Jahre, während ihrer Beschäftigung mit Kindern, dauert bei ihr das »Bleiben«. Die Zukunftslosigkeit der Frau tritt in der Mitte des Lebens ein, zu einer Zeit, da der Mann auf dem Höhepunkt steht, seine Perspektiven am weitesten reichen.

Die Mütter der politisch hervorgetretenen Gewaltmänner lebten so, überlebten mit der Konzentration ihres Sinnes auf die Zukunft ihrer Söhne.

An der Zukunft ihrer Tochter ist die Frau nicht gleichermaßen heftig interessiert wie an der ihres Sohnes. Die Tochter bringt der Mutter mit der Einheirat in einen fremden Manneskreis nur Dinge, die sie schon kennt. Wenn das Soll der Tochter erfüllt ist, muß die Mutter Großmutter werden, erlebt den zweiten Aufguß ihres Lebens. Beim Sohn bleibt sie Mutter, mehr noch, wird sie Partnerin, wird sie Herrin. Die gesellschaftliche Szene, die ihr Sohn betritt, ist neu für sie. Da wächst sie in das hinein, was ihr eigentlich auch selbst zugestanden hätte und von der Männergesellschaft verwehrt worden ist. Anteilhaben an Tat und Macht des Sohnes verjüngt sie. Anteilhaben an der Existenz der Tochter besiegelt ihr Alter.

Daß die Frau ihren Sohn an sich binden muß, ist eine Verzerrung ihres Verhaltens, die ihr die Männergesellschaft zugemutet hat. Eine in gesellschaftlich bedeutender Arbeit ausgebildete, eine geschlechtlich freie und eine in ihrer Geschichte und in ihrem Selbst verwurzelte Frau klammert sich nicht an ihren Sohn.

Die Notwendigkeit der Sohnesbindung durch eine selbstlose Frau liegt in der Gesellschaft *aller* Männer begründet. Daß sich die Bindung im Charakter des Jungen niederschlägt, ihm die Besonderheit des Muttersohnes aufstempelt, hat etwas mit dem Verhalten des *einzelnen* Mannes zu tun.

Die Geschichte beginnt beim Vater. Ein anwesender, plastischer, liebevoller Mann hätte eine solche Wirkung auf seinen Sohn, daß sich die Beschädigungen der Frau nur teilweise im aufwachsenden Jungen einnisten könnten.

Der Aufbau der Gesellschaft, die Spaltung der Menschen in Außen-Männer und Innen-Frauen erschweren es aber einem Vater, den drei Erfordernissen des Vorbildes gerecht zu werden. Auch heute ist das Leben sehr häufig noch so aufgeteilt, daß der Mann täglich neun bis zehn Stunden von der Familie entfernt sein muß, die Frau den ganzen Tag zugegen ist. Darüber hinaus interessiert sich der Mann für das Aufwachsen des Kindes wenig oder nicht, da seine Interessen auf seine Arbeit und die Außenbereiche Politik, Wirtschaft, Technik, Kultur, Wissenschaft, Sport gelenkt werden. Die wenige Zeit, die er in der Nähe zum Kind verbringt, spendet er nicht für das Zusammensein mit ihm, sondern verbraucht sie für seine bestmögliche Rückführung in die Außenbereiche. Er erholt und bildet sich, trainiert seine Begabungen und Fähigkeiten. Vater – das heißt: großer Ferner. Was für das Kind noch greifbar ist, sind Bruchstücke.

Wenn dieser Achtelvater, dieser auf das Kind einwirkende Restmensch, liebevoll wäre, bliebe die Seele des Jungen vom Muttersöhnlichen weitgehend verschont. Aber Väter sind brutal. Sie sind es, weil sie selbst schon Muttersohneigenschaften ausgebildet bekamen und weil sie von ihrer Gesellschaft weiter auf Brutalität geeicht werden.

Ein wechselhaft anwesend-abwesender, ein früh verschwindender, ein seelisch verschwommener und ein liebloser Vater macht die Bahn frei für die absolutistisch wirkende Mutter-Sohn-Beziehung.

Aufwachsen heißt seelisches Heranbilden. Die Seelenbildung geschieht durch die Äußerung von Gefühlen der Erwachsenen für die Heranwachsenden. Werden Kinder nur ernährt und nicht geliebt, nicht mit Worten und Affekten gefüttert, sterben sie, wie es in jenem Experiment des mittelalterlichen Kaisers Friedrich II. passierte, der wissen wollte, welche Sprache Kinder sprechen, wenn nur ihr Hunger gestillt, mit ihnen aber niemals geredet wird. Sie starben.

Das Kind nährt sich von dem Gefühlsfutter, das ihm angeboten, und nicht von dem, das ihm vorenthalten wird. Mutter ist da und gibt Aufmerksamkeit. Also schmiedet das Kind sein Ich aus den Zutaten des Mutterverhaltens. Die Frau ist anwesend, die Frau ist durch ihre Handlungen für das Kind plastisch, und sie mischt ihnen positive Affekte bei, ohne welche die Handlungen sinnlos wären. Verbindet sie diese mit negativen Stimmungen, hat das eine lebensfeindliche Wirkung auf das Kind: Es wird geisteskrank oder stirbt.

Für den Ich-Aufbau entnehmen Jungen und Mädchen ihr Material in gleichem Maße aus dem Verhalten der Mutter, weil sie fast ausschließlich mit ihnen umgeht. Die heranwachsende Tochter wird dadurch eine Frau, ähnlich, wie sie sie an der Mutter erlebt hat. Beim Sohn werden in dem Vorgang der Mutterimitation die Weichen für Blutrunst und Gewalttat gelegt. Nach dem Beispiel der Mutter möchte er eigentlich wie die Tochter zu einer Frau heranwachsen, speist sich aus den guten und schlechten Eigenschaften der Mutter, speichert die gesellschaftlichen Verzerrungen der Frauenrolle und die von der Männerherrschaft verschont gebliebenen Gütezeichen des weiblichen Menschen.

Qual des männlichen Menschen: Er darf nicht Frau werden, nicht das ausleben, was zu werden ihm naheliegt. Die Männergesellschaft zwingt die Jungen zur Mannwerdung und setzt sie gleichwohl als Säuglinge in einem Erziehungsgebiet aus, in dem dieser Vorgang eigentlich unmöglich gemacht wird.

Das Aufwachsen unter einer bindenden Mutter und einem bruchstückhaften Vater torpediert die Ich-Bildung des Jungen und vereitelt seine männliche Geschlechtsidentität. Das mütterliche Verhalten, das dem Jungen vorgemacht wird, das sich ihm einprägt, muß er bei der Ausbildung seiner Person verwerfen. Das Tun und Sein der Mutter schlägt sich im Verhalten des Sohnes nieder, doch ehe er es für die Zusammenfügung seines Ichs verwenden kann, zwingt ihn der Vater mit seinen Auftritten, es als unbrauchbar abzulehnen. Nicht nur der Vater, sondern auch andere Vertreter der Männerwelt stoppen die Entfaltung zum Weiblichen: Spielkameraden, Brüder, Mitschüler, Lehrer, Meister, Großväter, Onkels.

Wenn dem Jungen eine Entfaltung zum Männlichen nicht möglich ist, weil sein Vater brutal, zu oft oder immer abwesend und schemenhaft war, entsteht aus ihm so etwas wie ein Frankenstein. Die Bindungsmutter füllt und füllt, und der Sohn zerstört und zerstört. Männlich kann er nicht werden; und wie er das Weibliche in sich ungeschehen macht, muß er sein Leben lang zeigen. Ehe er Qual in die Welt trägt, ist sein Leben selbst eine Qual: Er darf nicht gedeihen. Was sich in ihm heranbildet, muß er ungeschehen machen: Frau. Und er sehnt sich danach, etwas zu werden, was er einheitlich nie mehr werden kann: Mann. Der Ich-Bildungs-Prozeß des Menschen findet in den Muttereinflußzeiten vom Kleinkind bis zum Jugendlichen statt.

Muttersöhne haben eine Phantomseele. Sie sind mit Fleisch und Blut erwachsen da, aber ein seelischer Zusammenhang fehlt ihnen. Am Anfang der mißglückten Mannwerdung steht die verhinderte Menschwerdung. Das Unvorstellbare ist geschehen, ein Mensch ist herangewachsen, der sich zwischen Geisteskrankheit und lebensgefährlicher körperlicher Krankheit hindurchgezwängt hat, leben blieb und doch keine Person geworden ist. Statt Einheit ist er Zerrissenheit. Nicht entwickeln kann er sich, nur zersetzen, nicht sich verändern, nur erstarren, nicht fühlen, nur zerstören. Aus Handeln wird Rasen. Seine innere Spannung erträgt er nur, wenn er Leben um sich beschädigen und auslöschen kann. Jeder bewirkte äußere Tod ist eine erzwungene Anteilnahme anderer an der erlittenen eigenen inneren Abtötung.

Besiegelt wird das Mißlingen der Mannwerdung im Scheitern der Geschlechtsidentität. So, wie der Körper des Menschen Zuwendung braucht, wenn eine Seele ihn zur Person machen soll, benötigt sein Geschlecht eine Ausbildung, eine nachahmende, vorbildorientierte Entwicklung, an deren Ende weibliches und männliches Geschlechtsverlangen, eine Geschlechtsseele, erkennbar wird.

Der Torsovater, der geschlechtlich kaum in Erscheinung tritt, weil er die Mutter nicht mehr begehrt oder sein sexuelles Verhalten eingestellt hat, ist dem Jungen auf diesem Gebiet ebenfalls kein Vorbild. Der Sohn muß auch zur geschlechtlichen Heranbildung diejenige Person benutzen, die anwesend, faßbar und nachahmenswert ist: die Mutter. Die sexuelle Identifikation des Sohnes mit der Mutter macht ihn als Mann gesellschaftlich unmöglich. Auch sie muß verborgen, niedergehalten, ausgelöscht werden.

Aus dem Erziehungsmodell »Bindungsmutter« – »Versatzstückvater« erwächst dem Jungen keine oder nur eine mangelhafte Fähigkeit zu eindringendem Begehren. Ein Strunk kommt heraus, die unentfaltete Gestalt einer Knolle. Und was weiblich hätte werden können, wird ein Abgrund, ist kein schöpferischer Boden, aus dem Neues entsteht. Diese für die Muttersöhne leere Stelle wird für andere Menschen zu einem Strudel. Ein Muttersohn ist ein Krater, der alles um sich herabzieht. Seine Strukturschwäche, seine Identitätslosigkeit, sein geschlechtliches Vakuum und seine Gefühlskälte bedrohen die Menschen, die in seine Nähe kommen. Die großen Vertreter dieser Charakteristik werden immer als uferlos beschrieben. Ihr Verbrauch an Menschen ging in die Tausende, Hunderttausende, Millionen.

Das weibliche Begehren paralysierte zu Verschlingen, Zerstören, Vernichten. Das männliche Begehren verfälschte sich in Stechen, Schlitzen, Schießen. Geschlechtliches Vakuum heißt: Muttersöhne sind weder weiblich noch männlich geworden. Sie sind das Gegenteil vom Androgynen, vom engelhaft Mann-*und*-Frau-Erfüllten. Nicht-Mann und Nicht-Frau ist das Gefährlichste, was die Männergesellschaft herstellen kann.

Wenn die familiäre Kinderaufzucht nur reine Muttersöhne hervorbrächte, wäre die Menschheit von ihnen längst ausgerottet worden. Das familiäre Menschenproduktionsverfahren stellt vier verschiedene Seelenbedingungen her.

Der einheitlichste Charakter ist die Muttertochter, mit der sich die Männergesellschaft die Basis ihrer Existenz sichert: Muttertöchter sind Frauen, die werden wie ihre (Haus-)Mütter, die lernen, hinzunehmen, auszuhalten, zurückzutreten, abzulassen, aufzugeben ... Die Nachahmung der Mutter durch die Tochter geschieht beinahe zwanglos. Aus Mädchen soll kastrierte Frau werden und wird es. Mutter und Tochter sind zusammen, werden weder ideell noch praktisch von einem Restvater gestört, verleimen sich zur Seelenpartnerschaft, die meist bis zum Tod der Mutter bestehen bleibt. So werden Frauen immer wieder die einheitlicheren, ungestörteren Menschen, auf deren Rücken alle anderen ihre Formationen seelischer Besonderheiten und Spannungen austragen können.

Gespannte und Gespaltene sind neben den Muttersöhnen die ihnen gegenüberstehenden Vatertöchter. Das sind Frauen, denen die Identifikation mit den Müttern mißlang oder unterbrochen wurde durch die Heranbildung ihrer Seele in der Nähe zu einem eindrucksvollen Vater. Wie die Muttersöhne sind sie über Kreuz identifiziert, vom anderen Geschlecht geprägt. Aus diesem seelischen Fundus verwirklichen sich die tatkräftigen, machthungrigen und kreativen Frauen, die Politikerinnen, Dichterinnen, Denkerinnen und Liebesheroinnen. Ein plastischer, ein faßbarer, ein vorbildhaft wirksamer Mann steht dem Mädchen als Vater, Lehrer oder Großvater zur Verfügung, war wichtiger, eindrucksvoller als die Mutter, so daß im allgemeinen und geschlechtlichen Verhalten der Frau männliche Qualitäten sich einprägen und zum Ausdruck kommen konnten, sowohl die lebenspendenden wie die verzerrten Eigenschaften der an der Gesellschaft beteiligten Männer.

Zu den Vatertöchtern gehören die in der Öffentlichkeit wie Männer akzeptierten Frauen: Margaret Thatcher, Indira Gandhi, Maria Theresia, Katharina die Große, Golda Meir, Elisabeth I., Marie Curie, Ninon de Lenclos, Germaine de Staël, Cosima Wagner, Eleonore Duse, Sarah Bernard, Alma Mahler-Werfel, Annette von Droste-Hülshoff, Berta von Suttner, Rosa Luxemburg, Simone de Beauvoir, Alice Schwarzer...

Diese Frauen überwinden anscheinend mühelos die gegen sie aufgerichteten Schranken der Männergesellschaft. Sie haben keine oder kaum Schwierigkeiten, mitzumachen, sich in Positionen hineinzuboxen oder künstlerische Standards zu entwickeln. Und sie werden von den Männern als ihresgleichen wahrgenommen und akzeptiert. Überall, wo Taten gebraucht werden, sind sie befähigt, diese durchzuführen. Den vielbildrigen Zurückhaltekatalog haben sie in den Stuben ihrer Mütter liegengelassen. Die Staatsfrauen können auch brutal und gewalttätig sein, jedoch über ihre politischen Ziele hinaus vernichten sie andere Menschen nicht.

Ein Muttersohn an Frau Thatchers Stelle hätte nicht nur die Falklandinseln zurückerobert, sondern Argentinien besetzt, wäre vielleicht noch in ganz Lateinamerika einmarschiert, vergleichbar Alexander dem »Großen«, Napoleon und Hitler.

Vatertöchter sind herrschende Männer und dürfen das ausnahmsweise auch sein. Muttersöhne sind Hausfrauen und dürfen das nicht sein. Vatertöchter sind kein Moloch wie Muttersöhne, die sich zerreißen zwischen Werden und Nicht-werden-Dürfen, Bekommen-Haben und Ungeschehen-machen-Müssen. Phantomseele, geschlechtliches Niemandsland und Nicht-Person sind nur die Eigentümlichkeiten von Muttersöhnen, nicht die von Vatertöchtern, unter denen sich böse Menschen finden, Mitmachende, aber keine Frankensteins.

Die vierte Gruppe sind die Vatersöhne. Sie wünscht sich die Männergesellschaft angeblich, denn solche setzt sie als Norm voraus: Aus Sohn werde Vater! Wird aber nicht unter einem schattenhaften Arbeits- und Kriegsinteressenten und Kinderdesinteressierten! Trotz verschiedener Aufzuchtstile oblag die Gewalt über Kinder in germanisch-römisch-griechisch-jüdisch-christlicher Tradition einer Elternehe. Auch der Vater mußte mit seinen Söhnen und Töchtern in Berührung kommen. Das ganze Patriarchat wurde ja errichtet, weil der Mann eine Rolle als Vater der Kinder spielen wollte. Seine Aufplusterung als Erzeuger stand im Widerspruch dazu, daß er als persönlicher Vater für die Kinder meist eine Randerscheinung war. In manchen Fällen drang er aber zum Wesen seines Sohnes, noch seltener zum Wesen seiner Tochter durch. Für die Person-Entwicklung des Jungen war es um so günstiger, je mehr er es tat, je mehr es ihm gelang, an der Seelenbildung Anteil zu haben.

Der Vatersohn kann ein Mann werden, weil er unter anwesenden männlichen Menschen – Vätern, Großvätern, Onkels, älteren Brüdern, Erziehern – aufwächst, die für ihn faßbare Gestalten sind und sich ihm Anteil nehmend widmen.

Die freundlichsten Männergestalten, die für die Menschheit

etwas vollbracht oder versucht haben, das ihr Wege eröffnen, Freiheit und Erkenntnis bringen sollte oder nur Freude bereitete, sind in Mannesnähe aufgewachsene Söhne: Mozart, Goethe, Dürer, Leonardo, Michelangelo, Shakespeare, Erasmus, Kopernikus, Galilei, Voltaire, Rousseau, Diderot, Bach, Händel, Beethoven, Lessing, Sartre, Shaw, Gandhi, Darwin, Freud, Lenin, Rudolf Steiner. Diesen Männern gelang ein Mannwerden. Der anwesende, beteiligte Vater, ältere Bruder, Onkel, Großvater, Erzieher ermöglichte ihnen als Junge die Nachahmung eines männlichen Menschen, die Harmonie zwischen ihrem männlichen Körper und dem männlichen Anschauungsmaterial und dadurch die Gründung einer männlichen Identität. Zugleich belebte sich bei ihnen auch die Weiblichkeit. Das überall vorgestellte Spektakel der Mann-Frau-Beziehung machte aus Sohn auch Frau. Vom Vater geliebt werden heißt Fraunahsein, Frauähnlichwerden. Die Vatersöhne wehren im Gegensatz zu den Muttersöhnen Weiblichkeit nicht ab. Das Weibliche wird in der Liebe zum Vater angedeutet, spielerisch zugelassen, kann daher in die eigene Person aufgenommen, zum festen Bestandteil der Person gemacht werden.

Vatersöhne können sich selber annehmen, Menschen und Natur lieben. Muttersöhne müssen sich selber, Menschen und Natur hassen. Auch die progressiven Frauen de Beauvoir, von Droste-Hülshoff, de Staël, von Suttner, Luxemburg hatten Väter, die positiv auf sie wirkten.

Die Ergänzung der Mutter durch den Vater läßt Menschen rund werden, Männlichkeit und Weiblichkeit in ihnen sich ausformen. Die Muttertotalität preßt Kindern das Leben aus, bis sie zu eindimensionalen Töchtern und gespenstischen Söhnen geworden sind.

Das Prinzip Madonna – die Gegenwart einer entselbsteten, vereinsamten Frau beim Kind – ist kein lebensbejahendes. So darf es nicht mehr heißen: Das Lebendigste steht mit dem Tödlichsten in einer Beziehung. Nein: Aus halbtot wird ganztot, aus lautloser Lebenslaufqual der Frauen wird schreiende Menschentotalqual, angerichtet durch ihre Söhne.

Hitler, Stalin, Napoleon

Ein pensionierter Polizeipräsident wurde von einem Journalisten gefragt: »Sie haben in Ihrem Leben Hunderte Verbrecher gesehen. Worin unterscheiden sich die Mörder von den anderen? Wie sieht ein Mörder aus?« »Wie ein Mädchen!« antwortete der Beamte ohne Zögern.

Hitler, Stalin und Napoleon waren verhinderte Mädchen, ehe sie Mörder wurden – empfindsam, zart, tiefgründig, geheimnisvoll. Die Nachwelt schaut auf Jugendbildnisse hermaphroditischen Flairs. Die abgehärteten Diktatorenmienen der Potentaten können nicht – so scheint es – aus der Wurzel ihrer Jünglingsgesichter hervorgewachsen sein.

Die größten Katastrophen, die ein Muttersohn bisher entfesselte, waren Hitlers Drittes Reich mit seinen KZ's und der Zweite Weltkrieg, Abfahrten zum Marsch in den Untergang der Menschheit.

Die umfassendste geschichtliche Tragödie ging vom Rätselmenschen Stalin aus. Die Chance, das gesellschaftliche Leben zu verändern, die ungeheuren Leiden durch die zaristische Unterdrückung aufzuheben und die Menschheit im verwirklichten Kommunismus unter einen neuen Gruppenbezug zu stellen, wurde vertan, die Revolution verraten und später die Welt in zwei feindliche Lager gespalten.

Den Beginn der europäischen Endzeit leitete Napoleon ein. Seine totalitären Ansprüche und vom Zaune gebrochenen Kriege förderten die Einigung der deutschen Fürsten zum neuen Kaiserreich, das unter der Regierung Wilhelms II. in den bis dahin mörderischsten, den Ersten Weltkrieg schlidderte, der die Voraussetzung für den Zweiten schuf, aus dem sich nach seinem Ende der Dritte sofort anzubahnen begann. Nachgeborene Muttersöhne

»Die Verlobte« (Napoleon)

bereiten gegenwärtig zügig alles vor, daß er jährlich sich entzünden kann.

Die Vokabeln »ökonomisch«, »gesellschaftlich«, »kapitalistisch«, »imperialistisch«, »militaristisch«, ja »patriarchalisch« erklären diese Vorgänge nicht erschöpfend. Das Wirken von Hitler, Stalin und Napoleon, das zähe Mann-bei-Mann-Töten im Ersten Weltkrieg, die Auslöschungsmaschinerie der Nazis, früher der Völkermord an den Indianern durch die Europäer, der Siebenjährige Krieg Friedrichs II. von Preußen mit Maria Theresia und der Feldzug Ludwigs XIV. gegen die Pfalz, die Umtriebe Dschingis Khans, über ein Jahrtausend zuvor die Aufplusterung des kleinen makedonischen Reiches um das Fünfzigfache während der zwölfjährigen Kriegsführung Alexanders des »Großen« sind keine ökonomischen Phänomene. Sie sind Ausflüsse der Männergesellschaft, hervorgebracht von männlichem Gebaren, von einem Krankheitszustand der männlichen Seele, den das sogenannte Patriarchat immer wieder bei der Herstellung des Rollenmenschen Mann produziert.

Die Mutter-Sohn-Problematik ist eine Ausgeburt der gesamten männergesellschaftlichen Erscheinung, erschüttert die Menschheit über die Jahrtausende und über die unterschiedlichen Nationen hinweg, ist in allen Formationen aufgetreten, in Sklavenhalter-, feudalistischen, kapitalistischen und kommunistischen Gesellschaften, kennzeichnet die industrialisierten wie die verarmten Länder, denn allen diesen historischen Ausprägungen von Herrschaft unterliegt das seit Jahrtausenden gleiche, männergesellschaftlich überall erzwungene Schema der Frau-nach-innen-Verlegung und der Mannaussparung bei der Kinderaufzucht.

Die Liste des Grauens wird nicht von Vätern erstellt, wie es das System unter dem trügerischen Namen »Patriarchat« vermuten läßt. Vater ist etwas Sinnvolles. Der große Blutjammer kommt von mißratenen Vätern, von Vater sein wollenden Söhnen. Am Patri-archat – der Väterherrschaft – die Verzweiflung der Menschheit festmachen zu wollen ist nicht ganz zutreffend. Furcht und Elend verbreiten die als Scheinväter sich darstellenden Mutter-

»Die Verlorene« (Stalin)

söhne. Diktaturen sind immer Filiarchate – Sohnesherrschaften –, Regimes von nicht Mensch und nicht Mann gewordenen Söhnen, die sich nach Vätern und Vaterschaften sehnen.

Allen voran Hitler und die Seinen. Das Dritte Reich war ein Reich junger Männer. Alle Macher und Mitmacher waren unter Fünfzig. Hitler war vierundvierzig, als er an die Macht kam, Göring vierzig, Goebbels sechsunddreißig, Himmler zweiunddreißig. Die Scharen von KZ-Kommandanten, tatsächlichen und befehlenden Folterern blühten in ihren Dreißigern: Heydrich, Höß, Eichmann, Mengele ... Hitler und seine Untergangshorden kamen aus einer überwältigenden Schwäche an Männlichkeit, aus der sie einander suchten und fanden zu des Lebens größtem Mißverstand aller Zeiten.

> »Bemerkenswert war auch die große Zahl von Männern mit femininem Einschlag in Hitlers nächster Umgebung. Besonders stark trat er bei Goebbels hervor, war aber auch bei Göring, Himmler und selbst bei Heydrich unverkennbar. Darüber hinaus fällt die große Zahl von einfachen Hitler-Anhängern auf, bei denen man gewisse, meist uneingestandene weibliche Züge fand und findet.«[1]

Die Summe aller war Adolf Hitler, Sog und Säbel, Völkermassen zu vertilgen und Menschenleiber aufzusprengen. Sein Heranwachsen zu dieser herausragenden Blutfigur war märchenvorbildhaft.

Hitlers Vater war schon Muttersohn, kam unehelich zur Welt. Dessen Mutter, Maria Anna Schicklgruber, lebte fünf Jahre mit dem Sohn allein, ehe ein Herr Hiedler sich ihrer »annahm« – so hieß es in Verhöhnung des gesellschaftlichen »Brachlandes« Frau – und sie heiratete. Alois Schicklgruber nannte sich nach dem Tode seines Stiefvaters und seiner Mutter Alois Hitler. Er ist mörderisch, wie eine Skizze seines Sohnes, verschleißt Frauen, quält so reihum seinen menschlichen Umkreis, peinigt seelisch

»Die gute Fee« (Hitler, rechts)

seine drei Frauen, soll seinen Sohn Adolf, wenn er zu Hause war, täglich geschlagen haben. Die männlichen Vorfahren bis zu Adolf waren kläglich. In dritter Ehe heiratete Alois Hitler seine Nichte und langjährige Haushälterin, mit der er schon ein Verhältnis hatte, als seine zweite Frau noch lebte. Die Mutter Adolfs, Klara Hitler, war fünfundzwanzig Jahre jünger als sein Vater. Um sie waren nur Gewalt und Tod. Ihre drei ersten Kinder starben, dann kam Adolf. Er wurde in den mütterlichen Trog von Hoffnungen, Wünschen, Ängsten und Verzweiflungen hereingezogen. Der Vater verschwand und trat auf, prügelte und herrschte. Die Mutter ... wie Espenlaub.

Adolf haßte seinen Vater. Hassen heißt ablehnen, den Vater ablehnen heißt: nichts von ihm hereinnehmen, nicht werden wie er. Also wurde der Sohn Schwamm. Schemenhaft, nichtstuerisch, überspannt, anmaßend, schwärmte von sich als Künstler, aber auch der geriet ihm nicht zur durchdringenden Tat. Die Wiener Kunstakademieväter wiesen ihn ab, als er sich einer bildnerischen Prüfung unterzog.

Das Hauptmerkmal der Muttersöhne: Sie haben Schwierigkeiten mit ihrer beruflichen Verwirklichung und ihrer geschlechtlichen Identität. Sie sind direkte Erben ihrer Mütter. Das Fehlen eines Berufes und eines eindeutigen geschlechtlichen Willens, für Frauen die erzwungene Norm, ist für Männer eine Katastrophe. Ihre Lebensaussicht hieße: dahinvegetieren. Und so hat es auch der Volksmund gemeint, wenn er vom »Muttersöhnchen« spricht: bei Mutter sitzen, festsitzen. Kein Tun und Drängen treibt solchen Sohn in die Welt. Dieses »Festsitzen« ist bei den Blutmännern später nicht mehr deutlich erkennbar, da sie rasen. Aus »Stubenhocker« wurde Mutterseelenhocker, Gefühlsblocker: Nur die Mutter können sie lieben. Das Sohnesdasein ist nicht zentriert in sinnvollen Handlungen und strömenden Empfindungen. Muttersöhne können nur herumfuhrwerken, straucheln, sich überschlagen. Sie werden nicht gehalten von einem geschlechtlichen Wollen und getragen von einem sachlichen Können. Und sie sind nicht befriedigbar. Das Kratergeschehen spielt sich zuerst in ihnen selber ab. Sie verschlingen Handlungen und Ereignisse, es verlangt sie nach immer neuen Aktionen. Hitler dilettierte, lebte ziellos herum, lernte nichts, studierte nicht, band sich nicht in Liebesbeziehungen, wohnte in einem Männerhaus, einem Obdachlosen- und Gestrandetenheim, schlug sich mit dem Verkauf seiner Bilder durch.

Der Erste Weltkrieg brachte ihm einige Sinnerfüllung, wie Krieg überhaupt der Zerfallenheit von Muttersöhnen Einhalt gebietet. Da wird nicht gearbeitet und spärlich oder gar nicht geliebt. Da gehören sie hinein. Da bestimmen meist andere, was geschehen soll. Da gibt es Hektik und Unaufhörlichkeit und immer wieder ein Absehen von der eigenen Person. Beim Krieg passen außen und innen zusammen. Er ist Balsam für die Lochmänner. Sie verschmelzen mit der Situation, heucheln ihre Todessehnsucht zum Opfer. Die Opferstimmung bringt nur demjenigen Schmerzen, der eine Person hat, die er aufgeben soll. Den Uneindeutigen, Nicht-Mann-Gewordenen ist Tod lieb. Sie opfern nichts, sie werden nur erlöst von der sie überanstrengenden Leere ihres Lebens ohne Arbeit und Liebe.

Die Bündelungsfunktion des Krieges muß Hitler gutgetan haben. Er sann nach ähnlichen Stützen in seiner Existenz. Stahlgerüst seiner Geschichte wurde ihm die nationalsozialistische Bewegung, später der steifmachende »nationalsozialistische Staat«. Hitler kostümierte sich mit Männlichkeitszeichen: Schwellkörper Uniform, Versteifung rechter Arm in die Höhe, eindringendes Augenrollen, hin- und hereibende Rede, multiple Ohnmacht des Höhepunkts bei jeder Massenveranstaltung.

Er selbst blieb ein Jungferich. Mehrere Frauen, die mit ihm in nahe Berührung kamen, starben, brachten sich um oder wurden getötet.

Dr. Bloch, der Arzt, der Hitlers Mutter erfolglos vom Brustkrebs zu heilen versuchte, behauptete, daß er in den Jahrzehnten seiner Tätigkeit keinen jungen Mann am Grabe der Mutter so außer sich gesehen hätte wie den achtzehnjährigen Hitler.

Nur die Mutter lieben heißt, nach hinten zu lieben, das elementare Gesetz des Lebens nicht gelernt zu haben, welches bedeutet, nach vorn zu gehen. Hitler hat keinen einzigen Menschen geliebt. Nach dem Tod der Mutter blieb er als Molluske zurück.

Ungehindert von den Einfassungen der männlichen Geschlechtsrolle und eines Berufes konnte er sich über die Gemüter von Millionen in die Weltgeschichte hineinstehlen. Dieses Nichtfestgelegtsein kann Muttersöhnen eine sirenenhafte Ausstrahlung verleihen. Alles Eindeutige hindert, festigt, erschwert, verdeutlicht, klärt. Die unspezifischen Muttersöhne eignen sich als Projektionsfiguren für unzählige Menschen, weil sie ihnen nur mit unechter Personalität gegenübertreten. Sie sind »Des-Kaisers-neue-Kleider«-Männer. In einen Anschein läßt es sich gut projizieren.

Eine Nicht-Person kann alles machen, nur nicht sich verändern, nur nicht reifen, nichts erkennen und nichts einsehen, keine Verantwortung übernehmen.

Das Testament Hitlers besiegelte ihm und der Welt: »Unschuldig!« Das ist nicht gelogen. Lügen kann nur eine Person, nicht eine Nicht-Person. Es war aber auch nicht so, daß Hitler selbst »nichts gewußt« hätte und andere in seinem Namen handelten. Er hat gewirkt und Millionen Menschen Unheil gebracht. Und ist nicht schuldig!

Für seine Sekretärinnen war er der gute Onkel, der sich um die Eheschließungen der Unverheirateten kümmerte wie um den Knochen für seinen Hund. Und bald nach dem Hundetätscheln und Sekretärinnenversorgen wieder wie zuvor ein Befehl für einen Vollzug oder eine Marschroute, der Tausenden das Blut abschnürte.

Diese Gespaltenheit in einen Wissens- und Handlungsapparat – Sprechen, Denken, Befehlen, Agieren – und eine vermurkste Seele machen jedes Zur-Verantwortung-Ziehen unmöglich. Es gibt kein Ich, das etwas gewesen sein, etwas gemacht haben könnte.

Als Henriette von Schirach auf Hitlers Besitz am Obersalzberg davon erzählte, daß sie in Holland gesehen habe, wie jüdische Menschen extrem gewaltsam auf einen Lastwagen gestoßen worden seien, ging Hitler hinaus, und Frau von Schirach durfte nie wiederkommen. Hitler konnte die Erzählungen von Greueltaten nicht ertragen.

Das nachträgliche »Unschuldig« – »hab' nichts gemacht, bin's nicht gewesen« –, das die Überlebenden und Nachfahren von Prozeß zu Prozeß ratloser werden ließ, trifft das schwer Vorstellbare. Es gibt zwischen Fleisch und Geist der Mörder nur ein Trugbild-Ich. Alles, was ein solcher Mensch tut, fällt durch ihn hindurch. Er bleibt rein. Eine Phantomseele kann nichts festhalten.

Das Bedrohlichste für die Mitlebenden: Die Blutmänner können nicht ruhen. Stillhalten hieße zusammenbrechen. Die Schmerzen des seelisch Nicht-Gewordenen müssen unerträglich sein. Was der Rasende auch tut, er funktioniert als Perpetuum mobile so lange, bis er stirbt, getötet wird oder sich selbst tötet. Wenn Hitler etwas Bestimmtes gewollt hätte: soundso viele Länder erobern, soundso viele Gegner töten, wäre er zu befriedigen gewesen. Er hat fast ganz Europa unter seine Gewalt gezwungen und Gegner und Gehaßte in bis dahin nicht gekannter Zahl vertrieben oder vernichtet. Warum weiter? Sein Tun hatte kein »System«, wie es Männer sich selbst beim Umgang mit der Welt immer abverlangen. Aufbauen – zerstören, erobern – verlieren, und weiter, weiter. Ruhe wäre Tod. Der Stopp der Rastlosigkeit gelang erst durch Maßnahmen fremder Nationen, die diesen Dracula der Politik zum Selbstmord zwangen. Hitler hatte Macht, hatte Land, hatte »sein« Volk »sauber« gemacht vom »rassischen« Schmuck. Doch lieber als anzuhalten war ihm, das Errungene ungeschehen zu machen und das Gehabte zu vernichten.

Stalin hatte Rußland mit seinem Überwachungssystem so vernetzt, daß kein Mensch mehr sein Gegner werden konnte. Vor seinem Schlaganfall hatte er neue Vernichtungslisten aufgestellt.

Napoleon fegte über den Rücken Europas mit seiner kurzweiligen Allmacht hinweg, forderte Menschen und Herrscher heraus, bis er in die Schranken gewiesen und zum zweitenmal absolut sicher verbannt wurde. Mit seinem Buch »Ich: der Kaiser« hielt er ein großes güldenes Schild vor sich her: »Nicht schuldig!«

Ein fast schon rührendes Zeugnis der Unrast lieferte der historische Zwischengliedsohn Wilhelm II. Auch er gespalten zwischen Biedermann und Säbelraßler, auch er unveränderbar, raste nervös aufgeblasen durch das noch friedliche deutsche Land und redete zum Mundverbrennen gefährliches Zeug, das die Nachbarlandspolitiker hochtrieb. Er rüstete aufs Pulverfaß zu, gerade dort, wo es für Deutschland nicht notwendig war, aber für Großbritannien eine Lebensbedrohung bedeutete: im Flottenbau.

Wilhelm hatte eine englische Mutter, die in Deutschland entwurzelt neben ihrem schwächlichen und später kranken Mann (Friedrich III.) dahinvegetierte und festgebunden an ihre Mutter war, die Königin Victoria. Wilhelms Molluskenmännlichkeit brauchte Darstellungsmöglichkeiten und Betätigungsfelder. Eine Trennung von seiner Mutter ging nicht. Aber rüsten gegen das englische Muttergroßmutterland – das ging. Die Jahrzehnte seiner Regierungszeit bis zum Ersten Weltkrieg waren geprägt von Drohungen gegen England, militärischem Imponiergehabe und sich steigernder Waffenproduktion.

Hitler und Napoleon gingen auf »Mütterchen« Rußland los, ein Urmuttersymbol, gegen das auch Reagan zu Felde zieht und Wojtyla wütet. Das Großreich-Errichten bedeutet ein Absacken ins uferlose Embryodasein. Der Georgier Stalin delektierte sich an der Übermutter Rußland, bezwang sie, quälte sie wie vor ihm kein Zar. Der Preußenkönig Friedrich II. drehte vor den großen Rockschößen Maria Theresias durch und versuchte jahrelang, in sie hineinzustechen. Hunderttausende Männer gingen dabei drauf. Alexander hatte seinen Indienwahn. Rußland gab es zu seiner Zeit noch nicht als Kennzeichen für Uferlosigkeit, aber Indien: Indien einnehmen, bis nach China vordringen! Napoleon träumte auch einmal in seinem Leben von Indien, ehe er in Rußland eindrang. Er strebte ein »Weltkönigtum« an. Dschingis Khans territoriale Ausdehnungen reichten vom Chinesischen Meer bis an die Grenzen Europas.

Wilhelm II. konnte den Krieg, den er angestrengt hatte, nicht führen. Seine Generäle waren entsetzt von seinem Dilettantismus, seinem Desinteresse, seiner Entscheidungsunfähigkeit. Rummachen wie im Frieden so auch im Krieg, nun auf Kosten von zehn Millionen Männern. Als Wilhelm keine Köpfe mehr vor sich hatte, in die er Phrasen einführen konnte, keine Heere mehr, die sich auf sein Geheiß in Todesbedrängnis bringen mußten, da fällte er Bäume, jeden Tag einen, und tat das in seinem holländischen Fluchtpark noch über zwanzig Jahre lang, bis er starb.

Ein Mann wie ein Baum. Rache nehmen an Bäumen wie an Männern für das eigene Mißlungensein. Absägen – eine Spezialität von Muttersöhnen. Ihr Haß geht nicht nur gegen Leben, Natur, Völker, große Sinnzusammenhänge als Muttermetaphern in verstellter, verschobener, nie ruhender Ablösungsdramatik, er geht auch gegen Männer. Haß gegen das Mann-geworden-Sein, ob der Vater brutal war oder nicht. Wenn er es war, kommt noch Ranküne hinzu, an fremden Männern die Jahre der Schmach abzugelten, die der Vater dem Sohn zugemutet hat. Stalin, Friedrich II., Hitler hatten Gewaltväter, Wilhelm II., Napoleon, Himmler, Goebbels, Röhm, Göring, Mussolini, Franco, Cäsar und Alexander der »Große« nicht, Nero, Caligula, Karl V. verloren ihre Väter als Kleinkinder.

Von Napoleon gibt es eine Bemerkung, die nur einem sexuellen Vakuum entfahren kann. Er verbrachte mit seiner Geliebten Maria Walewska eine Nacht in einem Pavillon und pries die Tausenden polnischen Gefallenen als sein Aphrodisiakum: Die vielen toten Leiber liehen ihm Sinn, die Glieder verliehen ihm Kraft für das seine.

Der uneindämmbare, ausgefallenste Männerhaß, den sich je ein Muttersohn geleistet hat, war Hitlers Wüten gegen die jüdische Bevölkerung, gegen »den Juden«. Noch in seinem Testament läßt er nicht ab von seinem mörderischen Wahnsinn. Verknäult mit teils realen, teils behaupteten politischen, historischen, ökonomischen, rassischen Besonderheiten, überwucherten seine Äußerungen und Tätigkeiten den Kern seines Hasses.

Bei den umhergetriebenen Juden entstanden in der Zeit ihrer zweitausendjährigen Diaspora kaum noch Muttersöhne. Die Väter waren anwesend, waren plastisch und waren auf das Wohl ihrer Familien bedacht. Der Muttersohn ist eine Frucht der seßhaften Nationalstaaten. »Mutter« ist bei ihnen eine Kategorie der Statik: »Hausfrau«. Der Vater vertritt die Bewegung, reist über Land, geht vom Hause weg, führt Krieg; der Sohn wächst bei der Mutter auf, wird aus Mangel an Vater erneut brutal, tauglich für die nächsten männergesellschaftlichen Bewegungen. Ganz anders wuchs der jüdische Junge heran. Sein Vater ist sein Lehrer, sein Vorbild und Beschützer. Sein Vater ist von klein auf um ihn. Die Juden führten in der Zeit ihrer Wanderungen durch fremde Länder keine Kriege, bildeten keine Truppen aus, überfielen ihre Gastvölker nicht, ja unterließen es, sich an ihnen wegen der nicht abreißenden Kette der Pogrome zu rächen. Sie brachten keine blutrünstigen Söhne hervor. Die Juden waren die friedlichsten Männer bis zur Bildung ihres neuen Nationalstaates, mit dem sie sich einreihen in die Rollenspaltung: sitzende Haus-Frauen, kämpferische Welt-Männer.

Hitlers Haß auf »den Juden« entsprang seinem Vaterhaß. Die Mutter des Vaters war ledige Bauernmagd, arbeitete im Haushalt eines jüdischen Bürgers, bekam in dieser Zeit im zweiundvierzigsten Lebensjahr ein Kind, ihren Sohn Alois, dem ihr Arbeitgeber finanzielle Unterstützung zukommen ließ. Solche Daten legen den Schluß nahe, daß der Vater von Alois der Geschäftsmann war, auch wenn diese Abstammung nicht urkundlich bewiesen werden kann. Der hinzugekommene Herr Hiedler, der später – warum so spät, erst fünf Jahre nach der Geburt von Alois? – Fräulein Schicklgruber heiratete, wird nicht froh gewesen sein über das Zeugnis eines fremden Mannes, das er nicht mit einer Adoption bürgerlich unter seine Fittiche nahm. Erst lange nach dem Tode von Maria Anna und Johann Georg Hiedler legitimierte sich Alois als angeblicher Sohn des Hiedlers, führte dazu drei analphabetische Zeugen an und nannte sich Alois Hitler.

Die Kinder ihrer Frauen, gezeugt von fremden Vätern, sind für Männer schwer zu nehmende Hürden, wie es Hebbel mit seinem Theaterstück »Maria Magdalene« vorführt, in dem ein Mann die

Hände gegen seine nicht von ihm schwangere Freundin erhebt und sagt: »Da kann kein Mann rüber!« Kann er es doch, will oder muß er es, wie Johann Georg Hiedler, dann haßt er die Frucht des anderen.

Alois wird solche Vaterunstimmigkeiten mitbekommen haben, schwebte in seiner Kindheit unter dem deutschen »Ruch« des »Halbjuden« und quälte wiederum seinen Sohn Adolf, den »Vierteljuden«, der als Erwachsener klaren Tisch machen wollte und von ganz Europa »arische« Großeltern verlangte. Wer die nicht hatte, wurde belästigt, verfolgt, ausgelöscht.

In seinem zweiten Lebensjahrzehnt bekam Hitlers Judenhaß noch dadurch zusätzlich Nahrung, daß der Arzt, der seiner Mutter nicht helfen konnte, ja, ihren Tod beschleunigte, jüdisch war. Aber solche späteren Erfahrungen legen nicht das Fundament für die Ausfälligkeit gegen das Leben. Das entsteht bereits im ersten Jahrzehnt. Göring, Heß, Himmler, Röhm, Goebbels, Eichmann, Höß, Mengele ... hatten keine jüdischen Großväter und rotteten ebenfalls mit Rat und Tat aus. Muttersöhne können das Klare, Eindeutige nicht gut ertragen.

Die jüdische Bevölkerung hatte ihren festen religiösen Bezug und ihre Traditionen, ihre Bezogenheit untereinander, lebte eingeschränkt und bedroht, aber friedlich bei und mit ihren Gastvölkern und wurde doch verfolgt, wann immer es den anderen, national etablierten Gruppen paßte.

Hitler schlachtete anfangs mit Hilfe von Röhm und der SA noch bevorzugt unter den politisch Eindeutigen, ließ Kommunisten und Sozialdemokraten foltern und ermorden. Allmählich wurde das Prinzip sichtbar. Er und seine Gefolgschaft, vor allem die Gestapo und die SS, gingen gegen alles Menschliche vor, das augenfällig plastisch war: gegen jedes politische Bekenntnis, das von dem der Nazis abwich, gegen die jüdische Herkunft, gegen gleichgeschlechtliche Liebesäußerungen, gegen philosophisch, wissenschaftlich, künstlerisch eindeutige Standpunkte (das markanteste Zeugnis dafür waren die Bücherverbrennungen), gegen geisteskranke Auffälligkeit (Euthanasie), gegen die nomadisierende

Lebensform der Roma und Sinti (sogenannte Zigeuner) – ähnlich friedliche Gemeinschaften wie die jüdischen Bevölkerungsanteile Europas –, später auch gegen die Zugehörigkeit zu den christlichen Kirchen, schließlich gegen Menschen anderer, hauptsächlich osteuropäischer, slawischer Nationalität. Wer polnisch oder russisch war, fand leicht auch keine Gnade.

Und was denn statt dessen? Brauner Brei. Mädchen bekommen als Babys rosa Wäsche, Jungen blaue. Rot wurde von der Menschheit für Kampf und Liebe reserviert, Schwarz und Weiß für die christlichen Kirchen, gelb ist der jüdische Stern. Braun ist das Produkt der Gesäßbacken, das Uneindeutige.

Die Uneindeutigkeit kennzeichnete Hermann Görings ganze Erscheinung. Sein Gesicht konnte sich nicht entscheiden zwischen Frau Holle und dem Weihnachtsmann. Görings Vater, ein älticher, ausrangierter Diplomat, war ungeeignet für die Identifikation des Jungen gewesen. Der Sohn rundete sich, wurde fett, aufgeplustert wie seine Mutter, die so dick war, daß Kinder zwischen ihren Beinen Einkriegezeck spielen konnten. Der kleine Hermann wollte von früh an Soldat werden. Aber das Handwerk des Zeugens hatte er nicht gelernt. Seine Frau Emmy Sonnemann mußte künstlich befruchtet werden, ein Kind von seinem ihm ärztlich abgenommenen Samen empfangen.

Himmler tat lange Zeit gar nichts dergleichen. Sein Tagebuch läßt Historiker den Kopf schütteln, weil er nur Belangloses darin aufgeführt hat. Kein Erlebnis wird zu einem Gedanken gerafft, keine Tat entzündet Spannung. Es ist ein Hausfrauen-Tagebuch, beherbergt die Notizen einer gefesselten Innenbereichsseele. Wie eine Hausfrau nur über das Wetter schreiben kann, über ihre täglichen Einkäufe, die Ab- und Zugänge der Menschen, die sie versorgt, so konnte Himmler nur die Abfahrtszeiten der Züge notieren, die ihn zu Verwandtenbesuchen brachten, konnte die eingegangene Post bestätigen, sich an den Kuchen erinnern, den er bei Tanten gegessen hatte, die Kirchenbesuche registrieren, die Zahl seiner genommenen Bäder festhalten.

»Die Sonderpastete« (Göring)

> »Man darf niemals vergessen, daß Himmler ein kränklicher Mann war, der von 1939 bis an das Ende seines Lebens nur durch Kerstens lindernde Massage Erleichterung von seinen körperlichen Schmerzen und seiner psychischen Spannung finden konnte... Doch mit seinem besonderen Temperament und seinem schwächlichen Körper konnte er nie ein Mann der Tat werden. Allerdings kann kein Zweifel daran bestehen, daß er sich immer als solcher erweisen wollte. Er sah sich als Polizist in Uniform und als Soldat, sogar als Befehlshaber an der Front, doch fehlten ihm dazu sowohl die geistige wie die körperliche Ausdauer, und als er das am Ende erreichte, machte er sich nur lächerlich.«[2]

Bei jedem Muttersohn zeigt sich nach näherem Hinsehen eine körperliche oder seelische Amputation. Hitler begehrte die Ausscheidungen der ihm nahegekommenen Frauen, und er verlangte von ihnen Fußtritte. Das Volk wußte von seinem »nur einen Ei«. Goebbels war winzig und hatte einen Klumpfuß.

Neben dem »dreckigen, feigen« und »schwachen« Juden war es der »geile« Jude, der die nazistischen Muttersöhne irritierte. Vatersöhne sind nicht nur friedlich, sie sind auch profiliert an der Stelle, die bei Muttersöhnen löchrig ist.

Als müsse Hitler seine Blöße auch noch bedecken, wenn er angezogen war, hielt er fast regelmäßig in der Öffentlichkeit die Hände vor sein Gemächt.

> »Unter den Gründen, die Hitlers ungeheuren Erfolg erklären, ist jedoch einer bisher so gut wie unbeobachtet geblieben: die Wirkung seiner verborgenen Femininität bei gleichzeitiger Betonung seiner Männlichkeit. Die stärkste Massenwirkung üben nämlich nicht die männlichsten Männer, sondern diejenigen mit einem gewissen weiblichen Einschlag aus, wie er auch bei Napoleon und Mao Tse-tung erkennbar war.
> Körperlich drückte sich dieser weibliche Einschlag bei Hitler nicht nur in seinem für einen Mann zu breiten Becken und in der Form seiner Hände aus, die William Shirer, der ihn oft sah, ›ein wenig feminin und ganz die eines Künstlers‹ nannte: ein Deutscher, Angehöriger des Jahrgangs 1927, der Hitler aus der Nähe gesehen hatte, erwähnte bei einer späteren Befragung

»Das Rumpelstilzchen« (Hitler)

nach seinem Eindruck von ihm, seine ›beinahe fraulichen Gesichtszüge‹. Alphonse de Châteaubriant, dem Hitlers feminine Hände ebenfalls aufgefallen waren, schrieb: ›Ja, ohne Zweifel gibt es in diesem Mann etwas von einer Frau. Gott sei Dank!‹ Die amerikanische Schriftstellerin Dorothy Thompson, die gelegentlich mit einer Walküre verglichen wurde und die den ›Führer‹ Anfang der dreißiger Jahre erlebt hatte, erkannte ihm überhaupt jede Männlichkeit ab...

In seelischer Hinsicht äußerte sich dieser feminine Zug u. a. in Hitlers verhältnismäßig starker Neigung zu weinen. Als es 1930 zwischen ihm und Otto Strasser, einem führenden Mann der NSDAP, der sich dieser Partei 1925 mit einer größeren Gruppe national denkender Sozialisten angeschlossen hatte, zum Bruch kam, weil Strasser zu viele der sozialistischen Punkte des Parteiprogramms von Hitler verraten sah, versuchte dieser ihn in einem siebenstündigen Gespräch in der NSDAP zu halten und brach dabei dreimal in Tränen aus...

Der amerikanische Reporter H. R. Knickerbocker, der Hitler seit 1923 kannte, ihn mehrmals interviewt hat und bei vielen entscheidenden Ereignissen seiner politischen Laufbahn mitanwesend war, hielt Hitlers Gewalttätigkeit für eine mögliche Folge des weiblichen Bestandteils seines Wesens, dessen er sich schäme und den er durch Brutalität überkompensieren wolle. Der Stil von Hitlers Reden spricht für diese Auffassung, denn seine gewollt harte Aussprache und sein Schreien sollten offensichtlich den natürlichen Klang seiner Stimme überdecken, der, entgegen dem Eindruck, den viele von ihr in Erinnerung behalten haben, auffallend weich war. Wer heute Aufnahmen von dieser Stimme hört, findet die große Vorliebe ihres Besitzers für Kuchen und Süßspeisen nicht länger überraschend.

Aber es war zweifellos die Eigenart seiner Sprechweise, die Verbindung von Männlich-Hartem mit Weiblich-Weichem, die den größten Anteil an Hitlers Wirkung auf die Massen hatte, ... in der Frühzeit seiner politischen Laufbahn ... ›standen ihm noch Kehltöne zur Verfügung, die einem unter die Haut gingen...‹«[3]

Stalin, der historisch-politische Zwillingsbruder Hitlers, wird von einem eindeutigen Muttersohncharakter geprägt. Er ließ von sich Fotos verbreiten, die ihn als rassigen Georgier zeigen. Ein Mann, ein Wort! Stalin, der Harte, titulierte er sich selbst, er, der geborene

Hitler, links

Dschugaschwili, der verschleierte Stalin. »Stahl« heißt auch im Russischen »Stal«. Hitler feuerte die Jungen seines Landes an, hart wie Kruppstahl zu werden. Stahl ist überall gleich, auch der Härtewunschtraum der Ungeformten. »Ich bin Stahl«, soll schon der Jüngling Jossif Wissarionowitsch gesagt haben. In Wirklichkeit war er ein Gas, eine in alle Dimensionen entweichende Ungreifbarkeit.

Auf Gruppenfotos und bei Momentaufnahmen wird sichtbar, wie schemenhaft er ist. Stalin ähnelt dem Wundenmann Anfortas in Wolfram von Eschenbachs »Parzival«, der nicht gehen, nicht stehen, nicht liegen, nicht sitzen, nur lehnen kann. Stalin hängt. Als junger Mann ist er Puppusch oder Marionette – Schlabberlin –, später Sack.

Er hat tatsächlich eine Wunde. In seiner Kindheit erleidet er einen Unfall, nach dem sein linker Arm verunstaltet bleibt, ähnlich der Verkrüppelung Wilhelms II. Immer Schmerzen, die linke Hand etwas steif. Er kann sie nicht ganz öffnen. Das Gelenk des Oberarms hängt nicht richtig in der Schulter. In den Originalfilmen tritt seine Unkörperlichkeit zutage. Die um ihn versammelten Männer füllen ihre Haut. Stalin erscheint wie ausgestopft, wird zusammengehalten von seinen merkwürdigen, als Mannestracht auch in Rußland unüblichen Kitteln. Er hat keine festumrissene leibliche Ausstrahlung.

So seltsam unstofflich sein Körper wirkte, so nebulös ungriffig war sein Lebenslauf, der von den Biographen schwer präzisiert werden konnte. Er selbst retuschierte, verwischte, verdrehte je nach seinen Bedürfnissen. In seinem dritten Jahrzehnt tauchte er unentwegt unter und erschien mit immer neuen Namen, bis er als Stählerner sich in die Weltgeschichte einbleute. Er tat es als ausdauerndster Mörder, den die Männergeschichte hervorgebracht hat. Seine Wiege stand in muttersohnförderndem Milieu wie bei kaum einer anderen Blutkoryphäe.

Ein holzschuppenähnliches Häuschen mit zwei Räumen – einem Verlies und einer Dachkammer –, und darin sitzt, isoliert von der Welt, Jekaterina Georgiewna Dschugaschwili, hat wie Klara

Stalin

Hitler drei Totgeburten oder früh gestorbene Kinder hinter sich – Genaues ist nicht mehr zu erfahren – und bekommt mit Zweiundzwanzig, nach fünf Ehejahren, Jossif.

Sie war die Ärmste der Armen, verdiente sich ihr Brot als Näherin und Aufwartefrau. Ihr Mann taugte nicht zum Kampf um den Lebensunterhalt. Er hatte das Schuhmacherhandwerk gelernt, betrieb es aber nur sporadisch, verbrachte die Zeit, indem er herumstreunte und das von seiner Frau erarbeitete Geld versoff, sowie er es in die Hände bekam. Seine innere Haltlosigkeit kehrte er als Brutalität nach außen. Wann immer es ihn danach gelüstete, verprügelte er Frau und Sohn. Jekaterina nahm alles hin, wehrte sich nie, ergab sich in Demut. Sie interessierte sich nicht für Menschen, nur für religiöse Zeremonien. Klara Hitler flüchtete sich ins Römisch-Katholische, Jekaterina Dschugaschwili machte sich aus ihrem Elend ins Russisch-Orthodoxe davon. Sie war verhinderte Nonne, schloß sich nach dem Tod ihres Mannes zweiunddreißigjährig in eine orthodoxe Schwesterntracht ein und verbrachte noch neunundvierzig Jahre in ihrer georgischen Heimat, nur mit einer einmaligen Unterbrechung einer Reise nach Moskau, ein Leben als Häschen in der Grube.

Im fünften Lebensjahr Jossifs, nach zehnjähriger Ehe mit Jekaterina, machte sich der Vater auf und davon und starb nach weiteren fünf Jahren. Stalin erwähnte ihn öffentlich nur einmal, 1931, in einem Interview mit dem deutschen Schriftsteller Emil Ludwig.

Der Vater, ein menschliches Armutszeugnis und ein körperverletzender Quälgeist, dazu die Nonnenmutter, Gattin des Himmels und Freundin keines Menschen, mit ihrem einzigen Ein-und-alles-Sohn – das ist das Geheimnis für die Fabrikation typischer Tyrannen. Mutter und Sohn halten der Welt Schmach – der Väter Kälte – nur aus im sie zusammenschweißenden Liebesgefühl. Die Mutter war der einzige Mensch, den Stalin geliebt hat. Die Ehe währte sechzig Jahre lang.

Lenins Kindheit und Jugend verliefen extrem anders. Er war Sohn eines adligen Schulinspektors, hieß ursprünglich Uljanow und gab sich später den Namen »Lenin«, entnommen vom russi-

Stalin

schen Fluß Lenina. Den jungen Wladimir Iljitsch begleiteten ein anwesender, gütiger Vater, der ein aufgeklärter Lehrer war, und eine gebildete, Menschen und Dingen zugewandte Mutter, die trotz acht Geburten und sechs heranwachsenden Kindern ein externes Lehrerstudium bis zum Examen absolvierte. Lenin erlebte die Einbettung in ein großes Haus, er war umgeben von einer Elterngemeinschaft – den leiblichen Eltern und mehreren im Familienverband mitlebenden Verwandten und Haushaltspersonen – und geschützt in einer Kindergemeinschaft von drei zueinander passenden Paaren. Wladimir wuchs in der Mitte auf, zwischen zwei älteren und drei jüngeren Geschwistern.

Sowohl in seiner Person wie in seiner Männlichkeit war er gesattelt. Als Vorbild gab es nicht nur einen Vater, sondern auch einen älteren Bruder. Der Vater war Demokrat, der ältere Bruder, Alexander, Revolutionär, der sich als Einundzwanzigjähriger in die Vorbereitung eines Anschlags auf den Zaren verwickelte, verhaftet und hingerichtet wurde. Lenin hatte Anschauungsmaterial, wie zu werden und was zu vermeiden es galt, und es gelang ihm, Revolution zu machen, ohne dabei draufzugehen.

Lenin war ein Liebender, Sich-Verbindender, alte Unterdrückungsformen Sprengender, dabei im Männergeschäft Revolution so bewandert, daß auch er Gegner umbringen ließ. Aber er hatte eine Idee, die er zu verwirklichen trachtete. Er war keine Mordmaschine. Sein Leben steht übersichtlich vor der Nachwelt. Er lernte etwas »Richtiges«, Rechtswissenschaft.

Ein Merkmal der Muttersöhne: Sie sind nicht nur als Person grauzonenhaft, in ihren Handlungen mysteriös und widersprüchlich, sie haben auch kein Verhältnis zu den Dingen, sind Dilettanten. Dadurch können sie sich in alles hineindenken und überall schnell einsteigen, brauchen sich nicht festzulegen.

Hitler und Stalin hatten beide nichts »Richtiges« gelernt. Ihr sachlicher Ausgangspunkt war ein künstlerisches Herumprobieren. Hitler malte. Stalin verfaßte Gedichte, in denen er Partei für die von den Russen unterdrückten Georgier ergriff. Als Fünfzehnjähriger schrieb er sein Gedicht »An den Mond«.

»Katja Kabanowa« (Stalin)

»An den Mond

Wandle weiter, o Unermüdlicher ...
Niemals beugst du dein Haupt
Zerstreue die trüben Wolken!
Groß ist die Vorsehung des Allmächtigen.

Lächle zärtlich herab auf die Welt,
Die sich unter dir ausbreitet,
Sing ein Wiegenlied dem Mchinwari,
Der am Himmel hängt.

Und wisse, daß jene, die einst
Von den Unterdrückern gefällt wurden,
Sich wieder erheben werden und von Hoffnung beschwingt
Hoch über dem heiligen Berge schweben.

Und wie du in früheren Tagen,
O Schönheit, durch Wolken geschienen,
Laß jetzt deine Strahlen im Glanz
Des blauen Himmels spielen.

Ich will mein Hemd aufreißen,
Meine Brust dem Monde entblößen
Und mit erhobenen Armen anbeten,
Der sein Licht auf die Erde verströmt.«[4]

Ein Liebesgedicht einer Weiblichkeit an eine Männlichkeit. Der Mond – ursprünglich ein Frauensymbol – wird von Stalin zum Mann gemacht, in drei Strophen seine Eindringlichkeit besungen: der Wandelnde, der Unermüdliche, der Niemals-sich-Beugende, Wolken-Zerstreuende, Zärtlich-Herablächelnde, Seine-Strahlen-im-Glanz-spielen-Lassende. Wie es kommen möchte und mußte, mündet die empfangende Sehnsucht des Sohnes in der Vereinigung mit dem Mond: Hemd aufreißen, Brust entblößen, Arme erheben, anbeten. Und endlich »verströmt« der Mond – »O Schönheit« – »sein Licht auf die Erde«, »die sich unter« ihm »ausbreitet«. Der Hinweis auf die Unterdrückten ist ein Schlenker, eine beiläufige Erwähnung, ein zärtliches Erzählen inmitten des Liebesaktes.

Das Gedicht spiegelt Struktur, stellt Bewegung dar, enthüllt den Wunsch seines Schöpfers nach Vereinigung.

Der junge Stalin kann ein so sich äußerndes und entäußerndes Ich nicht heranwachsen lassen. Gegen Ende seines zweiten Lebensjahrzehnts erstarrt die Bewegung, spaltet sich die Persönlichkeit, zerfällt die seelische Struktur. Am Schluß dieser Ab-Wicklung ist Stalin der grausame, gefühllose Diktator, der umbringen läßt, wen er will. Und er will immer.

> »Große und böse Männer behalten immer einige Charakteristika von mutwilligen Kindern. Stalin hatte bis zu seinem Tod knabenhafte Eigenheiten – er war unruhig, konnte nicht stillsitzen, war launenhaft. Auch sein Geschmack und seine Vorlieben blieben etwas infantil: er liebte das Kino und jene ordinären Bankette in ausschließlich männlicher Gesellschaft, die Milovan Djilas beschrieben hat. Bei dieser Gelegenheit spielte er seinen Stellvertretern und Verbündeten manchmal auch Streiche. Doch die Vulgarität des Josef Dschugaschwili wurde vor der Welt durch die ehrfurchtgebietende Würde Stalins verdeckt.«[5]

Starre, Gespaltenheit und Zersetzung – scheinbare Widersprüche – sind die geballt auftretenden gemeinsamen Merkmale der Überlandverbrecher. Diese Merkmale zeigen sich im Alter von Zwanzig, schwellen an, steigern sich von Jahrzehnt zu Jahrzehnt und kulminieren um das fünfzigste Lebensjahr des Muttersohnes. Wenn der Mensch den Zenit erreicht, im Jahrzehnt seiner Bilanz, hat auch das Chaos seinen Höhepunkt.

Hitler entfesselte mit Fünfzig den Zweiten Weltkrieg und drei Jahre später, 1942, die wüsteste Vernichtungskampagne, die je ein Muttersohn gegen Menschen durchgeführt hat: die Vergasung jüdischer, russischer, polnischer, nomadisierender Menschen.

Wilhelm II. ließ es mit Fünfundfünfzig zum Ersten Weltkrieg kommen, in dem er bis zu seinem Untergang als politische Figur verklebt blieb.

Stalin übernahm mit Neunundvierzig die absolute Macht und tötete im russischen Volk herum wie vor ihm kein Zar. Die Löchrigkeit seiner Person kommt zum Ausdruck im unaufhörlichen, vor allem im unsystematischen Morden. Er starb über einer eingeleiteten neuen »Säuberung«. Hitlers Töten zeigte noch eine Spur von »System«, seine Angriffe richteten sich gegen politische Feinde und Volksgruppen, die er haßte. Jeder im Lande wußte, auf wen er es abgesehen hatte. Stalin tötete alles. Kein Freund war sicher. Mit einer Ausnahme brachte er alle Mitglieder der ersten bolschewistischen Regierung um. Er griff in das Schicksal anderer Menschen ein, indem er an ihnen seine Tötungslaunen ausließ. Er foppte Genossen, für deren Gesundheit er sich verwendete und die er kurz nach ihrer Genesung umbringen ließ. Er rief plötzlich Bürger telefonisch zu Hause an, fragte die zu Tode Erschrockenen freundlich nach ihrer Arbeit, wünschte ihnen Glück. Die Ausgezeichneten wähnten sich im Schutz und wurden nach ein paar Wochen zu ihrem letzten Gang abgeholt. Stalin verhöhnte seine Opfer. Er machte aus seiner blutigen Verfolgung Karneval.

Stalin wurde zu seinen Taten von der typischen Muttersohndynamik angetrieben: Vaterhaß (Männerhaß) und Lebenshaß, gespeist aus nicht bewältigter Mutterablösung. Zusammenhänge, Entwicklungen, die Revolution, Befreiungsideen, Programme, Kontinuität – alles wird kaputtgemacht. Die Ziele und Errungenschaften der Oktoberrevolution werden verraten, extremstes Beispiel ist Stalins mit Hitler geschlossener Nichtangriffspakt – für die maßlosesten Muttersöhne der Geschichte der äußerste Verrat ihrer vorgeblichen Gesinnungen.

Die beiden Frauen, die mit Stalin in nähere Berührung kamen, starben, die erste seelisch und körperlich zerrüttet, die zweite in den Selbstmord getrieben, oder möglicherweise von ihm umgebracht. Sie wurde nach einer Auseinandersetzung mit Stalin am Morgen des darauffolgenden Tages erschossen aufgefunden. Ein

Dunkel herrscht hier wie bei Hitler. Die Tochter Stalins, Swetlana Allilujewa, behauptet, ihr Vater habe sie als junges Mädchen geliebt. Aber was nach Liebe aussah, war Turtelei, Zurschaustellen von Gefühlen. Stalin nahm Swetlana in Beschlag, zog sie in seine innere Leere hinein, aus der sie niemand herausreißen sollte. Ihren ersten Bräutigam ließ er verbannen. Seine Söhne haßte er. Den ersten trieb er in den Tod, den zweiten in den Zusammenbruch.

Wie Hitler war auch Stalin nicht fähig, sich unter Männern als Genosse, als Kollege zu verhalten. In ihrer Jugend waren beide Außenseiter, die gehänselt wurden. Später konnten sie nur anführen, wie sie es von sich selbst behaupteten. Auch bei Stalin kommt die Bezeichnung »Führer« vor, ebenso die Überheblichkeit, auserwählt worden zu sein durch eine sogenannte »Vorsehung«. Stalin benutzte dieses Wort schon in seinem Gedicht »An den Mond«.

Er identifizierte sich mit zwei georgischen Supermännern, mit Turiel, Held in einem georgischen Epos aus dem 13. Jahrhundert, und mit Koba, einem Einzelsieger in einem Abenteuerroman des 19. Jahrhunderts. Koba gehörte zu den Vorlagen, deren Name er eine Zeitlang verwandte.

Turiel und Koba sind wie Stalin keine Führer, sondern Verführer. Sie ziehen Männer in den Sog ihrer sphinxischen Faszination, um unzählige zu vernichten. Turiel watet durch das Blut von Tausenden Männern. Die Unaufhörlichkeit des Mordens wird mit Gedanken gestützt, die in der Geschichte des Buches selbst keine Rolle spielen: Liebe, Treue, Leben. Zum Schluß werden diese drei Begriffe an die seitenlangen Blutverrichtungen nur so angepappt wie die Floskeln von der »Revolution«, dem »Kommunismus«, der »Arbeiterklasse«, der »Partei«, mit denen Stalin seine Reden und Schriften vor und nach seinen Menschenvernichtungen immer wieder verziert hat.

Er hatte nicht gelernt, sich mit Männern zu messen. Er konnte sich nur einschleichen und wegstehlen. Er machte immer alles von hinten. Er ließ die Mitglieder des Politbüros ermorden, brachte fast die gesamte Generalität um. Er führte für Kinder vom zwölften Lebensjahr an die Todesstrafe ein. Er tötete seine besten

Freunde und engsten Mitarbeiter. Sein Freund-Feind-Verhalten war auch im staatspolitischen Bereich wirr. Er verband sich mit Hitler, dessen Erzfeind er hätte sein müssen. Er griff später Churchill als Erzverräter an, mit dem er jahrelang gemeinsame Sache gemacht und freundschaftlich korrespondiert hatte. Fast wäre das Wort »natürlich« angebracht, wenn die Rede auf Stalins Antisemitismus kommt, weil dieses spezielle Vernichtungstrachten viele Muttersöhne kennzeichnet, die sich an »dem Juden«, dem Wahrzeichen der Struktur, die für sie unerreichbar ist, vergreifen müssen.

In Stalins Töten kam das Molochhafte am extremsten zum Ausdruck. Nicht mehr nur Personen oder Gruppierungen, die gegnerisch waren oder hätten werden können, ja, die nur vorsichtig und abwartend gewesen wären, sondern Menschenmengen in festgesetzten Zahlen mußten ihr abruptes Ende hinnehmen. Während der großen »Säuberung« 1937/38 wurden Telegramme verschickt, die die Quote der wahllos »auszusondernden« Opfer angaben: »An NKWD ... Sie werden hiermit beauftragt, 10 000 Feinde des Volkes zu exterminieren. Melden Sie Resultat durch Signal.«[6]

Stalins Staatsterroraktionen sollen ungefähr sieben bis zwanzig Millionen Menschen das Leben gekostet haben.

Über den Bluttaten gespenstern Wörter, die teilweise an das Hausfrauendasein erinnern: »Beschränkung«, »Verzicht«, »Eliminierung«, »Exterminierung«, »Liquidierung«. Stalin verlangte von seinen ehemaligen Mitkämpfern und später hohen Funktionären der Partei »Entsagung«, nötigte ihnen ein Ritual der Erniedrigung und Selbstverleugnung auf. In den Schauprozessen mußten die Abgeurteilten Tiraden von Selbstbeschuldigungen von sich geben. Es gelang ihm, aus dem russischen Volk ein eingesperrtes, geducktes Wesen zu machen, das sich noch heute nicht frei bewegen und das Land verlassen kann.

Verfolgungsangst, unter der der Schizophrene leidet, verbreiteten Stalin und Hitler unter ganzen Völkern. Sie setzten ihre eigene Angst nach außen und muteten sie ihrem gesamten Einflußbereich zu. Was sich beim klinischen Fall der Paranoia im Innern eines Patienten abspielt, das wird im politischen Fall der Paranoia der Außenwelt aufgezwungen.

Stalin und Hitler hätten nicht so unumschränkt töten können, wenn sie nicht in ein Geflecht von Männerbeziehungen eingebunden gewesen wären, das sie und ihre Mittäter knüpften, bis es unzerreißbar war. Niemand stoppte Stalin. Daß er umgebracht worden sein soll, ist ein Gerücht, ein retrospektiver Wunschtraum. Er starb wahrscheinlich den friedlichen Rentnertod des Schlaganfalls, wurde mitten aus dem Morden gerissen.

Hitler hätte es ihm gleichgetan, er beging aber den außenpolitischen Fehler, die ganze Welt in einen Krieg zu verwickeln. Deutsche Männer haben ihn nicht abgeschafft. Die Attentatsversuche waren so kleinlaut, daß sie über Lippenbekenntnisse und konfuse Vorbereitungen kaum hinauskamen.

Auch Napoleon wurde von außen gestoppt. Russen, Schweden, Spanier, Deutsche, Engländer wiesen ihn in die Schranken, und die Engländer setzten ihn nach dem mißlungenen Versuch auf Elba in einer zweiten, absolut sicheren Verbannung auf St. Helena fest.

Das Männerumfeld der Diktatoren ist hypnotisiert, so lauten bisher alle Erklärungen für die massenhafte Gefolgschaft. Es bedarf solcher Tiefenwirkungen nicht. Was als hypnotische Kraft erscheint, ist simpler.

Die herausragenden Muttersöhne passen in die Männermassengeschehnisse so genau hinein, daß sie immer wieder breiten Widerhall finden können. Sie sind die Eisbergspitze unzähliger Muttersöhne. Gesellschaftlich zurückgezogene Hausfrauenmütter und in den Männeraußenbereichen sich verflüchtigende Arbeitsmannväter ziehen Jungen zu Millionen auf. Die Schläger- und Verwesertrupps der Nazis waren Horden von vaterermangelnden Söhnen.

»In der gesamten NS-Führung waren es ... die Experten der Gewalt, die zur Spitze aufstiegen. ›Der vorherrschende Zug bei ihnen allen war Brutalität. Göring, Goebbels, Himmler, Heydrich ... dachten und empfanden nur in Gewalttaten.‹
›Heydrich saß hinter seinem Schreibtisch – eine große imponierende Gestalt mit einem langen, schmalen Gesicht und einer ungewöhnlich hohen Stirn. Weniger einnehmend waren die lange, scharfe Nase und die unruhigen, schrägen Augen ... frappierte mich seine Stimme – sie war für den großen, starken Körper viel zu hoch. Die breitausladenden Hüften gaben seiner hohen Gestalt einen etwas femininen Einschlag. Und die stark aufgeworfenen Lippen schienen mir einen seltsamen Widerspruch zu den langen Händen zu bilden, deren Finger fast wie Spinnenbeine wirkten. Seine Stimme klang nun abgehackt ...‹«[7]

Die Brutalität der Jungmannschaften des Dritten Reichs speiste sich nicht nur aus einem persönlichen, sondern auch aus einem historisch-politischen Vaterverlust. Zehn Millionen tote Männer im Ersten Weltkrieg heißt, daß Millionen Jungen ihre Väter verloren. Weitere Millionen Söhne erlebten zu Hause einen angeschlagenen, körperlich verstümmelten, seelisch irritierten und in Deutschland noch zusätzlich politisch gedemütigten Vater. Die Tötung und Schwächung der Väter durch den Ersten Weltkrieg hatte ein solches Ausmaß erreicht, daß eine besonders blutrünstige Sohnesgeneration heranwuchs: SA, SS, Hunderttausende Klein- und Großquäler, Denunzianten und Endlösungsbeteiligte.

Hinzu kam, daß in Deutschland und Rußland alte Systeme aus den Angeln gehoben worden waren: Ende des Kaiserreichs und seines Militärapparats, Abschaffung der Zarenherrschaft. Eine jahrhundertealte Vatertradition wurde abgebrochen. Heranwachsende Jünglinge konnten nicht mehr auf hergebrachte Vorbilder eingeschworen werden. Und für Männer war es schwer zu ertragen, daß ihre alten Führer und Richtungsweisenden, auf die sie hingedrillt worden waren, mit einemmal abgetakelt wurden. Sie sehnten sich nach neuen Inkorporationen von Spitzen.

»Die Liebenden« (Goebbels und Hitler beim Mittagessen)

Einer ähnlichen gesellschaftlichen Situation begegnete Napoleon um 1800, zehn Jahre nach der Französischen Revolution. Die alte Herrschaftsschicht des Adels war entthront, geköpft und vertrieben worden. Die bürgerliche Gruppierung revoltierender Männer schuf erst einmal Chaos. Die Verbündeten zerfleischten einander. Richtungskämpfe und die »Reinheit der Lehre« brachten mehr ehemals Unterworfene aufs Schafott, als frühere Unterdrücker durch die Revolutionäre enthauptet wurden. Die Sehnsucht nach einer ordnenden Vaterfigur keimte erneut auf, schwoll an und machte die Männer bereit, sich einem durchgreifenden Obermohr unter neuen Vorzeichen auszuliefern.

Der kometenhafte Aufstieg von Totalherrschern wie Hitler, Stalin und Napoleon ist möglich, weil sich viele Muttersöhne mit ihnen identifizieren, sich im Kleinen ähnlich wie sie verhalten und die Taten der Großen abstützen. Aber der Zulauf der Muttersöhne zu Muttersöhnen geschieht auch aus einem Mißverständnis. Die herausragenden Herrscher oder Machthaber werden von der Masse als dringend gebrauchte Väter mißdeutet, was leicht geschieht, da die Führer sich so darstellen. Sie suggerieren »eiskalt« und »knallhart« Klarheiten, Perspektiven, Marschrouten, Unabänderlichkeiten, denen Millionen Vatersehnsüchtiger sich fügen. Daß hinter der Härte Mus ist, wird meist erst von der Nachwelt enttarnt.

Auch die sichtbaren Muttersöhne beziehen sich schwärmerisch und mit falschen Vorstellungen aufeinander. Das erste Aug-in-Auge mit Hitler entfachte in Goebbels »Romeo-und-Julia«-Hitze.

»Das ist kein Redner. Das ist ein Prophet!
Schweiß läuft ihm in Strömen von der Stirne. In diesem grauen, bleichen Gesicht wettern zwei glühende Augensterne. Die Fäuste ballen sich ihm. Wie das jüngste Gericht donnert Wort um Wort und Satz um Satz.
Ich weiß nicht mehr, was ich tue. Ich bin wie von Sinnen. Ich schreie Hurra! Keiner verwundert sich darüber.
Der da oben schaut mich einen Augenblick an. Diese blauen Augensterne treffen mich wie Flammenstrahlen. Das ist Befehl!

»Die zwei Schwestern« *(Mussolini und Hitler)*

Von diesem Augenblick an bin ich wie neugeboren ... Ich weiß, wohin mein Weg geht. Der Weg der Reife ... Ich bin wie berauscht ... Ich weiß nur noch: ich legte meine Hand in eine klopfende Männerhand. Das war ein Gelöbnis fürs Leben. Und meine Augen versanken in zwei großen, blauen Sternen.«

»Ich danke dem Schicksal, daß es einen solchen Mann gibt! ... Er ist das schaffende Werkzeug des Schicksals und der Götter. Ich stehe tief ergriffen an seiner Seite ... So ist es ... Ich erkenne ihn bedingungslos als meinen Führer an ... Er ist so tief und mystisch. Er weiß die unendliche Wahrheit auszudrücken ... Er ist wie einer der Propheten des Altertums. Und im Himmel scheint eine große weiße Wolke die Form eines Hakenkreuzes anzunehmen. Ist dies ein Zeichen des Schicksals? Wieviel elementare Kraft geht doch von diesem Manne im Vergleich zu den Intellektuellen aus! Und obendrein diese überwältigende Persönlichkeit! ... Mit einem solchen Mann kann man die Welt erobern. Mit ihm fühle ich mich tief verbunden. Meine Zweifel schwinden ... Ich würde es nicht aushalten, an diesem Manne zweifeln zu müssen. Deutschland soll leben. *Heil Hitler!*«[8]

Joseph Goebbels

Mussolini setzte auf Napoleon und auf sonst gar nichts. Seine Frau Rachele Mussolini will jeden Morgen zum Diktator gesagt haben: »Denk an Napoleon, Benito!« Sie meinte es als Warnung: Paß auf, daß dir nicht wie dem Korsen alles in Nichts zerrinnt! Hitler zog sich an Friedrich II. hoch. Stalin fuhr nieder auf das russische Volk wie sein Vorbild, Muttersohn Turiel, der georgische »Ritter im Leopardenfell«.[9]

Napoleon widmete drei Vorläufern lange Abhandlungen: Friedrich II., Turenne und Cäsar. Er liebte Friedrich II., als sei der seine einzige Habseligkeit, hatte wie Hitler in seinen Arbeitszimmern eine Büste vom Preußenkönig plaziert, erbebte in Potsdam beim Anblick des königlichen Degens und schleppte in seine letzte Verbannung nach St. Helena eine von Friedrich benutzte Uhr.

Der Marschall Philippe de Champaigne, Vicomte de Turenne, war der berühmteste General des neuzeitlichen Frankreichs, klas-

»Die Cousinen« (Hitler und Franco)

sischer Muttersohn, minderjährig vom früh gestorbenen Vater verlassen, unter der Vormundschaft der Mutter aufgewachsen, zog als Pubertierender in den Krieg, war mit Fünfzehn schon Führer, tobte sich fünfzig Jahre auf Europas Schlachtplätzen aus. Spanien, Holland, Belgien und immer wieder Deutschland ließ er bluten. Vom Dreißigjährigen Krieg bis zu den Eroberungszügen Ludwigs XIV. war er unermüdlich, bis ihn fünfundsechzigjährig eine Kugel tödlich traf. In Gedanken an Turenne verstieg sich Napoleon: »Hätte ich einen Mann wie Turenne gehabt, um mich bei meinen Feldzügen zu unterstützen, ich würde der Herr der Welt geworden sein.«[10]

Cäsar, der dem Verfahren, ein Weltreich zu errichten, den Namen gab, auf den sich alle Nacheiferer beriefen – was konnte er anderes sein? Auch er entfaltete seine Universalgewalt aus seiner Bindung an seine Mutter. Napoleon stöhnte zu ihm auf: »Welcher Mensch würde nicht erdolcht werden wollen unter der Bedingung, Cäsar gewesen zu sein. Ein schwacher Strahl seines Ruhms würde überreichlich für einen frühzeitigen Tod entschädigen.«[11] Napoleon feuerte Goethe an, ein Drama über Cäsars Tod zu schreiben: »Die Welt soll einmal sehen, welches Glück ihr ein Cäsar hätte bringen können, wenn man ihm Zeit gelassen hätte, die Pläne seines hochfliegenden Geistes in die Wirklichkeit umzusetzen.«[12]

»Die Welt« hatte schon genug gesehen, sie war unter der Lavamasse Cäsar erloschen. Dutzende Schlachten vernichteten Völker und Kulturen. Cäsar tobte sich aus in Gallien (zehn Jahre), Germanien, Belgien, Britannien, Spanien, Ägypten, Griechenland, Afrika, Italien (fünf Jahre Bürgerkrieg). Die Zahl der Toten überschreitet die Millionengrenze, schon damals. Cäsar nutzte nicht nur jede Gelegenheit zum Kriegführen, er richtete sie für sich ein, überfiel befreundete und mit Rom verfeindete Nachbarn, bestimmte das sogenannte »Schicksal« anderer Nationen, bis Europa unter ihm lag.

Wie Hitler, Stalin und Napoleon war Cäsar in seiner Jungmännerzeit gestrauchelt, hatte sich lange nicht zu konzentrischer Tat ermannen können: »Beim Anblick des Standbildes Alexanders des Großen... mußte er laut aufseufzen, und wie angewidert über seine eigene Untätigkeit – hatte er doch in einem Alter, in dem Alexander schon die Welt unterworfen hatte, noch nichts Bemerkenswertes geleistet – forderte er sofort seine Entlassung, um möglichst rasch in Rom Gelegenheit zu größeren Unternehmungen zu erhalten. Er war auch in der vorangegangenen Nacht durch einen Traum beunruhigt worden: Ihm hatte nämlich geträumt, er habe seine Mutter vergewaltigt. Die Traumdeuter machten ihm darauf die größten Hoffnungen und behaupteten, das bedeute die Herrschaft über die ganze Welt, da die Mutter, die er im Traume überwältigt habe, nichts anderes sei als die Erde, die ja für die Mutter von allem gehalten werde.«[13]

Goebbels spricht in seinen Tagebüchern nur liebevoll von seiner Mutter, dagegen haßerfüllt von seinem Vater, dem ihm lästigen Ernährer. Der SA-Chef Röhm gab seine Fixierung an seine Mutter kurz und bündig zu: »Meine Mutter ist die beste Frau und Mutter von der Welt. Mehr kann ich als ihr Jüngster, der sie über alles liebt, nicht sagen.«[14]

Der Auschwitz-Kommandant Höß verlor seinen Vater, als er vierzehn war, und schrieb dazu: »Ich kann mich nicht entsinnen, daß dieser Verlust mir besonders naheging... Und doch sollte der Tod meines Vaters meinem Leben einen ganz anderen Verlauf geben, als er es wollte.«[15]

Mit dieser Formulierung traf Höß, ohne es beabsichtigt zu haben, den Knick in seinem Lebenslauf. Cäsar war fünfzehn, als sein unbedeutender Vater starb und der Einfluß seiner starken Mutter noch zunahm.

Der karthagische Feldherr Hannibal, großer Herausforderer Roms und Nacheiferer Alexanders des »Großen« im Weltreich-Errichten und -Verlieren (um 200 vor der Zeitrechnung), lernte seinen Vater erst kennen, als er sechs Jahre alt war.

Der Zusammenhang zwischen Vergewaltigung der Mutter und Herrschaft des Sohnes über die Welt, den die römischen Traumdeuter naiv herstellten, charakterisiert das Muttersohnsyndrom überraschend genau: Der Mutter Gewalt antun, die Mutter überwältigen, sich von der Mutter phallisch abgrenzen, sich aus ihr als eigenständige Person herausschälen – das alles geschieht beim Muttersohn nicht. Und dafür wird »die Welt« in Schach gehalten, niedergezwungen, wird das Leben vergewaltigt. Schon die unsublimierten Vergewaltigungen, die die Männer den Geschlechtsgenossinnen ihrer Mutter antun, resultieren aus der unbewältigten Lösung von ihr.

Gewalt stößt nicht aus Mann hervor, sondern explodiert aus dem Sprengstoff von Nicht-Mann.

Cäsar war die erste Diva seines Staates, um den geläufigen Friedrich-Spruch vom »ersten Diener seines Staates« etwas abzuwandeln. Von Cäsars Frauenwirkung zeugen viele Spottgesänge, und es gibt während Senatsdebatten Passagen in Politikerreden, die Cäsars angekränkelte Männlichkeit verhöhnen. Seine Soldaten hatten bei seinen Triumphzügen Verse auf den Lippen, die seine weiblichen Fähigkeiten und Verzerrungen verhöhnten. Cäsars Stimme war hoch, seine Kleidung herausfordernd, sein Lebensstil pompös, seine Gesten beim Reden waren ausladend. Er trug den Gürtel zu locker, was als Zeichen für Verweichlichung angesehen wurde. Er ließ sich am ganzen Körper rasieren. Um sein ausfallendes Kopfhaar zu verbergen, setzte er sich bei jeder öffentlichen Gelegenheit den Lorbeerkranz aufs Haupt.

Der wesentliche Kitt des Systems, das die herrschenden Muttersöhne, gleich welcher nationalen, wirtschaftlichen und politischen Eigenart ihrer Gesellschaft, errichten, ist ihr Verhältnis zu den Vatersöhnen.

Muttersohngrundiert ist jeder Mann. Aber es fällt bei einer Anzahl von Männern soviel Vaterseele ab, daß auch die Formation der Vatersöhne oder vatersohnprofilierten Männer in die Millionen geht. Wenn diese seelische Ausprägung nur schöpferisches Potential freisetzte und friedliches Verhalten erzeugte, hätten die Muttersöhne so kein leichtes Spiel, gesellschaftliche Desaster zu produzieren. Sie können es nur im Zusammenwirken mit Vatersöhnen.

Nicht nur die Muttertotalität ist schädlich für den Jungen, auch die Vatertotalität. Erzeugt die Mutterbindung Sadismus, schleift die Vaterbindung dem Sohn Masochismus ein.

Die Männergesellschaft ist auf Herrschaft angelegt: Männer herrschen über Männer, Frauen, Kinder, Tiere, Natur. Im politischen Bereich ist diese Herrschaft nicht jedem Mann zugänglich, im persönlichen aber für jeden zu haben. Jeder Mann hat »seine« Frau und »seine« Kinder. Familiäre Vaterschaft heißt Unterwerfung der Frauen und Kinder unter Willen und Taten des Mannes. Sich mit dem Vater zu identifizieren bedeutet für den Sohn, sich ihm auszuliefern. Auch Güteväter wollen etwas Bestimmtes von ihren Söhnen, das sie erfüllen, dem sie sich beugen müssen. Die eingeklemmten, ergebenen Vatersöhne passen zu den ausufernden dirigistischen Muttersöhnen. Zu machen, was befohlen wird, war über zehn, zwanzig Jugendjahre hinweg die Welt der Vatersöhne, so daß die enthemmten Diktatoren bei den sie umringenden Männern auf einen gut vorbereiteten seelischen Boden treffen.

Das geheimste: Zwischen Muttersöhnen und Vatersöhnen flirrt erotische Spannung. Die Vateridentifikation gelingt einem Sohn nur bei verblassender, kühler, sich entziehender Mutter. Sitzt der Muttersohn ewig in Mutter fest, leidet der Vatersohn zeitlebens unter der Unnahbarkeit seiner Mutter. Sehnsucht nach Mutter, nach bestätigendem Angenommenwerden durch eine Weiblichkeit – in diese Stimmung paßt der frauenähnliche, abweisendkalte Muttersohn hinein.

Die Männergesellschaft ist ein Anziehungsgewirr zwischen Vatersöhnen und Muttersöhnen. Die Frauen bleiben ahnungslos draußen, schimmeln als gutmütige Kuchen ihr unbegehrtes Dasein an der Seite beider seelischen Mannformationen dahin. Mutterunterkühlte und Mutterüberfrachtete verknäulen sich ineinander. Stalin, Hitler und Napoleon beherrschten von Anfang ihrer Karriere an die Fähigkeit, Männer zu becircen, sie schufen einen Schmelztiegel zusammenströmender, von Sehnsucht aufgeheizter Männergefühle.

Einer der Fälle erotischen Erliegens, der größte weltgeschichtliche Auswirkungen hatte, spielte sich zwischen Lenin und Stalin ab. Lenin begriff die Gefahr »Stalin« erst in seinen letzten Lebensjahren und konnte sich ihr nicht mehr entziehen. Sein bevorzugter Nachfolger Trotzki, auch ein Vatersohn, war viel zu standhaft, als daß er sich einer solchen Flüssigkeit wie Stalin hätte erwehren können, der schon in Tausende Männerhirne hineingequollen war und über ein Heer von Mitmachern und Gefolgsleuten verfügte, dem Lenin und Trotzki nichts entgegenzusetzen vermochten. Sie waren auch zögerlich und unterwarfen sich am Ende der alles überlaufenden Stalinschen Unerbittlichkeit.

Es gibt Indizien dafür, daß Lenin von Stalin vergiftet wurde. Wenn es der erste Mann des neuen Staates nicht fertigbrachte, sich zu schützen, liegt das nicht an der Situation – er war umfassend beliebt –, sondern an seiner persönlichen Verquickung mit seinem Mitarbeiter und Nebenbuhler Stalin.

Auch Trotzki hatte Durchsetzungsprobleme. Aus jüdischer Familie stammend, hatte er von früh an bis ins Alter von Vierzig einen Vater gehabt, gegen den er sich auflehnte – er heiratete gegen dessen Willen eine Frau eigener Wahl –, an dem er aber auch Sich-Unterwerfen, Sich-Ausliefern und Sich-Zurückhalten geübt hatte. Stalin kannte die eigene Unterwerfung nicht, auch Kompromißbildung, Solidarität, Balancierung waren ihm fremde Verhaltensweisen.

Das Ende einer Muttersohn-Vatersohn-Beziehung gehört zu den Ursachen des Ersten Weltkrieges. Kaiser Wilhelm II., unbeherrscht, kindisch und unvernünftig, wurde zwanzig Jahre gleichsam unschädlich gemacht von seinem nächsten, intimen Freund, dem Vatersohn Philipp Fürst zu Eulenburg. Die beiden lernten sich auf einer Jagdgesellschaft 1886 kennen, zogen einander an und wuchsen zu einer seltsamen Gemeinschaft zusammen. Als Prinz Wilhelm 1888 Kaiser wurde, behielt er Eulenburg für seine politischen und persönlichen Ausschweifungen zwanzig Jahre in seiner Nähe. Wenn kein Berater, keine Beamteninstanz mehr auf den Kaiser einwirken konnte, fand der Zureiter Eulenburg noch einen Griff, ein Raunen, das ungebärdige Pferd Wilhelm zu be-

»Das Ehepaar« (Lenin und Stalin)

schwichtigen, ihm seinen Willen aufzuzwingen. 1907 fiel Eulenburg einer Intrige zum Opfer. Der vielfache Familienvater und treue Ehegatte wurde unzüchtiger Handlungen mit Männern bezichtigt. Der Kaiser ließ seinen Freund augenblicklich fallen und war nach dieser langjährigen Liebesabstützung nicht mehr fähig, gesteuert zu handeln. Niemand dämpfte sein Aufbrausen, bändigte sein Irrlichtern, seine Eruptionen, mäßigte seinen Geltungsdrang, niemand mehr wog die divergierenden Einflüsterungen der Berater ab. Schiff ohne Kapitän – das war Kaiser Wilhelm ab 1908. Und es dauerte nicht lange, da saß seine Ungesteuertheit auf dem Riff Sarajewo. Eulenburg hatte bisher den Einfluß der Militärs auf Wilhelm zurückgedrängt. Allein gelassen entfesselte die Un-Form »Kaiser« 1914 das bis dahin größte Männerverbluten der Welt.

Die Aristokraten des 19. Jahrhunderts hatten einen Wandel durchgemacht. Bis in das 18. Jahrhundert hinein waren sie die kriegerische Klasse gewesen, befehdeten sich gegenseitig, um Macht und Grundbesitz zu vergrößern. Unter dem Eindruck des aufstrebenden Bürgertums begann der Adel, sich hinter seinen Klans zu verschanzen. Er gab die Feindschaft untereinander auf, bei den Gutsherren etablierten sich großbäuerliche Verhältnisse. Die Väter wurden seßhaft. Die Aufzuchtbedingungen der Söhne ähnelten den jüdischen. Pflege der Tradition, der Verwandtschaft, der Sippe und Großfamilie; statt des jüdischen Glaubens an den patriarchalischen Vatergott der Bezug auf das »blaue Blut«, der Nimbus des ehemals ersten Standes, die lange Ahnenreihe, was bedeutete: die gesicherte Vaterabstammung. So wuchsen aus dieser Schicht vatersohncharakteristische Männer wie Eulenburg heran.

Einem solchen Schema entsproß auch Winston Churchill, eine weltpolitische Gestalt, die keinen Massenblutstrom nach sich zog, die die Untergangsspezialisten Hitler und Stalin in Schach hielt.

Wo Adlige sich zu Muttersöhnen entwickelten, wie Friedrich II. und Wilhelm II., hatte eine erzieherische Enge kleinbürgerliche Kindheitsverhältnisse hergestellt. Der Vater Friedrichs des »Großen«, der Soldatenkönig Friedrich Wilhelm I., schirmte seinen

Sohn von allen fremden Einflüssen ab und führte wie der Vater Hitlers ein herrisches Familienregiment – mit dem Ergebnis, daß er sich selbst als Vorbild außer Kraft setzte. Wenn ihn beim Mittagessen das Gelüst überkam, seine Frau zu bespringen, mußte sie sich in Anwesenheit ihrer Kinder auf den Tisch legen, die Röcke hochstreifen und ihr Gesicht mit einer Serviette abdecken. Der Sohn Friedrich schloß sich von klein auf fest an seine Mutter und seine ältere Schwester Wilhelmine an. Ein Zeugnis dieser Verbindung waren ihre Briefe mit Seufzern und Klagen über den grausamen König. Als Friedrich auf der Flucht mit seinem Freund Katte festgenommen wurde und seine Korrespondenz beschlagnahmt werden sollte, eilten Mutter und Schwester herbei und schrieben den größten Teil der Briefe um, damit ihre schlechte Meinung über den Vater dem Despoten nicht zu Augen kam.

»Friedrich wird als König, strenger als sein Vater, alle Preußen zu Soldaten machen, sein Staat wird ein verschanztes Lager sein, mit der einzigen Bestimmung, mehr Land zu erobern. Ebensowenig wie die Menschenrechte seiner Untertanen achtet König Friedrich das Völkerrecht. Er wird während zweier Jahrzehnte das ganze Europa in einen Krieg aller gegen alle stürzen: dies einzig für seinen persönlichen Ruhm und die Vergrößerung des Hauses Brandenburg.

Die jetzt folgende Geschichte des Königs Friedrich hat als erste Voraussetzung, daß er kein deutscher Fürst, sondern im Gegenteil der Feind des Reiches und des Kaisers ist...

Endlich stirbt er, veraltet und vereinsamt, als ein absoluter Fürst im Stil des längst vergangenen vierzehnten Ludwig. Sein einziger Erfolg, die Wegnahme Schlesiens, fällt in seine Anfänge. Der spätere, siebenjährige Krieg trägt ihm nichts weiter ein als den Beinamen »der Große«, für seine Ausdauer im Kriegführen. Als endlich auch er die Waffen niederlegt, haben alle anderen Mitkämpfer und Gegner sowohl ihren wie seinen Krieg seit langem satt. Europa ist verarmt... Deutschland und Preußen sind verwüstet...

Kaum zur Regierung gelangt, dringt er in Schlesien ein, noch bevor sein Ultimatum oder seine Kriegserklärung in Wien sein können...

Er erobert Schlesien ...
Die gelungene Eroberung bleibt fragwürdig. Um sie zu halten, beschließt Friedrich den zweiten schlesischen Krieg, auch wieder bevor Wien ihn unternimmt.«[16]

Wilhelm II. war einem Kinderelternpaar ausgeliefert. Sein Vater, der 99-Tage-Kaiser Friedrich III., stand fast sechzig Jahre, ein Leben lang als Kronprinz, unter der persönlichen Kuratel Wilhelms I., seines einundneunzigjährig gestorbenen Vaters, und unter der politischen Fuchtel Bismarcks. Die Mutter Wilhelms II., die ehemalige Princess Royal Victoria, landentwurzelt und mutterabhängig, schrieb jeden Tag einen Brief nach Hause an die englische Mama. Der Vater Wilhelms, Friedrich III., war blaß, und der Erzieher, ein bürgerlicher Pädagoge, unter dessen Gewalt Wilhelm gestellt wurde, war unangenehm. Beide Männer gaben dem Knaben nichts positiv Eindrückliches zu fassen. Wenn Väter nicht deutlich, nicht beeindruckend, wenn sie nur negativ markant sind, kann sich der Sohn aus der Bindung an seine Mutter nicht lösen, er erliegt dem ihn umgebenden Frauenfeld.

Hitler und Stalin haben in solchem Umfang vernichtet, daß der Geschichtsschreibung an diesen Allesbeseitigern der Atem ausging. Etwas Unheimliches, Unerklärliches blieb an ihnen haften. Sie konnten weder zu Schurken und Bösewichtern gruppiert noch in die Glorie entrückt werden. Das Zerstörungswerk war so umfassend, daß die Nachgeborenen noch immer nicht mit den Aufräumungs- und Sichtungsarbeiten am Ende sind. Hitlers und Stalins Zeitgenossen wurden unter ein Blutgericht einmaligen Ausmaßes gestellt, die nächsten Generationen mit Sühneproblemen belastet und in kultureller Asche ausgesetzt.

Hitler zerstörte das über Jahrhunderte währende jüdisch-deutsche Beieinander, das die Grundlage wurde für eine der bemerkenswertesten Entfaltungen der europäischen Kultur. Dreihundert Jahre gab es in Deutschland keine großen Pogrome mehr. Die Zeit des deutsch-jüdischen Arrangements begann im 17./18. Jahr-

»Auf dem Topf« *(Napoleon im Krönungsornat)*

hundert, hatte Höhepunkte, die bis zu Verschwisterungen führten – Lessing-Mendelssohn-Freundschaft im 18. Jahrhundert, politische Gleichstellung der Juden am Ende des 19. Jahrhunderts, zwölftausend deutsche Männer jüdischer Herkunft fielen im Ersten Weltkrieg. Innerhalb von ein paar Jahren brach Hitler die Entwicklung ab.

Seit Stalin gibt es kaum noch eine stilistisch innovative russische Kunst. In seinem Einflußbereich wurde das Neinsagen abgeschafft, unabdingbare Voraussetzung für die Entfaltung jeder Kunst. Künstlerisch Erneuerndes wird im Ostblock noch immer abgewürgt. Bejahung der Gegenwart und Verklärung der Vergangenheit sind das Gegenteil von Kunst, die aus einer Verneinung der Gegenwart, dem Bruch mit der Vergangenheit und Visionen einer die Gegenwart überwindenden Zukunft heraus entsteht.

Napoleons Vernichten tritt nicht so offen zutage. Er prägt mit seinem Geist eine Epoche, schöpft neues Recht (Code Napoléon) und einen europäischen Stil (Empire), saniert die Wirtschaft, schafft am Anfang seines Einflusses, ähnlich darin Hitler, ökonomische Stabilität. Er entfaltet Glanz, er gründet eine Herrscherdynastie. Viele Schnörkel erweisen sich bei näherem Hinsehen als Blutgerinnsel von Millionen von toten Männern. Fast jedes Jahr seiner Herrschaft bricht er einen Krieg vom Zaun. Napoleon kann nicht an sich halten, es nicht bei dem Erreichten bewenden lassen, kann überhaupt nichts halten. Als junger Mann durchstöbert er Europa, bis ihm mit Siebenundvierzig die Puste ausgeht und er sich von den Engländern nach St. Helena verbannen läßt. In seinen Memoiren schreibt er von sich in der dritten Person. Das soll überhöhend wirken, sagt aber nur: Er hat kein Ich, keine seine Handlungen tragende (»erste«) Person. Auch er watet durch Blut. Sein Rußlandfeldzug endet im ersten überdimensionalen Männerverschleiß Europas – die Vorwegnahme der beiden Weltkriege in unserem Jahrhundert.

Napoleons Schlachten können noch eingebettet im europäischen Nationengerangel wahrgenommen werden. Daher ist seine Blutrunst nicht unmittelbar zu erkennen. Aber die Gehetztheit, das unablässige Kriegführen, die Unfähigkeit, sich mit den Nachbarstaaten zu einigen, all dies deutet auf seine seelische Unstruktur hin. Vertikal wie horizontal trachtet er nach dem Äußersten. Er pumpt sich zum Kaiser auf. So etwas gibt es auf französisch noch nicht. Mit diesem Titel füllt er sich randvoll mit Väterlichkeit. Das aufgeschwemmte Babygesicht guckt aus dem Krönungsprunkkitsch deplaziert hervor. Und er dehnt seinen Einflußbereich bis nach Rußland aus. Schwere Abgrenzungsneurose, neben Paris auch noch Moskau vorsitzen zu wollen!

Hitler und Stalin sind mit Vierzig Masken. Napoleon verwirklicht seine Totalität in jüngeren Jahren. Sein Gesicht übt die Härte noch ein. Ursprünglich schön und weich, umzuckt es später leicht etwas Weinerliches. Wenn der Körper nicht in militärischer Pose erstarrt, schwingt er in Grazie, entgleitet ins Tänzelnde, lockt mit den Hüften, biegt sich in Begegnungsgemälden auf seine Partner zu.

Es verlangt den kleinen Korsen nach der Berührung von alter angestammter Hochherrschaft. Mit Zar Alexander I. trifft er sich in Tilsit auf einem Floß im Njemen. Wie Liebe sieht es aus, wenn er sich über den »schönen, guten, jungen Kaiser«[17] äußert. Er verlebt in dessen Nähe seine eingestandenermaßen glücklichste Zeit: Als einsamer Sieger schaukelt er eine Weile zwischen den europäischen Machtgestalten hin und her.

Seine Frauen verflacht er zu Oblaten, sie werden, wie Josephine, von fern angeschmachtet und äußerst knapp angeliebt, wenn er in ihrer Nähe ist. Mit Marie-Louise, der Tochter des österreichischen Kaisers, beschläft er wohl weniger eine geliebte Frau – er kennt sie vor der Hochzeit nicht –, als vielmehr sich selbst im Status des Schwiegersohns des Oberhauptes der ältesten europäischen Dynastie. Die polnische Geliebte Maria Walewska möchte ihm gern nach der kurzen Affäre in Warschau auf die Insel St. Helena folgen. Napoleon winkt ab. Er will, so kalt, wie er ist, verbleichen, allein, nur unter seinen letzten wenigen Männergetreuen.

Seine Gefühle sind mit Neunundzwanzig »abgestorben«, das

Leben kommt ihm »ausgeschöpft« vor, Ruhm findet er »schal«, seine Größe »langweilt« ihn.[18] Er tut so, als höhle das Schicksal ihn aus, er ist es aber selber, der Leere hinterläßt, weil er leer ist. Auf St. Helena beteuert er, niemanden außer seiner Mutter geliebt zu haben. Er rast als Endzwanziger in Italien und Ägypten herum, wundert sich, daß seine erste Frau, Josephine, ihm in seiner Abwesenheit untreu ist, steigert sich in eine Fernliebe hinein und tötet derweil um sich herum in seiner Nähe. Beim Verlassen von Akkon befiehlt er, die Ernte zu verbrennen und die verwundeten türkischen und syrischen Gefangenen zu erschießen. Er macht Friedensversprechungen – Lippenbekenntnisse –, denen wie bei Hitler täglich seine Taten widersprechen: »Solange ich lebe, wird Frankreich Frieden haben. Zwei Jahre nach meinem Tod wird es mit der ganzen Welt im Kriege sein.«[19] Es ist umgekehrt. Er bringt Frankreich zu seinen Regierungszeiten mit der »ganzen Welt« in den Krieg, der erst mit seiner Abdankung gestoppt werden kann. Er läßt es nach seinem Verschwinden geschrumpft und geschwächt zurück. Phrasen durchziehen seine Reden. Wie Kaiser Wilhelm II. übertourt er verbal: »Wollt ihr mit mir heute und morgen gute Franzosen sein?« fragt er seine Gefolgsleute und schweift dann in eine alte Männerhohlheit ab: »Und wenn sie ja sagen, zeige ich ihnen den Weg der Ehre.«[20] Der Weg der Ehre ist der Weg des Bauchaufschlitzens.

Denken, lehren, wissen, kritisieren – all das liebt Napoleon nicht: »Gelehrte und Intellektuelle sind für mich wie kokette Damen; man sollte sie besuchen, mit ihnen schwatzen, aber sie weder heiraten noch zu Ministern machen.«[21]

Germaine de Staël, die sein Macho-Gehabe durchschaut, muß das Land verlassen.

Königin Luise von Preußen schreibt 1808 an ihren Vater: »Dabei ist er ohne alle Mäßigung, und wer nicht Maß halten kann, verliert das Gleichgewicht und fällt.«[22]

Der Vatersohn Goethe ist in den Muttersohn Napoleon sofort verliebt. Und die Liebe hält. Goethe schwärmt noch 1828 zu Eckermann: »Da war Napoleon ein Kerl ... Sein Leben war das

Schreiten eines Halbgottes von Schlacht zu Schlacht und von Sieg zu Sieg..., weshalb auch sein Geschick ein so glänzendes war, wie es die Welt vor ihm nicht sah und vielleicht auch nach ihm nicht sehen wird.«[23]

Leider mußte die spätere Welt mit Stalin und Hitler zweimal auf Glanzlichter des Todes schauen, die das von Napoleon weit in den Schatten stellten. Wieder waren es, ähnlich Napoleon, »kleine Leute«, gesellschaftliche Außenseiter und Angehörige anderer Völker (Hitler Österreicher, Stalin Georgier, Napoleon Korse), die in einen fremden Organismus eindrangen, einen Prozeß der Umstrukturierung nutzten und mit nicht zu bändigender Todeswut eine Entwicklung zurückdrehten.

Auch Napoleon will schon das Geistesleben saubermachen, verbietet Zeitungen, läßt Veröffentlichungen nicht zu, die »der Achtung vor dem sozialen Frieden, der Souveränität des Volkes und« – Abrutsch in Blutinteressen – »dem Ruhm der Waffen schaden« könnten.[24]

Die französische Literatur bricht zusammen. »Keine andere Regierung Frankreichs hatte das geistige und künstlerische Leben ihrer Zeit so erstickt.«[25] Die Zensur regiert. Napoleon strebt »vor allem Größe an, die immer herrlich und schön ist«.[26] Wie Hitler und Stalin ist er vom Monumentalen und Pompösen fasziniert. Dieser Hang, mit staatlichen Machtmitteln durchgesetzt, hat »jede Inspiration versiegen lassen, jede Form der Unabhängigkeit erstickt und die großen Gattungen des 18. Jahrhunderts in das offizielle Modell gepreßt«.[27] Auch darin Vorläufer Hitlers, bekennt Napoleon: »Ich habe die kleine Literatur auf meiner Seite und die große gegen mich.«[28]

Der Oppositionelle Chateaubriand zog die Summe: »Die Natur schuf ihn ohne Liebe und Mitleid... Geboren, um zu zerstören, trägt Buonaparte das Böse so natürlich in sich wie eine Mutter ihr Kind, mit Freuden und einem gewissen Stolz.«[29]

Auch Kleist – das früh vater- und mutterlose Mann-Frau-Doppelwesen – erfühlt den Kern dieser militanten Unheimlichkeit, hält Napoleon »für einen verabscheuungswürdigen Menschen; für den Anfang alles Bösen und das Ende alles Guten; ... als einen der Hölle entstiegenen Vatermördergeist, der herumschleicht in dem Tempel der Natur und an allen Säulen rüttelt, auf welchen er gebaut ist«.[30]

Und dieser »Anfang alles Bösen« sollte in Letizia Ramolino wurzeln, der Tochter eines korsischen Beamten, die mit vierzehn – sie selbst behauptet mit dreizehn – Jahren den achtzehnjährigen Carlo-Maria Buonaparte (später französisiert zu Charles-Marie Bonaparte) heiratet?

Für Hitler und Stalin ist der Beginn des Lebens so in Tod eingebettet, daß die aufwachsenden Jungen fast nichts anderes als Tod lernen konnten: bis zum Brutkasten zurückgeschraubte Frau, brutal enthemmter Mann, Verpuppung Mutter, Sozialdolch Vater, Geburt – Tod, Geburt – Tod, Geburt – Tod, und dahinein die kleinen Adolf und Jossif. Dieser Anfang ist böse, gebar den »Anfang alles Bösen«.

Von Letizia und Charles-Marie läßt sich nichts vergleichbar Toderfahrenes berichten. Dreizehn Geburten hat die Mutter, acht Kinder werden groß. Napoleon ist eingebettet, hat einen älteren Bruder und drei jüngere, dazu drei Schwestern. Hymnische Biographen schwärmen von Napoleons »glücklicher Kindheit«. Seine Brüder werden »normale Männer«, lassen sich vom berühmten Mitglied der Familie herumschwenken und auf europäische Throne setzen. Kein Selbstlauf mörderischer Taten ist von ihnen bekannt. Übliche menschliche Schlechtigkeit zeichnet sich in ihrem Gebaren ab, nicht jedoch entgrenzende Blutrunst.

Letizia Bonaparte war Hausfrau. Sie soll mit ihrem Mann, der während der ersten Ehejahre in Kämpfe um die korsische Unabhängigkeit verstrickt war und immerhin früh unglücklich starb – mit neununddreißig Jahren an Magenkrebs –, glücklich verheiratet gewesen sein. 1778 wurde er als Deputierter seines Landes an den französischen Hof gerufen.

Lange Abwesenheit des Gatten, Wiedersehensfreude, Zeugung eines Urlaubskindes, Verschwinden des Mannes zu neuen Auswärtsaufgaben. So lief das »Glücklich-Verheiratet« ab.

Von seinem neunten bis zu seinem siebzehnten Lebensjahr besucht Napoleon Militärschulen in Frankreich, verbringt danach bis zu seinem dreiundzwanzigsten Geburtstag Jahre des Trödelns und Herummachens auf Korsika.

Seine Mutter bekommt später den verräterischen Namen »Madame Mère«. Sie ist nichts als Mutter gewesen, eine beeindrukkende, schwebt über dem Sohn, ist Zentrum des berühmten Krönungsbildes von Louis David, obwohl sie wegen einer Laune ihrem Sohn am wichtigsten Tag seines Lebens nicht die Ehre gegeben hat und der Feier fernblieb. Sie wiederholt gern den Untergangssatz: »Wenn das nur gutgeht auf die Dauer!« Sie unkt besonders zu einem Zeitpunkt, zu dem der Sohn bewahren und festigen müßte und es sich abzeichnet, daß es nicht gut ausgehen wird.

Napoleon hat alle Muttersohnqualitäten bekommen, die ihm erwuchsen ohne Beiwerk brutaler Vaterentäußerung. Er leidet auch nicht unter körperlichen Schwächen oder geschlechtlichen Gebrechen wie Friedrich II., Hitler, Stalin, Wilhelm II., Göring, Goebbels, Himmler.

An Napoleon ist deutlich zu machen, wie leicht das Prinzip »Madame Mère« die Mannwerdung vereitelt. Ein vierzehnjähriges Mädchen ohne Handlungs- und Liebesprofil wird dem Krater Mutterdasein ausgesetzt. Da kann eine Frau noch so sehr »glücklich« sein – was nichts anderes heißt, daß sie sich mit den Gegebenheiten arrangiert –, sie ist einer Gewalttat unterworfen, wenn sie in diese ausschließliche Funktion überführt wird, Mutter der Kinder des (geliebten) Mannes zu werden. Ohne gesellschaftliche Selbständigkeit erlebt zu haben, verstümmelt diese Funktion sie. Und Gewalttat und Verstümmelung wirken bei dem einen Sohn mehr als bei dem anderen.

Napoleon ist noch kein Universalverbrecher wie die Muttersöhne des 20. Jahrhunderts. Er dankt selbst ab, hat jedoch das Auf-dem-verlorenen-Posten-Sein, das Muttersöhne kennzeichnet und aus dem sie die Welt zum Verlieren zwingen, deutlich in den fünf Jahren seiner Verbannung ausgelebt und dargestellt.

Der Maria-Theresien-Taler...

... hat bei allen Münzsammlern einen guten Ruf. Sicherlich wird auch der Erzfeind der Kaiserin, Friedrich der Große, vom Glanz des respektablen Silbers geblendet gewesen sein. Daß er daraufhin gewissermaßen aus purem Neid den Pfandbrief erfunden hat, ist historisch nicht richtig.

Richtig ist, daß nicht alles Gold sein muß, was glänzend ist.

Pfandbrief und Kommunalobligation

Meistgekaufte deutsche Wertpapiere - hoher Zinsertrag - bei allen Banken und Sparkassen

Verbriefte Sicherheit

Söhne von Herrscherinnen sind keine Blutmänner. Joseph II., der Sohn Maria Theresias, war einer der aufgeklärtesten regierenden Fürsten seiner Zeit. Zar Paul I., der Sohn Katharinas, war unauffällig. Ludwig XIII., der Sohn Maria Medicis, Königin von Frankreich nach der Ermordung ihres Mannes, Heinrichs IV., war trotz des frühen Todes des Vaters im zehnten Lebensjahr des Sohnes ein harmloser Herrscher.

Die Kindheit Napoleons spielte sich im kleinadligen Beamtenmilieu ab, das ähnliche Bedingungen schuf wie das bürgerliche Aufwachsen und die Kinder näher an die Mutter heranrückte, der der Hauptanteil der Seelenbildung zufiel.

Bei welchem Kind sich die Verstümmelung der Frau in der zugespitzten Rolle, sich aufopfernde Mutter der Kinder zu sein, am übelsten auswirkt, bleibt in den irrationalen Übertragungs- und Wiederholungsmechanismen verborgen. Wenn Letizia ihren Sohn Napoleon am meisten »liebt«, dann ist er ihr am nächsten. Seine außergewöhnliche Stellung kommt schon durch seinen Namen zum Ausdruck. Seine Brüder heißen Joseph, Lucien, Jérôme und Louis. Das sind gebräuchliche Namen von Männern, mit denen es den Brüdern leichter gelingt, ins Männliche hineinzuschlüpfen, als mit dem ausgefallenen »Napoleon«. Seine Mitschüler auf der Militärschule verballhornen seinen Namen, den er mit korsischem Akzent »Napolioné« ausspricht, zu »Strohnase« (französisch: »La-paille-au-nez«). In der Unbarmherzigkeit kindlicher Wahrnehmung stecken die Tatsachen. Die Jungen vergreifen sich an Napoleons Nase. »An der Nase des Mannes erkennst du den Johannes!« Nase aus Stroh, Mann auf Sand.

Für die Mutterbindung Napoleons sind vier Ursachen verantwortlich:
1. Die Unberechenbarkeit und Macht der Mutter

Napoleon erscheint mehr gebunden als seine Brüder, die in befriedigenden Beziehungen mit Frauen leben können. Er bekennt auf St. Helena, daß er »nie wahre Liebe empfunden« habe, »vielleicht mit Ausnahme für Josephine ein bißchen, und das auch nur, weil ich siebenundzwanzig Jahre alt war«.[31] Seine Affären mit Frauen haben keine Bedeutung für sein Leben. Zugleich gesteht er den großen Einfluß seiner Mutter auf seine Kindheit: »Ich fühlte mich von meiner Mutter getragen. Ich verdanke ihr alles. Sie flößte mir meinen Stolz ein und lehrte mich meine Vernunft.«[32] Er pflegt in einer Mischung aus Bewunderung und Entrüstung zu erzählen, wie seine Mutter ihn einstmals zur Strafe für das Nachäffen seiner Großmutter gezüchtigt hat.

Als der Vater stirbt, wird Napoleon ihr Berater und der Manager der Familie. Zwischen Siebzehn und Dreiundzwanzig lebt er hauptsächlich auf Korsika bei der Mutter, führt sie später nach Paris, wo sie über all seinen Unternehmungen thront.

Warum Letizia Bonaparte diesen Sohn »besonders liebt« – was verschleiernd sagt: an sich bindet –, versteckt sich hinter der Undurchschaubarkeit des Mutter-Kind-Geschehens. Napoleon sieht ihr ähnlich – mehr als seine Geschwister –, dem Vater nicht. »Ihr ähnlich« heißt auch ihrer Mutter, ihrem Vater, ihren Geschwistern, ihren Großeltern ähnlich. Diesen ähnlich bedeutet für Letizia das Aufflammen unbewältigter Ursprungskonflikte, die ihr über den Sohn wieder hochgespült werden. Sie muß sie in der Verstrickung mit ihm austragen.

Letizia Bonaparte wird in der biographischen Literatur als Heroin gehandelt: Mutter des Kaisers, Mutter von Königen, aufopfernde Mutter, überhaupt Mutter. Mutter? Ein Verzierungswesen mit Talmiseele. Maria Theresia und Katharina der Großen nah soll sie gewesen sein. Sie ist Mitte Dreißig, als ihr Mann stirbt. Über fünfzig Jahre verlängert sie sich ihr selbstloses Dasein. Sie hält sich aufrecht allein über die von der Männergesellschaft hochdotierte Position Mutter. Keine Leidenschaft für einen Menschen überkommt sie in den vielen Jahrzehnten, keine Tat führt sie aus dem Horizont ihrer Familie heraus. Perfekt inszeniert sie ihre abgeleitete Existenz, zuerst die von ihrem Mann, alsdann diejenige von ihren Kindern. Kein Zeitgeist entspringt ihrem Kopf, kein sinnliches Gefühl ihrer Brust, nur Rolle entrollt sich ihrem Herzen. Sie streut unentwegt das Wort »Mutter« – fast schon zur Drohung forciert – über ihre schwülstigen schriftlichen Beteuerungen und läßt es zu Sand in den Augen ihrer Adressaten werden, die nicht sehen sollen: Letizia ist das privilegierteste Klammeräffchen der Zeit: Kinder, Kinder, sonst kann ich nicht leben!

Zwei Briefe an ihren Lieblingssohn Napoleon enthüllen ihr Mutterschmierenkomödiantentum. Als der vierzehnjährige Junge aus seiner Militärzuchtanstalt Verzweiflungsworte an seinen Vater schreibt, ihn um Geld bittet, haut die gute Mutter ihm barsche Formulierungen ins Gesicht.

Sie ist eine sogenannte anale Persönlichkeit, sammelt, hortet, spart. Aufgebläht von Mutter zu Kaisermutter, verlangt sie in einer Tirade gewundener Formulierungen vom Sohn mehr Geld und ein Gesetz, das ihr ihre Apanage staatlich sichert. Das heißt, sie sorgt für den Fall vor, daß ihr Sohn stirbt oder abdankt.

»Mutterliebe« scheint sie erst für seine Asche zu empfinden, auch jetzt die Emotion getrübt vom ihr dazwischenfahrenden Streben nach Besitz. Sie will die Urne haben.

Ein Brief – eine Woche vor ihrem Tod geschrieben – behandelt *ihr* Erbe, den ihr zugefallenen Teil der Hinterlassenschaft ihres zwanzigjährig vor vier Jahren gestorbenen Enkels. Ihr letzter Gedanke gilt den Waffen ihres Sohnes Napoleon, die sie haben und über die sie verfügen will.

Ein Blick in Katharinas Memoiren, in Maria Theresias Briefe, in Ninon de Lenclos' Bekenntnisse, in Germaine de Staëls Traktate, in George Sands Romane, in Annette von Droste-Hülshoffs Gedichte, und es wird klar, was Frauen sind und können, wenn sie die Mutterrolle sprengen.

Letizia Bonaparte hat keine geschlechtlichen Interessen. Sie zieht in latent-lesbischer Verquickung jahrzehntelang einen Dienstfrauenschatten »Bonne« hinter sich her. Und sie hat keine gesellschaftlichen Interessen. Bei Hofe steht sie während der Empfänge nur steif da und schweigt. Sie weiß nichts zu sagen, und wenn sie etwas sagen muß, kann sie es nur in gebrochenem Französisch. Sie folgt Einladungen nicht und gibt selbst keine.

Sie ist auch nicht ein »Mädchen aus dem Volk«, keine deftige

Magd, stramme Arbeiterin, schlaue Bäuerin, gewitzte Handwerkerin, der das Herz auf dem »rechten Fleck« steht. Sie ist ein wandelnder Käfig, bleibt zeitlebens die zur Nutzlosigkeit erzogene Beamtentochter. Niemand hätte sie gehindert, ihre Rolle zu verlassen. Napoleon bot ihr so etwas wie die Regentschaft von Korsika an. Die Männergremien erlauben Frauen ihrer Stellung viel. Sie nimmt sich nichts heraus, sondern scharwenzelt um die Herrschaftsinstanzen Adel, Kirche und Militär herum.

Heute noch fungiert sie als marmorne Vorwegnahme der millionenfach verbreiteten Wohnungsfrauen. Um das Hausfrauenelend deutlich zu machen, muß nicht immer nur eine gegenwärtige Satellitenstadt-Erbarmungswürdigkeit herangezogen, sondern kann das angeblich größte Mutterglanzlicht der Geschichte einmal näher betrachtet werden. So hoch und doch flügelbeschnitten gibt es eigentlich nur noch eine Frau – Maria!

Gnade dem, der unter solch einer Reduzierungskategorie Sohn sein muß! Alle ihre Kinder hat Letizia Bonaparte im Griff. Ihre Briefe geben einen Einblick in ihre Praxis der mit Jammerlitaneien arbeitenden Gehirnwäscherei.

Letizia Bonaparte – das ist die Schaltzentrale zwischen relativer Macht der Entselbstungsspezialistin »Hausfrau« und absoluter Macht des Sohnes, zwischen unabgegrenztem Nachfassen der Mutter und dem Entgrenzungsverhalten des Sohnes gegenüber der Welt.

Erübrigt sich fast, hinzuzufügen, daß dieses Seufzerkapitel Madame Mère keine politischen Interessen hat. Der Zusammenhang zwischen Mutterrolle und Blutjunge zwingt sich dem Betrachter auf, wenn er die Briefe der Mutter mit den Kriegsschriften des Sohnes synchron liest. Nie, in allen ihren Briefen nicht, kommt der Gardinenfee unter den Stube-und-Küche-Blick einer der Millionen von ihrem Sohn fabrizierten Toten. Rosenkranzmurmelnd sagt sie sich ihre Sorgen um sein Leben auf. Um seins? Ach, um ihres, um ihr Thronen-Bleiben als Mutter des Jahrhunderts, als die sie seiner Wiederkehr aus einer Schlacht nach der anderen entgegenhechelt. Kein einziges Mal ereilt sie die Realität, auf daß sie fähig wäre zu sagen: »Spinnst du?! Schon wieder ein Krieg! Was soll das Ganze?!« Napoleon tut ihr von klein auf dauernd etwas zuliebe. Das weiß sie, und darüber äußert sie sich auch. Da hätte sie wohl einmal den Mund aufmachen und sagen können: »Jetzt bleibst du aber auf deinem Kaiserstuhl sitzen und fuchtelst nicht mehr auf Kosten anderer Leute Blut in der Weltgeschichte herum!«

»Immer allein mitten unter den Menschen ziehe ich mich in mich zurück, um mit mir selbst zu träumen und mich der ganzen Heftigkeit meiner Melancholie auszuliefern. Worauf richtet sie sich heute? Auf den Tod. In der Morgenröte meiner Tage kann ich noch hoffen, lange zu leben ...

Wenn das Vaterland nicht mehr ist, muß ein guter Patriot sterben. Wenn ich nur einen Menschen zu vernichten brauchte, um meine Landsleute zu befreien, ich würde noch in diesem Augenblick ausziehen und in die Tyrannenbrust das Schwert stoßen, das das Vaterland und die verletzten Gesetze rächt. Das Leben ist mir zur Last, weil ich keine Freude genieße und weil alles mir zur Qual gereicht. Es ist mir zur Last, weil die Menschen, mit denen ich zusammenlebe und wahrscheinlich immer zusammenleben werde*, Sitten haben, die von den meinigen so verschieden sind wie der Mondschein sich von dem der Sonne unterscheidet. Ich kann deswegen nicht so leben, wie allein es mir das Leben erträglich machen würde. Daraus folgt ein Abscheu gegen alles.«[33]

(Der sechzehnjährige Napoleon)

Brief Letizia Bonapartes an ihren vierzehnjährigen Sohn Napoleon, der seit fünf Jahren in der Militärschule von Brienne leben muß:

»Ich habe Deinen Brief erhalten, mein Sohn, und wenn Deine Handschrift und Dein Namenszug mir nicht gezeigt hätten, daß er von Dir sei, hätte ich niemals geglaubt, daß Du der Verfasser wärest. Du bist dasjenige meiner Kinder, das ich am meisten liebe, aber wenn ich jemals noch einen ähnlichen Brief von Dir erhalten sollte, werde ich mich nicht mehr mit Napoleon abgeben. Wann hast Du, junger Mensch, je gehört, daß ein Sohn, in welcher Lage er sich auch befinden möge, so an sei-

---

* gemeint sind die Franzosen

nen Vater schreibt, wie Du es getan hast? Du kannst dem Himmel danken, daß der Vater nicht zu Hause gewesen ist. Wenn er Deinen Brief gesehen hätte, dann wäre er, nach einer solchen Beleidigung, augenblicklich nach Brienne gereist, um den frechen und strafbaren Sohn zu züchtigen. Inzwischen habe ich ihm Deinen Brief vorenthalten, da ich hoffe, daß Du bereuen wirst, ihn geschrieben zu haben. Wenn Du dazu berechtigt warst, uns die Notlage, in die Du geraten bist, zu melden, dann mußtest Du gleichzeitig davon überzeugt sein, daß nur die absolute Unmöglichkeit, Dir zu Hilfe zu kommen, der Grund unseres Stillschweigens war. Es sind weder Deine ungehörigen Bemerkungen, die Du uns gegenüber gewagt hast, noch die gegen uns ausgestoßenen Drohungen, die mich veranlassen, Dir einen Wechsel von dreihundert Francs auf das Bankhaus Bahie zu senden. Die Sendung dieses Betrages wird Dich von dem Wohlwollen überzeugen, das wir unseren Kindern entgegenbringen. Napoleon, ich gebe mich der Hoffnung hin, daß in Zukunft ein besonneneres und respektvolleres Verhalten mich nicht mehr dazu nötigen wird, Dir so zu schreiben, wie ich es soeben getan habe. Dann werde ich mich, so wie früher, nennen
    Deine Dich liebende Mutter
                                                    Letizia Bonaparte
Ajaccio, am 2. Juni 1784«[34]

Brief Letizia Bonapartes an ihren Sohn, Kaiser Napoleon:
»Sire!
    Als Eure Majestät mich aufforderten, Sie wissen zu lassen, was mich erfreuen könnte, dachte ich zunächst, daß ich mich auf Ihre Weisheit und Ihre Liebe zu mir verlassen müßte. Was hätte ich von dem verlangen können, der alles weiß, alles voraussieht und alles anzuordnen vermag? Nach reiflicher Überlegung glaube ich aber, daß ich über meine Wünsche und wahren Gefühle keine Unklarheit walten lassen darf. Ich will mich also mit jenem Freimut aussprechen, der mit so innigen Herzensbeziehungen, denen jede persönliche Berechnung notwendigerweise fremd ist, unlöslich verknüpft ist.
    In meinem Alter und in meiner Stellung kann ich keine ehrgeizigen Ansprüche mehr haben. Alle meine Freuden beruhen im Glück der Meinen. Alles, was Eure Majestät zur Auszeichnung der Familie tut, kommt auch mir persönlich zu.

Ich will und darf nicht nach dergleichen streben, meine Vernunft und mein Geschmack würden mich davon abhalten, selbst wenn ich in meiner jetzigen Stellung keine Befriedigung fände. Mein Titel als Mutter des Kaisers ist so ehrenvoll; mein Platz an Ihrer Seite ist in meinen Augen ebenso hervorragend wie er meinem Herzen teuer ist.

Unter diesen Umständen wünsche ich in meinem gegenwärtigen Dasein keine Veränderung. Ich habe nur einen Wunsch zu äußern: lange noch der Zeuge Ihres Ruhmes und Ihres Glükkes zu sein. Ich muß aber im Kaiserreich mit der Würde ausgestattet sein, die meinem Range zukommt.

Es ist weniger für mich als für Sie selbst, daß ich das wünsche, denn die Mutter Eurer Majestät muß von den Völkern ebenso geehrt werden, wie sie von Ihnen selbst geehrt und geliebt wird, und Sie wissen, was in der öffentlichen Meinung der äußere Glanz dem der Titel, ja sogar den persönlichen Eigenschaften hinzufügt.

Sie, Sire, haben also zu prüfen, ob meine Bezüge den Verpflichtungen entsprechen, die meine Stellung mir auferlegt, und ob die Form angemessen ist, in der sie mir angewiesen werden. Ein Einkommen von 480000 Francs ist zweifellos für meine persönlichen Bedürfnisse ausreichend, es genügt aber keineswegs den Verpflichtungen, die sich aus meiner politischen Stellung ergeben. Um angemessen zu repräsentieren sind größere Mittel erforderlich ...

Ein edles Gefühl wird Ihnen überdies eingeben, wieweit der Glanz zu gehen hat, mit dem Sie die Mutter des mächtigsten Monarchen der Welt umgeben wollen ...

Bezüglich der Art, in der meine Bezüge festgesetzt werden, bitte ich Sie, die folgenden Punkte zu bedenken:

Eine bloße Pension, die nicht durch eine gesetzlich festgelegte Urkunde bestimmt ist, würde für mich ein kostbares Geschenk Ihrer Liebe darstellen, sie wäre aber keineswegs ein aus der fürstlichen Gewalt abgeleiteter Rechtstitel. Ich habe in Ihren Gefühlen die sicherste Garantie für mein gegenwärtiges Schicksal, aber ich erkläre Ihnen, Sire, daß ich zu keiner Zeit und unter keinen Umständen von Ihrem Willen allein abhängen möchte; Ihr fürsorgliches Zartgefühl wird entsprechendes wollen und anordnen. Die Festsetzung meiner Bezüge wird so sowohl den Gefühlen Eurer Majestät als auch meiner persönlichen Würde gemäß erfolgen.

Ich scheue mich nicht, noch weiter zu gehen und Ihnen, Sire, zu gestehen, daß es mich beglücken würde, wenn mir mein Ehrenplatz durch eine feierliche Kundgebung angewiesen würde, die der französischen Nation die Gefühle zeigte, die Sie gegen mich hegen und die bisher den höchsten Reiz meines Privatlebens bildeten.

In den früheren Gesetzen waren für die lebenslänglichen Leibrenten der Mütter der Könige gewisse Teile der öffentlichen Abgaben vorgesehen. Welches auch immer die Unterschiede sein mögen, die sich aus meiner besonderen Stellung ergeben, grundsätzlich sind diese Gesetze auf meinen Fall keineswegs unanwendbar. Ein Senatsbeschluß setzt Ihren Brüdern eine Leibrente aus den Mitteln des Staatsschatzes aus. Die hohen Würdenträger des Kaiserreiches haben die gleiche Auszeichnung erhalten. Glauben Sie nicht, daß es für Eure Majestät schicklich wäre, auch hinsichtlich meiner Person den gleichen Vorgang eintreten zu lassen? Seien Sie versichert, Sire, daß alle Franzosen, alle Familienhäupter, die Tat der Kindesliebe mit Rührung zur Kenntnis nehmen werden. Ihre Gesetze streben danach, die häuslichen Sitten wieder herzustellen; durch ein so edles Beispiel werden Sie sie sicher beeinflussen ...

Dies, Sire, ist alles, was ich wünschen kann. Ich bin in meiner gegenwärtigen Lage glücklich und verhehle mir keineswegs den Glanz, den ein Sohn wie Sie über mein Leben gebracht hat. Wenn ich Sie aber auffordere, mein Dasein mit größerer Pracht auszustatten, so sind es keine leeren Spielereien, denen ich nachhänge; Sie werden einsehen, daß sich meinen Gedanken ein mütterliches Gefühl zugesellt, das zwischen meiner Ehre und der Ihrigen keinen Unterschied macht.

Madame Mère

Paris, am 9. Mai 1806«[35]

Brief Letizia Bonapartes an S. E. Lord Castlereagh, Marquis von Londonderry, Außenminister von Großbritannien:
»Mylord!
Die Mutter Kaiser Napoleons verlangt von seinen Feinden die Asche ihres Sohnes ...
Vom höchsten Gipfel menschlicher Größe zum tiefsten Grade des Unglücks herabgestürzt, werde ich nicht versuchen, das britische Ministerium durch die Schilderung der Leiden seines großen Opfers zu erweichen. Wer wäre besser in der Lage,

alle Leiden des Kaisers zu kennen als der Gouverneur von Sankt Helena und die Minister, deren Befehle er ausführte!

Es bleibt daher einer Mutter über das Leben und Sterben ihres Sohnes nichts zu sagen übrig! Die unbeugsame Weltgeschichte hat sich an seinem Sarge niedergelassen, und die Lebenden und die Toten, die Völker und die Könige sind in gleicher Weise ihrem unabwendbaren Urteil unterworfen ...

Ich verlange die Ueberreste meines Sohnes; niemand hat mehr Recht darauf, als die Mutter. Unter welchem Vorwand könnte man seine unsterblichen Ueberreste zurückbehalten? Weder Staatsrücksichten noch das, was man Politik nennt, haben ein Anrecht auf die entseelten Reste. Was könnte übrigens die englische Regierung durch ihre Zurückhaltung beabsichtigen? Wenn es geschähe, um die Asche des Helden zu schmähen, so würde ein derartiger Vorsatz jeden vor Abscheu schütteln, der sich in seiner Seele noch irgend etwas Menschliches bewahrt hat. Wenn es geschähe, um durch verspätete Ehrungen das auf dem Felseneiland begangene Verbrechen zu sühnen, dessen Andenken solange dauern wird als England selbst, so werde ich mich mit allen Kräften, und mit mir meine ganze Familie, gegen eine solche Schändung erheben. Derartige Ehrungen wären in meinen Augen der Gipfel der Beleidigung ... Mein Sohn hat keine Ehrung nötig, sein Name genügt zu seinem Ruhm; aber ich habe es nötig, die entseelten Reste zu umfassen. Fern von allem Lärm und Geschrei haben meine Hände ihm in einer schlichten Kapelle ein Grab bereitet! Im Namen der Gerechtigkeit und der Menschlichkeit beschwöre ich Sie, meine Bitte nicht abzuweisen. Um die Ueberreste meines Sohnes zu erlangen, kann ich das Ministerium anflehen, ich kann Seine Majestät den König von England anflehen; ich habe Napoleon Frankreich und der Welt gegeben. Im Namen Gottes, im Namen aller Mütter flehe ich Sie an, Mylord, mir die Ueberreste meines Sohnes nicht zu verweigern! ...

Madam Mère

Rom, am 15. August 1821«[36]

2. Die Berechenbarkeit des typischen Männerverhaltens

Unter den Muttersöhnen sind auffällig viele zweite oder spätere Geburten: Napoleon, Hitler und Stalin waren vierte. Hitler und Stalin kamen nach drei gestorbenen Kindern, Napoleon und Bis-

»Das Troddelpüppchen« (Franco)

marck nach zwei nicht lebensfähigen Babys und einem gesunden Bruder auf die Welt. Turenne, Franco, Göring, Himmler, Mengele waren zweite Söhne, Goebbels war dritter, Reagan ist zweiter Sohn.

Daß Frauen zweite Söhne bevorzugt binden, liegt an einem verbreiteten Benehmen von Männern. Solange Mädchen und Frauen unerreichbar oder nur zurückhaltend sind, flammen Männer auf sie zu. Frauenherzen werden angerührt, bis sie Liebe entfachen. Kaum sind die Gefühle freigesetzt und die Frauen gebunden oder geheiratet worden, verflüchtigt sich das Begehren der Männer. Spätestens vom zweiten Kinde an wendet sich der Mann ab, konzentriert sich auf Arbeit, Werdegang, gesellschaftliches Agieren oder andere Frauen.

Sogar in einer unkritischen Biographie Francos wird diese Vater-Mutter-Spaltung mit drei Sätzen gestreift: Francisco und seine Geschwister »wuchsen in der Obhut ihrer Mutter auf« – »einer ernsten, gottesfürchtigen Frau« –, »die gewöhnlich daheim weilte, während der Gatte seinen Pflichten und Neigungen anderweitig lebte. Dies war in Familien des spanischen Mittelstandes häufig der Fall; man kann daraus nicht schließen, daß es zu dauernden Unstimmigkeiten zwischen den Eheleuten ... gekommen sei.«[37] Keine Unstimmigkeiten, aber der Ehe- oder Dauerbeziehungsfrau wird durch die »anderweitigen Neigungen und Pflichten« ihres Mannes ein Loch gerissen. Sie kann sich nicht gleichermaßen wie er auf eine Arbeit, auf gesellschaftliche Aktivitäten und – zu seinen Interessen für andere Frauen passend – auf andere Männer konzentrieren. Im 18. und 19., ja sogar noch weit verbreitet im 20. Jahrhundert, mußte sie gefesselt sitzenbleiben, wohinein sie geheiratet worden war. Die herausgelockten Gefühle, die vom Mann nicht mehr erwidert werden, hängen in der Luft, suchen nach neuer Konzentration und gehen auf das nächste Kind in einer Mischung aus Entbehren und Verwünschen. Das Kind bekommt nicht die ihm guttuenden sogenannten »Muttergefühle«, sondern es wird in eine Enttäuschungsumleitung hereingezogen. Die zweiten Söhne sind die Umbruchsöhne, signalisieren den Funktionsumschlag von der Frau als der Geliebten zur Frau als Brutkasten, geben das Startzeichen zur Resignationslaufbahn des Hausmenschendaseins.

Der Muttergefühlssog bereitet den Söhnen Werdeschwierigkeiten. »Francisco war mager, beinahe schmächtig und hatte große, umschattete Augen und abstehende Ohren. Er wirkte als Kind zuweilen nachdenklich, ja verträumt und schüchtern.«[38]

Abdriften und Ausscheren sind die favorisierten Verhaltensweisen Charles-Marie Bonapartes. Zwischen der Eheschließung mit Letizia im Juni 1764 und Napoleons Geburt im August 1769 ist er ein Anführer korsischer Freiwilliger, die sich gegen die Vorherrschaft der genuesischen Republik zusammengetan haben. Er hält sich meist beim Haupt des korsischen Unabhängigkeitskampfes, General Paoli, auf. Seine Frau ist dadurch in den ersten fünf Ehejahren gezwungen, hinter ihm her zu reisen, ihn manchmal sogar bei seinen militärischen Tätigkeiten zu begleiten, entweder im Generalquartier Paolis oder während aufrührerischer Kämpfe in Höhlen der korsischen Berge zu leben. Ihre ersten zwei in dieser Zeit geborenen Kinder sterben als Säuglinge, das dritte Kind, Joseph, bleibt am Leben.

Als Genua die Insel 1768 an Frankreich verkauft, gibt Charles-Marie seine Kampftätigkeit auf und stellt sich in den Dienst der neuen Obrigkeit, geht später unter Ludwig XVI. als korsischer Abgesandter an den Hof von Versailles.

Nach seinem letzten Widerstand, dem 1768 gegen die französischen Besatzer versuchten und gescheiterten Aufruhr, lebt Charles-Marie mit seiner Frau wieder in Ajaccio, das heißt, er lebt nicht mit *ihr* im Sinne konzentrierten Zusammenlebens. Nun sind es nicht korsische Befreiungstaten, die ihn von ihr wegführen, sondern Zusammenkünfte mit Freunden. Er verläßt Letizia häufig, begibt sich auf Reisen, ist mehr unterwegs als daheim. Letizia fühlt: Das Abwesendsein hat Prinzip. Es ging ihrem Manne nicht um die Befreiung Korsikas, sondern um sein Streunen, um die Möglichkeit des Fortseins von zu Hause, und diese Möglichkeit bot Frankreich, die neue Besitzerin der Insel, auch bald reichlich an.

Charles-Marie ist schon Muttersohn, liegt auf Grund bei einer unscheinbaren, frommen, unbemannten Frau, die bis zu neunmal am Tage die Messe über sich ergehen läßt. In den Haushalt seiner Mutter, der angereichert ist mit einer Schar lediger Tanten, überführt er Letizia. Während er bei diesen aus der Männerszene weggeräumten Frauen zu Besuch erscheint, schwängert er Letizia noch neunmal.

Ein paar Monate vor Napoleons Geburt beginnt die Umbruchszeit. Letizia muß begreifen: Der Mann da vor ihr ist nicht ihr Weggefährte. Er hat sie zum Hafen degradiert, in den er schlechten Gewissens manchmal einlaufen wird. »In ihren Träumen von Eheglück enttäuscht, schließt sie sich enger an ihre Kinder an und erzieht sie energisch und in männlichem Geist. Sie will aus ihren Söhnen ganze Männer machen.«[39]

> »Alles ging schweigsam, ernst und nach bestimmter Regel vor sich, ein geheimnisvoller Duft vergangener Tage erfüllte die Räume, altmodisch waren die schwerfälligen Möbel, und die Enkel staunten täglich von neuem den gewaltigen Schrank an, der sich nie vor ihren neugierigen Blicken öffnete und in dem die Greisin ihre Juwelen nebst ihren teuersten Reliquien barg. Ebenso finster war der Eindruck des Palastes, dessen Fenster fast nie geöffnet waren und in dem selten ein Licht brannte, ebenso finster schauten die wenigen alten Diener drein. Der Reisende, welcher an diese strenge Klause herantrat, nachdem er die Ruinen des Forums durchschweift, mußte an jene erlauchten römischen Matronen zurückdenken, jene Hüterinnen mannhafter Tugenden und männlicher Traditionen, die die Welt unterwarfen, Mütter, welche das Geheimnis besaßen, Helden und Märtyrer für Vaterland und Freiheit zu bilden. Das Capitol deckte mit seinen breiten Schatten würdig das Asyl der Mutter des letzten Cäsars.
>
> Ein Fremder wurde wohl nie von Letitia empfangen...«[40]

> »Ich blieb mit 33 Witwe und meine acht Kinder waren mein einziger Trost. Korsika war bedroht, von Frankreich getrennt zu werden: der Verlust meiner Güter und die Aufgebung meines Herdes erschreckten mich nicht. Ich bin meinen Kindern auf

den Kontinent gefolgt: 1814 begleitete ich Napoleon auf die Insel Elba und 1816 würde ich ungeachtet meines Alters ihm nach St. Helena gefolgt sein, wenn er es nicht verboten hätte...«
(Letizia Bonaparte)[41]

3. Der unbeständige, schwache Vater

Es spricht alles dafür, daß Charles-Marie Bonaparte ein Verflüchtigungsvater ist. Er gibt seinem Sohn kaum Möglichkeiten, sich das väterliche Vorbild identifikatorisch einzuverleiben. In den ersten neun Lebensjahren Napoleons ist er mehr ab- als anwesend. Nachdem er seinen Sohn neunjährig auf eine Militärschule gebracht hat, sieht er ihn nicht wieder. Er stirbt, als der Junge fünfzehn ist.

Was Napoleon von Charles-Marie in den ersten Lebensjahren geboten wird, taugt nicht dazu, dem Sohn Eindruck zu machen. Der Vater kann sich nicht auf einen Ort, eine Person oder auf eine Tätigkeit konzentrieren. Er studiert in Pisa Jura, dilettiert dann zwischen Freiheitskämpfer und Staatsbeamter hin und her, ist ein prahlerischer, eitler, verwöhnter Schönling. Noch auf einem Gemälde, das ihn in den Zwanzigern zeigt, schaut er puppig drein. Den korsischen Männern wird keine große Arbeitsamkeit nachgesagt. Sie sähen zu gut aus und seien für die praktischen Dinge untauglich. Achtzig Prozent der französischen Zuhälter sollen Korsen sein. Zuhälterisch benimmt sich auch Charles-Marie. Er will auf großem Fuße leben, den er nicht hat. Er verpraßt das Erbe seines Vaters, verwickelt sich in gewagte Unternehmen, die das Geld nicht mehren, sondern mindern. Er wird zum Beisitzer am Gerichtshof in Ajaccio ernannt, sitzt da aber nur kurz, läßt sich dreimal nach Paris als Adelsdeputierter schicken. Nach seinem Tode stellt Napoleon fest, »daß die Geschäfte des in allerlei Affären verstrickten Vaters jämmerlich schief gegangen sind«.[42] Als es nichts mehr zu kämpfen, zu reisen und wohl auch nichts mehr finanziell zu drehen gibt, verschwindet der Vater für immer, stirbt nach kurzer Krankheit in Frankreich, fern von Frau und Kindern.

Über Letizia wird oftmals berichtet, daß sie ausgeharrt, das Geld zusammengehalten und die Familie so gut wie allein durchgebracht habe. Abwesenheit, Zwielichtigkeit und Geld-zum-Fenster-Hinauswerfen – das nimmt eine Frau vielleicht hin, der Not gehorchend, aber sie lehnt es in ihrem Inneren ab. Sie lehnt den Mann ab, der ihr das zumutet. Da Letizia ungebrochen einen starken Eindruck auf Napoleon gemacht hat, wird auch ihre Ablehnung Charles-Maries sich ihm eingeprägt haben.

Daß der Vater eine untaugliche Identifikationsfigur war, kommt in der Überlieferung zum Ausdruck, Napoleon sei nicht von ihm, sondern von dem in Ajaccio lebenden französischen Gouverneur de Marbeuf, der mit den Bonapartes befreundet war. Später verwendet sich Marbeuf für Napoleon und verschafft ihm einen Ausbildungsplatz auf der Militärschule in Brienne.

Die Vorstellung von der fremden Vaterschaft machte sich breit, weil die Außerordentlichkeit Napoleons nur mit einem seinen Geschwistern nicht zugestandenen Sondervater erklärt werden konnte und das 18. Jahrhundert, besonders die adlige Klasse, es mit der Festlegung der Frau auf einen einzigen Mann nicht so ernst nahm. Letizia Ramolino ist aber bürgerlich und klassenangepaßt. Von ihrem gesamten Leben her betrachtet, wäre der Vorfall »Kuckucksei« bei ihr nicht glaubhaft. Und Marbeuf ist über Siebzig, als er sich mit den Bonapartes anfreundet, die erst wieder nach Ajaccio gezogen sind, als Letizia schon mit Napoleon schwanger ist.

Selbst wenn Marbeuf der Vater von Napoleon wäre, änderte das nichts an Napoleons eindeutiger Muttersohnqualität. Der offizielle Mangelvater ist Charles-Marie. Und von Marbeuf gibt es nur einen Männlichkeitszipfel, den der Knabe während der Besuche des Familienfreundes nicht erhaschen kann. Marbeuf ist kein Erzieher, kein dauerhaft anwesender Onkel, den Napoleon für seine Mannwerdung hätte als Vorbild verwenden können.

4. Der fehlende Ersatz von Nebenvätern

Von seinem neunten bis zu seinem siebzehnten Lebensjahr verbringt Napoleon sein Dasein ohne Unterbrechung auf Militärschulen in Frankreich. Nur seine Mutter soll ihn einmal gegen

»Das Horrorbaby« (Napoleon)

Ende der Ausbildung, offenbar nach dem Tod seines Vaters, besucht haben.

Im zweiten Jahrzehnt, in der Zeit, in der Männlichkeit durch eine konstante Vaterfigur gefestigt werden müßte, nimmt sich das System seine Bürschlein vor, um Gewaltspezialisten aus ihnen zu machen. Unter dem Vorwand, Männlichkeit beizubringen, ja einzutrichtern, verhindern die Exerzieranstalten ihre Ausprägung in den Jünglingen. Der engen Beziehung zur Mutter wird auf einer Kadetten- oder schulischen Zuchtanstalt nichts entgegengesetzt. Erwachsene Männer treten dort auf nur in Funktionen und als Peiniger. Das reicht nicht zur Identifikation. Sie verlangt die Permanenz eines den Jungen begleitenden, sich auf ihn konzentrierenden Mannes, erfordert eine Person und einen persönlichen Umgang mit dem Jugendlichen. Herumkommandierende Männlichkeitshülsen machen dem Heranwachsenden eine Identifikation unmöglich.

Die sporadische Vatergegenwart brach im neunten Lebensjahr Napoleons ab, keine andere männliche Gestalt trat als Konstante an die Stelle des Vaters.

Nach diesem Schema wuchsen auch Stalin, Franco und Mussolini in ihr Diktatorendasein hinein: Entfernungsväter und Nähemütter im ersten Jahrzehnt, im zweiten Dauerexistenz außerhalb der Familie in Militär- und Erziehungsanstalten.

Im Kostüm des Kämpfers, Soldaten, Revolutionärs oder Führers entläßt das System Blutdamen auf die Menschheit, die gezwungen wird, unter dem Begriff »Schicksal« wüsteste Vernichtungen eines lauffeuerhaft durch die Jahrhunderte jagenden Brandes zu ertragen.

> »›Dieser schreckliche Mensch‹, sagt sein Marineminister, ›hat uns alle unterjocht, er hält unsere Phantasie in seiner Hand, die bald stahlhart, bald sammetweich ist; man weiß an keinem Tage im voraus, wie diese Hand sein wird, es gibt kein Mittel, sich ihr zu entziehen – sie läßt nie los, was sie einmal erfaßt hat.‹ ...
> Diese Menschenverachtung, diese Neigung, nur selbstsüchtige und niedrige Motive gelten zu lassen, diese Lust, das Erbärmliche

im einzelnen Menschen an den Tag zu ziehen und zu benutzen, schaffen langsam eine Atmosphäre, in der nichts Edles mehr gedeiht und die ihm schließlich zum Verderben wird ...

Alles ist Propaganda ...

Es gibt auch das Wort von ihm: ›Ich habe eine Seele von Marmor!‹ ...

Seine Ohnmacht ist, daß er nicht weiß, was heißt, glücklich zu sein ...

Die Schönheit seiner Gesichtszüge rührt nicht nur von ihrem klassischen Schnitt her, sondern mehr noch von der hartnäckigen Trauer, die über ihnen liegt. Es ist eine Trauer, die ihren Ursprung vergessen zu haben scheint ...

Napoleon führt ununterbrochen Krieg, mit Ausnahme der Jahre 1801 und 1802 ... steigt zum Gott der Schlachten auf, für den Europa ein ungeheures Schachbrett wird. Die nie zitternde Hand verstellt die Figuren, die nicht aus Holz geschnitzt, sondern aus dem Fleisch und Blut der Völker gemacht sind. Napoleon wird zum Typus des Angreifers, seine Lust am Krieg ist so groß, daß sie sogar die Aggressionen Ludwigs XIV. vergessen läßt ...

Am Ende kämpft ganz Europa gegen den Eroberer, der sich im sechsten Krieg auf französischem Boden seiner Haut wehren und Paris dem Feinde überlassen muß ...

Noch haben seine Truppen – jetzt sind es fast nur noch Franzosen – nicht alle den Rhein überschritten, als das ganze politische Gebäude, das er in Deutschland errichtet hat, auch schon wie ein Kartenhaus zusammenbricht. Jérôme flieht Hals über Kopf aus Kassel, das Königreich Westfalen verschwindet ebenso schnell wie die Großherzogtümer Berg und Frankfurt, der Rheinbund zerfällt in wenigen Tagen, Württemberg, Hessen-Darmstadt und Baden schließen sich endgültig den Verbündeten an.«[43]

Die Migränekultur

Das Muttersohn-Charakteristische hat sich über die ganze männergesellschaftliche Erde verbreitet. Bei dem einen Mann äußert es sich mehr, bei dem anderen weniger, und bei manchem tritt es ausgeprägt in Erscheinung. Es provoziert nicht nur Schlachtfelder und spielt für die Errichtung von Diktatorenpalästen eine Rolle, es kennzeichnet auch Produkte, die an Schreibtischen, in Ateliers, auf Bühnen und – im 20. Jahrhundert – hinter Filmkameras entstanden sind, weil kulturell schöpferische Männer ihm unterliegen wie alle anderen.

Auffällig viele diktatorisch hervorgetretene Muttersöhne versuchten sich als Künstler. Stalin und Mussolini dichteten, Hitler malte, Napoleon schrieb Essays, Göring dichtete und malte, Goebbels verfaßte Romane und Theaterstücke, Nero sang. In der Existenz des Künstlers besteht für Männer die einzige Chance, dem Druck, nur männlich zu sein, auszuweichen und dafür sogar geachtet zu werden. Die Gesellschaft akzeptiert die Verweigerung oder Abschwächung der Männerrolle aber nur, wenn das Talent für den Ausbau einer Lebensweise als Künstler tragend ist. Das Gewaltpotential, das in der mißlungenen Mannwerdung schlummert, kann in einem Künstlerdasein politisch unschädlich gemacht werden, kommt erst zum Ausbruch, wenn auch die künstlerische Verwirklichung mißlang. Das Potential ist jedoch nur unschädlich im Hinblick auf Gewalt*taten* – die ausübenden Künstler zetteln keine Kriege an und beteiligen sich selten an mörderischen Unternehmungen –, es verbreitet sich aber, zuweilen deutlich, meist kaum merklich, in ihrem Werk und entfaltet sich in ihrem Leben.

Einer der berühmtesten künstlerisch hervorgetretenen Muttersöhne ist Richard Wagner. Die Verwandtschaft mit ihm hat Adolf

Hitler schon in seiner Jugend begriffen und sich deshalb der Musik Wagners enthusiastisch hingegeben. Vaterabstammungsprobleme verfolgten Wagner wie Hitler. Der vermutlich echte Vater, Carl Friedrich Wilhelm Wagner, starb ein halbes Jahr nach der Geburt des Kindes. Der Liebhaber, mögliche Vater Richards und nächste Ehemann der Mutter, bürgerlicher Stiefvater des Jungen, Ludwig Geyer, starb, als der Sohn sieben Jahre alt war. Nach dem Abtritt dieses Vaterdoppels wuchs Richard ausschließlich unter Frauen auf, unter seiner Mutter, den älteren Schwestern und den früher unvermeidlichen Tanten. Er wurde eine sich gern in Frauengewänder hüllende, kleine, für große, vateridentifizierte Frauen schwärmende böse Fee, die in ihren Werken ungehemmt einen beängstigenden »Es geht nicht!«-Kult entfesselte.

Was sich in Wagners Opern an Stagnieren, Verzichten, Aufgeben, Abschwören über die Bühne quält, sucht seinesgleichen. Der fliegende Holländer, Tannhäuser, Lohengrin, Parsifal, die in Musik verewigten Muttersöhne demonstrieren, warum Liebe und Leben bei ihnen nicht gehen. Der fliegende Holländer irrt in einem Schiff auf dem Meer herum. Schiff und Meer sind ein doppeltes Mutterzeichen. Der Holländer kann nicht auf den Boden, nicht zu sich selbst kommen, gespenstert in den Muttergefäßen, sehnt sich nach Erlösung. Tannhäuser versackt im Venusberg. Venus ist nichts anderes als das Fanggebiet der großen Mutter. Lohengrin darf nicht nach seiner Abstammung befragt werden. Abstammung heißt in der Männergesellschaft Herleitung vom Vater. Parsifal ist der tumbe Tor, der der Sage nach mit seiner Mutter zusammen im Walde aufwächst und später im Leben alles falsch macht.

Wenn diese Leute zu lieben beginnen – und darum geht es in den Opern –, endet das Unterfangen gräßlich; vor allem die Frauen werden reihenweise am »Unmöglich« zerschlissen.

Die Helden machen aufs deutlichste vor, was mit ihnen los ist. Die Mutterbindung verhindert die Ich-Bildung des Sohnes. Nur aus einem gewachsenen Ich heraus kann der Bezug zu einem Du hergestellt werden. Dieser Du-Bezug wird Liebe genannt. Und eben zur Liebe sind die Wagnerhelden nicht in der Lage. Tristan kann es nur unter Drogen und stirbt ja dann anschließend auch, er hat sich nicht an die Frau, sondern an seine Trance verausgabt. Die Tristan-und-Isolde-Liebe ist wie ein Traum; und richtig allein sind die beiden auch nicht, es schwebt immer noch die Brangäne als Mutterrest über ihnen.

Muttersöhne sind vom elementaren Vereinigungsprozeß ausgeschlossen. Sie flehen um Erlösung, reißen Frauen auf, die sich an ihnen versuchen und scheitern. Das Mißlingen wird zelebriert. Auch die am männlichsten identifizierte Frau, die Brünhilde im »Ring des Nibelungen« kann den Muttersohn Siegfried nicht knacken. Die Frau müßte den Mann von seiner Mutter befreien. Wie kann sie das?! Sie müßte Teile von sich selbst abtragen. Die Sehnsucht der Muttersöhne bleibt ungestillt. Unerlöst treiben sie auf den Untergang zu und ziehen die Frauen mit in ihren Strudel hinein.

Die Wagnerschen Helden torkeln nicht nur erotisch umher, sie sind auch sachlich undurchdrungen, dilettantisch wie echte Blutmänner. Sie arbeiten nicht, sie streunen. Sie bringen die Welt durcheinander und provozieren den Tod für diejenigen, die sie zu lieben versuchen.

Eine Ausnahme scheint es zu geben, die frohe Oper »Die Meistersinger von Nürnberg«. Abgesehen davon, daß sie wie »Der Ring des Nibelungen« etwas ungemütlich Vaterkultisches an sich hat – verbreitete Eigenart von Muttersöhnen: Vatersuche und Vaterweihe –, drückt sich die Inhumanität der »Meistersinger« im Umgang der Beteiligten mit der Gestalt des Nichthelden aus.

Der Vater Hans Sachs macht alles, und die Welt wird gut. Es gibt sogar ein glückliches Liebespaar. Das Evchen, das er selber liebt, wird dem tumben Tor Stolzing, der in dieser Oper nur singt, aber nicht verquer handelt, nach dem Sieg beim Sängerwettbewerb zugeführt. Der körperlich eingeschränkte, mit mangelhaften Stimmfähigkeiten ausgestattete und allen möglichen Häßlichkeiten belastete Beckmesser ist Zielscheibe des Gespötts. Er wird am Schluß aus dem Reigen der Einvernehmlichen ausgeschlossen.

Siegen wollen und ausgrenzen müssen sind zwei verbreitete Muttersohnspezialitäten, mit denen eine Gruppengemeinsamkeit gestört wird.

Beckmesser ist die Projektion von Wagners eigener Gebrechlichkeit. So schadhaft und häßlich, gemein und daneben fühlt sich ein mutterunabgegrenzter Molluskenmann. Das Häßliche tritt bei den Bravourösen erst in ihrem vermaledeiten Handeln zutage. An der Rampe strahlen sie mit glänzender Gestalt und aus goldener Kehle. Beckmesser ist nicht strukturiert. Deshalb muß er ausgestoßen werden.

Verstoßen und ausgegrenzt zu werden – davor ängstigen sich Muttersöhne ihr Leben lang. Sie beeinträchtigen ihr Umfeld, bis es sie nicht mehr ausgrenzen kann. Bei Stalin wurde diese Lawinenwirkung des Tötens besonders deutlich. Jeder Mord zog einen nächsten nach sich.

Das Elend der Unstruktur, Beckmesser, wird in den »Meistersingern« »eliminiert«. Die Wahren, Schönen und Guten bleiben nach der Säuberung unter sich.

Und wer ist Beckmesser? Eine dem jüdisch-österreichischen Kritiker Hanslick nachgebildete Karikatur, die in der ersten Version der Oper Hans Lick heißen sollte. Wagner lebte mit einem drastischen Antisemitismus. In seinem Aufsatz »Das Judentum in der Musik« spricht er von seinem körperlichen Widerwillen gegen die angeblich so anderen jüdischen Menschen. Er verformte einen Juden zu Beckmesser. Muttersöhne brauchen Personen, Bevölkerungsteile, ja ganze Völker, die sie ausgrenzen, auf die sie ihre eigene Abnormität projizieren können.

In »Parsifal« stehen zwei Muttersöhne voreinander und versuchen vergeblich, sich gegenseitig zu erlösen: Parsifal und König Amfortas, der aus einer unverschließbaren Öffnung blutet. Dieses Bild ist nichts anderes als ein Symbol für die mütterliche Scheide, die sich als Wundmal im Sohneswesen eingezeichnet hat. Parsifals Speer soll Segen bringen. Die Musik dreht sich im Kreise, die Handlung auch. Wagner entschwebt mit seiner letzten Oper in den Glauben.

Das Verhältnis Parsifal-Amfortas hat er seiner Beziehung zu König Ludwig II. von Bayern nachgebildet. Zwei Muttersöhne traten versuchend, verehrend, begehrend aufeinander zu.

Ludwig war einer der imposantesten und harmlosesten Wundenmänner. Er raste sein Liebesunvermögen in einem Baukoller ab, errichtete ein Schloß nach dem andern in kopierten Vaterstilen – mittelalterliche Gotik und französischer Barock –, mußte vom bayrischen Staat gestoppt werden, stürzte sich wie ein gejagtes Tier in den Tod, wobei unklar blieb, ob er sich die Verletzung selbst zuzog oder »angeschossen« wurde.

Ludwig wuchs unter aristokratischen Vorzeichen in einem Kleinfamiliengefängnis auf. Er und sein Bruder Otto wurden von der Öffentlichkeit abgeriegelt. Die aus Preußen nach Bayern herübertransportierte Prinzessin Marie blieb wie ein brütendes Huhn auf den Seelen ihrer Söhne sitzen, ließ nur gräßliche Erzieher an die Knaben heran, so daß dem Mangel an Vater nichts entgegengesetzt werden konnte. Der seelische Hunger der Söhne wurde noch durch leiblichen Hunger verstärkt. Sie bekamen vom Herrschaftstisch äußerst spärlich zu essen, waren auf ein Zubrot der Bediensteten angewiesen. Der eine Sohn raste äußerlich, der andere innerlich, wurde mit Anfang Zwanzig verrückt.

Wagner glorifiziert den Untergang. Seine Männer sind die Macher und die Falschmacher, die Frauen sind blöde oder böse: unfähige Senta, verführerische Venus, verschmachtende Elisabeth, vorlaute Elsa, gefährliche Kundry, giftmischende Brangäne...

Wagners Zeitgenosse, der Vatersohn Giuseppe Verdi, arbeitet anders. Die Männer werden kritisiert, die Frauen bedauert, so in »Aida«, »La Traviata«, »Otello«, »Der Troubadour«, »Don Carlos«, »Macbeth«, »Rigoletto«, »Die Macht des Schicksals«, »Ein Maskenball«. Diese Opern zeigen bedenkliche Männer und heldische Frauen. Ähnlich geht der im selben Jahrhundert lebende Vatersohn Ibsen vor. Ein Charakteristikum der Vatersöhne: Sie kritisieren Väter, heroisieren sie nicht, sehnen sich nicht nach ihnen. Sie kennen Väter und können sich deshalb nach der Identifikation mit ihnen von ihnen distanzieren. Ibsen ist in seinen Gesellschaftsstücken immer auf seiten der Jugend und der Frauen, zeigt, wie Verzweiflung und Scheitern sich durch Fehlhandlungen von Männern anbahnen, schmeichelt sie dem Publikum nicht als Schicksal ein. Wagner macht aus Tod Orgie. »Es geht nicht« wird zu »Es kann ja nicht sein«. Und dann kann auch gleich Tod sein.

Die großen Musiker des 18. Jahrhunderts sind exemplarische Vatersöhne. Bach wuchs nach dem Tode seiner Eltern bei seinem älteren Bruder auf, Händel hatte eine enge Beziehung zum Vater, zu einem älteren Halbbruder, zu Onkels und zu seinem Orgellehrer. Auf den Tod seines Vaters schrieb er ein Siebenzeilengedicht:

>»Ach Herzeleid! Mein liebstes Vaterherze
>Ist durch den Tod von mir gerissen hin.
>Ach Traurigkeit! Ach, welcher große Schmerze
>Trifft mich itzund, da ich ein Waise bin...«[1]

Obwohl die Mutter noch lebte, fühlte sich der junge Händel als Waise.

Beethoven lernte die Musik von Vater und Großvater, verlor die Mutter früh. Seine Oper »Fidelio« stellt eine Frau als Heldin dar, genauer: ein Mann-Frau-Doppelwesen, die Frau Leonore, die sich als Mann Fidelio verkleidet und sich so in die Unterwelt der Männergefängnisse hineinwagt, um ihren geliebten Gefährten aus dem Kerker zu befreien. Dieses Kunstwerk, eine der bedeutendsten Rettungsallegorien der Menschheit, zeigt, wie Erlösung vor sich gehen kann und wie sie praktiziert wird: Es faselt nicht von ihr, im Gegensatz zu den Musikdramen Wagners, der seine Geschichten für mindestens einen Menschen in Elend oder Tod enden läßt.

Die Rettungspraxis lautet: Abbau der Männergesellschaft, Befreiung des einzelnen Mannes aus den Verliesen seines Nicht-Mensch-geworden-Seins, Anteilnahme der Frau an einer von allen Menschen geprägten und zu verantwortenden Gesellschaft.

Der profilierteste Vatersohn und wohl der geliebteste Künstler der Welt ist Mozart, das Kind, der Engel, der Gottberührende (nicht einer, der sich nach Gott sehnt – das ist der große Unterschied). »Amadeus« nannte er sich, was bedeutet: »Ich liebe Gott.« Da er es wirklich tat, liebte er auch das Leben und die Frauen. Selbst die Männer brauchen in seinen Opern nicht zu sterben, nur Don Giovanni, der es zu weit treibt, dessen Untergang jedoch aus seinem eigenen Verhalten hergeleitet und nicht wie der Tod der Wagnerhelden als Schicksal vorgegaukelt wird. Negativ ist bei Mozart eine Frau nur als Mutter, die Königin der Nacht in der »Zauberflöte«, die ihre Tochter festhalten will. Klammernde Mutter *ist* etwas Reaktionäres, das zu kritisieren genauso emanzipatorisch wirkt wie ein Befreiungsakt gegenüber herrschenden Vätern.

Wolfgang Mozart wuchs auf in einer engen Beziehung zu seinem Vater Leopold. Der Vater förderte das Talent des Jungen, liebte ihn, wie es von einer Mutter immer vorausgesetzt wird, lebte mit ihm während der Jahre des gemeinsamen Auftretens in den europäischen Städten ununterbrochen zusammen. Die Beziehung zwischen Leopold und Wolfgang war so nah, daß sie jenen symbiotischen Charakter annahm, der die Mutter-Sohn-Beziehung kennzeichnet. Nach dem Tod des Vaters strauchelte Wolfgang Amadeus und folgte ihm drei Jahre später ins Grab. Hätte Mozart diese Nähe zu seiner Mutter erfahren, wäre ihm der Durchbruch zu Gott nicht gelungen.

Männer der deutschen Literatur des späten 18. und frühen 19. Jahrhunderts, in deren Werk und Leben muttersohncharakteristische Züge beobachtet werden können, sind Schiller, Hölderlin, Lenz und Büchner.

Schillers Männlichkeitsdefizit hatte drei Ursachen. In seinen ersten vier Jahren lebte er allein mit seiner Mutter und seiner älteren Schwester in einem Zimmer, demselben, in dem er geboren wurde. Der Vater war Arzt und Offizier und hielt sich fern der Familie auf, kämpfte im Siebenjährigen Krieg gegen Preußen. Nachdem er zurückgekommen war, verfolgte er seinen Sohn Friedrich mit

Unterweisungen, und natürlich gab es Prügel. Dreizehnjährig wurde Schiller seiner Familie entrissen, vom württembergischen Herzog Karl Eugen in dessen neue militärische Musterzuchtanstalt bei Stuttgart befohlen, in der er ohne Unterbrechung acht Jahre lang ausharren mußte.

Die so verbrachten ersten zwanzig Jahre konnten kein Fundament für eine Mannsperson abgeben. Schillers Leben durchzieht die Sehnsucht nach Mann, Männerfreundschaften wechseln einander ab – die bedeutendste mit Goethe –, dazwischen Frauenwetterleuchten. Nach jeder Affäre wird Schiller krank. Und als er meint, heiraten zu müssen – die Ehe mit Charlotte von Lengefeld ein stehendes Wasser –, erkrankt er im Jahr darauf so gefährlich, daß er aus diesem Tief nie wieder ganz herauskommt und dreizehn Jahre später stirbt.

Abschüssigkeit kennzeichnet seine Dramatik, seine Stücke leben vom Mißlingen. »Die Räuber« – ein Männerineinandergewühle deprimierendsten Ausmaßes. »Kabale und Liebe« – draufzahlende Frauen und alles falsch machende Männer; jeder, ob Herr oder Knecht, hat seinen Beitrag zum Tod der Luise Miller geleistet: der Präsident, Ferdinand, Kalb, Wurm und Miller.

»Don Carlos«, »Die Verschwörung des Fiesko«, »Wallenstein«, »Wilhelm Tell« – Männerstücke mit nebensächlichen Frauen, die wie schildertragende Nummerngirls über die Bühne wanken und manchmal den Mund aufmachen. »Maria Stuart« und »Die Jungfrau von Orleans« sind ebenfalls Männerstücke: ausgewalzte Männerschwierigkeiten werden an Thatcher-Vorläuferinnen abgehandelt.

Anders der Vatersohn Lessing, im Pfarrhaus aufgewachsen in der Nähe eines gütigen Vaters. »Minna von Barnhelm« zeigt alles von einer Frau, was Veränderungswillige wissen müssen, um aus der Männereinheitsgesellschaftsmisere herauszukommen. Und »Nathan der Weise«, der große Jude und wirkliche Vater, ist ein Mensch der Zukunft, stark, ohne sich zur Herrschaft über andere zu erheben. Nathan ist auch die wirkliche Mutter, weich, ohne ihre Kinder an sich zu klammern.

Anders auch Kleist. Er schrieb Lustspiele (»Amphitryon«, »Der zerbrochene Krug«, »Käthchen von Heilbronn«), Frauenauflehnungen, Familienzersetzungen (»Penthesilea«, »Familie Schroffenstein«, »Marquise von O.«) und Heldenabtakelungen (»Robert Guiskard«, »Hermannsschlacht«, »Prinz von Homburg«, »Michael Kohlhaas«). Kleist strömt die Erotik aus den Händen, Schiller deklamiert sie nur.

Hölderlin: unter wunder Sprache leider Blei. Bedeutendstes Deutsch, sagen die Deutschen. Hymnen und Elegien, manisch-depressive Äußerungen eines Gejagten. Sprachräusche, hinter denen das Jenseits sei, wie die Hölderlin-Huldigenden meinen. Die Bilder und Stimmungen beiseite geschoben, um in die Tiefe des Sinns zu kommen, kommt kein Grund, kommt das Nichts.

In einer der entsetzlichsten Mutterbindungsplackereien, die ein Männerleben auszuhalten genötigt war, wand Hölderlin sich sein Dasein lang, bis er zusammenbrach.

Seine Mutter, Johanna Hölderlin-Gock, ist eine Todesmutter wie Klara Hitler und Jekaterina Dschugaschwili. Fast alles um sie herum stirbt. Es sterben früh nicht nur vier ihrer sieben Kinder, sondern auch ihre zwei Ehemänner. Sie selber ist eine muttergebundene Frau, lebt mit ihrer Mutter, Johanna Heyn, bis zu deren Tod vierundfünfzig Jahre lang zusammen. Seelisch nicht selbständig geworden, kann sie keine Kräfte für Liebespartner und Kinder entfalten, braucht ihre Energien für sich, für ihre Mutter. Ihre Männer sterben im jungen Alter, der erste mit sechsunddreißig, der zweite mit einunddreißig Jahren: Nach einer gleich langen Zeit des Liebesversuchs bricht der Spannungsbogen zwischen den Partnern – beide Ehen währen nur fünf bis sechs Jahre, dann sterben die Männer plötzlich.

Friedrich Hölderlins Leben ist ein sachlich und erotisch exemplarisches Straucheln eines Muttersohnes. Dynamik, Entwicklung – unbrauchbare Wörter, den Fortgang seines Daseins hin zu diesem Loch fast vierzigjähriger Geisteskrankheit zu beschreiben. Rasen, Wandern, Flüchten, Hetzen, Stoßseufzen. Der Dichter lebt im Gummizug: Zwischen den Stationen des fünfmaligen Scheiterns bei der Existenzsuche und des viermaligen in der Liebe landet Hölderlin immer bei der »teuren Mutter« in Nürtingen, die nicht abläßt, ihn mit Heirats- und Berufsplänen zu quälen. Unter den bedrängenden Ehevorschlägen der Mutter mißglückt ihm jeder Annäherungsversuch bei Frauen. Und als Tätigkeit will sie ihm, dem größten deutschen Sprachmagier, den Pfarrer aufzwingen. Er bricht eine Hauslehrerstelle nach der anderen ab.

Die Mutter sorgt sich ja, nein, sie saugt. Und sie gibt dem Sohn Botschaften, bleibt fest mit ihm über den Äther verbunden. Da er sich allen ihren Geschäfts- und Heiratsunternehmungen widersetzt, muß sie seinen Wahnsinn ins Auge fassen. Johanna Gock sorgt für den geistigen Tod ihres Jungen vor. Sollte der zarte Sohn eines Tages ganz verrückt werden – für halb muß sie ihn gehalten haben –, kauft sie ihm so etwas wie einen Pensionärsplatz bei einer ihr bekannten Familie, hinterlegt dort eine Pflegerente. Unter »gute Mutter« wird diese Vorsorge vom bürgerlichen Verständnis der Eltern-Kind-Beziehung abgehandelt. Die sogenannte Vorausschau von Johanna ist eine vorweggenommene Zuweisung des Irrenstatus, aus familienanalytischer Sicht eine Delegation: ›Werde du, Sohn, eines Tages wahnsinnig, da du nicht tust, was ich will, ich kaufe dir schon jetzt einen Platz für deinen Fall frei!‹

Die Schwermut des Sohnes beginnt am Sterbetag des Stiefvaters, den Friedrich als zweiten Vater angenommen hatte und den er in sich abbilden wollte. Der erste, natürliche Vater starb, als Friedrich zwei, der Stiefvater, als er neun war.

> »Auch Sie, liebste Mutter! haben mir diesen Hang zur Trauer nicht gegeben, von dem ich mich freilich nicht ganz rein sprechen kann. Ich sehe ziemlich klar über mein ganzes Leben, fast bis in die früheste Jugend zurück und weiß auch wohl, seit welcher Zeit mein Gemüt sich dahin neigte. Sie werdens kaum mir glauben, aber ich erinnere mich noch zu gut. Da mir mein zweiter Vater starb, dessen Liebe mir so unvergeßlich ist, da ich mich mit einem unbegreiflichen Schmerz als Waise fühlte, und Ihre tägliche Trauer und Tränen sah, da stimmte sich meine Seele

zum erstenmal zu diesem Ernste, der mich nie ganz verließ, und freilich mit den Jahren nur wachsen konnte.«[2]

Hölderlins sogenannter Wahnsinn bricht aus, nachdem die Großmutter gestorben ist. Die Mutter kann das plötzliche Alleinsein nach vierundfünfzig Jahren Doppelten-Hannchen-Daseins nicht ertragen und delegiert den Sohn zu sich. Während dieses Vorganges zerfällt sein Ich.

Als die Großmutter stirbt, ist er in Bordeaux. Er fühlt sich dort nur wohl: ». . . ich . . . bin wohl aufgenommen, bin gesund . . . Ich bin erhalten . . . ich grüßt Euch wie ein Neugeborner . . . Ich bin nun durch und durch gehärtet und geweiht . . . Ich denke, ich will so bleiben . . . Wie wird mir der sichere erquickende Schlaf wohl tun! Fast wohn ich zu herrlich.«[3]

Die Großmutter stirbt am 14. 2. 1802. Hölderlin wird die Nachricht ungefähr einen Monat danach erreicht haben. Er schreibt erst am 16. 4. (Karfreitag) 1802 einen förmlichen Kondolenzbrief an seine Mutter, in dem er wiederholt, wie gut es ihm ginge, und er darauf hinweist, daß er sich auf seine Arbeit konzentrieren und sich der Mutter jetzt enthalten müsse, ja, er geht so weit, die Mutter an ihren eigenen Tod zu erinnern, dem sie mit ihrem gefestigten Glauben trostreich entgegensehen könnte.

Danach muß er den Rufzeichen der im Katzenjammer zerfließenden mutterverlassenen Mutter erlegen sein. Er selbst hat in früheren Briefen an sie deutlich beschrieben, wie der ferngesteuerte seelische Einfluß der Eltern auf ihre Kinder funktioniert: »Teure Mutter! . . . besonders Ihre gütige Vorsorge und Teilnahme, liebste Mutter, hat mich innig gerührt, und Sie können sich denken, wie sehr ich eben dadurch mich in Ihre Nähe gezogen fühlte . . . Liebste Mutter! . . . O könnt ich so mit einmal mein Innerstes auftun vor Ihnen! . . . Es ist kein lebendiger Laut in Ihrer Seele, wozu die meinige nicht auch mit einstimmte . . . O meine Mutter! es ist etwas zwischen Ihnen und mir, das unsre Seelen trennt; ich weiß ihm keinen Namen; achtet eines von uns das andere zu wenig, oder was ist es sonst? Das sag ich Ihnen tief aus meinem Herzen; wenn Sie schon in Worten mir nicht alles sagen können, was Sie sind, es lebt doch in mir, und bei jedem Anlaß fühl ich wunderbar, wie Sie mich ingeheim beherrschen, und wie mit unauslöschlich treuer Achtung mein Gemüt sich um das Ihrige bekümmert. Darf ichs Ihnen einmal sagen? Wenn ich oft in meinem Sinn verwildert war, und ohne Ruhe mich umhertrieb unter den Menschen, so wars nur darum, weil ich meinte, daß Sie keine Freude an mir hätten.«[4]

Am 10. Mai 1802 erhält Hölderlin einen Rückreisepaß. Mitte Juni erscheint er verwirrt bei seiner Mutter in Nürtingen. Es gibt keine Zeugnisse von beruflicher Verärgerung, von sachlichem Mißlingen. Hölderlin war Hauslehrer der Kinder des deutschen Konsuls in Bordeaux. Er beschrieb seine Arbeit höchst befriedigend: »Der Anfang meiner Bekanntschaft, meiner Bestimmung ist gemacht. Er könnte nicht besser sein. ›Sie werden glücklich sein‹, sagte beim Empfange mein Konsul. Ich glaube, er hat recht.«[5]

Und im Kondolenzbrief an die Mutter vom 16. 4. 1802 heißt es nach drei Monaten immer noch: »Mir gehet es so wohl, als ich nur wünschen darf! Ich hoffe auch das, was meine Lage mir gibt, allmählig zu verdienen, und einmal, wenn ich in die Heimat wiederkomme, der wahrhaft vortrefflichen Menschen, denen ich hier verbunden bin, nicht ganz unwürdig zu sein.«[6]

Der Konsul stellte Hölderlin in einem Brief an einen deutschen Freund nachträglich ein glänzendes Zeugnis aus. Kein äußerer Grund für Hölderlins fünften Abbruch eines Unterrichtsverhältnisses ist feststellbar, kein Skandal sickerte durch. Der Gummizug Mutter–Sohn war zusammengeschnurrt. Nach dem Tod der Großmutter mußte der Sohn leibhaftig deren frei gewordene Stelle bei der Mutter füllen.

Was Kleinfamilie an Seelenschrecken zu bieten hat, das wurde Friedrich Hölderlin zugemutet. Seine Briefe an die Mutter sind ein erschütternder Beweis für seine Fesselung. Ein Drittel seiner erhaltengebliebenen Briefe richtet sich an die Mutter. Sie sind in der Regel die längsten. An niemanden schreibt er so sich entäußernd wie an seine Mutter. In jedem Brief unterbricht er seinen Gedankenfluß mit Liebesbeteuerungen: »Liebste, teuerste Mutter.« Von ihm als Geisteskranken existieren – über zweiundzwanzig Jahre hinweg – nur noch Briefe an die Mutter (nachdem sie tot ist, ein paar Zeilen an die Schwester). Einundsechzig Tretmühlendrehungen lassen das Ergebenheitsband laufen zwischen der »Verehrungswürdigsten« und dem »Gehorsamsten«.

> »Auch hat mich dieser Tage ein Brief von unserer lieben Mutter, wo sie ihre Freude über meine Religiosität äußerte, und mich unter anderm bat, unserer teuern 72jährigen Großmutter ein Gedicht zu ihrem Geburtstage zu machen, und noch manches andere in dem unaussprechlich rührenden Briefe so ergriffen, daß ich die Zeit, wo ich vielleicht an Dich geschrieben hätte, meist mit Gedanken an sie und Euch Lieben überhaupt zubrachte. Ich habe auch denselben Abend noch, da ich den Brief bekommen, ein Gedicht für die l. Großmutter angefangen, und bin in der Nacht beinahe damit fertig geworden. Ich dachte, es müßte die guten Mütter freuen, wenn ich gleich den Tag darauf einen Brief und das Gedicht abschickte. Aber die Töne, die ich da berührte, klangen so mächtig in mir wieder, die Verwandlungen meines Gemüts und Geistes, die ich seit meiner Jugend erfuhr, die Vergangenheit und Gegenwart meines Lebens wurde mir dabei so fühlbar, daß ich den Schlaf nachher nicht finden konnte, und den andern Tag Mühe hatte, mich wieder zu sammeln. So bin ich, Du wirst Dich wundern, wenn Du die poetisch so unbedeutenden Verse zu Gesicht bekommst, wie mir dabei so wunderbar zu Mute sein konnte.«[7]

Im fernen Bordeaux konnte er sich abgrenzen. Die drei von Frankreich aus an die Mutter geschriebenen Briefe sind kurze Situationsschilderungen und enthalten Hinweise auf seine Beschäftigtheit. Er bittet fast darum, daß er nun mit Freundes- und Familiendingen nicht gestört werden möchte: »Ich kann für jetzt nur wenig schreiben.«[8] »Ich finde, daß man ohne festen Sinn nicht wohl auskommt ... aber ich meines Orts muß mein so lange nun geprüftes Gemüt bewahren und halten, und die zärtlichen guten Worte ... ich muß sie sparen für jetzt, ich darf nicht Sie und mich noch mehr dadurch bewegen ... Daß wir nicht lässig seien, und was wir tun mit Maß tun, und das Schickliche treffen in dem, was unsere Sache ist! ... Entschuldiget mich, daß ich nicht schreibe, die weite Entfernung und meine Beschäftigungen raten mir, für jetzt mit Briefen etwas sparsam zu sein.«[9]

Die Briefe der Mutter sind bis auf einen nicht erhalten. Der Sohn, der so vor Mutternähewonne zerging, hatte alle Zeugnisse seiner Adressatin »verloren«. So kann die Nachwelt sich nur aus einem einzigen den Eindruck verschaffen, wie die Sehnsucht der partnerlosen, muttergebundenen Mutter nach dem Sohn sich materialisiert haben wird, bis er auch seine fünfte, so günstige Arbeitsstelle in Bordeaux plötzlich aufgab und sich in das heimische Nürtingen zurückgezogen fühlte, wo er, immer schwachsinniger werdend, ein bis zwei Jahre im mütterlichen Hause verbrachte.

Brief von Johanna Christiane Hölderlin-Gock an ihren Sohn Friedrich Hölderlin

»Allerliebster Sohn!
ob ich schon nicht so glücklich bin auf mein wiederholtes Bitten auch einige Linien von Dir mein Lieber zu erhalten, so kan ich es doch nicht unterlassen, Dich manchmal von unserer vordauerenden Liebe, und Andencken zu versichern, wie sehr würde es mich freuen und erheitern, wan Du mir nur auch wieder einmahl schreiben woltest, daß Du die l. Deinige noch liebst und an uns denckest. Vieleicht habe ich Dir ohne mein Wisen, und Willen Veranlasung gegeben, daß Du empfindlich gegen mich bist, und so bitter entgelten läsest, seye nur so gut, und melde es mir, ich will es zu verbesern suchen ...

Besonders aber bitte ich Dich herzlich, daß Du die Pflichten gegen unser l. Gott und Vatter im Himmel nicht versäumest. wir können auf dieser Erde keine gröfsere Glückseligkeit erlangen, als wan wir bey unserem l. Gott in gnaden stehen. nach diesem wollen wir mit allem ernst streben, daß wir dort einander wieder finden wo keine Trennung mehr sein wird.

ich sende Dir anbey ein Wämesle und 4 Paar strümpf und 1 paar Handschu als einen Beweis meiner Liebe und Andencken. ich bitte Dich aber, daß Du die Wollene Strümpfe auch trägst ...

Nebst unserm allerseitigen herzlichen Gruß und Bitte daß Du mich auch wieder mit etwas erfreust und bald schreibst, schliese ich mit der Versicherung daß ich unverändert verharre
Deine
getreue
M. Gockin
Nürtingen
d. 29. Octobr. 1805«[10]

Der Brief entblößt das Unabgegrenztsein der Mutter, ihr Drängen, Pochen, Locken, die Macht ihrer Heimrufung – Hölderlin wohnte im Oktober 1805 bei seinem Freunde Isaac von Sinclair in Homburg. Knapp ein Jahr danach lieferte er Hölderlin in eine Tübinger Nervenklinik ein, die nichts machen konnte, als ihn nach kurzem Aufenthalt in seinen Turmplatz zu überführen.

Hölderlins Zusammenbruch wurde noch dadurch gefördert, daß er unter familiärem Musterzwang geschah. Der Dichter starb seinen geistigen Tod im gleichen Alter, in dem sein leiblicher Vater dem physischen Tod erlag, mit sechsunddreißig Jahren.

Worin liegt der Schaden? Die Selbstzerstörung eines Menschen – oder seine mißlungene Selbstfindung – wäre des Beweises genug. Hölderlin hat immer nur gerufen und sich gesehnt, hat nicht berührt, ist nicht durchgedrungen. Aber er hat einen Standard gesetzt im Kurzschließen von extrem schöpferischem Umgang mit Sprache und Schicksalsergebenheit. Beste Form. Und Inhalt? Nebulös. Er schwelgte im Sich-Ausliefern, verbreitete Resignation. »... denn es kann der Mensch nichts ändern.«[11] Hölderlins Schicksal ist nichts anderes als eine Großmutter-Mutter-Sohn-Verwachsung. Da lebt das Leben nicht. Sein seelisches Siechtum wurde zum Rätsel des Unfaßbaren, die familiäre Fessel ins Göttliche stilisiert und dadurch Erschlaffung vorbildlich gemacht, auf daß Herrschende jeder Richtung und aller Zeiten auf dem Rücken der »Glaubenden«, »Duldenden«, »Stillen« – mit diesen Attributen huldigte er seiner Großmutter zu ihrem Geburtstag[12] – Platz nehmen können: »Nicht in der Blüt und Purpurtraub ist heilige Kraft allein, es nährt das Leben vom Leide sich, Schwester! Und trinkt, wie mein Held, doch auch am Todeskelche sich glücklich!«[13]

»Muß nicht alles leiden? Und je trefflicher es ist, je tiefer! Leidet nicht die heilige Natur? ... Aber die Wonne, die nicht leidet, ist Schlaf, und ohne Tod ist kein Leben. Solltest du ewig sein, wie ein Kind und schlummern, dem Nichts gleich? den Sieg entbehren? nicht die Vollendungen alle durchlaufen? Ja! ja! wert ist der Schmerz, am Herzen der Menschen zu liegen, und dein Vertrauter zu sein, o Natur! Denn er nur führt von einer Wonne zur andern, und es ist kein andrer Gefährte, denn er. –«[14]

Hölderlin gilt als Sanfter, Seelenvoller. Kaum ins Bewußtsein der Öffentlichkeit drangen seine Verherrlichungen der Blutmänner Achill, Herkules, Alexander, Gustav Adolf und Napoleon, denen er frohlockende Verse widmete. Noch weniger bekannt wurde, daß Hölderlin selbst an Blutrünstigkeit litt. Seine Gedichte »Männerjubel« und »Der Tod fürs Vaterland« zeigen ihn in schnödester Kriegslüsternheit: »Und du, der Geisterkräfte gewaltigste! Du löwenstolze! Liebe des Vaterlands! Die du auf Mordgerüsten lächelst und in dem Blute gewälzt, noch siegest.« (»Männerjubel«)[15]

»Der Tod fürs Vaterland

Du kömmst, o Schlacht! schon wogen die Jünglinge
Hinab von ihren Hügeln, hinab ins Tal,
Wo keck herauf die Würger dringen,
Sicher der Kunst und des Arms, doch sichrer

Kömmt über sie die Seele der Jünglinge,
Denn die Gerechten schlagen, wie Zauberer,
Und ihre Vaterlandsgesänge
Lähmen die Knie den Ehrelosen.

O nimmt mich, nimmt mich mit in die Reihen auf,
Damit ich einst nicht sterbe gemeinen Tods!
Umsonst zu sterben, lieb ich nicht, doch
Lieb ich, zu fallen am Opferhügel

Fürs Vaterland, zu bluten des Herzens Blut
Fürs Vaterland – und bald ists geschehn! Zu euch,
Ihr Teuern! komm ich, die mich leben
Lehrten und sterben, zu euch hinunter!

Wie oft im Lichte dürstet ich euch zu sehn,
Ihr Helden und ihr Dichter aus alter Zeit!
Nun grüßt ihr freundlich den geringen
Fremdling und brüderlich ists hier unten;

Und Siegesboten kommen herab: Die Schlacht
Ist unser! Lebe droben, o Vaterland,
Und zähle nicht die Toten! Dir ist,
Liebes! nicht Einer zu viel gefallen.«[16]

»Selbstquälerei

Ich hasse mich! es ist ein ekles Ding
Des Menschen Herz, so kindischschwach, so stolz,
So freundlich, wie Tobias Hündlein ist,
Und doch so hämisch wieder! weg! ich hasse mich!
So schwärmerisch, wenn es des Dichters Flamme wärmt,
Und ha! wenn sich ein freundeloser Junge
An unsre Seite schmiegt, so stolz, so kalt!
So fromm, wenn uns des Lebens Sturm
Den Nacken beugt.«[17]

Friedrich Hölderlin

Hölderlin haßt sich. Das tut nur ein Seelenleerer. Er schwingt nicht, bricht sich an allen Menschen. Sein Volk schilt er »keine Menschen«. Immer wieder nimmt sein Schwammgemüt Todesstimmungen auf: »Handwerker siehst du, aber keine Menschen, Denker, aber keine Menschen, Priester, aber keine Menschen, Herrn und Knechte, Jungen und gesetzte Leute, aber keine Menschen...«[18] Wie die Juden, so sind auch die Deutschen Menschen, mögen sie sich verstockt und heikel benehmen. Hölderlin flackerte nach Versuchen, es zu sein, sechsunddreißig Jahre als unbeseelter Körper in der Spitze eines Turms. Turm: Fassung,

Rundung, Höhe, Aufrichtung – das Gegenteil von schwankend, verschwimmend, entfallend, Schlund.

Goethe wuchs begleitet von zwei Männern auf, einem sich ihm widmenden, freundlichen, allumfassend gebildeten Privatgelehrten als Vater und einem eingeschränkten, später irrsinnigen Onkel, für den der Vater die Vormundschaft übernommen und den er deshalb ins Haus geholt hatte. Das »Zwei Seelen wohnen ach in meiner Brust« durchzog Goethes ganzes Leben, kulminierte in dem Paar Faust–Mephisto, formte seine Doppelexistenz als Künstler und als Staatsmann, als Dichter und als Wissenschaftler.

Ähnlich umfassend begabt wie Goethe war Leonardo da Vinci, der musikalische Maler, der Konstrukteur, Architekt und Erfinder, der von vielen als bedeutendster Künstler angesehen wird. Er wuchs in einem Drei-Vater-Haus auf, unter seinem Vater, einem Großvater und einem Onkel, war das uneheliche Kind einer Bäuerin, die ihn nach seiner Geburt im Hause des Erzeugers abgegeben und nie wiedergesehen hatte. Leonardo wurde der Maler der Harmonie und der Prophet der Androgynie.

Goethe ist neben Shakespeare – über den es fast kein biographisches Material gibt, aber das spärliche schließt auf einen nahen Vater – der künstlerische Universalgeist der Neuzeit. Mit so viel Vaterstruktur im Rücken gelang Goethe rechtzeitig die Distanzierung von der Mutter. Er begann früh mit dem Durchschneiden der psychischen Nabelschnur, brach von zu Hause auf, verdünnte und verdünnte den elterlichen Einfluß, ließ sich weit weg vom Ort seiner Ursprünge nieder (in Weimar), besuchte die Mutter in Frankfurt immer seltener, erwähnte die letzte Begegnung mit ihr nicht in seinen Tagebüchern und sah sie in den elf Jahren vor ihrem Tode nicht mehr wieder, kam nicht zu ihrer Beerdigung und wollte nichts von ihr erben. Als sie erwog, von Frankfurt zu ihm nach Weimar überzusiedeln, wies er dieses Ansinnen zurück.

Der Lohn ist eine widerstandsfähige Gesundheit, eine sich zeitlebens regenerierende schöpferische Energie, weit wirkende Beeindruckung der Menschen zu Goethes Lebzeiten und nach seinem Tode, Schutz des Ichs zwischen Frauenbeziehungen und Männerfreundschaften bis zum Ausklang in einem hohen Alter mit einem harmonischen Tod. Brutal sieht das für die von der Familie verengten Gemüter des 20. Jahrhunderts aus. Es ist das Leben. Die Mutter spielte mit, starb glücklich, schlug eine Einladung von Freunden aus mit der Begründung: »Sagen Sie nur, die Rätin kann nicht kommen, sie muß alleweil sterben.«[19]

Brutal dagegen ist die Selbstzerstörung des Goethe-Zeitgenossen Jacob Michael Reinhold Lenz. Nur zwei Jahre jünger als Goethe, war Lenz ähnlich begabt und zu aller Hoffnung berechtigend wie der größte deutsche Dichter und ist doch rasch dem Bewußtsein des breiten Publikums entglitten. Die Autorenschaft einiger Werke der beiden konnte im 18. Jahrhundert nicht eindeutig geklärt werden. Es gibt Gedichte, die die Literaturwissenschaft noch heute nicht exakt dem einen oder anderen zuschreiben kann.

Lenz hatte keinen Zugang zur Mannwerdung. Er wurde von einem brutalen Vater, einem fanatischen Frömmler, zum »Lieblingssohn« auserkoren. Der Vater war pietistischer Pfarrer, der seiner Gemeinde in seinen manchmal eineinhalb Stunden lang dauernden Predigten mit angedrohten Racheakten Gottes zusetzte. In Lenz' »Bekenntnisse einer Armen Seele« verweist er doppeldeutig auf seinen Vater: »An meiner Wiege stand das schreckliche Gericht Gottes.«[20] Der Vater hatte eine ätzende Fingerzeigschrift: »Das schreckliche Gericht Gottes über das unglückselige Wenden«, verfaßt und verbreiten lassen. »Lieblingssohn« hieß, der Vater wollte den Jungen ins Predigerdasein hineinpressen, was ihm mißlang. Lenz brach sein Theologiestudium ab und wurde Dichter, Gesellschafter von Adligen, Begleiter und Erzieher ihrer Söhne. Als der Sechsundzwanzigjährige, von seiner zum erstenmal ausbrechenden Geisteskrankheit verfolgt, beim Vater Zuflucht finden wollte, warf der ihn hinaus.

Das Mannverhinderungsprogramm, das die Kindheit von Lenz beherrschte, ähnelt den Foltergeschehnissen, die ein Jahrhundert später sich zwischen Vater und Sohn Schreber abspielen und sich in einer Schizophrenie des Sohnes Daniel Paul auswirken.

Lenz quält sich sein Leben lang als Halb-Gewordener. Sein bröckeliges Ich konnte nichts aufbauen. Er hatte keinen stabilen Boden, auf dem sich die Welt hätte niederschlagen können. Seine Erfahrungen wußte er nicht in lebensspendende Handlungen umzusetzen. Lenz konnte niemanden halten, nicht Frauen, nicht Freunde. Und – darin Hölderlin verwandt – sein Geist verließ ihn wieder.

»An den Geist

O Geist! Geist! Der du in mir lebst,
Woher kamst du, daß du so eilst?
[...]
Komm nicht weiter empor!
Sei nur getrost, bald bist du frei,
Bald wird dir's gelungen sein, Grausamer,
Bald hast du dein steinern, nordisch
Treues Haus über den Kopf dir zertrümmert.
Ach! Da stehst du, wie Simson, und wirfst,
Wirfst – strebst – wirfst's über'n Haufen!
Weh uns Allen! Schone noch, schone!
Dieser treuen Hütte Trümmer
Möchten dich sonst unter sich begraben.
[...]
Kehre zurück! Heft' ihre Gelenke
Wieder mit zarter Selbstlieb' zusammen,
Denn Gott selber baute sie dir,
Klein und gebrechlich, wie sie da ist. [...]«[21]

Mit diesen Versen traf Lenz seinen Zerfall. Der Geist gehörte ihm nicht, war Gast in seiner Körper-»Hütte«. Lenz' Person, sein Ich, beschreibt er als eine Weiblichkeit. Der Geist – das Männliche – ist nicht sein Identisches. Er verläßt seine »Hütte«. Das Nichtanwesendsein oder das Verfliegen des Männlichen läßt die Weiblichkeit in Trümmer gehen – präzise Beschreibung des Wahnsinns oder der Gespaltenheit eines Mannes!

Goethe sah Lenz als »ein krankes Kind« mit einer »zerstörte(n) Seele«.[22] Zwanghaft mußte Lenz demontieren. Er griff die Gesellschaft an, die das verdiente, aber er zersetzte auch sich selbst, der das nicht verdiente. »Zersetzen« heißt, er offenbarte von Jahr zu Jahr mehr die Unvollkommenheit seiner Ich-Bündelung.

> »Die Demut
>
> Hier häng ich itzt aus Dunst und Wolken
> Nach dir, furchtbare Tiefe, nieder –
> Giebts Engel hier? O komm ein Engel
> Und rette mich! [...]«[23]

In seinen »Lebensregeln« beschrieb er auch seinen Trieb – ähnlich wie seinen Geist – als nicht zu ihm gehörend. Er wandte sich ab von der sinnerfüllenden Beschäftigung mit Dingen und von der zärtlichen Verbindung zwischen Menschen, suchte nach dem »vornehmsten Verwahrungsmittel gegen die Wollust«.[24] Zu seinen vor Frauen schützenden Absicherungen – von ihm »Kautelen« genannt – zählte er:
»1. Kein Frauenzimmer jemals anders anzurühren als auf der Hand und auf dem Munde, welche unschuldige Ausdrücke der Wertschätzung und Hochachtung sind.
[...]
5. Nie nach einem gewissen Ort, den die Natur uns verborgen hat, hinsehen.
[...]
Überhaupt ist gut, das Fleisch zu kasteien und zu kreuzigen, damit der Geist wachsen und sich bilden könne...«[25]

Das Gegenteil ist wahr. Der Geist verdörrt, wenn das Fleisch kasteit wird.

Seine löchrige Männlichkeit versuchte Lenz in der Freundschaft mit Goethe auszubessern, wollte sich durch die Identifikation mit Goethe nachbemannen lassen. »Der imitative Faktor tritt unstreitig hervor, wenn man Lenzens Liebesleben untersucht. Er verliebte sich in zwei von Goethes Liebschaften sowie in dessen Schwester. Man kann nicht einwenden, dies sei die Auswirkung seiner Identifikation gewesen: Der Versuch, sich mit Goethe zu identifizieren, war gewiß vorhanden, doch scheint mir Lenzens zentrale Psychopathie in der Schwäche seiner Identifizierungen zu liegen und dem daraus sich ergebenden Hauptmechanismus, sich im Umgang mit der Welt auf die Nachahmung zu verlassen.«[26]

Goethes »Götz von Berlichingen« zeigt einen prallen, durchwachsenen Mann im Widerstand gegen konservative Machtblöcke. Lenz' zur gleichen Zeit veröffentlichter »Hofmeister« zeigt ein mickriges, entichtes Etwas, das an den reaktionären Verhältnissen zugrunde geht.

Goethe, der strukturierte Mann, konnte negativ auf das Hindernde und »positiv auf das Fördernde« (Eissler)[27] reagieren, Lenz, der abgehalfterte Mann, konnte das nicht, schloß die äußere Bedrohung durch die Gesellschaft mit seiner inneren Zerstörung kurz, bis seine mühsam aufrechterhaltene Körperlichkeit zusammenbrach und er, einundvierzigjährig, tot auf einer Moskauer Straße lag.

Während seines ersten psychotischen »Schubs« versuchte Lenz, mit einer der Legende Jesu nachempfundenen Handlung Licht auf sein eigenes seelisches Verhängnis zu werfen. Zweimal wollte er ein Mädchen vom Tode erwecken. Beim zweitenmal begab er sich zu einem sterbenden Kind. Als auch dessen Erweckung ihm nicht gelang, behauptete er, die Mutter behinderte die Rettung.

Jacob Michael Reinhold Lenz – ein todkrankes Mädchen, dessen Rettung die Mutter(bindung) verhinderte.

Abschüssige Lebensbahn und melancholisierendes Werk stehen auch bei Georg Büchner in einem engen Verhältnis zueinander. Büchner ist ein Hätschelkind der deutschen Intellektuellen, weniger aufgrund seines Werkes als mehr wegen seiner aufrührerischen Bestrebungen – »revolutionäre Taten« wäre zuviel gesagt, denn Büchner befand sich in seinem kurzen Leben im Stadium des Vorbereitens, des Konspirierens mit Gleichgesinnten.

Büchner und sein Mini-Œuvre werden von der Muttersohnkultur hochgehalten, weil er ein Prototyp des Männertrübsinns ist. Seine gruftigen literarischen Entäußerungen zeigen den massenhaft verbreiteten Untergangszuläufer. Büchners Männer sind zerfallen: Danton scheitert mit der Revolution (»Dantons Tod«), Lenz dämmert wie sein historisches Vorbild einsam durch die Gegend (»Lenz«), Woyzeck muckt auf, dreht sich wehleidig um sich selbst, kann nicht lieben, keine Frau zur Konzentration auf sich bewegen, tötet seine fremdgehende Freundin (»Woyzeck«), Leonce ist ein vom bürgerlichen Zeitalter auf Händen getragener Depressionsprinz, eine der bekanntesten Muttersohngestalten der Literatur (»Leonce und Lena«). Er tut nichts oder dilettiert geistig und körperlich, langweilt sich, sieht schwarz, kann nicht lieben, ekelt eine Freundin weg, möchte sich nach einer gestelzten Liebesbegegnung mit Lena – erster Kuß – in einen Fluß werfen. Fließen kann er selber nicht, er hängt in einer Schwermut zu Tode. Seinen törichten Vater vermag er nicht in sich wirken zu lassen.

Alle Büchner-Männer rätseln nach dem Sinn des Lebens. Wer nach dem Sinn des Lebens fragt, hat ihn bereits verloren, sagt eine alte chinesische Weisheit. Die Lebenssinnfrage enthüllt die Muttersohnmisere. Mit ihr hat sich die Männerkultur nun schon seit Generationen aufgebläht.

Nur scheinbar ist Büchner die Identifikation mit dem Vater, einem Arzt in Darmstadt, geglückt. Der Sohn studiert Medizin und hält mit Dreiundzwanzig als Dr. med. seine ersten Vorlesungen. Und so schön auf Probe zu revoltieren und so häßlich von deutscher Polizei verfolgt zu werden, das sieht doch nach gestandenem Mannesdasein aus. Aber Büchner kommt dem äußeren Gelingen nicht mit innerer Männlichkeit nach. Sein Leben zur Studentenzeit heißt: Aufstand – Eltern, Aufstand – Eltern, Aufstand – Eltern ... Als er einmal in den Semesterferien wegen revolutionärer Bemühungen nicht zu ihnen nach Hause kommt, schlagen sie Alarm: Wo bleibst du, Sohn? Seine Verlobte, die in Straßburg wohnhafte Wilhelmine Jaeglé, Tochter seiner ersten Wirtsleute, hält er in seiner erotischen Entschlußlosigkeit fünf Jahre hin, setzt sie auf die Sparflamme »Besuchshoffnung« bis zu

Pestalozzi

seinem Tode. Mit Dreiundzwanzig wirft er dem Leben das Handtuch. Hinter dem Revoluzzer-Image verbirgt sich eine schüttere Männlichkeit. Georg Büchner: außen ein Held – Freigeist, Dozent, Doktor, Dichter –, innen ein Hauch.

Büchner ist ein günstiges Vorbild für den intellektuellen Mann, der sich mit ihm in die linke Tasche lügt. Büchner zeigt, wie das Individuum von der Geschichte zermalmt, wie es als Objekt der Gesellschaft zugrunde gerichtet wird. Ehe »die Geschichte« und »die Gesellschaft« einzelne Männer opfern, wird von »großen Männern« Geschichte gemacht, weil die Gesellschaft von allen Angehörigen des männlichen Geschlechts geprägt ist. Die Tränen um Männer sind Krokodilstränen, denn bevor einige Männer als Opfer benutzt werden, sind in der Gesellschaft alle Täter, auch der Unterdrückteste, der sich an der Zerstörung von Frauen, Kindern, Tieren und Natur beteiligt.

Die Ausnahme – Pestalozzi? Der wegweisende Erzieher? Er verlor mit fünf Jahren seinen Vater und wuchs bei seiner Mutter und der »treuen Babeli« auf, einer bis zu ihrem Tod in der Familie lebenden und arbeitenden Magd. Pestalozzi litt unter der Vaterlosigkeit. Er wurde sonderbar. Sein Gesicht – ein stilles Wasser, in das ein Stein geworfen worden ist, der die Ringe tiefer Leiden für immer an der Oberfläche stehenließ.

> »Mein Vater starb mir sehr frühe, und ich mangelte von meinem sechsten Jahre an in meinen Umgebungen alles, dessen die männliche Kraftbildung in diesem Alter so dringend bedarf. Ich wuchs an der Hand der besten Mutter in dieser Rücksicht als ein Weiber- und Mutterkind auf, wie nicht bald eins in allen Rücksichten ein größeres sein konnte. Ich kam, wie man bei uns sagt, jahraus, jahrein nie hinter dem Ofen hervor; kurz, alle wesentlichen Mittel und Reize zur Entfaltung männlicher Kraft, männlicher Erfahrungen, männlicher Denkungsart und männlicher Übungen mangelten mir . . .«[28]
> ». . . so war ich in allen Knabenspielen der ungewandteste und unbehülflichste unter allen meinen Mitschülern und wollte dabei doch immer auf eine gewisse Weise mehr sein als die andern.

Das veranlaßte, daß einige von ihnen gar oft ihr Gespött mit mir trieben. Einer, der sich hierin gegen mich auszeichnete, hängte mir den Übernamen ›Heiri Wunderli von Thorliken‹ an.«[29]

»Ich hörte bis ins graue Alter nicht auf, neben der Gewandtheit aller Menschen, die sich in irgend einer Art von Routinenbrauchbarkeit auszeichnen, so als ein Heiri Wunderlich von Thorliken zu erscheinen.«[30]

»... und wenn ich bei irgend etwas, wozu es ihre Gewandtheit brauchte, mithalten wollte und irgend einer Art von Kniffen ihrer Kunst teilnehmen wollte, so gaben sie mir allemal als einem anmaßlichen Halbnarren den Ausschluß.«[31]

Johann Heinrich Pestalozzi

Das Beispiel Pestalozzi scheint zunächst zu beweisen, daß nicht jede vaterlose Jugendzeit einen Mann zerstörerisch gegen andere und gegen sich selbst tätig werden läßt. Die Regel heißt: Jede bei Männern nach außen oder nach innen wirkende Beschädigung rührt von einer mißglückten Mannwerdung her, von einer Mutterüberhandnahme in den Jahren des Aufwachsens. Diese Übermacht wird schon dann etwas gedämpft, wenn eine nicht verwandte weibliche Person neben der Mutter auf den Jungen einwirkt. Ein solcher Einfluß entschärft die sprengstoffgeladene Gefühlsausschließlichkeit zwischen Mutter und Sohn.

Ob Pestalozzi tatsächlich als die Ausnahme gelten kann, ist so sicher nicht. Vielleicht war das Gute, das er in seinem Leben leistete, nicht sein Identisches, nur das Bemühte, und er erlag dem Albert-Schweitzer-Syndrom, das Männer zwingt, ihr Gutes ausgegrenzt aus ihren gesellschaftlichen oder persönlichen Bedingungen ganz weit weg von ihrer Herkunft zu verwirklichen, auf daß es dem System, das sie hervorgebracht hat, nicht ans Zeug gehen kann und auch nicht auf die Männer selber wohltuend zurückwirkt.

Pestalozzi war nach außen und nach innen wirkungslos. Er hat weder die allgemeinen Heimverhältnisse erneuern können noch die bürgerliche Eltern-Kind-Beziehung verändert. Seine Augen sind so kummervoll, daß der Blick auf sie beim Betrachter einen Schmerzreflex auslöst. Er zerstritt sich mehrmals mit seinen Anstaltsmitarbeitern, die ihn verließen, mit denen er sich verfeindete, so daß er in einem Falle sogar prozessieren mußte. Leise quälerisch ging er mit seinem einzigen Sohn um, der vor ihm im Alter von einunddreißig Jahren starb.

Wie sich der Druck der mißglückten Mannwerdung in unglücklicher Lebensführung Luft macht, ist sehr verschieden. Auch Novalis wäre mit seiner Todesverherrlichung (»Hymnen an die Nacht«), mit seiner hinscheidenden kindlichen Geliebten, Sophie von Kühn, und mit seinem zweiten Brautschaftsabbruch durch den eigenen frühen Tod nicht zu trauen. Knabenliebe und -leben, Berührungsschwaden dreier Puppenwesen, transponiert in ein jenseitssüchtiges Werk.

Es scheint keine Ausnahme zu geben, denn die seelischen Bedingungen der Menschen – hier der Männer – haben ihre Gesetze, so wie die Bedingungen der Planeten, Elemente, Jahreszeiten, Moleküle und Atome ihre Gesetze haben. Das abzustreiten gehört zu den Tricks, mit denen die Männergesellschaft sich aufrechterhält.

Die größte Migränepersönlichkeit des abendländisch abwärts gerichteten Männergeistes ist Friedrich Nietzsche. Schon sein Vater wuchs mannverloren auf, umgeben von Mutter und zwei älteren Schwestern. Nachdem er gestorben war, folgte ihm der jüngere Bruder Nietzsches ins Grab. So begleiteten den erst vierjährigen Friedrich von nun an Mutter, Großmutter, zwei Tanten, eine »treue Mine« und seine Schwester.

Die Mutter Nietzsches ist nur siebzehn Jahre älter als der Sohn, der Vater ist dreizehn Jahre älter als die Mutter. Für Jugendliche haben Altersunterschiede von zehn Jahren aufwärts noch wie für Kinder eine große Bedeutung. Pubertierende Mädchen empfinden Männer von Mitte Zwanzig schon als ferngerückte Erwachsene. Franziska Nietzsche muß wie Letizia Bonaparte, Jekaterina Dschugaschwili, Klara Hitler und Tausende ihrer Geschlechtsgenossinnen als ein unfertiges Wesen sich an einen älteren Mann abliefern und für ihn aufgeben. Nach kurzer Ehezeit verschwindet der

Nietzsche

Gemahl und läßt sie eingekeilt in ihrer Familie zurück, aus der sie kein Geschlechtsgenosse je wieder entreißen wird.

Die Bilder zeigen Nietzsche als einen Homunkulus, der sich ein paar Jahrzehnte hindurch in Männlichkeitsdarstellungen versucht und mit vierundvierzig zusammenbricht, von seiner Mutter gehalten und beim Langzeitsterben begleitet.

Der Jüngling benennt seinen Mangel. Er kennzeichnet sich in einer autobiographischen Notiz »als Pflanze nahe dem Gottesacker«.[32] Sein Vater war Pfarrer. Nietzsche kam zur Welt in Rökken, einem sächsischen Dorf, dessen Name wie gemacht ist, den bedeutendsten Muttersohn-Philosophen der Männergesellschaft zu verhöhnen.

Als Zwanzigjähriger ist er »überzeugt, daß gerade der Tod eines so ausgezeichneten Vaters, wie er mir einerseits väterliche Hilfe und Leitung für ein späteres Leben entzog, andrerseits die Keime des Ernsten, Betrachtenden in meine Seele legte«. Er spricht vom »Übelstand, daß meine ganze Entwicklung von da an von keinem männlichen Auge beaufsichtigt wurde«.[33] Im letzten großen Werk, »Ecce homo. Wie man wird, was man ist«, kokettiert er mit der Wahrheit bis an die Grenze einer Selbsterkenntnis: »Ich bin, um es in Rätselform auszudrücken, als mein Vater bereits gestorben, als meine Mutter lebe ich noch und werde alt.«[34]

Ähnlich wie Hölderlin besaß er nie einen festen Platz im Leben, hastete von Ort zu Ort. Darüber hinaus hatte er keine Liebesbeziehung gekannt, nur zweimal vorgegeben, heiraten zu wollen, einer Hotelbekanntschaft einen Antrag gemacht, um versorgt zu werden, und sich als Enddreißiger wahrscheinlich zum ersten und einzigen Mal in eine Frau verliebt, in Lou von Salomé, die ihn abwies. Als Student wurde er einmal in ein Bordell gelotst, aus dem er unverrichteterdinge floh. Sein Leben war ein Sich-im-Kreise-Drehen, ein Herumhetzen und Durch-die-Gegend-Schleifen seines Körpers, der immerzu krank war. Keine faßbaren Krankheiten, keine Ausbrüche, Verläufe und Heilungen, nein, immer krank, im Dauerzustand ein Häufchen Elend mit Kopfschmerz, zu dem später Darmunpäßlichkeiten hinzukamen.

Nietzsche

Nie endendes Mutter-Schwester-Gequengel – Nietzsches Satellitendasein um Muttererde in Naumburg, wohin Franziska nach dem Tode ihres Mannes zurückgezogen war, rückfallend in den Schoß der eigenen Mutter. Als alle Mitglieder der älteren Generation gestorben waren, blieb das Dreiergestrüpp Mutter-Sohn-Tochter als verwachsene Einheit bestehen. Bruder und Schwester wohnten über lange Strecken ihres Lebens hin zusammen. Es gab einen kurzen Eheausflug der Schwester, danach festgefügtes Inzest-Triumvirat bis zum Tode von Mutter und Friedrich.

Die Briefe von Mutter und Sohn dokumentieren ein jahrzehntelang ineinander verwachsenes Ehepaar. »Mein altes Geschöpf« – »Dein altes Geschöpf«, so geht es hin und her. Die Mutter griff unabweisbar nach ihrem »alten lieben Geschöpf, alten lieben Kind, lieben lieben Herzenssohn, guten Fritz mit dem guten Herzen, lieben guten Sohn, Herzens-Herzenssohn...«

Die Schwester, Elisabeth Förster-Nietzsche, empfing in ihrem Haus Adolf Hitler. Nichts spricht dagegen, daß es ein am Leben gebliebener Nietzsche nicht auch getan hätte. Winifred Wagner, die Schwiegertochter Richards, hätte beinahe Hitler geheiratet, wenn ihr dadurch nicht das Erbe Bayreuths abhandengekommen wäre, das sie nur als bleibende Witwe antreten durfte. Die Molluskenwesen haben Schwächen füreinander. Auch die Muttersöhne Nietzsche und Wagner flogen aufeinander und stießen sich bis zu erbitterter Feindschaft von seiten Nietzsches später wieder ab.

Die Verwandtschaft Nietzsches mit Hitler besteht im Aus-den-Fugen-Gehen, An-den-Rand-Treiben und in der Selbstüberhebung. Aus der Unstruktur seiner Krankheit und der Ungestalt seines Empfindens macht Nietzsche Stahlhärte als Werk: »Wo ich Lebendiges fand, da fand ich den Willen zur Macht; und noch im Willen des Dienenden fand ich den Willen, Herr zu sein.«[35] Noch schärfer: »Mut aber ist der beste Totschläger...« – Nietzsche stakkatiert es dreimal –, »Mut, der angreift: der schlägt noch den Tod tot, denn er spricht: ›War *das* das Leben? Wohlan! Noch einmal!« Kurz vorher heißt es: »Der Mut schlägt auch das Mitleiden tot. Mitleiden aber ist der tiefste Abgrund...«

Nietzsche (rechts) mit seiner Mutter Franziska Nietzsche

Nachdem der Mut zum erstenmal als Totschläger angepriesen worden ist, erläutert Nietzsche diesen Vergleich: »Der Mensch aber ist das mutigste Tier: damit überwand er jedes Tier.«[36]

Nietzsches Mensch ist der Mann als Muttersohn, dessen Vernichtungsformeln in seinem Werk verborgen sind. Besonders »überwinden« ist eine Vokabel, die dafür steht, irgend etwas totzumachen – und wenn es das eigene Selbst ist.

»Was ist das Größte, das ihr erleben könnt? Das ist die Stunde der großen Verachtung. Die Stunde, in der euch auch euer Glück zum Ekel wird und ebenso eure Vernunft und eure Tugend.«[37]

Nietzsches Frauenverachtung kannte keine Grenzen. Seine »Einsichten« über die Mann-Frau-Beziehung entblößen ihn als stichhaltigsten sexuellen Trottel der Männergesellschaft, als herausragendste Standarte Impotenz:

»Alles am Weibe ist ein Rätsel, und alles am Weibe hat *eine* Lösung: sie heißt Schwangerschaft ... Der Mann soll zum Kriege erzogen werden und das Weib zur Erholung des Kriegers: alles andre ist Torheit ... Im echten Manne ist ein Kind versteckt: das will spielen. Auf, ihr Frauen, so entdeckt mir doch das Kind im Manne! Ein Spielzeug sei das Weib, rein und fein, dem Edelsteine gleich ... Der Mann fürchte sich vor dem Weibe, wenn es haßt: denn der Mann ist im Grunde der Seele nur böse, das Weib aber ist dort schlecht ... Das Glück des Mannes heißt: ich will. Das Glück des Weibes heißt: er will.«

Dagegen ist das weitverbreitete »Peitschen«-Zitat fast niedlich. Nietzsche legt es als Quintessenz seiner Frau-Mann-Philosophie in den Mund einer alten Frau, die zu Zarathustra sagt: »Du gehst zu Frauen? Vergiß die Peitsche nicht!«[38]

Wer nicht hat, was für Frauen gedacht ist, muß eine Peitsche nehmen, wenn er zu ihnen geht. Nietzsche tat nicht einmal das.

Kurz vor Ausbruch seiner Geisteskrankheit entwischt ihm etwas, das ihr Nahen schon bezeugt, das aber den Umbruch von papierener Formelaufblähung zur Anweisung menschenschindenden Handelns belegt: »Ich selber arbeite eben an einem Promemoria für die europäischen Höfe zum Zwecke einer antideutschen Liga. Ich will das ›Reich‹ in ein eisernes Hemd einschnüren und zu einem Verzweiflungskrieg provozieren. Ich habe nicht eher die Hände frei, bevor ich nicht den jungen Kaiser, *samt* Zubehör in den Händen habe.«[39]

Stammten diese Worte von einem Politiker, niemand würde sie für ein Anzeichen aufkommender Geisteskrankheit nehmen. Hitlers Reden und Schriften sind voll vom Willen, andere Menschen »einzuschnüren«, »in die Hände« zu bekommen. Und er hat es ausgeführt, brauchte nicht verrückt zu werden.

Unter der Stahlhärte Nietzsches wimmert es: »Es kommt so selten noch eine freundschaftliche Stimme zu mir. Ich bin jetzt allein, absurd allein; und in meinem unerbittlichen und unterirdischen Kampfe gegen alles, was bisher von den Menschen verehrt und geliebt worden ist (– meine Formel dafür ist ›Umwertung aller Werte‹), ist unvermerkt aus mir selber etwas wie eine Höhle geworden – etwas Verborgenes, das man nicht mehr findet, selbst wenn man ausginge, es zu suchen. *Aber man geht nicht darauf aus . . .*«[40]

Zog es Goethe »hinan« zum Weiblichen, ächzte Nietzsche zu einem Unbenannt-Männlichen hinauf. Es beginnt in dem Gedicht »Dem unbekannten Gotte«, das er als Zwanzigjähriger verfaßt:

»... Sein bin ich, ob ich in der Frevler Rotte
Auch bis zur Stunde bin geblieben:
Sein bin ich – und ich fühl die Schlingen,
Die mich im Kampf darniederziehn
Und, mag ich fliehn,
Mich doch zu seinem Dienste zwingen.
Ich will dich kennen, Unbekannter,
Du tief in meine Seele Greifender,
Mein Leben wie ein Sturm Durchschweifender,
Du Unfaßbarer, mir Verwandter!
Ich will dich kennen, selbst dir dienen.«[41]

Als Vierzigjähriger schreibt er im »Zarathustra« ein Nachtlied: »Nacht ist es: nun reden lauter alle springenden Brunnen. Und auch meine Seele ist ein springender Brunnen... Ein Ungestilltes, Unstillbares ist in mir; das will laut werden. Eine Begierde nach Liebe ist in mir, die redet selber die Sprache der Liebe... Ach, daß ich dunkel wäre und nächtig! Wie wollte ich an den Brüsten des Lichts saugen! ... Aber ich lebe in meinem eignen Lichte, ich trinke die Flammen in mich zurück, die aus mir brechen. Ich kenne das Glück des Nehmenden nicht; und oft träumte mir davon, daß Stehlen noch seliger sein müsse als Nehmen... Ein Hunger wächst aus meiner Schönheit: wehetun möchte ich denen, welchen ich leuchte, berauben möchte ich meine Beschenkten – also hungere ich nach Bosheit... Solche Rache sinnt meine Fülle aus: solche Tücke quillt aus meiner Einsamkeit... Nacht ist es: nun bricht wie ein Born aus mir mein Verlangen...«[42]

Diese Sehnsuchtsstimmung kommentiert er nach fünf Jahren: »Dergleichen ist nie gedichtet, nie gefühlt, nie *gelitten* worden: so leidet ein Gott...«[43]

Nietzsche spielte sich als Gott auf. Stalin, Hitler und Napoleon erdreisteten sich, Gott zu sein. Sie griffen nach Millionen von Leben, sie verhunzten Entwicklungen und eröffneten Untergänge, bahnten Endzeiten an. Das Stalin-Gedicht »An den Mond« ähnelt Nietzsches Verlangen nach dem Unfaßbaren:

> »Ich will mein Hemd aufreißen,
> Meine Brust dem Monde entblößen
> Und mit erhobenen Armen anbeten,
> Der sein Licht auf die Erde verströmt.«[44]

Es ist ein Schmachten, aus der »Höhle« herauszukommen. Da das nicht gelingt, sind schon die jungen Männer ausgebrannt. Stalin beschreibt sich achtundzwanzigjährig: »Es ist alles so öde da drinnen, so unsagbar leer!«[45] Mit Anfang Dreißig sagt Napoleon: »Im Herzen bin ich ein alter Mann.«[46] Nietzsche würgt etwa im gleichen Alter in sich hinein: »Nun bin ich in der Mitte des Lebens so ›vom Tod umgeben‹, daß er mich stündlich fassen kann; bei der Art meines Lebens muß ich an einen *plötzlichen* Tod, durch Krämpfe, denken ... Insofern fühle ich mich jetzt dem ältesten Manne gleich ...«[47]

Wenn Goethe den Tod berührt, wirkt es beinahe wie Frohlocken:

»Ein Gleiches

Über allen Gipfeln
Ist Ruh;
In allen Wipfeln
Spürest du
Kaum einen Hauch;
Die Vöglein schweigen im Walde.
Warte nur, balde
Ruhest du auch.«[48]

Und wie es erst in ihm dampft, wenn er verliebt ist. Dann schreibt er Beflügelungs-, Sporn- und Rittgedichte: »Es schlug mein Herz, geschwind zu Pferde! Es war getan fast eh gedacht ... In meinen Adern welches Feuer! In meinem Herzen welche Glut ... Und doch, welch Glück geliebt zu werden! Und lieben, Götter, welch ein Glück!« (»Willkommen und Abschied«)[49]

Nietzsche wähnte, dazu »verurteilt zu sein, nicht zu lieben«.[50] Er klebte in der Melasse absonderlicher Weiblichkeit.

Wagners letzte Schrift »Über das Weibliche im Menschlichen« ist ein Frauenstoff. Der Tod verrät etwas vom Leben eines Menschen. Auch die letzte Zeit vor dem Sterben hat enthüllende Kraft. Nietzsche lieh der griechischen Sagengestalt Ariadne seine Stimme kurz vor seinem geistigen Tod.

Ariadne ist eine kretische Prinzessin, Tochter des Minos; sie liebt Theseus, der sie verläßt, nachdem sie ihn aus dem Labyrinth des Palastes in Knossos befreit hat. Später wird sie von Dionysos, dem griechischen Saft-und-Kraft-Gott, erlöst, von der Stätte ihrer Leiden weggeführt und geheiratet.

Nietzsche versuchte zu verschleiern, warum er sich mit der sitzengebliebenen Prinzessin Ariadne identifizierte. Er behauptete, sein Schmachten gelte Cosima, der Frau Richard Wagners. Er nannte sein Gedicht aber nicht »Klage an« oder »für Ariadne«, sondern »Klage der Ariadne« und lüftete seine Maske einen Spalt: »Wer weiß außer mir, was *Ariadne* ist!...«[51] Mit dem Wort »was« kommt zum Ausdruck, daß hinter Ariadne keine Person steht. Sie ist die Umschreibung eines Zustands, entblößt und verbirgt zugleich Nietzsches Erliegen, Daliegen, Brachliegen. Die »Klage der Ariadne« ist Nietzsches erotisches Testament. Mit ihm flehte er zur Kraft des unbekannten Gottes, schrie um Erlösung von seinem Leben als schmerzensreicher Muttersohn.

> »[...]
>   So liege ich,
> biege mich, winde mich, gequält
> von allen ewigen Martern,
>   getroffen
> von dir, grausamster Jäger,
> du unbekannter – *Gott* ...
>
> Triff tiefer!
> Triff einmal noch!
> Zerstich, zerstich dies Herz!
> Was soll dies Martern
> mit zähnestumpfen Pfeilen?
> [...]
> *willst* du *hinein*,
> ins Herz, einsteigen,
> in meine heimlichsten
> Gedanken einsteigen?
> Schamloser! Unbekannter! Dieb!
> [...]
> Oder soll ich, dem Hunde gleich,
> vor dir mich wälzen?

Hingebend, begeistert außer mir
dir Liebe – zuwedeln?

Umsonst!
Stich weiter!
Grausamster Stachel!
Kein Hund – dein Wild nur bin ich,
grausamster Jäger!
deine stolzeste Gefangne,
du Räuber hinter Wolken . . .
[. . .]
Du Blitz-Verhüllter! Unbekannter! sprich!
Was willst du, Wegelagerer, von – *mir*? . . .
[. . .]
Mich – willst du? mich?
mich – ganz? . . .
[. . .]
Gib *Liebe* mir – wer wärmt mich noch?
      wer liebt mich noch?
gib heiße Hände,
gib Herzens-Kohlenbecken,
gib mir, der Einsamsten,
die Eis, ach! siebenfaches Eis
nach Feinden selber,
nach Feinden schmachten lehrt,
gib, ja ergib,
grausamster Feind,
mir – *dich*! . . .

Davon!
Da floh er selber,
mein einziger Genoß,
mein großer Feind,
mein Unbekannter,
mein Henker-Gott! . . .

> Nein!
> komm zurück!
> *Mit* allen deinen Martern!
> All meine Tränen laufen
> zu dir den Lauf
> und meine letzte Herzensflamme
> dir glüht sie auf.
> O komm zurück,
> mein unbekannter Gott! mein *Schmerz!*
> mein letztes Glück!...«[52]

»Kennen«, »erkennen« sind alte Ausdrücke für »lieben«. Das blieb Nietzsche unbekannt.

Die Tragik: Muttersöhne sehnen sich ihr Herz aus dem Leibe. Angeblich gilt ihre Sehnsucht Frauen. Wenn es dann konkret wird, bemerken sie, es ist nicht die Frau, zunächst nicht diese, die vor ihnen steht und nach der sie sich gesehnt haben. Für Hölderlin wurden vier Frauen zu »Nicht-Diese«. »Die Verlobung gelöst«, heißt es dazu dünn in den Biographien.

Frauen werden nur als Vorlage benutzt. Susette Gontard wurde Diotima, Cosima Wagner Ariadne. Muttersöhne ziehen sich eine Frau von Fleisch und Blut heran, um einen Konzentrationspunkt für ihre eigenen Gefühle zu haben, den sie zur Plattform ausbauen, von der sie alsdann mit ihrer Sehnsucht gen Himmel, zum Unfaßbaren, abheben können.

Daß Nietzsches Rufen nach dem »unbekannten Gott« seine Sehnsucht nach Männlichkeit ausdrückt, durfte er sich nicht eingestehen. Sie kommt in dem Gedicht drastisch zum Ausdruck. Seine Vorspiegelung der Ariadne war überflüssig. Er schuf die sogenannte Dithyrambe – ein kultisches Weihelied auf Dionysos – nicht neu. Er schrieb sie ab von einem dichterischen Schmachtgestammel, das er vier Jahre zuvor einem »zitternden alten Mann mit stieren Augen« in den Mund gelegt hatte, dem Zarathustra begegnete und »der die Glieder warf wie ein Tobsüchtiger und endlich bäuchlings zur Erde niederstürzte«.[53] Ausgewechselt ist –

abgesehen von kleinen, kaum auffälligen Veränderungen – nur das Geschlecht des Wortes »Einsamste(r)«. Und im Zarathustra-Gedicht wird die Sehnsucht noch dringender formuliert, der unbekannte Gott möge »zum Letzten aller Einsamen« zurückkommen.[54] (»Insofern fühle ich mich jetzt dem ältesten Manne gleich.« »Ich bin jetzt allein, absurd allein.«)

Der Vaterkenner Goethe machte auch diese Sehnsucht plastisch. In seinem Gedicht »Ganymed« balzte er ungeniert eine Vaterfigur an. Ganymed ist der Lustknabe des Zeus, vom als Adler verwandelten, obersten Gott der Griechen in den Olymp entführt. Goethe floß Ganymeds Beteiligung an dem Geschehen in die Feder. Er nahm im Gedicht dessen Position ein. Er »kannte« solche Liebesgefühle gegenüber seinem Vater. Ebenso konnte Kleist deutlich werden und an seinen begehrten Freund Ernst von Pfuel schreiben: »Du stelltest das Zeitalter der Griechen in meinem Herzen wieder her, ich hätte bei Dir schlafen können, Du lieber Junge; so umarmte Dich meine ganze Seele! Ich habe Deinen schönen Leib oft, wenn Du in Thun vor meinen Augen in den See stiegest, mit wahrhaft *mädchenhaften* Gefühlen betrachtet ... Dein kleiner, krauser Kopf, einem feisten Halse aufgesetzt, zwei breite Schultern, ein nerviger Leib, das Ganze ein musterhaftes Bild der Stärke, als ob Du dem schönsten jungen Stier, der jemals dem Zeus geblutet, nachgebildet wärest ... Ich heirate niemals, sei Du die Frau mir, die Kinder, und die Enkel!«[55]

»Ganymed

Wie im Morgenglanze
Du rings mich anglühst,
Frühling, Geliebter!
Mit tausendfacher Liebeswonne
Sich an mein Herz drängt
Deiner ewigen Wärme
Heilig Gefühl,
Unendliche Schöne!

Daß ich dich fassen möcht'
In diesem Arm!
Ach, an deinem Busen
Lieg' ich, schmachte,
Und deine Blumen, dein Gras
Drängen sich an mein Herz.
Du kühlst den brennenden
Durst meines Busens,
Lieblicher Morgenwind,
Ruft drein die Nachtigall
Liebend nach mir aus dem Nebelthal.
Ich komm', ich komme!
Wohin? Ach, wohin?
Hinauf! Hinauf strebt's.
Es schweben die Wolken
Abwärts, die Wolken
Neigen sich der sehnenden Liebe.
Mir! mir!
In eurem Schoße
Aufwärts!
Umfangend umfangen!
Aufwärts an deinen Busen,
Alliebender Vater!«[56]

Johann Wolfgang von Goethe

Muttersöhne haben ja auch die Weiblichkeit nicht als Gut für sich. Wegen ihrer zwanghaften Abwehr der Mütter müssen sie deren Wirkung in ihrem Inneren permanent ungeschehen machen. Nietzsche setzte sich mit seiner Aphorismensammlung »Menschliches, Allzumenschliches« das »Denkmal einer rigorosen Selbstzucht, mit der ich bei mir allem eingeschleppten ›höheren Schwindel‹, ›Idealismus‹, ›schönen Gefühl‹ und andren Weiblichkeiten ein jähes Ende bereitete«.[57]

Kleist gestand sich seine Weiblichkeit ein und konnte seinem Mannbegehren in Werken und Briefen Ausdruck verleihen. Er fand nur keinen Ort, es auszuleben, leistete sich nicht Italien wie Goethe und Winckelmann. Für den adligen preußischen Majorssohn und zeitweiligen Offizier war es unmöglich, sich androgyn zu verwirklichen. Kleist scheiterte an der Gesellschaft, Schiller, Hölderlin, Lenz, Nietzsche und Büchner am kleinfamiliären Würgegriff. Hinzu kommt: Kleist hatte nicht wie Goethe Eltern, die, dem Sohn zugewandt und ihm gegenüber zugleich distanziert, sein Leben bis weit ins Erwachsenendasein begleiteten. Kleists Vater starb, als der Sohn zehn, die Mutter, als er fünfzehn Jahre alt war. Dadurch hatte er zu wenig seelisches Polster, das notwendig gewesen wäre, um ungewöhnliches Lieben durchzustehen. Doch hat er es immerhin durchgeführt, war sich selbst Käthchen, die Marquise von O. und Penthesilea. Er hat nicht aus seiner Misere seine Werke gefüllt und sein Unglück der Welt angelastet. (». . . die Wahrheit ist, daß mir auf Erden nicht zu helfen war.«[58])

Nietzsches letzte Handlung vor seinem geistigen Tod entblößt seine strukturelle Not. Auf einem öffentlichen Platz warf er sich, in Tränen aufgelöst, einem Pferd um den Hals. Pferd ist – solange es die Männerkultur gibt – identisch mit Manneskraft. Der römische Kaiser Caligula betete sein Pferd als Gott an. Nietzsche verglomm mit seiner sphinxischen Geste und sank zurück zu Mutter und Schwester ins Dunkel seines seelischen Nicht-geworden-Seins. Er vegetierte acht Jahre im Dunstkreis der Mutter und drei Jahre unter der Kuratel der sein Leben und Werk eifersüchtig überwachenden Schwester, die später seine Schriften sogar verfälschte.

Anders als seine regierenden »Bluts-Brüder« Hitler, Stalin und Napoleon blieb Nietzsche Künstler und beschied sich damit, als Geisteskranker zu enden. Aber er lieferte Argumentationsmaterial für diejenigen, die nicht Künstler bleiben wollten und aus seinen Gedanken Rechtfertigungen für ihr Handeln herausklopften. Sein Erektionsbegriff »Wille zur Macht«, sein elitärer Hang, seine Glorifizierung des Adels, sein Leidens- und Durchhaltepathos führten nachgeborene Muttersöhne neuen Schlachtfeldern zu.

Für »Verwirrung und Not der Völker« interessierte er sich nicht. »Große Einzelne« verehrte er und half ihnen, ideologische Wege zu bahnen: »Man muß sich nicht täuschen lassen: die vielen Nöte aller dieser *Kleinen* bilden zusammen keine *Summe,* außer im Gefühle von *mächtigen* Menschen. – An sich denken, in Augenblicken großer Gefahr: seinen Nutzen ziehn aus dem Nachteile vieler – das kann bei einem sehr hohen Grade von Abweichung ein Zeichen *großen* Charakters sein, der über seine mitleidigen und gerechten Empfindungen Herr wird.«[59] »Die Revolution ermöglichte Napoleon: das ist ihre Rechtfertigung. Um einen ähnlichen Preis würde man den anarchistischen Einsturz unsrer ganzen Zivilisation wünschen müssen.«[60]

Solche Rufe fanden bei Hitler offene Ohren. Ekelhaft dieser Mangel an jeglicher lebenseinbettenden Bescheidenheit, wenn Nietzsche schreibt: »Ich lehre euch den Übermenschen. Der Mensch ist etwas, das überwunden werden soll.«[61] Das kann nur empfehlen, wer selbst nicht Mensch geworden ist: »Ich bin kein Mensch, ich bin Dynamit ... Ich bin bei weitem der furchtbarste Mensch, den es bisher gegeben hat; dies schließt nicht aus, daß ich der wohltätigste sein werde. Ich kenne die Lust am *Vernichten* in einem Grade, die meiner *Kraft* zum Vernichten gemäß ist, – in beidem gehorche ich meiner dionysischen Natur, welche das Neintun nicht vom Jasagen zu trennen weiß. Ich bin der erste *Immoralist:* damit bin ich der *Vernichter par excellence.* –«[62]

Der Übermensch ist der Nicht-Mensch, ist der Muttersohn. Unfreiwillig enttarnte Nietzsche diese Spezies frappierend. Die unheimliche Wesenlosigkeit tritt auf im Gewand des Wohltäters, Revolutionärs, Befreiers, Sinngebers, Krisenmanagers, Arbeitsplatzbeschaffers, Wirtschaftssanierers, Ruhmverleihers, Reichsgründers, Weltmachtsgaranten. Nietzsche fixierte seinen grenzüberschreitenden Typus an Napoleon – »diese Synthesis von *Unmensch* und *Übermensch* ...«[63] Er hatte eine historische Vorlage, speiste seine Gedanken mit seiner eigenen seelischen Konstitution, von der er nur abzuschreiben brauchte, und er hatte einen Nachfahren, der seine Schwüre grausig verwirklichte: Adolf Hitler.

Für die »angenehmen Gefühle, die der Gute, Wohlwollende, Gerechte uns einflößt«, interessierte Nietzsche sich nicht, es verlangte ihn nach »der Spannung, Furcht, welche der große, neue Mensch hervorbringt...«[64] »*Napoleon:* die notwendige Zusammengehörigkeit des höheren und des furchtbaren Menschen begriffen. Der ›Mann‹ wiederhergestellt; dem Weibe der schuldige Tribut von Verachtung und Furcht zurückgewonnen. Die ›Totalität‹ als Gesundheit und höchste Aktivität; die gerade Linie, der große Stil im Handeln wiederentdeckt; der mächtigste Instinkt, der des Lebens selbst, die Herrschsucht, bejaht.«[65]

Aus dem Brei der seelischen Unselbständigkeit, der kaum jemals aussetzenden körperlichen Krankheit und der geschlechtlichen Hilflosigkeit, in dem Nietzsche lebenslang steckenblieb, gab er, ehe er darin versank, seinen Mitsöhnen Rezepte, wie sie zu Übermenschen werden sollten: »*Typus meiner Jünger.* – Solchen Menschen, *welche mich etwas angehn,* wünsche ich Leiden, Verlassenheit, Krankheit, Mißhandlung, Entwürdigung – ich wünsche, daß ihnen die tiefe Selbstverachtung, die Marter des Mißtrauens gegen sich, das Elend des Überwundenen nicht unbekannt bleibt: ich habe kein Mitleid mit ihnen, weil ich ihnen das einzige wünsche, was heute beweisen kann, ob einer *Wert* hat oder nicht – *daß er standhält.*«[66]

Ach »stand« – das war in Nietzsches Leben die Frage! Jeder Muttersohn betreibt Zerstörung auf seine Weise. Es ist unmenschlich, einen »unerbittlichen und unterirdischen Kampf gegen alles, was bisher von den Menschen verehrt und geliebt worden ist«, zu führen. Eine solche »Sehnsucht nach Maßlosigkeit« zu befriedigen ist blutig: »Ich impfe euch mit dem Wahnsinn.«[67] Nietzsche wälzte seinen Wahnsinn aufs Papier, wollte ihn unter den Menschen verteilen, andere sollten ihn übernehmen, ihm seinen Wahnsinn abnehmen. Politiker wünschen so etwas nicht nur, sie zwingen ihren Wahnsinn anderen auf. Als Hitler sich entschloß, nicht mehr sehnsüchtig zu sein, übertrug er seinen Wahnsinn auf Millionen.

Die Frau verlor im Laufe des 18. und 19. Jahrhunderts immer mehr die Inhalte ihrer Rolle, die sie trotz aller Unterdrücktheit getragen hatte. Sie verlor ihre Einbettung in das Kollektiv der Frauen und vereinsamte allmählich im Haus und in der Wohnung. Fast alle bedeutenden Autoren dieser Zeit sind Söhne der bürgerlichen Mittel- und Oberschicht, die als erste der Frau ihre Funktionen abnahmen und sie zum Ausstellungsobjekt machten. In solche Tatleere plumpste Sohn und blieb in der Mehrzahl der Fälle kulturträchtig sitzen. Die gelungene Vaterprägung wurde zu einer Ausnahme. Im allgemeinen überzieht nur noch eine Vaterpatina die Mutterprägung.

Nicht gefährlich wie Nietzsche, fast liebenswürdig ist Arthur Schopenhauer. Er hat den Pessimismus gemütlich, die Frauenfeindlichkeit beinahe zur Karikatur ihrer selbst gemacht, ist auch halb munter zweiundsiebzig Jahre alt geworden. Er hat sich sechsundzwanzigjährig aus der Nähe seiner Mutter mit dem Geniestreich der lebenslänglichen Trennung von ihr gerettet. Weder extreme Bösartigkeit der Tat kennzeichnet ihn wie allen voran Hitler, noch ein Dauerniedergang zieht ihn herab wie Nietzsche. Aber er verkündet, das Leben sei ein »ganzes Trauerspiel« und das Böse sei eine die Welt beherrschende Macht.

Schopenhauers philosophischer Abwärtsdrang hat seinen Ausgangspunkt ebenfalls in der Ungeheuerlichkeit eines männergesellschaftlichen Frauenlebens. Seine Mutter war neunzehn Jahre jünger als sein Vater. Sie erlitt als Fünfzehn-, Sechzehnjährige eine unglückliche Liebe zu einem jungen Mann. Frauen durften nichts tun, weder für ihre Liebe noch danach. Wann kam es schon vor, daß sie an eine selbstgewählte Liebe ihren Lebenslauf anknüpfen konnten? Und noch seltener: Blieb denn Liebe, wenn sie je glückte? Große Liebe und ewige Männertreue waren aber das, was den Frauen eingeredet wurde. Und der einzige Weg zu diesem Glück hieß Warten.

Johanna Trosiener war schön und klug und verstand schnell, wohin das Weiter-Warten sie nach ihrer unglücklichen Liebe führen würde. Als der reiche, siebenunddreißigjährige, ihr nur vom Hörensagen bekannte Kaufmann Heinrich Schopenhauer um sie anhielt, sagte sie sofort: »Ja!« und machte daraus, daß sie ihn nicht liebte, nie einen Hehl.

Heinrich Schopenhauer war bis zu seinem achtunddreißigsten Lebensjahr ledig. Weil ihn beim Anblick der Johanna Trosiener der Liebesschlag getroffen hatte, ergriff er das junge Mädchen, führte es zum Standesamt und schwängerte es nach zwei Jahren, auf daß es Arthur zur Welt brachte.

Frau Schopenhauer hatte ein Interesse, aus ihrem Käfigdasein das Beste zu machen. Sie pumpte ihren Mann auf zu einem Leben in großem Stil und bildete sich selber als Gesellschaftsdame aus. Nach dem Umzug aus Danzig in das für sie neue Hamburg wollte sie ein fürstliches Haus besitzen, um mit den Hamburger Patriziern mithalten zu können.

Immer wieder muß ein einzelner Mann auslöffeln, was er und seine Geschlechtsgenossen den Frauen antun. Johanna Schopenhauer machte sich in den Jahren ihrer Ehe bereit auf ein Leben ohne ihren ungeliebten Mann. Die Notnagelfunktion, die er für sie hatte, drang schließlich auch durch seine dicken Kaufmannshäute. Er begann zu trinken und kränkelte in ein Siechtum hinein. Die Ungerührtheit der Frau zerrüttet den Mann. Heinrichs Ende: Er sprang aus dem Dachfenster seines »großen Hauses« in den Tod. Sein Sohn Arthur war siebzehn.

Wenn die Mutter den Vater nicht liebt, kann der Sohn sich schwer mit ihm identifizieren. Und mit einem siechenden, an den Rand gedrängten, selbstmörderischen Vater noch schwerer – er müßte den auf ihn zurollenden Selbstmord des Vaters verinnerlichen.

Johanna Schopenhauer wurde Schriftstellerin und große Salondame in Weimar. Goethe kam zu ihren Empfängen. Er schaute sogar in ihre Bücher hinein. Sie hatte sich gerettet und gerächt – nicht an einem Unschuldigen. Denn eine Frau nur so zu nehmen und nicht darauf zu achten, ob sie den Bewerber auch liebt, gehört in die Kette der Ausbeutungen, die auf Frauen lastet. Und in der Regel siechen und sterben *sie* an dieser Strangulierung.

Der Sohn blieb auf der Strecke, murkste sich ein kauziges Einsiedlerdasein zurecht. Goethe wollte ihn herauslocken mit einem Sinnspruch, den er ihm 1814 in das Stammbuch schrieb: »Willst du dich deines Wertes freuen, so mußt der Welt du Wert verleihen.«[68] Aber für die Welt interessierte sich der vergrätzte

Stubenhocker nicht. Wenn er sich zu sehr verausgabt hatte, magnetisch das Negative anzuziehen, stellte er sich vor, das Mißlingen hätte nichts mit ihm zu tun, die Zufälle, an die er normalerweise glaubte, gelten nicht ihm. Er wehrte ab mit dem muttersohnüblichen »Nicht-Schuldig« (»bin's nicht gewesen, hab' nichts gemacht!«).

Was Schopenhauer über die Frauen gesagt hat, gehört zu den unangenehmsten Versuchen eines Muttersohns, die eigene Schadhaftigkeit auf alle Vertreterinnen des weiblichen Geschlechts zu übertragen. Er greift ein paar Schrullen auf, die sich bei den unterdrückten Frauen, besonders bei einigen aus seiner Klasse des gehobenen Bürgertums, im 19. Jahrhundert entwickelt haben, und leitet daraus Gesetze ab, die ihn als ernstzunehmenden Denker diskreditieren. Gäbe es im Filiarchat nicht das geheime Einvernehmen unter den Söhnen, die Frauen und das Weibliche kaputtzumachen, wären Schopenhauers Bemerkungen »über die Weiber« als Zeugnisse eines geistig Unzurechnungsfähigen abgetan worden. Er benimmt sich so, als hätten Dante, Petrarca, Boccaccio, Shakespeare, Molière, Goethe, Schiller und Kleist nicht geschrieben und als hätte sein Zeitgenosse Hebbel nicht großartige Plädoyers für Frauen dramatisch ausformuliert.

»Schon der Anblick der weiblichen Gestalt lehrt, daß das Weib weder zu großen geistigen noch körperlichen Arbeiten bestimmt ist. Es trägt die Schuld des Lebens nicht durch Tun, sondern durch Leiden ab, durch . . . die Unterwürfigkeit unter den Mann, dem es eine geduldige und aufheiternde Gefährtin sein soll.« Die Frauen seien »kindisch, läppisch und kurzsichtig . . . – eine Art Mittelstufe zwischen dem Kinde und dem Manne, als welcher der eigentliche Mensch ist«.[69] »Sie sind . . . das in *jedem* Betracht zurückstehende zweite Geschlecht, dessen Schwäche man demnach schonen soll, aber welchem Ehrfurcht zu bezeugen über die Maßen lächerlich ist und uns in ihren eigenen Augen herabsetzt. Als die Natur das Menschengeschlecht in zwei Hälften spaltete, hat sie den Schnitt nicht gerade durch die Mitte geführt.«[70]

Ganz besonders wütet er gegen die großbürgerliche Dame, den

gesellschaftlichen Rang, den seine Mutter erklommen hatte: »Die eigentliche europäische Dame ist ein Wesen, welches gar nicht existieren sollte; sondern Hausfrauen sollte es geben und Mädchen, die es zu werden hoffen, und ... zur Häuslichkeit und Unterwürfigkeit erzogen werden.«[71]

Was Schopenhauer aus sich herausstellt und auf Frauen projiziert, ist in Wirklichkeit muttersohntypisch: »Die Verstellung ist ihm daher angeboren, deshalb auch fast so sehr dem dummen wie dem klugen Weibe eigen. Von derselben bei jeder Gelegenheit Gebrauch zu machen, ist ihm daher so natürlich ... Aus dem aufgestellten Grundfehler und seinen Beigaben entspringt aber Falschheit, Treulosigkeit, Verrat, Undank usw.« »Man könnte sie« (die Frauen) »in dieser Hinsicht einem Organismus vergleichen, der zwar die Leber, aber nicht die Gallenblase hätte.«[72] »Daß das Weib seiner Natur nach zum Gehorchen bestimmt sei, gibt sich daran zu erkennen, daß eine jede, welche in die ihr naturwidrige Lage gänzlicher Unabhängigkeit versetzt wird, alsbald sich irgendeinem Mann anschließt, von dem sie sich lenken und beherrschen läßt, weil sie eines Herrn bedarf.«[73]

Diese Beschreibung der Frauen nimmt sich aus wie eine Kennzeichnung der Führer und Gefolgsleute des Dritten Reichs. Wird in den Zitaten das Wort »Weib« mit dem Wort »Muttersohn« ersetzt, dann stimmt das Gesagte. Wie sehr Schopenhauers Philosophie aus einem verinnerlichten Hausfrauendasein geronnen ist, belegen seine Hymnen an das Leid: »Wenn nicht der nächste und unmittelbare Zweck unseres Lebens das Leiden ist, so ist unser Dasein das Zweckwidrigste auf der Welt... Jedes einzelne Unglück erscheint zwar als eine Ausnahme, aber das Unglück überhaupt ist die Regel.«[74] »Wir gleichen den Lämmern, die auf der Wiese spielen, während der Metzger schon eines und das andere von ihnen mit den Augen auswählt: denn wir wissen nicht in unsern guten Tagen, welches Unheil eben jetzt das Schicksal uns bereitet – Krankheit, Verfolgung, Verarmung, Verstümmelung, Erblindung, Wahnsinn, Tod usw. usw.«[75] Das meiste davon tun Muttersöhne den Menschen und sich selber an.

Mit seinem Alles-zwecklos-Mißmut kopierte Schopenhauer das Liebesscheitern seiner Mutter und wehrte zugleich ihre verkrüppelten Willensäußerungen ab. Um sich am Leben zu erhalten, warf er sich in Kampfpositur: »Und ebenso ist das Leben des einzelnen ein fortwährender Kampf, nicht etwan bloß metaphorisch mit der Not oder mit der Langenweile« (die haben nur Hausfrauen), »sondern auch wirklich mit andern. Er findet überall den Widersacher, lebt in beständigem Kampfe und stirbt, die Waffen in der Hand.«[76] So hätten es Muttersöhne gern.

Eine spezifische Muttersohnäußerung ist die im 19. und 20. Jahrhundert zu Weltruhm gelangte Musikgattung des deutschen Liedes. Was bei Mozart und Beethoven eine Ausdrucksform neben anderen war, wurde von Schubert, Schumann, Brahms, Hugo Wolf, Max Reger, Richard Strauss und Gustav Mahler zu überwältigender Eigenart profiliert. Das Lied – hundertfünfzig Jahre geschwollene Männerbrust, unverrichtete, aus den Lenden hochgedrückte Männlichkeit. Das Lied – der Thrill: »Ich kann nicht!« Etwas anderes wird im Lied selten verhandelt.

Franz Schubert, das rundliche Baby, komponierte meist im Bett. Er konnte sich von seinen Arbeiten nicht ernähren und blieb sein Jünglingsleben lang an der finanziellen wie an der erotischen Leine seiner Mutter. Kein Bein vors andere gesetzt, um einen Menschen lieben zu können – und doch soll er einunddreißigjährig an Syphilis gestorben sein. Von Nietzsche wird das gleiche behauptet. Es wirft ein Licht auf die Krankheit und auf die Männer, die ihr erlagen. Sie geisterte über denen, die nichts gemacht hatten oder nur ein einziges Mal im Bordell gewesen waren und die Syphilis mit nach Hause gebracht haben mochten.

Fritz Zorn, der Nie-Berührte, hatte keine Lieder, dafür den Krebs, der ihm den Hals heraufkroch. Schubert starb »nur« früh, als sein Sehnsuchtsherz zersprungen war.

Bei Schumann sieht die Mannverdünnung übler aus. Der Anfang scheint gut: Ehe mit Clara Wieck, sachliches Einvernehmen, das beide verbindende Interesse an der Musik, gemeinsame

Praxis, dazu viele Kinder. Und plötzlich will Schumann wie ein vorweggenommener Amokläufer der Boulevardpresse Frau und Kinder umbringen. Er lebt nicht aus seiner Männlichkeit. Er markiert sie nur. Das überfordert ihn so, bis ihn Phantasien jagen, seine Liebsten zu würgen und zu stechen. Er stürzt sich in den Rhein, wird gerettet und verendet in einer Nervenheilanstalt.

Im Liebesleben von Johannes Brahms, Max Reger und Hugo Wolf lief nichts. Bei Brahms und Reger funktionierten Lendenstilllegung und Gefühlstransformation besser als bei allen anderen. Hugo Wolf wurde mit Siebenunddreißig geisteskrank und starb sechs Jahre später.

Richard Strauss weckte sich in einer sterilen Ehe ein, unterlegte seiner »O-Komm!«-Brunst später seine Neigungen für Hitler.

Über Gustav Mahler hat seine Frau Alma der Welt reinen Wein eingeschenkt. Sie blieb in der Zeit mit ihm ein unentdecktes Land. Dafür am Tage Eifersucht auf ihre Kompositionen und andere Männer und nachts Kindertotenlieder.

Auch Juden fielen der Verkleinbürgerlichung des Lebens im 19. und 20. Jahrhundert anheim. Sie lösten sich aus ihren Traditionen, lockerten ihre Klanbande. Zu Beginn des 20. Jahrhunderts schien es in Deutschland so, als könnten sie eines Tages eine Volksgruppe werden, die unbehelligt leben würde, ähnlich den Badensern, Hessen, Rheinländern, Sachsen, Bayern... Jüdische Väter arbeiteten fast gleichberechtigt neben »arischen« in der feindlichen Männergesellschaft, jüdische Mütter saßen am heimischen Herd. Jüdischstämmige Söhne zogen in den Ersten Weltkrieg wie alle anderen deutschen auch. Die politische Akklimatisation der Juden brachte ihre charakterliche Annäherung an ihr bürgerliches Umfeld mit sich. Seit der Jahrhundertwende gibt es unter Juden Muttersohnprobleme wie bei den Männern im ganzen Land, allerdings treten noch keine jüdischen Muttersöhne als praktische Sadisten hervor, die es auch in dieser Bevölkerungsgruppe vor der Zeit der Diaspora gegeben hat (Herodes und andere Figuren des Alten Testaments). Die Kraterbildung, die Sogwirkung des seelischen Lochs, vollzieht sich vorerst nur hinter den geschlossenen Türen des privaten Bereichs.

Otto Weininger hätte sich vielleicht zu menschheitsgefährdenden Gedankenäußerungen hinreißen lassen, wäre er nicht dreiundzwanzigjährig im Selbstmord geendet. Er trampelte auf Frauen herum wie vor ihm Schopenhauer. Er ging noch weiter als Schopenhauer, für den die Frauen nur männerbehindernd, geistlos und willensverkrüppelt waren. In seinem Buch »Geschlecht und Charakter«, einem schwindeln machenden Erguß, behauptete Weininger, die Frau sei »physiologisch schwachsinnig«. Wie die katholische Kirche ihren Priestern gebot er allen Männern, den geschlechtlichen Umgang mit Frauen zu meiden. Die Frau abschaffen zu wollen heißt, sich selber abzuschaffen. Eben das tat Weininger. Da er sich kein Hintertürchen zu Männern offengelassen hatte, wurde die Situation für ihn prekär. Nach dem Erscheinen von »Geschlecht und Charakter« erschoß er sich.

In Franz Kafkas Tagebüchern gibt es Äußerungen zur Wundenproblematik: »Heute früh zum erstenmal seit langer Zeit wieder die Freude an der Vorstellung eines in meinem Herzen gedrehten Messers.«[77] »Immerfort die Vorstellung eines breiten Selchermessers, das eiligst und mit mechanischer Regelmäßigkeit von der Seite her in mich hineinfährt ...«[78]

Kafka hat seine Mutterbindung in einer Szene geschildert: Die Mutter steht an seinem Bett, und er sagt zu ihr, wie fremd sie ihm sei. Eine wirklich fremde Mutter stünde nicht am Bett des erwachsenen Sohnes. Kafkas Mutter ist keine fremde, sondern eine abgewehrte Mutter – präzise traf er die Koppelung zwischen Nähe und Abwehr. Er fühlte sich sein Leben lang von seinem Vater verfolgt, saß dadurch bei seiner Mutter und seinen Schwestern seelisch fest. Versuchte er zu lieben, ging das nicht. Zweimal verlobte er sich mit Felice Bauer. Ihre Nähe konnte er nicht ertragen. Schon die Nachbarschaft in getrennten Hotelräumen setzte ihn so unter Druck, daß er nach ein paar Tagen fliehen mußte. Geheuer waren ihm nur Beziehungen aus der Ferne – »Briefe an Milena« und die distanzierte Freundschaft mit Max Brod.

Sein Werk wird als dichterische Vorwegnahme der realen Schrecken gefeiert, die die aktionistischen Muttersöhne ein paar Jahrzehnte später verbreitet hatten. Der Prophet, der den Schrecken sieht, hat ihn in sich. Die Prophetie des Gräßlichen ist nur jemandem möglich, der verfolgt wird von dem, was er sieht. Das Gräßliche müßte nicht zwangsläufig kommen, ist nicht Schicksal. Es kommt, weil Männer es machen. Die, die es sehen, und die, die es machen, sind miteinander verwandt. Im Alten Testament reichten sich Scharen von Sehern und Machern die Hände zur Kette des Grauens – Produkt der muttersohngeprägten seßhaften alten Israeliten.

Die Innenwelt eines Muttersohns beschrieb Kafka in seiner Novelle »Die Verwandlung«: Ein Mann findet sich eines Morgens als ein auf dem Rücken liegender Käfer wieder. Nicht krabbelnd, nicht kriechend, nicht fliegend, nur zappelnd. Genau hat Kafka getroffen, wie ein Muttersohn sich fühlt: wie ein der menschlich-männlichen Konturen beraubtes restmenschliches Etwas, verwandelt in ein sich selber eklig-unheimliches Schalentier, das mit den Beinchen hilflos in der Luft herumrudert.

Das Gefangenschafts- und Verfolgtenelend in der »Strafkolonie« und im »Prozeß« bleibt so nebulös, wie es die Taten der aggressiven Muttersöhne für die Menschheit sind. Durch die Schleier ihrer Machenschaften soll niemand so leicht blicken. Kafka hat die Nebulosität zur höchsten Vollendung gebracht. Er zieht die Leser an mit einem nie auflösbaren »Ich weiß nicht, was soll es bedeuten«. Perfekt konnte er die Unheimlichkeit des Mißlingens inszenieren. Im »Schloß« sucht und sucht jemand, strebt, ackert sich voran, dringt vor zum letzten Geheimnisraum. Und darinnen ist nichts.

Jakob Michael Reinhold Lenz hatte Angst vor dem Abbruch seiner Entwicklung, bevor der Baum saftet, blüht, »Früchte mehrjährig« trägt.[79] Hitler war die Inkarnation des Abbruchs. Ein ganzes Volks verführte er zum Streben nach einem tausendjährigen Reich und steuerte mit den aufgeputschten Massen von Anfang an auf den Zusammenbruch zu. Nietzsche pulsierte sein

Leben in eine Aussichtslosigkeit hinein, die ihn direkt auf dem Höhepunkt seines Daseins überfiel: »Unbekannter, du tief in meine Seele Greifender, mein Leben wie ein Sturm Durchschweifender, du Unfaßbarer ... Ich will dich kennen.«[80] – und er endete mit dem Umschlingen des starken Halses eines Droschkengauls. Franz Kafka, in allem zarter, versank im Hause seiner Schwestern und brach sein Leben ab mit Tuberkulose.

Hermann Hesse produzierte eine voremanzipatorische Männerliteratur, die auf der ganzen Welt, besonders in Deutschland und Amerika, eine ungeheure Verbreitung gefunden hat. Seine Bücher behandeln Männerfreundschaften (»Narziß und Goldmund«), Männer-»Schicksale« (»Steppenwolf«, »Demian«, »Klingsor«, »Siddhartha«) und Männer-Beziehungsgeflechte (»Glasperlenspiel«). Hesses Werke gehören ebenfalls zur »Nebelliteratur«, er arbeitet zwar nicht so artifiziell wie Kafka, zeigt Männer aber auch suchend, in Prüfungslabyrinthen herumirrend, auf Kasteiungswegen schmachtend. Ihre seelischen Probleme bleiben unscharf. Sie werden von uneinsehbaren Handlungsverläufen zerrührt und in den Gesprächen der Männer zerredet. Hesse verbreitet eine Verzichtsgesinnung, zementiert die Stagnation des männlichen Lesers. Zwischen Autor und Konsument wird das Nichts-über-sich-Wissen stimmungsvoll hin- und hergeschoben. Die Männer treten mit leichter Brunst füreinander auf, bleiben jedoch – den Werken der Liedkomponisten verwandt – busenschmachtend voreinander stehen. Aus Wagners »Es geht nicht – es kann ja nicht sein« macht Hesse »*Er* kann nicht – es *darf* ja nicht sein«. Das Hesse-Werk mit seiner drögen Männersehnsucht hat für den intellektuellen Mann die gleiche Funktion, die der Fußball für den gestandenen einnimmt: Irgend etwas wird beim Leser – ohne Beteiligung seines Bewußtseins – stimuliert, wird abreagiert, aber nicht befriedigt. Die Ziele, an denen die Männer in den Romanen und Erzählungen Hesses ankommen, sind konstruierte Seligkeiten, Vaterauftragshimmel.

Über dem Kinderbett Hermann Hesses hing ein Erbauungsbild, das dem Jungen die zwei unterschiedlichen Lebenswege einschärfen sollte: den lustvollen, der über Wirtshäuser und andere erfreuliche Männerablenkungen in die Hölle, und den schmerzensreichen, der über Stationen des Gezwickt-Werdens in den Himmel zu Gottvater führt. Die Beziehung zwischen dem Pfarrer Johannes Hesse und seinem Sohn Hermann war ein fast vierzigjähriger Dornenweg, der den Sohn löcherte und schließlich spaltete. »Trotz großem Echo, Erfolg und Nobelpreis litt Hesse in seinen reifen Jahren an dem tragischen, schmerzhaften Gefühl des Getrenntseins von seinem wahren Selbst, das die Ärzte kurz als Depression bezeichnen.«[81] Auch eine Psychoanalyse konnte den »fehlenden« Vater nicht wiederbringen und Hesse zu einer Heilung seiner Person verhelfen.

Er hatte einen sich als gut brüstenden Vater, der wie Millionen anderer Väter sich gesellschaftlich absicherte mit den zwei Gütebeweisen akzeptierter Vaterschaft: Sorge um den Sohn, dessen Erziehung zur Mannhaftigkeit. In einer Flut von Briefen will Johannes Hesse seine Gerechtheit unter Beweis stellen. Ab dem dritten Lebensjahr trennt er den Sohn immer wieder von der Familie und schickt ihn in Kinderhäuser, Kinderheime, Internate, Zucht- und Heilanstalten. In den Briefen an den Sohn beteuert er seine Liebe zu ihm. Hermann fühlt den Haß des Vaters. Sowohl im Elternhaus als auch in den Erziehungsheimen muß der Sohn extrem gelitten haben. Auch sein jüngerer Bruder Hans wird weggegeben und von fremden Erziehern gefoltert. Das, was Dienstboten, Gouvernanten und Internatsangestellte den Kindern antun, tun die Eltern ihnen an. Es muß *ihnen* zugerechnet werden, da sie ihre Kinder in die unerträglichen Bedingungen zwingen. Das Ergebnis der Torturen: Auch der Sohn haßt den Vater. »Ich haßte ihn...« »...fragte er mit einer beherrschten, leisen Stimme, die mir bitter verhaßt war.«[82] »...ich spürte unerklärliche, aber riesenstarke Widerstände gegen den Vater und gegen alles, was er von mir erwartete und verlangte.«[83] »In mir innen, in Kehle und Eingeweiden, saß der Teufel und würgte mich.«[84]

Als Elfjähriger stiehlt er in einer Zwangshandlung – es überkommt ihn plötzlich – aus dem Zimmer des Vaters ein paar Feigen. Wie der Pfarrer diese Handlungsweise seines Sohnes verfolgt, ist so inquisitorisch, daß offenbar wird: ein solcher Vater kann niemals im Wesen seines Sohnes Gestalt annehmen.

> »Er wußte ja alles! Und er ließ mich tanzen, ließ mich meine nutzlosen Kapriolen vollführen, wie man eine gefangene Maus in der Drahtfalle tanzen läßt, ehe man sie ersäuft. Ach, hätte er mir gleich zu Anfang, ohne mich überhaupt zu fragen und zu verhören, mit dem Stock über den Kopf gehauen, das wäre mir im Grunde lieber gewesen als diese Ruhe und Gerechtigkeit, mit der er mich in meinem dummen Lügengespinst einkreiste und langsam erstickte. Überhaupt, vielleicht war es besser, einen groben Vater zu haben als so einen feinen und gerechten. Wenn ein Vater, so wie es in Geschichten und Traktätchen vorkam, im Zorn oder in der Betrunkenheit seine Kinder furchtbar prügelte, so war er eben im Unrecht, und wenn die Prügel auch weh taten, so konnte man doch innerlich die Achseln zucken und ihn verachten. Bei meinem Vater ging das nicht, er war zu fein, zu einwandfrei, er war nie im Unrecht. Ihm gegenüber wurde man immer klein und elend.«[85]
>
> Hermann Hesse

Der Konflikt zwischen Vater und Sohn eskaliert im fünfzehnten Lebensjahr Hermann Hesses. Aus einem ihm angenehmen Internat wird er herausgenommen und in eine »Heilanstalt für Schwachsinnige und Epileptiker« gesteckt.[86] Der Vater begründet diesen Schritt zweigleisig: Der Sohn befinde sich in einem »ganz *krankhaften* Zustand« von dem er geheilt werden könne, wenn er sich in alles schicke, sich »in Selbstbeherrschung und Gehorsam bewährt« habe.[87]

Nach dieser Äußerung des Vaters fühlt sich der Sohn auch noch verhöhnt und wird von einem Zornausbruch geschüttelt:

»Sehr geehrter Herr! Da Sie sich so auffällig opferwillig zeigen, darf ich Sie vielleicht um 7 M oder gleich um den Revolver bitten. Nachdem Sie mich zur Verzweiflung gebracht, sind Sie doch wohl bereit, mich dieser und sich meiner rasch zu entledigen. Eigentlich hätte ich ja schon im Juni krepieren sollen [...] ›Vater‹ ist doch ein seltsames Wort, ich scheine es nicht zu verstehen. Es muß jemand bezeichnen, den man lieben kann und liebt, so recht von Herzen. Wie gern hätte ich eine solche Person! [...] Ihre Verhältnisse zu mir scheinen sich immer gespannter zu gestalten, ich glaube, wenn ich Pietist und nicht Mensch wäre, wenn ich jede Eigenschaft und Neigung an mir ins Gegenteil verkehrte, könnte ich mit Ihnen harmonieren. Aber so kann und will ich nimmer leben und wenn ich ein Verbrechen begehe, sind nächst mir Sie schuld, Herr Hesse, der Sie mir die Freude am Leben nahmen. Aus dem ›lieben Hermann‹ ist ein andrer geworden, ein Welthasser, eine Waise, deren ›Eltern‹ leben. Schreiben Sie nimmer ›Lieber H.‹ etc.; es ist eine gemeine Lüge [...]

H. Hesse, Gefangener im Zuchthaus zu Stetten, wo er ›nicht zur Strafe‹ ist. Ich beginne mir Gedanken zu machen, wer in dieser Affaire schwachsinnig ist.«[88]

Was soll ein aufwachsender Junge, verzweifelnd an diesem Vater, anderes tun, als Halt bei seiner Mutter zu suchen: »Aber an Deinem Herzen, beste Mutter, bleibt mir ein Haltplatz, ein Hafen, denn wenn jemand mich einigermaßen versteht, so bist Du es ...«

»... denn jetzt (erst?) sehe ich, daß ich wirklich krank bin, nicht nur am körperlichen Organismus leide ich, sondern krank im innersten Mark, krank im Herzen. In diesem Zustand bin ich schon lange.«[89]

Hermann Hesse hatte »ein Heimweh ... nach etwas Wahrem«, sah aber um sich herum nur, »wie Turgenjeff sagt: ›Dunst, Dunst‹!«[90]

Sein nicht-vaterfassendes Ich ließ den Körper des armen Jungen von Krankheit zu Katastrophe straucheln: Unfälle mit schweren Verletzungen, Kopfschmerzen, Gliederschmerzen, Verbrennungen, immer wieder Stürze, Rheumatismus, Atemnot, Schwindelanfälle, Unwohlsein, ein Selbstmordversuch – das fürs Leben bleibende Kopfweh.

In seinem Buch »Der Steppenwolf« zeigt Hesse einen muttersohngefärbten Raubtiermann in den drei Phasen seines Unheilwirkens. Erste Phase: Der Held, Harry Haller, ein dem Autor nachkomponierter Schriftsteller, ergeht sich in Männerklagen, zieht sich von der Welt zurück, weiß trotz großer Erfolge nicht weiter, macht sich zum Siechen bereit. Das erste Drittel des Buches wird noch getragen von Resten der Identität. Das Jammern, Nicht-weiter-Kommen, Abbrechen-Wollen ist authentisch, durchzieht die Lebensläufe aller Muttersöhne, auch die Jungmännerzeiten der Schlächter von Hitler bis Goebbels. Zweite Phase: Der Held rafft sich auf und verrennt sich in von seiner Person abgetrennten Aktionen. Blutleere Gestalten erscheinen, die sich gemeinsam mit dem Hauptdarsteller in wirren Geschehnissen verwickeln. Hesse versucht Travestien, läßt eine Frau, Hermine (*Hermann* Hesse!), mit Harry Haller und einer anderen Frau etwas über Gefühle probieren. Ein flotter Musiker kommt hinzu, der ein Interesse des Helden für sich verbuchen kann. Doch das Erotische bleibt schalldicht, keine Aktion schwingt zur nächsten. Die Leiblichkeit findet nur zwischen Kehlkopf und unterster Rippe statt. Vorschubsteigerung, noch mehr Aktionen, alles soll auf eine Orgie hinauslaufen, läuft aber nicht, weil nichts richtig läuft, trotz Maskenfesten und Massenaufgeboten von Szenenwechsel zu Szenenwechsel. Die dritte Phase dieses ganzen »Es führt zu nichts« heißt: Chaos. Die Akteure ballern unversehens los auf Menschen in vorbeifahrenden Autos, töten Liebespaare, geilen sich an Verfolgungsjagden auf. Aus der Versenkung der Dichterphantasie wird ein Hollywood-Wildwest geholt. Aber der führt auf nichts hinaus, er paßt auch nicht, weder zur ersten noch zur zweiten Phase. Trotzdem ist am Schluß Untergang angesagt, nur einfach so, als müßte Hermann Hesse einmal die Blutsau rauslassen. Mit blindlinkischer Kerligkeit versucht er, seinen Migränesumpf trocken zu stampfen.

Das Wort »Muttersohn« – als Kennzeichen für Staatsmänner und Heerführer verwendet – ist fast zu einem Synonym von »Horrorpersönlichkeit« geworden. Männern der Kultur angeheftet, wirkt es wie eine Mängelrüge gegenüber Person und Arbeit eines Künstlers, wie die Verächtlichmachung geistig hervorragender Leistungen. Der Begriff »Muttersohn« versteht sich als ein Terminus für das seelische Befinden von Männern. Dieses Befinden soll unabhängig von den Tätigkeiten der Männer getroffen werden. Es hat mit der Arbeit der Männer nur insofern etwas zu tun, als es in jeden Beruf und in jede gesellschaftliche Position hineinwirkt. Es äußert sich zweibahnig: Stützung der Männergesellschaft und Verneinung des Lebens. Das Lebensverneinende kann sich gegen andere und gegen sich selbst, gegen viele und gegen einen einzelnen wenden. Das männergesellschaftlich Stützende kann sogar in das Gewand der Kritik gegen eine Ausprägung, eine Herrschaftsform, eine Zeiterscheinung dieser Gesellschaft gekleidet sein.

Es geht nicht darum, geistige Leistungen einiger Männer abzuqualifizieren, sondern Zusammenhänge aufzuspüren, auch zwischen den denkbar größten Extremen, zwischen einer leuchtenden Kultur- und einer schreckenerregenden Staatsgestalt. Thomas Mann hat diesen Zusammenhang schon zu denken gewagt, obwohl er vom Männerkritischen nicht angehaucht war. Zwischen Hitler und sich selbst deckte er eine Verwandtschaft auf. »Ein Bruder ... Ein etwas unangenehmer und beschämender Bruder; er geht einem auf die Nerven, es ist eine reichlich peinliche Verwandtschaft. Ich will trotzdem die Augen nicht davor schließen.«[91]

Thomas Mann beschäftigte sich mit den Vorformen der unter dem Begriff »Muttersöhne« hier verhandelten Verwandtschaft, sah in der Entwicklung Hitlers zum Künstler und in seinem Erfolg als Staats-Showman, in diesem Herauskommen eines inszenatorischen Genies, einen Beleg für die Verwandtschaft. »Wenn Verrücktheit zusammen mit Besonnenheit Genie ist (und das *ist* eine Definition!), so ist der Mann ein Genie.«[92]

Der größte deutsche Kulturträger des 20. Jahrhunderts, Thomas Mann, soll noch ein wenig genauer nach seiner Verwandtschaft zu Hitler untersucht werden. Er war ein halbes Jahrhundert lang eine moralische Instanz, während der Emigration die deutsche Stimme der Humanität, die Personifikation des freien Deutschlands. Worin besteht Thomas Manns Anteil am Lebensverneinenden, worin seine Unterstützung der Männergesellschaft? Er spiegelte seine Zeit wie nur wenige neben ihm, durchdrang sie mit einer hervorragenden Erkenntnis nach der anderen. Er schuf künstlerische Gebilde mit einer exzeptionellen, viele Menschen bewegenden Ausdruckskraft, erreichte alle denkbaren Ehrungen durch seine Zeitgenossen.

Eine leichte Grausamkeit fällt auf, wenn Thomas Mann Messer-Herumdrehen im Herzen einiger seiner Gestalten spielt, verübt an Figuren der »Buddenbrooks«, des »Zauberbergs«, des »Dr. Faustus« und etlicher Erzählungen zwischen »Der Tod in Venedig« und »Die Betrogene«. Er stellt das Kaputtgehen von Menschen nicht nur dar, er weidet sich an ihm. Aber es gibt auch das Vergnügliche und Genesende im Werk Manns, die »Joseph«-Trilogie, den »Erwählten«, »Felix Krull«, »Lotte in Weimar«, »Königliche Hoheit«, »Herr und Hund«. Er vollendet sein Werk. Die Krönung, das Gelingen aller Vorhaben, findet statt. Die Unsterblichkeit ist gesichert. Das Leben mit Frau Katia und sechs Kindern verlief geordnet, trotz politischer Wirren. Er konnte sich und seine Familie vor den Nazis retten, und er konnte immer im Überfluß von seinen Werken leben.

Thomas Manns lebensverneinende Männergesellschaftsstützung fand im verborgenen statt. Er schrieb, »daß eine Humanität, die es darauf anlege, das Leben um alle schweren, todernsten Akzente zu bringen und seine Entmännlichung, Entmannung betreibe, daß eine solche Humanität nicht die meine, nicht die wünschenswerte sei«.[93] Er klagte über seine Zeit: »Sie brachte uns auch die Verhunzung des großen Mannes.«[94] Sein Leben galt der Mühe, ein großer Mann zu werden und zu bleiben. Seine Sehnsucht nach Männlichkeit lenkte er auf sich selbst. Er mußte in seiner Person und in seinem Werk den Gottesbeweis antreten. Fast wäre es ihm gelungen, ihn zu erbringen, wäre nicht mitten durch sein Leben der Riß einer Lüge gegangen. Thomas Mann war persönlich nicht das, was er darstellte. Er begehrte Männer, und es glückte ihm, sein Verlangen und seine Erfahrungen zu

Lebzeiten vor der Öffentlichkeit geheimzuhalten. Die Tagebücher, die seine Liebesbeziehungen zu Jünglingen ausführlich belegten, vernichtete er. In den erhalten gebliebenen Tagebüchern erscheinen jedoch genug Bruchstücke, die seine echten von seinen Vorschubgefühlen abheben, so daß über sein Doppelleben kein Zweifel mehr bestehen kann. Der bürgerlichen Kultur präsentierte er sich mit einer mustergültigen Ehe.

»Rencontre mit K., [Katia Mann] (...) Bin mir über meine diesbezügliche Verfassung nicht recht klar. Von eigentlicher Impotenz wird kaum die Rede sein können, sondern mehr von der gewohnten Verwirrung und Unzuverlässigkeit meines ›Geschlechtslebens‹. Zweifellos ist reizbare Schwäche infolge von Wünschen vorhanden, die nach der anderen Seite gehen. Wie wäre es, falls ein Junge ›vorläge‹?«[95]
»Entzücken an Eissi [Klaus Mann], der im Bade erschreckend hübsch. Finde es sehr natürlich, daß ich mich in meinen Sohn verliebe.«[96]
»Ich hörte Lärm im Zimmer der Jungen und überraschte Eissi völlig nackt vor Golo's Bett Unsinn machend. Starker Eindruck von seinem vormännlichen, glänzenden Körper, Erschütterung. – (...)«[97]
»Hübscher junger Westfale, der hoffentlich auf seine Kosten gekommen.«[98]
»Zwei mir unbekannte junge Leute, hübsch, vielleicht jüdisch, fesselten mich.«[99]
»Heute Mittag Besuch eines großen, schönen jungen Lübekkers mit slavischem Einschlag.«[100]
»Zum Thee der junge Lübecker stud. med. Bartelt, mit dem ich später im Regen spazieren ging. Gelinde Bezauberung durch das hellblonde junge Blut.«[101]
»... vertiefte mich in Aufzeichnungen, die ich damals über meine Beziehungen zu P. E. [Paul Ehrenberg] ... gemacht.« »Ich bin auch damals schon aber 20 Jahre später in höherem Maße, sogar glücklich gewesen und durfte wirklich in die Arme schließen, was ich ersehnte.« »Das K. H.-Erlebnis [Klaus Heuser] war reifer, überlegener, glücklicher. Aber ein Überwältigtsein wie es aus bestimmten Lauten der Aufzeichnungen aus der P. E.-Zeit spricht, dieses ›Ich liebe dich, mein Gott, – ich liebe dich!‹ – einen Rausch ... hat es doch nur einmal – wie es sich wohl gehört

– in meinem Leben gegeben.« Das Erlebnis »mit K. H. war ein spätes Glück mit dem Charakter lebensgültiger Erfüllung, aber doch schon ohne die jugendliche Intensität des Gefühls, das Himmelhochjauchzende und tief Erschütterte jener zentralen Herzenserfahrung meiner 25 Jahre. So ist es wohl menschlich regelrecht, und kraft dieser Normalität kann ich mein Leben stärker ins Kanonische eingeordnet empfinden, als durch Ehe und Kinder. – Zahnschmerzen. Muß wieder Jod und Veramon brauchen.«[102]
»K. [Katia Mann] schlimmes Auge; besorgt. – Bei Tische stellten wir die 33 Jahre unseres Verheiratetseins fest. Das Erschrekken, der Schwindel dabei: Das Leben – ich sagte, ich möchte es nicht wiederholen, das Peinliche habe zu sehr überwogen. Fürchte K. weh getan zu haben.«[103]

Thomas Mann: Tagebücher

Eine Kulissenehe zu führen, gehört zu den Hauptstützmaßnahmen für die Männergesellschaft. Thomas Mann verschleierte und verbarg, auch als es nicht mehr nötig war. Während er sich heterosexuell retuschierte, kämpften sein Zeitgenosse Magnus Hirschfeld und viele andere für die Toleranz gegenüber der Homosexualität. Den Deutschen seine Freude an dieser Liebe zu gestehen, hätte aus der Feder Thomas Manns Eindruck gemacht. Die Oscar-Wilde-Zeiten waren vorbei. Das, was ihm als das Höchste galt, nämlich ein Mann zu sein, was er an Hitler zu Recht vermißte – »der auch rein technisch und physisch nichts kann, was Männer können, kein Pferd reiten, kein Automobil oder Flugzeug lenken, nicht einmal ein Kind zeugen ...«[104] –, das war er selber nicht. Er verriet seine Wahrheit an die bürgerlichen Normen der Deutschen, denen er schon mit einundzwanzig Jahren schmeichelte: »... denn die Deutschen sind als das jüngste und gesündeste Kulturvolk Europas, wie keine andere Nation berufen, die Träger von Vaterlandsliebe, Religion und Familiensinn zu sein und zu bleiben.«[105]

Die lebensverneinende Tendenz seiner Feigheit wirkte gegen eine ganze Befreiungsbewegung, im besonderen gegen zwei Menschen, seine Frau Katia und seinen ältesten Sohn Klaus. Beharrlich schrieb er den Namen seiner Frau falsch: »Katja« anstatt »Katia«.

T. Mann

Der immer genaue Beobachter meinte wohl, sich seiner Frau gegenüber Ungenauigkeit leisten zu können, denn Katia war nur Hausmeister ihres Mannes, mußte von acht bis zwölf Uhr, wenn der »Zauberer« schrieb, die Leute von ihm abhalten und danach die Kinder vor ihm zum Kuschen bringen. Thomas Mann war ein Unternehmensführer einer Fließtischproduktion von Moralausstoß. Zur Anregung hatte er hinter seinem Arbeitsplatz ein Bild mit nackten Jungen in verfänglichen Stellungen aufgehängt.

Die Ehe war für ihn eine Einrichtung zur Regeneration der Gesellschaft und zur Pflege des einzelnen: Kinderproduktion und Schutzraum für die Entfaltung des Individuums. Wessen genau? Allein des Mannes. Wäre Katia Wissenschaftlerin, Politikerin oder Künstlerin gewesen und hätte sie Geliebte oder zärtliche Freundinnen gehabt, die sie traf, während ihr Thomas sich auf Abenteuer mit Jungen begab, dann wäre diese Konstruktion human gewesen. Sie ist aber aus der Sicht dieses Schriftstellers ein Institut zur Pflege des Mannes und zur Unterdrückung von Frau und Kindern. Thomas Mann unterscheidet sich im Aufbau seines Lebens nicht viel von einem Stahlindustriellen oder einem leitenden Ministerialbeamten. Er war ein leitender Kulturherr, dessen Tätigkeit amüsante Früchte hinterließ. Er bestätigte es selber, daß »das Genie überhaupt, das Phänomen des großen Mannes ... vorwiegend immer ein ästhetisches Phänomen, nur selten auch ein moralisches war«.[106]

Wie ein Fabrikant mit seinen Untergebenen, ein Professor mit seinen Studenten, ein Chef mit seinem Klinikpersonal, ein Direktor mit seinen Schülern umgeht, so herablassend war Thomas Mann mit öffentlich weniger oder nicht bekannten Menschen. Er äußerte sich einmal gnadenlos über Theodor W. Adorno, der ihm geholfen hatte, Schönbergs Musik für seinen »Dr. Faustus« theoretisch aufzuarbeiten: »Mit der ›Entstehung‹ habe ich einen recht starken Scheinwerfer auf ihn gerichtet, in dessen Licht er sich in nicht ganz angenehmer Weise bläht, so daß es bei ihm nachgerade ein wenig so herauskommt, als habe eigentlich er den ›Faustus‹ geschrieben. Ich sage das unter uns.«[107]

»Kissentaschentänzerin mit Boß« (K. und T. Mann)

Zwischen Dreißig und Sechzig sieht er unheimlich aus. Gute Nacht!, da Sohn zu sein. Für den Ältesten wurde das Leben zur Nacht. Klaus Mann, dazu bestimmt, die Begierden des Vaters auf voyeuristischer Flamme zu halten, verbrannte. Er wurde von seiner gesellschaftlich und sexuell stillgelegten Mutter emotional gebunden und von seinem gespaltenen Vater sexuell verfolgt. Wieder einmal endete eine Dynastie von Muttersöhnen in einer Katastrophe. Thomas war berüchtigter Zweiter, Enttäuschungs- und Bindungssohn seiner Mutter. Er sah ihr, der portugiesisch-kreolischen Schönheit aus Brasilien, ähnlich. Sein vier Jahre älterer Bruder Heinrich ähnelte dem Vater. Thomas war fünfzehn, als der Vater starb. Sein Sohn Klaus konnte sich mit dieser Sphinx nicht richtig identifizieren. Er verbrachte Jahre der Hetze und der Verzweiflung, bis es ihm schließlich nach mehreren Anläufen gelang, 1949 aus dem Leben zu gehen. Die erste Reaktion des Vaters war Wut; der Symptomträger Klaus hatte sich dem neurotisierenden Familiengeflecht entwunden, das sah Thomas nicht gern.

Golo, der jüngere Bruder, rettete sich vor dem Vater, er bunkerte sich so ein, daß er mehr einer Kartoffel als einem Knaben glich, floh unter die Hosen von Katia und rankte sich an ihren Beinen zu einem nächsten Muttersohn empor, der bis ins hohe Alter hinein etwas übrig hat für kalte und warme Krieger wie Franz Josef Strauß.

Nach dem Tode von Klaus hellte sich das Gesicht seines Vaters wieder auf. Thomas Mann konnte nun als gutmütiges Nashorn auf sein wohlverdientes Greisendasein zuschrumpeln.

Rainer Maria Rilke ist der zarteste Dämmerungsdichter, den die deutsche Muttersohnkultur hervorgebracht hat. Sein Werk – das Ausatmen eines Sieben-Monats-Pan. Eine Hölderlin-Nachlese sein Eingang in die Welt aus einem Mutter-Großmutter-Gebilde. Die Mutter seiner Mutter wurde fast hundert Jahre alt und überlebte den Enkel, der einundfünfzigjährig starb. Die Mutter – wie konnte es anders sein? – heiratete einen dreizehn Jahre älteren Mann, den sie nicht liebte. Der Junge wuchs unter Ehestreitigkeiten auf, bis die Eltern in seinem neunten Lebensjahr sich trennten. Er kam auf eine Militärschule und lebte anschließend noch vier Jahre bei seinem Vater. Er liebte seinen Vater und haßte seine Mutter. Das nützte ihm nichts. Die Feindschaft zwischen Mutter und Vater ließ den Vater nicht durchdringen zum Sohn; und ab Neun kamen als Vertreter der Männlichkeit nur Militärschranzen an Rainer Maria heran! Als der Vater noch einmal für das Zusammenleben auftauchte, war der Sohn schon fast erwachsen.

Das erste Lebensjahrzehnt Rilkes bestimmte die Mutter so entscheidend, daß diesem Einfluß kein Mann später etwas entgegenzusetzen hatte. Zur üblichen Identifikation des Sohnes mit der Mutter kam bei Rilke noch die mütterliche Delegation: ›Sei mein Mädchen!‹ hinzu. Phia Rilke hatte zuerst eine Tochter bekommen, die im Säuglingsalter gestorben war. Sie wünschte sich wieder eine Tochter, gebar einen Sohn, kleidete und erzog ihn als Mädchen und gab ihm den Beinamen »Maria«, den Inbegriff des Jungfräulich-Mütterlichen. Fast fünf Jahre lang setzte sie die Dressur zum Mädchen fort, bis der Sohn auf die Volksschule kam.

Die Delegation ist die zweite Macht der Prägung, neben der der Identifikation. Sie stempelt dem Kind das mütterliche Wollen auf, während die Identifikation das mütterliche Sein in ihm verfestigt.

George Sand wuchs mit Hilfe der Delegation ihrer Mutter wie zu einer »Vatertochter« heran. Sie verlor ihren Vater durch einen Reitunfall, als sie drei Jahre alt war, und kurze Zeit darauf starb auch ihr Bruder. Sie mußte ihrer Mutter die leeren Stellen ersetzen, die entschwundenen Männer kopieren und wurde daher mit Fähigkeiten für die Männerrolle ausgestattet. Ähnlich mußte Rilke seiner Mutter den Verlust der älteren Schwester wettmachen.

Wird eine Frau zufällig in das Männerlager hineinerzogen, bemerkt sie, was Welt bedeutet, kann sie in Branchen wie Literatur und Politik tätig werden. Wird ein Mann in das Frauenlager hineinerzogen, trägt er sein Leben lang an der Bürde, die das Frausein in der Männergesellschaft ist.

Rilke wirkt auf den Fotografien wie nicht gebrannter Ton, eine Form, die zerspringt, wenn der Betrachter sie unsanft berührt.

Treffend beschrieb er, was Mutterbindung ist: »... daß ich innerlich irgendwo noch Bewegungen habe, die die andere Hälfte ihrer verkümmerten Gebärden sind«.[108]

Die Mutter-Sohn-Trennung, von deren Notwendigkeit Rilke überzeugt war, gelang ihm nicht. Er sah die Mutter wieder nach langen Zeiten der Abwesenheit. Er schrieb zu Weihnachten Briefe an sie.

Da er immer nur der Mutter auswich, kein Schopenhauersches Ganz-und-Gar zustande brachte, verausgabte er sich in einem Flieh- und Wanderleben. Sein Dasein war ein Trapezakt zwischen Adelsschlössern und Großbürgervillen. Er konnte nicht wurzeln und wollte sich nicht binden, führte nur eine Geschwisterehe mit der Bildhauerin Clara Westhoff.

Seine Dichtungen sind nicht gespenstisch wie die Kafkas, nicht ergötzlich ausweglos wie die Thomas Manns und nicht männerkultisch wie die Hermann Hesses. Sonette, Schmerzensstrophen, Trauergesänge, Erzählungen in einer Sprache, die über mit Trockentränen bestäubte Watte schreitet. Den in sich wirkenden Zerfall bremste Rilke vor seinem Werk. Aber er zerstörte, als er Mitte Vierzig war, seinen Leib – Leukämie.

Mit seiner Arbeit webte Rilke am Schleier, den er und andere Melancholisten der Jahrhundertwende über die Machenschaften ihrer hortenden und rüstenden Verwandten legten, auf daß sie nicht zu sehen brauchten, wie die Aktionisten alles vorbereiteten, um die Elegienjünglinge einander totschießen zu lassen.

> Rilke »liebte diese Mutter nicht und hat es schonungslos ausgesprochen. Was schlimmer war: er konnte sich von ihrer ungeliebten Erscheinung nicht lösen; sie verfolgte ihn. Wie merkwürdig: seit dem Alter von neun Jahren hatte er nicht mehr bei ihr gelebt, aber der negative Affekt, den ihre ferne Gestalt in ihm auslöste, ist als eine schmerzende Wunde in seiner geheimsten Gefühlswelt zurückgeblieben. Nach einem Wiedersehen mit ihr in Rom im Frühjahr 1904 schrieb er jenen rückhaltlosen Brief an Lou Andreas-Salomé, in dem er bekennt, jede Begegnung mit der Mutter sei ›eine Art Rückfall‹. Und weiter:

Rilke

›Wenn ich diese verlorene, unwirkliche, mit nichts zusammenhängende Frau, die nicht altwerden kann, sehen muß, dann fühle ich wie ich schon als Kind von ihr fortgestrebt habe und fürchte tief in mir, daß ich, nach Jahren und Jahren des Laufens und Gehens, immer noch nicht fern genug von ihr bin, daß ich innerlich irgendwo noch Bewegungen habe, die die andere Hälfte ihrer verkümmerten Gebärden sind, Stücke von Erinnerungen, die sie zerschlagen in sich herumträgt; dann graut mir vor ihrer zerstreuten Frömmigkeit, vor ihrem eigensinnigen Glauben, vor allem diesen Verzerrten und Entstellten, daran sie sich gehängt hat, selber leer wie ein Kleid, gespenstisch und schrecklich.‹ ...

... manches deutet darauf hin, daß Rilke diesen tiefen Konflikt seines Lebens nie ganz überwunden hat. Nur in der Abwendung vom Familialen und Elterlichen, glaubte er, habe er seine Kraft gefunden; diese Überzeugung ist eine Konstante seiner Dichterbiographie. Und jede Rückwendung zum Ursprung, zur Mutter, war für ihn eine Quelle der Unsicherheit. Wir finden diesen Gedanken in der Geschichte des falschen Demetrius wieder, von dem Rilke (Malte) sagt: ›Ich bin nicht abgeneigt zu glauben, die Kraft seiner Verwandlung hätte darin beruht, niemandes Sohn mehr zu sein. (Das ist schließlich die Kraft aller jungen Leute, die fortgegangen sind).‹ Doch Rilke hat nie ganz aufgehört, seiner Mutter Sohn zu sein. Sie war in seinem Bewußtsein eine Art Gegen-Ich, an dem er sich in seinem eigenen Innern stieß, eine Warnung, gewisse geerbte Schäden und Ähnlichkeiten (physiognomisch sah Rilke der Mutter mehr als dem Vater ähnlich) in sich zu überwinden; sie blieb als ein peinigender Gedanke, daß in unaufgelösten Schichten seines eigenen Wesens längst abgeschworene Eigenschaften nachwirkten, die über die ferne Greisin unbekümmert ihre Herrschaft behaupteten ... – ›Diese Familiendinge, auf die ich zurücksehe, sind nichts als grotesk auf allen Seiten ...‹«[109]

»Ach wehe, meine Mutter reißt mich ein.

Da hab ich Stein auf Stein zu mir gelegt,
und stand schon wie ein kleines Haus, um das sich groß der Tag bewegt,
sogar allein.
Nun kommt die Mutter, kommt und reißt mich ein.

Rilke

Sie reißt mich ein, indem sie kommt und schaut.
Sie sieht es nicht, daß einer baut.
Sie geht mir mitten durch die Wand von Stein.
Ach wehe, meine Mutter reißt mich ein.

Die Vögel fliegen leichter um mich her.
Die fremden Hunde wissen: das ist der.
Nur einzig meine Mutter kennt es nicht,
mein langsam mehr gewordenes Gesicht.

Von ihr zu mir war nie ein warmer Wind.
Sie lebt nicht dorten, wo die Lüfte sind.
Sie liegt in einem hohen Herz-Verschlag
und Christus kommt und wäscht sie jeden Tag.«[110]
                                    Rainer Maria Rilke, vierzigjährig

Die Spekulation über die muttersohntypischen Merkmale von Männern der Kultur läßt sich bis zu ihren Vertretern der Gegenwart weiterführen. Sie in der bisher unternommenen Weise fortzusetzen, würde den Rahmen dieser Arbeit sprengen, denn zu viele Exemplare gibt es, die ihre unbehagliche seelische Situation mit Hilfe ihrer geistigen Ausschüttungen auf andere Menschen abwälzen. Die im folgenden nur noch skizzierten Hinweise mögen den Gedanken ausklingen lassen: Die Kultur der Männer ist keine Gegenkraft zur Politik der Männer. Daß diktatorisch, politisch-wirtschaftlich, militärisch und religiös hervortretende in ihrem Zusammenwirken die Männergesellschaft ausmachen, wird selbst von ihren Stabilisatoren nicht bestritten werden können. Daß aber auch literarisch-philosophisch sich äußernde Männer ihre Gesellschaft nachschaffen und verfestigen, auch wenn sie sich von ihr abzuwenden scheinen oder sexistisch indifferent gegen einzelne Äußerungsformen ankämpfen, wird eine der (an)greifbarsten Herausforderungen dieser Gedankenführung sein. Die These läßt sich stützen mit dem Faktum der unpolitischen Kunst, die gerade darin, daß sie keine gesellschaftliche Veränderungskraft hat, ihre Systembejahung beweist. Die literarkritische Regel heißt: je unpolitischer, um so formell besser sei ein Werk. Der

Begriff »politisch« betrifft die Reaktion auf historische Ausprägungen der Männergesellschaft. Beschäftigt sich ein Kunstwerk mit feudaler, kapitalistischer oder staatskommunistischer Unterdrückung, dann sei es politisch, aber meist formell wenig beeindruckend.

Aufs Ganze der Männergesellschaft gesehen, gibt es überhaupt keine unpolitischen Werke. Jedes literarische Produkt von Männern hat eine politische Wirkung auf ihre Gesellschaft. Es stützt sie oder trägt etwas zu ihrer Abschaffung bei. Vor allem, was aus der muttersohntypischen Verfassung eines Mannes kreiert wird, so unpolitisch es sich versteht, untermauert die von allen Männern getragenen Zustände. Die hoch gepriesene Funktion der Literatur, gesellschaftliche Verhältnisse zu spiegeln, gehört in die Kapazität der Nach- und nicht in die der Abschaffung dieser Verhältnisse. Das sich im Zeigen und Anklagen erschöpfende Werk hat keine überwindende Kraft. Jammer, Gewaltanfälligkeit und Lebensverdruß werden in artistisch vollendete Formen verpackt, die unsichtbar machen sollen, daß nicht eine Weltmisere, sondern eine Männermisere künstlerisch umgesetzt worden ist. Lebensekel, Menschenfeindlichkeit – oft profiliert als Frauenfeindlichkeit – und Selbsthaß kommen meist erst jenseits der Kunstform unverblümt in Bekenntnissen der Autoren aus ihren Tagebüchern, Briefen und heute aus ihren Interviews, Gesprächen und Diskussionsbeiträgen zum Vorschein.

August Strindberg – ein Reibeisen der Frauen- und Selbstschädigung. Die Ehen mit Siri von Essen, Frida Uhl und Harriet Bosse waren Totentänze. Das Antlitz des jungen Mannes in runder Süße enthüllt eine Seele, die nicht sehr für Frauen gemacht zu sein schien, was sich bei allen Versuchen erweisen sollte. Männerannäherungen kamen jedoch nicht vor, nur die üblichen Busenfreundschaften, die alsbald in Feindschaften zerplatzten. Ausgepreßte Zitrone – das Gesicht des alten Strindberg, vom Wahnsinn des nicht ankommenden, schlimmer, des nicht herauskommenden Verlangens zusammengezogen. Seelische Zerrissenheit, Frauenhaß und Verfolgungswahn trieben ihn um, füllten Werk um Werk.

Die Schöpfungen haben etwas Bedrohliches an sich, sind Zeugnisse eines Raubtiers, das sein Leben lang eingeschlossen war im Käfig unüberwundener Mutternähe.

Den ersten Teil seiner Autobiographie nannte Strindberg »Der Sohn einer Magd«, nicht etwa »Der Sohn eines Dampfschiff-Kommissionärs«, wie er sich von seinem Vater hätte ableiten können. Der Vater war zwölf Jahre älter als die Mutter. Ungefähr um Ende Dreißig herum lernte er sie kennen und ging mit ihr ein Verhältnis ein. Nora Norlind und Carl Oscar Strindberg hatten zwei Söhne, bevor sei heirateten. Zwei Jahre nach der Trauung kam August auf die Welt, das erste eheliche Kind. Eheschließungen lassen die Luft aus den Verhältnissen heraus. August war das Umschaltkind, ein Kind der Nicht-Liebe. Nach der Verheiratung driftete der Vater ab, wie Männer es allgemein zu tun pflegen, die Mutter fiel in sich zusammen. Und diese Situation produzierte einen der berühmtesten Reflektoren erotischen Elends zwischen Frau und Mann, die das 19. Jahrhundert hervorgebracht hat.

Der Magdsohn August Strindberg zog sich selbst und später seine Frauen sechzig Jahre lang nieder, bot diese Talfahrt, furios dramatisch gemacht, dem Theaterpublikum an. Aufgebaut wurden seine Werke unter der falschen Voraussetzung, es handelte sich bei dem, was Strindberg präsentierte, um Darstellungen des Geschlechterkampfs. Muttersöhne und Muttertöchter, die von den Lieblosigkeitsverbindungen massenweise fabriziert werden, sind keine sich anziehenden »Geschlechter«. Die gleichen seelischen Materialien treffen wie zwei Minuspole aufeinander. Menschen mit gleichem, künstlich hergestellten Minusbewußtsein führen in ihren Ehen Abstoßungsgefechte. In Strindbergs eigenen Worten kommt seine Passion zum Ausdruck: »Ich bin im Zeichen des Widders geboren. Dieses Zeichen repräsentiert das Opfer. Nach einer Lebensarbeit wie der meinen zur Belohnung: geschlachtet werden. Jeder Erfolg von Leiden begleitet; jede Spur von Glück mit Schmutz besudelt; jede Ermunterung ein Hohn, jede gute Tat mit dem Kreuz bestraft.«[111]

Wofür Sternzeichen herhalten müssen! Der massenmörderische Schlächter Adolf Hitler ist im Zeichen des Widders geboren, der Selbst-Schlächter Strindberg im Zeichen des Wassermanns.

Unter den Repräsentanten der französischen Literatur im 19. und 20. Jahrhundert treten etliche Männer hervor, die Probleme mit übergreifenden Müttern gehabt haben. Die Schriftsteller litten bevorzugt unter Krankheiten der Atemwege, hatten Asthma und Tuberkulose. Das sind Nähekrankheiten, Zeugnisse der nicht gelungenen Abgrenzung. Weghusten, nicht atmen können, selbstlaufende Wehr gegen die nachfassende Mutter – das Aufbegehren mißglückt, es bleibt Verschmachten unter ihr. Männer wie Proust, Mallarmé, Maupassant, Mérimée, Valéry, Queneau, Camus, Gide bis hin zu den erst kürzlich verstorbenen Foucault und Barthes rotierten in der Umklammerung ihrer Mütter und produzierten aus ihr heraus reizvollste Gefangenschaftszeugnisse, die zu den schönsten Schöpfungen der Böse-Welt-Literatur gehören.

Marcel Proust, zwei Drittel seines Lebens entnervt vom Muttergezänk, immer kränklich, mimosenhaft, nachtfalterisch, führte am Ende in seinem korkgepolsterten Zimmer, nachts schreibend, fast ein Unter-der-Erde-Dasein. Mit seinem daraus hervorgegangenen Werk erklomm er den Gipfel der französischen Literatur des 20. Jahrhunderts. Seine Liebe zu Männern lieferte er ans Messer der herrschenden Mann-Frau-Verhältnisse. Der »Schatten junger Mädchenblüte« liegt eigentlich über einer Knabenblüte. Das Jahrhundert genoß den Verrat wie später in geringerem künstlerischem Ausmaß das Klein-Beigeben von Muttersohn Bertolucci in seinem »Letzten Tango«, der ursprünglich für zwei Männer konzipiert worden war und aus moralischen Rücksichten auf eine Mann-Frau-Episode umgeschrieben wurde.

Einen zweiten Verrat verewigte Proust in der Männerliteraturgeschichte. In seiner »Suche nach der verlorenen Zeit« schüttete er im Teil »Sodom und Gomorrha« nur Abfälligkeiten über das Mannbegehren aus. Sodom und Gomorrha – die alttestamentarischen Zeichen der Vernichtung geschlechtlicher Scheußlichkeiten fixierte er an seinem eigenen Tun.

Mit seinem großen Werk suhlte er sich in der Wollust der

Rückwendung. »Auf der Suche nach der verlorenen Zeit« ist das Hohelied der Liebesunfähigkeit, typisch für Männer, die Spaß an körperlicher Pein und seelischen Zerreißproben haben, Nähe fliehen und sich aus unbedrohlicher Ferne begehrte Menschen heransehnen. Diese Situation ist seit Hölderlin literaturwürdig. Proust hat das Männerkarussel mit perfekter Formvollendung beschrieben: sich drehen um die Mutter, was die wenigsten wissen, sich drehen um sich selber, was Anlaß zu Weltliteratur wird.

Gustave Flaubert ist Emma Bovari, wie er selber sagt. Er ist wohl beides, der dumpfe, depressive Charles Bovari und seine veräußerlichte weibliche Seite, die den Ausbruch versuchende, scheiternde und sich umbringende Emma. Beide Bovaris sind Aspekte des Mann-Frau-Mißlingens, bezeugen das nach außen gewendete Scheitern der Männlichkeit und Weiblichkeit Flauberts.

Das Gesicht Baudelaires ist verbittert traurig, sieht noch elender aus als die Gesichter des alten Pestalozzi und des alten Schopenhauer. »Les fleurs du mal« sont les fleurs de la maman. Die Blumen des Bösen sind die Gewächse der Mutterbindung.

Der in der Mitte des 20. Jahrhunderts berühmt gewordene Jean Genet, wirr aufgewachsen, unehelich geboren, vaterlos geblieben, seine spätere Kindheit unter brutalen Zieheltern verbracht, verfälschte für eine ganze Ära das Mannbegehren, indem er es mit dem Hang zur Gewalt gleichsetzte. Männern verfallen zu sein, kann etwas mit Gewalt zu tun haben, wie es bei Röhm und Gründgens, den Muttersöhnen des Altertums Nero und Alexander und dem neuzeitlichen preußischen König Friedrich zum Vorschein kam. Aber das geschlechtliche Desinteresse hat meist einen näheren Weg zur Gewalt. Ihn beschritten Napoleon, Stalin, Hitler, Göring, der spanische König Philipp II. und der »Schreibtischtäter« Nietzsche. Und Frauen zu begehren, schützt auch nicht vor der Anfälligkeit für Gewalt, wie es Goebbels, Heydrich, Himmler, die brutalen Herrscher Cäsar und der russische Peter der »Große« bewiesen haben. Der Muttersohncharakter überschattet alles, legt sich auf Thomas-Mannsche falschmünzerische

Gediegenheit wie auf Genetsche Gefängnisromantik und erotische Verbrecherhierarchien. Die seelische Verkümmerung des Mannes äußert sich in allen seinen Verhältnissen zum Sexuellen.

Oscar Wilde, der die Brust so weit gedehnt hatte, Liebling war und sich als Liebender versuchte, stürzte plötzlich ab, getroffen durch einen eigenen Schuß auf sich selbst. Er strengte gegen den Vater seines Geliebten einen Prozeß an, der beweisen sollte, daß des Vaters Rede über die Beziehung des Sohnes zu dem Schriftsteller Verleumdung sei. War es nicht. Es kam heraus. Wilde katapultierte sich mit dem Prozeß ins gesellschaftliche Aus: Gefängnis, Verbannung, Verarmung. Muttersöhne können nicht nur nichts halten, sie können auch nicht warten, werden wie von einem fremden Motor angetrieben. Dem Asthma der Franzosen entsprach Wildes Hektik. Ein paar Jahre nach seinem frühen Tod vertonte Richard Strauss seine »Salome« so erfolgreich, daß er bis an das Ende seiner möglichen alten Tage hätte in Reichtum leben können. In seinem »Bildnis des Dorian Gray« schuf Oscar Wilde den Prototypen einer ent-ichten Ungestalt. Das sogenannte Laster des Dorian Gray ist seine Zerfallenheit. Er braucht die Spiegelung durch Menschen und Kristalle, um sich als existent zu fühlen.

Dostojewski handelte in einem seiner Bücher eine Vatertötung ab, in einem anderen eine übertragene Muttertötung (»Die Brüder Karamasow«, »Raskolnikov – Schuld und Sühne«). Doch überwand er seine eigenen Eltern nicht und zerstörte sich selbst mit seiner Trunksucht und seiner Spielleidenschaft.

Tschechow machte das Auf-der-Stelle-Treten und das Sich-im-Kreise-Drehen von Söhnen und Töchtern, die stehende Luft ihrer Elternfixierung, theatralisch wirksam. »Onkel Wanja« – ein Muttersohn, der nicht leben kann; »Drei Schwestern« – drei seelische Armutszeugnisse; »Der Kirschgarten« – ein Bruder-Schwester-Leim; »Die Möwe« – eine Frau geht an einem liebesunfähigen Mann zugrunde, der von seiner Mutter nicht loskommt.

Spuren, die aus dem Desaster des Filiarchats herausführen, lassen sich in Werken von vatersohngefärbten Männern finden. Hauptmann, Wedekind, Schnitzler waren den Umständen entsprechend glücklich mit Frauen verbunden, durchleuchteten die gesellschaftlichen Verhältnisse ihrer Zeit, stellten sich auf die Seite der Ärmsten (Hauptmann), der Frauen und Kinder (Wedekind), entlarvten das Oberschichtsgeschmeiß und den Männerschnickschnack (Schnitzler). Gerhart Hauptmann zeigte in seinem Stück »Einsame Menschen« das Phänomen, ohne es zu benennen: Er stellte einen Muttersohn dar, der mit seiner Mutter noch zusammenlebt, sich nicht entfalten kann, kreiselt und sich und seine Partnerinnen kaputtmacht.

Heinrich Manns größter Roman, »Die Jugend und Vollendung des Königs Henri Quatre«, ist eine Huldigung an Henri IV als einen lebensbejahenden, vereinigenden, liebenden Menschen. In Manns »Traurige Geschichte von Friedrich dem Großen« durchschaut er den Preußenfürsten als lebensverneinenden, gespaltenen, hassenden, vielseitig zerstörenden König. Mehr Vatersohncharakteristisches schimmert aus Heinrich Manns Werk, im Gegensatz zu dem seines Bruders Thomas.

Bertolt Brecht – ein Vatersohn, keine Frage. Sein Leben lief über eine durchkomponierte Person. Er war Frauenliebhaber und Männerfreund, Kapitalistenfeind und Herrenkritiker, versuchte sich als Sozialist. In »Mutter Courage« setzte er der Kraft einer Frau ein Denkmal, die den Irrsinn der zerstörerischen Männer überstand. Mit dem »Galilei« griff er die reaktionären Vertreter der Kirche ebenso wie die Repräsentanten der fortschrittsgläubigen Wissenschaft an. Er igelte sich mit seiner Kunst nicht ein, sondern drang nach außen, wollte an die Menschen herankommen. Listig machte er sich aus dem Staube, bevor das Land seiner Hoffnungen – die DDR – mit der Errichtung der Mauer ihn unsanft aus seinen Träumen gerissen hätte. Er starb 1956, mit achtundfünfzig Jahren.

Theodor Fontane nannte Schopenhauers »Metaphysik der Geschlechtsliebe« frech ein »Gequakel«. Sein Roman »Effi Briest« steht in einer feministischen Tradition, die von Lessings »Minna von Barnhelm« über Goethes »Iphigenie«, Hebbels »Judith« und Mariamne (»Herodes und Mariamne«) zu Ibsens »Nora« führt und Frauen im Widerstand gegen die Männergesellschaft und gegen das Verhalten einzelner Männer zeigt. Effi ist keine Heroin wie ihre großen »Schwestern«, ihr gelingt keine Rettung. Eltern und Ehemann keilen ihr Leben ein und reiben sie auf. Fontane walzt nicht nur einen Untergangsstoff aus, sondern enthüllt schonungslos das Frauenzurichtungsverfahren. Wegen ein paar Fingerkrümmungen wird Effi ins Elend gestürzt. Sie hat Briefe geschrieben an einen außerehelich befreundeten Mann. »Passiert« ist nichts weiter als ein Gedanke an ein Vielleicht. Das ist schon zuviel Selbständigkeit für eine Frau. Dafür wird sie gerichtet, vom Ehemann und von den eigenen Eltern, die alle drei sie aus ihrem Käfig des Hausweib-Daseins verstoßen. Sie stirbt in der für sie nicht begehbaren Welt.

Fontane hatte einen ihm zugewandten Vater, der bis ins siebenundvierzigste Jahr des Sohnes am Leben blieb. Entscheidend prägte ihn der Aufenthalt bei seinem schrägen Onkel, dem Bruder des Vaters, der ihn während seiner Ausbildungszeit von seinem zwölften Lebensjahr an in Pension nahm. August Fontane war ein Hallodri, ein zweimal – als Maler und als Schauspieler – gescheiterter Künstler. Er versuchte, seine Anlagen in einer bürgerlichen Existenz zur Geltung zu bringen, unterhielt ein Geschäft für Malutensilien und stellte sich als halber Lebemann dar. Er veruntreute Gelder, um auf größerem Fuße stehen zu können, als es ihm mit den eigenen finanziellen Mitteln möglich gewesen wäre.

Vater und Onkel als pralle, etwas aus den Fugen gehende, gutmütige Männer waren wie geschaffen zur Identifikation. So wurde aus dem Sohn und Neffen Theodor ein rundherum lebensbejahender Mann. Er liebte Frauen – er hatte ein balanciertes Verhältnis zu seiner fast fünfzig Jahre mit ihm zusammenlebenden Gefährtin Emilie Fontane. Er liebt die Natur – »Wanderungen durch die Mark Brandenburg«. Und er war in der Lage, ein fremdes Land schätzen zu lernen – er lebte viele Jahre in England.

Muttersöhne sind immer »Verlierer« – um eine Kategorie aus

Eric Bernes Denken heranzuziehen. Vatersohn Fontane endete goethegleich als Gewinner: Er schrieb sein bedeutendstes Buch »Effi Briest« vier Jahre vor seinem Tod, der ihn mit Achtundsiebzig aus der Arbeit riß.

So glänzend verabschiedete sich Ibsen nicht, dessen Leben ein Mutterschatten etwas niederdrückte. Er sehnte sich nach einer Befreiung, die ihm wie seiner Mutter nicht gelang. In seinen letzten Stücken zeigt er auch das Elend des Mannes unter lähmenden alten Beziehungen (»Baumeister Solneß«, »John Gabriel Borkman«, »Wenn wir Toten erwachen«). Er wollte mit einer jungen Frau ein neues Leben beginnen, träumte vom Durchbruch zur Selbstverwirklichung. Er tat das Gegenteil. Resignierend schickte er sich in seine alten Bedingungen. Nach größten Erfolgen in Dresden, Berlin, München und Rom fiel er Norwegen anheim. Er zog dorthin zurück, wurde von einem Schlaganfall getroffen, der ihn vier Jahre lang bettlägerig dahindämmern ließ, bis der Tod ihn erlöste.

Sein Werk schirmt er ab vor Resignation. Unter den literarisch arbeitenden Vatersöhnen wagt er sich am weitesten gegen die Gesellschaft seiner Geschlechtsgenossen vor. Immer schreibt er parteilich, zeigt, wie die Männergesellschaft den einzelnen bedroht – gleichgültig ob Frau oder Mann –, wie Männer gegen Frauen und wie Eltern gegen Kinder wirken. Ibsen tut sogar das der bürgerlichen Kunstrezeption Verhaßteste: Er gibt Anweisungen, wie aus dem Elend, in dem Personen stecken, herauszukommen wäre. Nora verläßt ihren Mann, löst sich aus Rolle und Bevormundung und macht sich auf zu einem Weg, der sie zu ihrer eigenen Identität führen soll. In »John Gabriel Borkman« verläßt der Student Erhard Borkman seine Eltern und geht mit seiner Geliebten, einer etwas älteren, freien Frau, in die Welt.

Eine der tragischsten Figuren seelischer Verhedderung war Sigmund Freud. Die ersten Jahrzehnte seines Wirkens hatten vatersohntypische Färbung. Er drang in die Tiefe der Männergesellschaft ein wie vor ihm keiner. Er stemmte das Dunkel auf, das Seele genannt wird, trug Verschüttungen ab, strahlte das Licht seiner Erkenntnisse in die schwärzesten Ecken unbetretener Räume des menschlichen Inneren hinein. Doch allmählich ging eine Veränderung in ihm vor. Nach dem Tod des Vaters überfiel ihn ein Jahr lang eine Schreibhemmung. Anschließend verriet er seine Entdeckung von der Entstehung der Neurosen durch elterliche, meist väterliche Eingriffe in das kindliche Geschlechtsleben. Er verwandelte die aus seinen Beobachtungen gewonnene Theorie in ihr Gegenteil, behauptete, Kinder begehrten ihre Eltern und würden durch die Verdrängung ihres Verlangens krank.

Nach dem Tod des Vaters scheint sich das ganze Leben Freuds geändert zu haben. Aus dem Revolutionär wurde ein Konservierer, aus dem Erneuerer ein Orthodoxist. Er sperrte seine Gedanken in ein System, zwängte seine Erkenntnisse in eine Schule, maßregelte Mitarbeiter, belegte sie mit Bannflüchen wie ein Papst, begann, seinen Geist und seinen Körper zu sterilisieren.

Seine Identifikation mit dem Vater war nicht gründlich genug, nicht fest in die Person eingewachsen. Nach dem Tod des Vaters verblaßte sie und ließ die tieferliegende Identifikation mit der Mutter zum Vorschein kommen, die bis zu Freuds vierundsiebzigstem Lebensjahr immerfort aufgefrischt wurde, da die Mutter erst mit Fünfundneunzig starb. Sie war wie die Mütter Nietzsches und der Gebrüder Mann eine rätselhafte Schönheit, als sie, vor der Welt und ihrer eigenen Entwicklung abgesperrt, jugendlich heiratete. Ihr Leben versteinerte zu einem Standbild der Unentfaltenheit, verschlossen von einem rüden Ehemann, der seinen Töchtern nachstellte. Das einzige, was ihr übrigblieb, war, ihren Seelenkummer fest um Sigmund, ihren Märchenprinzensohn, zu wickeln.

Freud zeigte in der zweiten Hälfte seines Lebens alle Anzeichen einer Kraterpersönlichkeit. Er war süchtig, erlag dem Kokain, stagnierte in seinem privaten Leben, schloß sein Geschlecht von Vierzig an mit dem Keuschheitsgürtel der Mutterbindung zu, stellte den sexuellen Umgang mit seiner Frau ein und nahm keinen neuen mit einem außerehelichen weiblichen oder männlichen

Menschen auf. Er entwickelte Untergangsgedanken, den sogenannten Todestrieb, die Sublimationsthese und die negative Kulturtheorie. Er wütete gegen psychoanalytisch andersdenkende Jünger, grenzte ab, schloß aus, errichtete sein Mausoleum, bot der Reaktion schließlich fast sein ganzes Innengebäude an.

Freud trug wesentlich dazu bei, daß sich von Mann zu Mann der Spuk verbreitete, Eros und Gewalt hingen untrennbar miteinander zusammen, was auch Georges Bataille behauptet hat, Lieben und Hassen, Begehren und Töten seien ein und dasselbe. Antonin Artaud kreierte das »Theater der Grausamkeit«. Männern, die im Gefühlssumpf ihrer Mütter stecken, muß diese Verwechslung passieren. Begehren kann für sie nur niederziehen bedeuten. Einreißen. Freud starb an Mundkrebs, Artaud an Mastdarmkrebs – die Öffnungen waren den Männern zerfleddert. Die Dauerzigarre Freuds sollte Abhilfe schaffen. Geist und Körper produzierten aus Offen-Sein Orkus, der nach langem Leiden sie selbst verschlang.

Von Anfang an vaterumhegt und seelisch kongruent zu seinem Geschlecht herangebildet, wuchs Rudolf Steiner auf. Der Vater war Bahnwärter, wurde weder durch seine Arbeit täglich stundenlang noch durch Kriege phasenweise über Monate oder Jahre vom Sohn getrennt. Er widmete sich äußerst liebevoll der Erziehung des Kindes, hielt in seinem Stationshaus den Unterricht ab. Rudolf wurde neben Apparaten und Maschinen groß, verbrachte seine Schulzeit im Stellwerkraum, sah den Vater bei einer Tätigkeit und erlebte seinen ihm zugewandten Geist. So erwachte er zu einer Universalbegabung, die Technisches, Medizinisches, Natur- und Geisteswissenschaften umfaßte. Er entwarf ein gediegenes Gebäude alternativen Erziehungs- und Gesundheitswesens, vereinigte Menschen zu neuen Formen des Zusammenwirkens. Vor allem: Er »orthodoxierte« nicht, so daß sich keine einander feindlichen Splittergruppen bildeten. Die Fraktionierungen bei Nachfolgern und Schülern bedeutender geistiger Pioniere schaden oftmals neuen Ideen mehr als Handlungen von konservativen Gegnern. Steiner war so gut wie nie *gegen* irgend etwas. Er baute auf, und sein Werk hat bis heute eine nachhaltige Wirkung. Er lebte vorsichtig, entging Anschlägen, Hitler haßte ihn und wollte ihn umbringen lassen. Er schuf sein Goetheanum ein zweitesmal, nachdem das erste durch Brandstiftung zerstört worden war. Er heiratete zweimal. Nichts Zerfleischendes ist aus seiner privaten Sphäre bekannt geworden. Er starb sechzigjährig einen glücklichen Tod.

Rudolf Steiner gehört zu den friedlichsten Erneuerern, die die Männergesellschaft hervorgebracht hat. Weder durch ihn noch durch Anhänger und Nachfahren floß Blut. Er propagierte Verändern als Überhinausgehen. Er griff mit seinen medizinischen und pädagogischen, vor allem mit seinen ökologischen Ideen weiter der Zukunft voraus, als es Marx, Freud und Lenin taten. Der alternative Umgang mit der Landwirtschaft – der biodynamische Anbau – wurzelt in seinem Denken, die Gesamtheitsmedizin wie der freilassende Umgang mit Kindern. Die Abschaffung des Kapitalismus und die Lösung der seelischen Probleme des einzelnen nützen nichts, wenn Männer fortlaufend Natur zerstören.

Absurd wird es erscheinen, Theodor W. Adorno mit der Kategorie »Muttersohn« in Verbindung zu bringen. Der denkbar markanteste Antipode Hitlers soll in die Schablone gepreßt und dadurch einer, wenn auch noch so fernen, Verwandtschaft mit seinem potentiellen Auslöscher bezichtigt werden?

Der Kernpunkt des männeremanzipatorischen Ansatzes ist, Denken und Handeln in Einklang zu bringen, selbst die schillerndsten geistigen Leistungen eines Mannes daraufhin abzuklopfen, aus welcher Lebensführung heraus sie entstanden. Das Private wird vom Öffentlichen geprägt. Und das Öffentliche wird vom Privaten geprägt. Bei dieser Prägung spielt die seelische Konstellation eines Mannes die entscheidende Rolle.

Merkwürdigkeiten in Adornos Denken und Verhalten sind besser verstehbar, wenn sie vor dem Hintergrund seiner Zeitgenossen, der gleichsam hervorragenden Philosophen Bloch, Russell und Sartre, betrachtet werden.

Adorno hat sich einmal dagegen verwahrt, daß behauptet werde, er wolle Resignation verbreiten. Jedoch, sein Leben war voll von Zeugnissen der Resignation.

> »Adorno liebte das Bild der Flaschenpost. Leo Löwenthal erzählte mir, daß Adorno einst mit Hanns Eisler und anderen Freunden der Emigration am Pazifik stand und seufzte: ›Ach, was ich jetzt möchte, ist: die Quintessenz meines Denkens auf einen Zettel schreiben, in eine Flasche stecken und in den Ozean werfen. Dann wird eines fernen Tages auf einer fernen Insel irgend jemand die Flasche finden und öffnen und lesen...‹ – ›Na was schon, Teddie? –: Mir ist so mies!‹ konterte Eisler.«[112]

Sein für alle Veränderungsbewegungen bedrohlicher Satz, es gebe kein richtiges Leben im falschen, macht jeden Versuch zunichte, über alternative Umgangs- und Produktionsformen allmählich die Männergesellschaft abzutragen. Der Hinweis Blochs auf die objektiven Möglichkeiten und den subjektiven Faktor, die immer zusammenwirkten, läßt dem Individuum Handlungsspielraum, bezieht gesellschaftlich Unabdingbares und persönlich Charakteristisches zu gleichen Anteilen in das Leben der Menschen mit ein.

Der subjektive Faktor war bei Theodor Wiesengrund Adorno muttersohntypisch. Er nannte sich »Adorno«, entlehnt dem Mädchennamen seiner italienisch gebürtigen Mutter. Er führte ein Leben der Spaltung. Er durchleuchtete die unterdrückerische Gesellschaft bis in ihre feinsten Verästelungen, nahm sich selbst aber, und Männer sowieso, von der Spurensicherung der Herrschaftsverhältnisse im Verhalten des einzelnen aus. Mit dem Vatersohn Max Horkheimer verband ihn eine lebenslängliche Arbeitsehe, deren schönste Frucht die »Dialektik der Aufklärung« wurde.

Adorno spaltete Frauen, lebte in einer Thomas-Mannschen Pedellehe, degradierte seine Frau zum Wohnungsmeister und Sekretär, dem er seine Gedanken diktierte. »Für die Gesundheit«, wie er es nannte, hatte er Geliebte, um deren soziale und psychische Bedingungen er sich nicht kümmerte. Er brauchte diese Frauen für glanzvolle Auftritte und Vortragsreisen, auf denen er seine Gesellschaftstheorie zelebrierte. Sein erotisches Leben scheint für die Hinterbliebenen so befremdlich gewesen zu sein, daß noch niemand es gewagt hat, eine Biographie über den – nach 1945 – bedeutendsten philosophisch, soziologisch, musiktheoretisch wirkenden deutschen Geist zu schreiben. Nicht einmal eine Rowohlt-Bildmonographie ließ sich erstellen, da das Gewirr erheblich ist – das Gewirr der Fakten und der Vertuschungen.

Der (Groß-)Vatersohn Jean Paul Sartre – er wuchs bei seiner Mutter und seinen Großeltern auf – war mit einer Frau verbunden, die nicht unter ihm stand. Seine Lebensgefährtin, Simone de Beauvoir, wirkte durch sich selbst. Ihre Beziehung zu Sartre war eine einmalige Gemeinschaft der Liebe und der Arbeit. Der Ehe- und Hausstand wurde vermieden, der Frauen so leicht in die Versorgungsposition drückt. Gretel Adorno war vor ihrer Ehe Chemikerin, mußte ihre berufliche Entwicklung für ihren Mann aufgeben und – was noch schlimmer ist – ihre erotische Entwicklung obendrein. Die Ehe setzte Adorno so unter Druck, daß sein Verlangen für seine Frau erlosch. Dreißig Jahre Brachliegen der Lebensgefährtin, sachlich wie sexuell – das war eine immer nachfließende Quelle falschen Lebens, von der sich Adorno speisen ließ.

Der Vatersohn Ernst Bloch war auf diesem Gebiet viel beweglicher, war dreimal verheiratet. Simone de Beauvoir hatte Geliebte neben ihrer Beziehung zu Sartre, hatte dazu die organisatorische Basis des eigenen Hausstands, weil sie keine oral-ökonomische Versorgungseinheit mit Sartre bildete. Katia Mann und Gretel Adorno hatten als Hausfrauen wie Millionen ihrer Geschlechtsgenossinnen keine Gelegenheit, keine Zeit und keine Kraft, nachdem sich ihre Männer sexuell von ihnen abwendeten, ein eigenes berufliches und erotisches Leben zu führen.

Der (Groß-)Vatersohn Bertrand Russell war viermal verheiratet, wurde fast hundert Jahre alt und starb zufrieden. Er wuchs abwechselnd bei seinen vier Großeltern auf, da seine Eltern in seiner frühen Kindheit gestorben waren. Viele verschiedene Personen prägten seine Seele, ohne ihn an eine zu binden, so daß er später nicht niederdrücken, zerstören und einschränken mußte. Er war ein universeller Geist und kämpfte doch auch praktisch gegen die Unterdrückung der Menschen durch Christentum und Kapitalismus.

Adorno schwärmte für den Adel, schmückte sich gern mit Kontakten zu Abkömmlingen ehemals herrschender Häuser. Etwas übrig zu haben für die Nachfahren tausendjähriger Ausbeutungsniedertracht und für die Objekte gegenwärtiger Frauenillustriertenverzierung, heißt, am Tisch der Herrschenden zu sitzen. Er war stolz auf eine seiner Urmütter, die eine korsische Prinzessin gewesen sein soll. Wie eine fürstliche Durchlaucht ließ er sich von seinen Assistenten hofieren, die er hinter ihrem Rücken verächtlich »Hodenhopser« nannte. Seine Doktoranden mußten frankfurter-schulen-rein arbeiten, durften sich nicht in anderen philosophischen Denkgebäuden bewegen.

Für die Probleme der Jugend war er, der ewig Kind Gebliebene, Dauerempfindliche, so wenig empfänglich wie für die Befreiung der Frau. Das beschämendste Zeugnis dafür ist seine klägliche Rolle, die er während der Studentenunruhen spielte. In seinem Ruf nach Polizei gegen die Studenten, die »sein« Institut für Sozialforschung besetzten, ließ er seine gesellschaftskritische Theorie zusammenbrechen. Die studentische Aktion hätte einer einfühlsamen Geste von ihm bedurft, denn als Professor und »Hausherr« war er Teil der Hierarchie, die die Verhältnisse trug, an denen er theoretisch sägte. Er hatte so lange gesellschaftskritische Funken geschlagen, bis die Studenten in demonstrativen Massenaktionen ein Feuer entfachten. Ironisch wollte er sich aus der Affäre ziehen, indem er auf seine zarten Pianistenhände deutete, die nicht Steine gegen Springerhäuser werfen könnten.

Sartre hatte keine Hemmungen, sich die Hände schmutzig zu machen. Sie waren sicher nicht viel grober als die von Adorno. Sartre wirkte bei Demonstrationen, Sitzstreiks und anderen politischen Aktionen mit, verteilte Flugblätter und linke Zeitungen, ging so weit, sich in »strafbare« Handlungen zu verwickeln. De Gaulle zitierte, auf Sartre gemünzt, den Satz Ludwigs XV., einen

Voltaire ließe er nicht verhaften. Adorno wäre ebenso wie Sartre nichts passiert, wenn er sich etwas solidarischer mit den Studenten gezeigt hätte. Aber er ließ es sogar an Taktgefühl mangeln, als er während des Höhepunkts studentischer Kämpfe mit dem Springerkonzern in das brodelnde Berlin geflogen war. Er meinte, ausgerechnet er könnte, wie wenn nichts geschehen wäre, der Einladung einer literarischen Gesellschaft folgen und einen unpolitischen Vortrag über ästhetische Probleme bei »Iphigenie« halten. Kein Wort zum Zeitgeschehen, geschweige denn eine Änderung seines Referats oder die Ankündigung einer anschließenden Diskussion mit den Studenten – das war eine Provokation, ja ein Verrat. Die Frauen, die ihre Brüste vor ihm öffneten, taten es, um ihn zu verhöhnen, um die unanhaltbare Maschinerie seines formalistischen Mackergebarens anzuprangern.

Adorno war auf die Vergangenheit fixiert und polsterte sich mit kunstvoller Filigrandialektik in bourgeoiser Negativität, überwand sie nicht. Zu Blochs »Prinzip Hoffnung« bemerkte er spöttisch, Hoffnung sei kein Prinzip. Die Kälte seines klaren Denkens stand im Widerspruch zu seiner Sehnsucht nach Glück. Er starb, als es greifbar wurde. Er hatte einen gefangenen Busen wie die von ihm verehrten Liedschaffenden.

Seine Funktion als Wegbereiter der Studentenbewegung löste er auf, indem er unter die Staatsgewalt kroch. Kein anderer linker Professor verriet die Studenten, so wie er es getan hatte. Weit entfernt war er von Sartre und Russell, die mit dem »Russelltribunal« die von amerikanischen Männern verübten Vietnamgreuel durchleuchteten, anprangerten und damit zur Beendigung des Vietnamkriegs beitrugen. Adorno konnte kein richtiges Leben probieren, weder privat noch öffentlich. So unveränderbar er die Gesellschaft beschrieb, so unveränderbar war er selbst.

In der zweiten Hälfte des 20. Jahrhunderts traten zwei Gestalten der Filmwelt auf, die das Muttersohnphänomen in ihrem Leben und in einigen ihrer Werke öffentlich zur Schau stellten: Pasolini und Fassbinder. Bei ihnen war die Mutterbindung nicht nur ein inneres seelisches Merkmal, sondern auch ein äußerer, in seiner Drastik heute nur noch selten zu beobachtender Vorgang. Sie trugen ihre Mütter in allen Wendungen ihres Lebenslaufs hautnah mit sich herum.

Pasolini baute als erwachsener Mann ein Haus: die eine Hälfte für sich, die andere für seine Mutter und eine ältliche Cousine. Zwischen die Frauen eingekeilt, verbrachte er sein Leben aus Tagen als Mönch und aus Nächten als räudige Katze, wie er seine Spaltung beschrieb. Depressionen über Depressionen durchzogen sein Dasein, das Jagd und Flucht war bis in den gewaltsamen Tod. Jeden Abend, was auch immer geschah, mußte er sich gegen 23 Uhr der Jungenhektik aussetzen. Nach Veranstaltungen, vornehmen Essen, Arbeitszusammenkünften tauchte er ab, um sich auf fremde männliche Körper zu hetzen, mit denen er seinen »Todestrieb« zelebrierte, bis es soweit war.

Die Geschichte beginnt wieder mit der Gewaltanwendung gegenüber einer Frau. Susanna Colussi war schon über Dreißig und hatte sich auf Alleinsein eingerichtet. Sie trauerte einer enttäuschenden Liebesgeschichte in ihrer Jugend nach, melancholierte vor sich hin, dilettierte ein wenig im Schreiben. Sie war von ihrer Mutter offenbar zum Bleiben bestimmt, denn sie tat im Grunde nichts. Ihre Schwestern heirateten oder ergriffen den Beruf der Lehrerin. In diese Dämmrigkeit drang Carlo Alberto Pasolini, verliebte sich in Susanna, und die Frau mußte ihn heiraten, ob sie wollte oder nicht. In Italien standen die Frauen unter dem Zwang, sich dem Willen eines Anträgers, der verliebt war, zu beugen. Es kam bald heraus, Susanna hatte Carlo Alberto nicht gewollt, und sie wollte weiterhin nicht. Sie verweigerte sich, wann sie nur konnte, drückte so ihr Nichtwollen im nachhinein aus. Der Mann tobte. Mitten in dieser Zerreißprobe wurde Pier Paolo geboren. Die Eltern stritten weiter, walzten Jahrzehnte ihr Nicht-Übereingekommen-Sein vor dem Kinde aus, bis die Mutter mit dem Sohn den Vater verließ.

Gesellschaftliche Schwerfälligkeit, Zieldüsternis und Motivapathie, in denen Frauen stecken, verschwinden manchmal, wenn ein

Kind erscheint. Da sind Frauen plötzlich entschlußfreudig, setzen sich für immer ihren Kindern auf und bleiben. Ihre unterdrückte Sinnlichkeit glimmt katakombisch weiter, bis der Schwelbrand mütterlicher Triebe das Kinder-Ich erstickt hat. Susanna biß sich in ihrem Sohn Pier Paolo fest, schrieb an ihn Liebesgedichte, folgte ihm auf allen seinen Wegen. Er ging direkt aus ihrem Abendmahl in seinen Tod, den sie um etliche Jahre überlebte.

Wie bei der Mutter-Sohn-Verquickung in der Nietzsche-Familie war schon der Vater Pasolinis vom Syndrom angekränkelt. Nach dem Tode seines Vaters (Pier Paolos Großvater) war Carlo Alberto bei seiner Mutter geblieben und hatte sich erst im fortgeschrittenen Alter für die Werbung um Susanna Colussi hochgerissen. Er bekam die Frau nicht, er tat nur so, er mußte hilflos mitansehen, wie sich vor seinen gequälten Sinnen Pier Paolo und Susanna gefühlsvereinigten. Der Sohn erwiderte alsbald die Liebesgedichte der Mutter und schüttete über den Vater Kübel voller Haß. Die Mutter ist in den Versen eine Lerche oder eine Kastanie, der Sohn tanzt mit ihr Walzer.

»Auch ich habe freilich einen langen Weg
im Leib meiner Mutter durchwandert und bin auf diese Erde
wie ein unerforschlicher Barbar ... gekommen.
Ich wurde nicht mit Liebe aufgenommen. Man betrachtete mich
nicht mit Vateraugen ...
Auf mir ruhten Augen von Vätern ...
Sie sind gestorben, begleitet von meinem Fluch, von meiner
Gleichgültigkeit ...«[113]

Wenn Mutter und Vater stritten, wollte der Sohn sterben. Er hätte den Vater in sich aufbauen müssen, konnte es nicht, stand der Mutter näher, zersetzte das Männliche in sich, begab sich auf den Weg seiner langsamen Auflösung.

Pasolini führte ein Leben der Spaltung und der Gewalt. Als er einmal wegen Handanlegens an einen Jungenkörper verurteilt wurde, beschimpfte er nach dem Prozeß am Telefon den Staatsanwalt, nicht weil es unverschämt war, dieses Tun zu bestrafen, und die Strafe ihm, Pasolini, ein Leid antat, sondern weil seine Mutter nach der Verurteilung in Ohnmacht gefallen war.

Als Pasolini mit ihr nach Rom flieht, weil sein Vater »einfach nicht mehr auszuhalten war« und seine »Mutter dabei draufgegangen« wäre, schreibt er einem Freund: »Und jetzt lasse ich sie nicht merken, daß ich mit dem Gedanken an Selbstmord spiele.«[114] Bis in sein vorgeschrittenes Alter bemerkt die Mutter, mit der er fast sein ganzes Leben lang zusammen wohnt und in den Ferien verreist, nicht, was in ihm vorgeht, wie es um ihn steht. Unverbesserlich hartnäckig erhofft sie sich, Wand an Wand mit seiner Bahnhofsbrunst, immer wieder die Übereinkunft ihres Sohnes mit einem heiratsfähigen Mädchen.

Pasolini ekelte sich vor seiner Lust, die er abfällig »die Gewohnheiten« nannte. Er schrieb Herzziehgeschichten zwischen Männern, die er im Ersterben voreinander zeigte, als ob einen Mann zu lieben die Erfindung von Glücklosigkeit sei. Den Männerkörper degradierte er in seiner eigenen Praxis zur verfügbaren Verschleißware und beteuerte, keinen einzigen der Jünglinge geliebt zu haben. Er projizierte seine Zerrissenheit in die Gesellschaft. Er kritisierte nicht die allgegenwärtige Behinderung von Liebe, sondern er war ein Teil von ihr. Er ließ die Behinderung in sich wirken und führte sie mit seinem Wiederholungszwang unbremsbar fort. Nicht der Anflug einer Erkenntnis kam ihm, daß er festgefahren war in der Stagnation seiner Mutter.

Seine Filme »gehen den Bach hinunter«. Die Handlung jagt auf mindestens einen Tod zu. Immer wieder blitzen kleine Folter- und Schlachtszenen auf. Vatersohn Fellinis Filme sind nicht nekrophil. Sie erheben den Zuschauer, locken ihn zum Lachen heraus und öffnen ihn. Ein Fellini-Film ist so angelegt wie eine Blütenkelchentfaltung.

Der rote Faden in Pasolinis Filmen ist, mit einigen Ausnahmen, die Brutalität, die er in seinem Testament, den »120 Tagen von Sodom«, zu einem bösartigen Glaubensbekenntnis stilisiert. Durch diesen Film wird die Brutalität des männergesellschaftlichen Lebens noch verdoppelt statt in ihren Voraussetzungen entlarvt und ihrer Abschaffung der Weg gebahnt. »Die 120 Tage von Sodom« produzierte Pasolini mit dreiundfünfzig Jahren. Er verkehrte den Höhepunkt des Lebens in eine Orgie von Ekel, Qual und Mord. Formell ist der Film eine Folteroperette. Den Ernst des Buches von Marquis de Sade, das Pasolini zu verfilmen vorgab, verhunzte er zum Kitsch. De Sades Angriff auf die sexuell und ökonomisch maßlose Aristokratie setzte er in eine Faschismuskulisse und schuf sich dadurch das Alibi der Kritik an irgendwelchem Gesellschaftlichem, wobei es in Wirklichkeit nur um das Austoben seiner Ratlosigkeit ging. Der Film ist etwas anderes, als Pasolini vorgab. 120 Minuten werden nackte Mädchen und Jungen zerstört, werden vollendete Zeugnisse der Weiblichkeit und Männlichkeit allen erdenklichen, besonders sexuellen, Grausamkeiten ausgesetzt und zum Schluß verbrannt, zerquetscht, stranguliert und zerschnitten. Pasolini nahm Rache an eindeutiger Geschlechtlichkeit. Er weidete sich daran, wie die Blüte Mann und Frau, zu der er in seinem Leben nie ansetzen konnte, besudelt und vernichtet wird. Sein Testament ist die Verkehrung von Wachsen, der Rundumschlag eines Gnoms. Pasolini befahl, eine Permanenz der Qual zu schaffen, und er tat es nicht einmal mit der Kraft der Spiegelung vorhandener sozialer und psychischer Qual. Er inszenierte sie und schaute ihr zu und lockte über das Medium Film andere zum Schauen heran. Wer das sieht, besonders wenn er jung, wenn er Frau und Mann ist, ballt die Faust und bekommt Vergeltungswünsche. Einen Monat nach Beendigung der Arbeit an diesem Film ist Pasolini umgebracht worden. Zu der Tat bekannte sich ein Jugendlicher, Vertreter der Menschen, die Pasolini mit seinen »Gewohnheiten« jahrzehntelang mißbraucht und in seinem letzten Werk gedemütigt hat.

Ähnlich vom Unwissen über das Transportmittel seines Elends gepeinigt war Fassbinder. Frühe Verlassenheit – Scheidung der Eltern in seinem sechsten Lebensjahr, Entschwinden des Vaters, Schlüsselkind, Lebensgemeinschaft mit der Mutter, aus der ihn als

Erwachsener niemand herausreißen konnte. Von seiner Mutter sei er abgebunden, behauptete er. Daß sie seinen Telefondienst übernahm, seine Wäsche besorgte, für seinen Haushalt tätig war, ja teilweise mit ihm oder in unmittelbarer Nähe von ihm wohnte, in fast jedem seiner Filme zu sehen war, hielt er nicht für Bindung – so einfach hat er's sich gemacht.

Während der Fließbandproduktion von Werken hat kaum jemals ein Mann eine größere Perfektion in der Selbstdemontage gezeigt und sie der Öffentlichkeit auch noch als bedeutenden Künstlerlebenslauf untergejubelt. Überall leuchtete Fassbinders Gewalttätigkeit auf, in vielen seiner Filme, in seinem Umgang mit Menschen und mit sich selbst. Vorbereitung und Produktion eines Films war für alle Beteiligten ein Peinigungsroulett. Lief Fassbinder eine Laus über die Leber, verbannte, verwarf, verabscheute er Menschen für immer. Das Auf und Nieder seines Vorgehens, das Heranziehen und Verstoßen von Mitarbeitern, machte aus ihm einen Miniatur-Napoleon. Sozialkritisch und frauenrechtlerisch motiviert, schuf er Filme wie »Acht Stunden sind kein Tag« oder »Effi Briest«, die ihm den Beifall aller bessernden Hälften der Deutschen zutrugen und darüber hinwegtäuschten, daß sein Leben eine Rutschbahn war, die steil abwärts auf seinen Tod in jugendlichem Alter von sechsunddreißig Jahren zulief. Er quälte seinen Organismus mit allen nur erdenklichen Einfuhrmaterialien. Er fraß unbändig, soff, rauchte, als ob er ohne Zigarette das Gleichgewicht verlöre, hängte sich unter einen Pillentrichter: Tabletten am Tage zum Aufrichten, am Abend zum Abschlaffen.

Sich anspannen und entspannen konnte er bald nicht mehr aus sich selbst heraus. An Einschlafen von allein war nicht zu denken. Das Erhellungsmittel Kokain mußte immer öfter seinen allmählich dumpf werdenden Geist künstlich belichten. Er watete durch Filmrollen, keine Ruhe der Gedankenfindung, keine Vorbereitungspräzision, kein Sich-Steigern, Erschöpfung und dann Pause, nein, immer nur Sich-im-Kreise-Drehen und ein Schlechterwerden seiner Produkte. Nicht Reife, sondern Faulen, geistig und körperlich. Seinen zerfallenen Körper hielt er mit Leder eingegrenzt, sein ausgelaugtes Gesicht schützte notdürftig ein Hut.

Fassbinder wurde von Grausamkeit angezogen, hatte Anteil an ihr, wurde in sie verwickelt. Eine Kollegin blieb nach einer Tätlichkeit mit ihm gelähmt. Die beiden Freunde, mit denen er zusammengelebt hatte, begingen Selbstmord. Der eine kam wegen Rauschgifthandels für ihn ins Gefängnis, wo er sich umbrachte. Der andere war Fleischer und hätte sich gern selbständig gemacht. Fassbinder verweigerte ihm jede geldliche Unterstützung – eines Tages lag er in der gemeinsamen Wohnung, tot.

In seinen Werken märte der Filmemacher hochtrabend seine Sehnsucht nach Liebe aus, für die er in seinem Leben keinen Platz hatte, obwohl sie ihm von vielen Menschen zugetragen wurde. »Liebe ist kälter als der Tod« – sein erster Film, »Querelle«, die Geschichte eines Mörders – sein letzter.

Fassbinder war ein Ätzer, bespie eine Weile aus dem Krater seiner Hoffnungslosigkeit die deutsche Nachkriegsgesellschaft, bis er von sich selber verschlungen wurde. Er machte einen Film nach seiner Lebensgrundstimmung: »Despair« (Verzweiflung) – ein Männerwirrwarr zwischen Brunst, Mord und Untergang, ein bißchen Frauenkäse oben draufgestreut. Und weil alles so formschick gemacht war, wurde es für Kunst gehalten.

Eisern gegen andere Menschen und gegen den eigenen Körper, weinerlich in der Seele, der strunkverkümmerten. Wenn Fassbinder in seinen Filmen auftritt und leidet, sein Subkulturmilieu vorführt, zeigt er nur noch Kitsch (»Faustrecht der Freiheit«). »Berlin Alexanderplatz« soll als Monumentalwerk einen Höhepunkt der Schöpferkraft suggerieren. Die Identifikation mit dem Frauenbezwinger Bieberkopf mißglückte. In jedem Teil der Serie wird derselbe Mord an einer Frau repetiert. Einmal die Mutter aus der eigenen Stube und Küche gehoben, und Fassbinder hätte so nicht mehr bildlich gegen Frauen vorzugehen brauchen.

Er war auf dramatische Weise kein Zeitgenosse. Sein Versacken ist vorfreudianisches 19. Jahrhundert. Nietzsche konnte noch nichts für seine Mutterbindung, konnte nicht wissen, woran er litt.

Fassbinder hingegen hätte die Begründung für sein Käfigtigern aus jedem Bücherregal heranziehen können. Zu seiner Zeit war es nicht mehr nötig, mit Kochlöffeln auf den Augen durch die Gegend zu rasen. Er ging aus dem Leim auch in der Selbsteinschätzung, verglich sich mit Marx, Freud und Shakespeare, mit Vatersöhnen, denen er zu gleichen wünschte, wie er in die Haut Bieberkopfs hineinschlüpfen wollte. Dabei gebot er seinem Freund, wenn ihn die Laune zum Neckischen überkam, männliche Telefonanrufer nach den Ausmaßen ihrer Errichtungsfähigkeit zu fragen, die er extrem groß genießen wollte. (Drin-)Haben- oder (Drin-)Sein-Wollen beantwortete Fassbinder eindeutig zugunsten des ersten, zerschnitt einem Freund den Liebeskanal mit einer Rasierklinge, zwang eine Freundin zum Wiederaufessen ihres Erbrochenen, stieg in eine fremde Wohnung ein und enthäufelte sich dort auf Teppichen und Sitzmöbeln ...

Herauszuragen war sein Drang, durchzustoßen sein Wunsch, zu verströmen seine Wehmut. Er machte Eintopf und zerschliß Menschen.

»Ein Jahr mit 13 Monden« und »Der Müll, die Stadt und der Tod« müssen als antisemitisch gekennzeichnet werden. »Der Müll, die Stadt und der Tod« ist ein Männerseelchen-Hausgemachtes, das keine Erregung hervorrufen würde, wenn dort nicht der Begriff »Jude« wieder zum Typus von etwas ausschließlich Negativem benutzt worden wäre. »Der reiche Jude« ist jemand, der außer dieser Bezeichnung keinen Namen hat, im Gegensatz zu allen anderen Personen des Stückes. Er ist auch keine Person, ist ein mit Abfall, Geldhorten und Mord verklebtes Ausgekotztes von Rainer Werner Fassbinders ungenießbarem Selbst.

Am Ende des 20. Jahrhunderts geht es nicht mehr so hochkulturell abendlandträchtig her wie zu Hölderlins, Nietzsches und Rilkes Zeiten. Fassbinder wollte eine Ausnahme sein. Doch sein Werk ist wurmig gegenüber der Strahlkraft und Eindringlichkeit der Arbeiten des Vatersohnes Ingmar Bergmann.

Der ästhetische Eigenbrötler Fernando Arrabal ächzte seinen

Fassbinder

Vatermangel noch mit Paukenschlägen auf Leinwand und Papier. Sein Film »Viva La Muerte« gehört zu den grausamsten Werken der Filmgeschichte. Ein junger Mann sucht nach seinem Vater, dessen Gestalt die Mutter sogar aus den gemeinsamen Fotografien herausgeschnitten hat. Er zeigt diese Suche als extremes Umsich-Schlagen, treibt immer alles bis zum Äußersten; der Zuschauer wird bombardiert mit Ekelhaftem und Schockierendem, mit einem Knäuel aus Schrecken und Lust.

Die Vatertrostlosigkeit des deutschen Gegenwartskulturträgers zieht nur leise durch sein Gemüt. Handkes Migräneliteraturproduktion ebbt ab. Auch er – nur unter Mutter mit späterem Stiefvaterhenkel aufgewachsen – uferte aus zum Kaiser, ließ verlautbaren, er sei der einzige, der in Deutschland heute noch richtige neue Kleider trüge, titulierte sich zum besten Nachkriegsschreiber deutscher Sprache.

Hubert Fichte, der Vaterlose, gab in seinem »Versuch über die Pubertät« noch einmal eine Kostprobe der Ich-Mürbe: »Ich, da steht das Donnerwort, das Zentnerwort, das Echowort, die Lüge.«[115] »Das Ichbewußtsein ist im Reizexperiment noch nicht lokalisierbar. Außer sich selbst sein – das Ich jenseits seines Körpers empfinden, ist ... eine Art Schwindelerscheinung.«[116]

Was bei den Alten die Sehnsucht nach oben war, ist bei den Jungen die Sehnsucht nach außen. Fassbinder faselte von New York, Fichte scherte nach Afrika aus.

Die Aufgabe des Künstlers, sein Ich zum Brennpunkt seiner gesellschaftlichen Verhältnisse zu machen, tut den Ich-Kränkelnden auf die Dauer so weh, daß sie diese Aufgabe eines Tages verraten müssen.

Heiner Müller, der theatralische Blutwühlorgiast, meint, wenn er ausdauernd Quälgeist spielt, wenn er es auf der Bühne stöhnen, schreien und sterben läßt, dann würden die gesellschaftlichen Verhältnisse schon irgendwie zum Vorschein kommen. Sie bleiben in der eitlen sogenannten Avantgarde des Patriarchats-Paukenschlägers versteckt und werden durch Müllers Stücke nicht um ein Fingernagelschwarzes abgeschafft. Es baut die Männergesellschaft auf, wenn Müllers »Hauptimpuls bei der Arbeit die Zerstörung ist«, wenn er wie Nietzsche »anderen Leuten das Spielzeug kaputtmachen« möchte und »an die Notwendigkeit von negativen Impulsen« glaubt, wenn er zugibt, daß er »eine Lust hat an Zerstörung und an Sachen, die kaputtgehen«.[117] Vielleicht nicht nur an Sachen, sondern auch an Personen, die kaputtgehen. Seine Frau brachte sich um.

Botho Strauß betätigt sich als Heteroverweser, läutet das Ende der Mann-Frau-Leiblichkeit ein. Er inszeniert die ekligsten Literaturauftritte von Frauen in deutscher Sprache, macht sie kotzen, schielend seinen Samen schlucken (»Der junge Mann«) und vor ihrem Auszug aus seiner Wohnung in seinem Klosettbecken ihre Scheiße liegenlassen (»Marlenes Zimmer«). Die ausgefransten, stinkenden oberen und unteren Öffnungen der Frauen sind der Horror Strauß' eigener, auf sie verschobenen Löchrigkeit.

Franz Xaver Kroetz ist der seit Brecht auf der ganzen Welt am meisten gespielte deutsche Dramatiker. Seine vierzig Stücke wurden in achtunddreißig Sprachen übersetzt. Vierzig Stücke hatte er verfertigt, als er vierzig geworden war. Und doch konnte der Weltruhm auf ihn nicht wohltuend wirken. »Es ist alles sinnlos, jeder Satz, den du geschrieben hast, ist alles Scheißdreck, es ist alles Schmarrn, jeder Halbsatz vom Autor XY ist viel besser als deine ganzen 40 Theaterstücke zusammen: diese Depressionen habe ich immer. Ich bin immer verwüstet. Irgendwann im Laufe des Tages ist immer der Augenblick, wo ich mir sage: Um Gottes willen, du hast es ja nicht geschafft.« Wenn die Meldung vom Goethe-Institut nicht gekommen wäre – »Es gibt nach Brecht nur mich in der Welt mit für die Goethe-Institute relevanten Zahlen ... Das hält mich aufrecht.« –, hätte er sich »gleich erschießen« können. Er hat Angst, er »fällt in ein Vakuum«, wenn er haltmacht, wenn er seine Stücke jetzt nicht selber inszeniert. Auch hat er »keinen Heimatort mehr. Mein Bauernhof kotzt mich an, ich kann ihn nicht mehr sehen. Und genauso geht es mir mit meiner Arbeit. Also ich bin mit 40 vollkommen ratlos.«[118]

In seinen Stücken oder in seiner Biographie muß nicht lange nach dem Motor seiner Geschwindigkeit, nach dem Born seiner Trostlosigkeit gesucht werden. Kroetz legt sein Offensein offen: »Die zentralen Partner in meinem Leben sind meine Mutter und meine Frau.«[119] Er lebt in seinem Elternhaus und sagt: »Meine Mutter geht bis heute durch alle meine Stücke durch.«[120]

Von der zentralen Teilpartnerschaft wechselte sie zur zentralen Vollpartnerschaft über, nachdem Kroetz sich von seiner Frau getrennt hatte und in einem weiteren Interview seiner Mutterhuldigung und Frauenverachtung noch eins draufgab: »Wenn ich merke, eine Beziehung ist nicht literarisch zu verwerten, mach ich sofort Schluß. Ich weide die Frau aus und schmeiß sie weg ... Ich hab bestimmt schon mit hundert Frauen geschlafen ... Aber die wichtigste Frau in meinem Leben ist meine Mutter.«*

Der japanische Dichter Mishima feuerte seine Werke wie die Geschosse eines Maschinengewehrs auf die Menschheit ab. Als er vierzig wurde, überstieg die Zahl seiner Produkte noch die Zahl seiner Lebensjahre. Nachdem er es auf Papier schon ordentlich rot hatte tropfen lassen, trieb es ihn, auch praktisch Blut zu vergießen. Er stählte spät seinen Leib, scharte wild gewordene Abgehärtete um sich, versuchte, als Phantasieoberst die Japaner nationalistisch aufzuputschen und stieß sich Seit an Seit mit einem Freund auf einem öffentlichen Platz einen Säbel in den Bauch, wofür es in Japan einen mystifizierenden Namen gibt, er machte »Harakiri«. Das formvollendete Dichten hielt ihn nicht davon ab, gegen Ende seines Lebens seinen Hitler aus dem Kimono zu holen.

Was war geschehen? Seine Großmutter, unter der er die ersten zwölf Jahre seiner Kindheit verbrachte, hatte ihm geschmeichelt: »Du kannst mir am besten die Beine massieren!« In der Jünglings-

---

* Konkret, Nr. 1, 1988, S. 46, »Der Musenficker«

Elvis

zeit wurde er von seiner Mutter übernommen, deren Kumpan er bis in seine beginnenden Männertage blieb.

Die Mutterbindung der Männer wirkt sich negativ meist zum überwiegenden Teil auf andere Menschen aus, zu einem geringeren Teil auf die Söhne selbst. Nur selten bleibt der Krampf ausschließlich eine Affäre des eigenen Lebens, wie es die Sirene Elvis Presley vorexerzierte. Er zerfiel, Fassbinder ähnlich, mitten in den hellen Dreißigern. Sein später von Drogen aufgedunsener Leib verriet einen Mangel an Struktur. Die Mutter war innen und außen, oben und unten, vorn und hinten. Elvis' erste Langspielplatte widmete er ihrem Geburtstag. Von seinem ersten Plattenhonorar kaufte er ihr einen rosa Cadillac. Das Erstseelenrecht hatte er ihr immer eingeräumt. Sein Bemühen, mit dem Weiblichen klarzukommen, scheiterte: Ehversuch mit einer Freundin, die er schon acht Jahre lang kannte. Seine Frau verließ ihn, er endete als Sack, starb im gleichen Alter, in dem seine Mutter gestorben war, vielleicht mit dem von ihm überlieferten Satz auf den Lippen: »Meine Mutter ist das beste Mädchen auf der Welt!«

Jesus
und die Wundenmänner

Die Weltgeschichte in der Klammer der christlichen Religion ließ über fast zweitausend Jahre die Menschheit zur Ader, wie es in keiner vergleichbaren Zeitspanne geschah. Nicht Frauen und nicht alle, sondern bestimmte Männer bemäntelten mit dem Christentum ihre Blutrunst ungeheuren Ausmaßes: Millionen Heiden, Millionen Juden, Millionen Frauen (Hexen), Millionen Abweichende (Ketzer), Millionen Indianer, Millionen Andersgläubige wurden umgebracht. Unzählige Angehörige der Fraktionen unter dem Dachverband christliche Kirche – griechisch-russisch Orthodoxe, Katholiken und Protestanten – fielen den jahrhundertelangen Rechtgläubigkeitsstreitereien zum Opfer. Kreuzzüge und im Namen der Religion geführte Kriege mähten Menschen zu Hunderttausenden hin. Die Millionen Tötungen in den beiden großen und den vielen kleinen Kriegen des 20. Jahrhunderts wurden von der Kirche abgesegnet. Die amerikanische Supermacht rüstete – das christliche Glaubensbekenntnis vor sich hertragend – atomar auf, probte den Untergang der Menschheit in Hiroshima und Nagasaki und verminte ihre Einflußhemisphäre zur Vorbereitung des dritten Weltkriegs.

Die »friedlichen« Gewalttaten unter dem Deckmantel des Christentums stehen in ihrem Ausmaß den kriegerischen nicht nach: Unterdrückung der Frauen, Ausbeutung der Bauern, später der Arbeiter, Beschädigung der Kindheiten aller Menschen, Verstümmelung des Geschlechtlichen, Verunstaltung aller Lebensläufe, Verwandlung menschlichen Daseins in Not und Verzweiflung, Vertröstung auf bessere Zeiten in einer Existenz nach dem Tode.

Verdrehung der Tod-Leben-Gegensätze: Leben wird etwas Tödliches, Tod wird als Leben eingeschmeichelt. Die christliche Religion untermauert und überwölbt die Zeit des blutigsten männergesellschaftlichen Geschehens seit Existenz dieser sozialen (Un-)Ordnung.

Allgemein verbreitet ist die Vorstellung, die grausame Entwicklung hätte nichts mit dem Begründer der Religion zu tun. Jesus Christus als historische Figur oder – falls er, wie in neuerer Forschung immer öfter behauptet wird, nicht gelebt hat – als Idee sei unantastbar, gut, rein, lebendig. Der Gang ins Blutvergießen sei die Geschichte einer jahrhundertelangen Verfälschung, zunächst der Schrift, des Neuen Testaments, dann der von ihr abgeleiteten Taten.

Herrschende Gottfiguren sind Resultate von Gesinnungen und Haltungen machthabender Menschen. Es kommt nicht darauf an, ob Jesus so gelebt hat, wie die Bücher des Neuen Testament ihn übermitteln, ob er es nur zum Teil so, ob er ganz jemand anderes oder nur eine erdachte Gestalt war. Wesentlich ist die Konzentration von Tun und Trachten, aus der die Religion gemacht und mit der sie unter Menschen durchgesetzt wurde, woraus auf die Interessen derjenigen Männer geschlossen werden kann, die von sich auf das Allgemeine eines Gottes übertragen haben.

Jesus ist die zentrale Muttersohngestalt der furchterregendsten männlichen Umtriebe. In ihm bündelte sich die Epoche der totalen Herrschaft der Muttersöhne einzigartig. Er gab ihnen jahrhundertelang immer wieder Gelegenheit, ihn zur Leitfigur, zum Ausgangspunkt ihrer Identifikation, ihrer Sinnsuche und Zielsetzung zu machen.

Der biblische Jesus hatte eine enge Mutter- und eine gestörte Vaterbeziehung. Seine leibliche Mutter wurde trotz des vaterkultischen Aufbaus der christlichen Religion als Muttergottes für gottgleich anbetungswürdig gemacht, überwinterte neben der Trinität von »Vater, Sohn und Heiligem Geist« als große Urmuttergöttin. Sie wird bereits vor Jesu Erscheinen privilegiert: Ein Engel verkündet ihr die Geburt ihres Sohnes. Sie tritt gelegentlich im

Gefolge Jesu auf und erlebt sein Sterben am Fuße des Kreuzes. Er bittet sie, sich nach seinem Tod seines Lieblingsjüngers Johannes anzunehmen.

Der Vater Joseph ist Zimmermann, verblaßt als Verlobter Marias oder als Ehemann, der nicht der Erzeuger des Kindes sein soll, verschwindet hinter der Legende von der jungfräulichen Geburt – er ist also nur »Onkel«, entrückt in einer Schutzfunktion, ist kein für Jesus zur Identifikation brauchbarer Mann. Nach dem Baby- und Kleinkindstadium des Sohnes wird Joseph nicht mehr mit selbständigen Aktionen vorgeführt wie mit dem Warntraum, Bethlehem wegen der bevorstehenden Kindestötung zu verlassen und nach Ägypten zu gehen. In der Geschichte des zwölfjährigen Jesus im Tempel suchen noch beide Eltern das Kind, aber nur Maria macht ihrem Sohn Vorwürfe, daß er ihnen Angst eingejagt habe. Daraufhin antwortet er schon mit der Außerkraftsetzung seines irdischen Vaters, mit einer Null-und-nichtig-Erklärung gegen ihn: »Wisset ihr nicht, daß ich sein muß in dem, das meines Vaters ist?«[1]

Jesus ist hervorgegangen aus einer muttersohnproduzierenden Phase der Seßhaftigkeit der alten Juden. Zur Zeit seiner Geburt regierte über Israel der König Herodes, einer der gräßlichsten herrschenden Muttersöhne der Geschichte, der so unsicher war, daß er die Weissagung, aus Bethlehem werde ein großer König hervorgehen, zum Anlaß nahm, dort alle Knaben bis zum fünften Lebensjahr töten zu lassen.

Jesus hat Probleme mit dem Väterlichen gehabt, biblisch zusammengefaßt in der Flüchtigkeit der aufgezeichneten Josephsgestalt und in einem oft an ihm bezeugten Judenhaß. Jesus ist der erste »christliche«, selbst noch jüdische Muttersohn, der die Juden haßt. Die einzige Episode, die ihn gewaltsam tätig zeigt, ist sein Wüten gegen die Händler im Tempel. Der ursprüngliche, vorkapitalistische Handel befriedigt im Güteraustausch menschliche Bedürfnisse. Gottesverehrung hingegen ist etwas Kaltes, menschliche Bedürfnisse Manipulierendes. Der Kult macht das menschliche Leben starr, gibt Ideenkonstruktionen den Vorrang. Jesus haßte die Schriftgelehrten, die angeblich alle alten Sprüche falsch interpretierten, schalt Hohepriester und Pharisäer als Bösewichte und Dümmlinge. Er reizte die Juden bis aufs Blut, indem er ihrer Idee vom Messias als einer Erscheinung des Unfaßlichen zum Trotz sich in seiner fleischlichen Faßlichkeit zum Messias erklärte. Dadurch bedrohte er die Juden mit dem Verlust ihrer Identität und provozierte seine Hinrichtung. Er schuf den Fall Judas, das notwendige Vehikel eines Verräters für seine Hinrichtung. Statt sich selbst seinen Häschern auszuliefern – er lebte ja doch auf seinen Opfertod hin –, benutzte er den Steigbügel eines »bösen Menschen«, von dem er sich als guter noch einmal mehr abheben konnte.

Die Reibereien mit den ideologischen Vätern sind in der Bibel festgehalten, die Schwierigkeiten mit Joseph – vielleicht war er nur sein Stiefvater – ergeben sich aus vielen Details seiner Verhaltensweisen und Vorstellungen. Im Geschäft des Vaters – ob Jesus den Beruf des Zimmermanns erlernt hat, bleibt ungewiß – ist er nicht tätig. Er ist überhaupt nicht *tätig*. Er ist kein Bauer, kein Fischer, kein Hand- oder Geistarbeiter, kein Politiker, kein Künstler, kein Handwerker. Er schreibt nichts auf und ist nicht seßhaft. Er ist ein Wanderer und ein Sager. Er hat das, was er tut, nicht gelernt. Er ist auch kein Priester und kein herkömmlicher oder alternativer Arzt. Er ist Dilettant.

Die wichtigsten Jahre, in denen eine gute Beziehung zum Vater die Männlichkeit des Sohnes festigen müßte, die Jahre zwischen der beginnenden Pubertät und dem reifen Mannesalter, sind bei Jesus ein blinder Fleck. Nach seinem Auftritt als Zwölfjähriger im Tempel steigt er aus der Geschichte aus und erscheint erst wieder als über dreißigjähriger Wanderprediger.

Das Herumirren, Untertauchen, Streunen ist ein wesentliches Muttersohnmerkmal. Napoleon hing von seinem siebzehnten bis zu seinem dreiundzwanzigsten Lebensjahr in Korsika herum. Nach dem Abschluß der Militärakademie und dem Tod des Vaters war er motivlos, ließ sich in korsische Händel verstricken, weilte kurz in Frankreich, kämpfte etwas und verzog sich wieder in Insels und Mutters Schoß. Erst die vaterersetzende Position des Offiziers strukturierte ihn und brachte seinen Laufbahnantriebsmotor in Gang, der prompt aussetzte, als die Schlachten nicht mehr siegreich waren und Niederlagen ihn wieder in den Leerlauf eines Inseldaseins versetzten, zuerst auf Elba, dann, nach einem kleinlaut gestotterten Rückkehrversuch, auf St. Helena.

Über Stalin ist alles im unklaren von dem Augenblick an, als er mit Achtzehn das Priesterseminar verließ, bis zu seinem Wiederauftauchen in der Oktoberrevolution von 1917. Ungefähr zwanzig Jahre – die Mannschmiedezeit – sind in seinem Leben dunkel und widersprüchlich. Jesus soll in Indien gewesen sein, behauptet eine neue Theorie. Hitler vegetierte und dilettierte vor und nach dem Ersten Weltkrieg herum, pendelte zwischen Künstler und Berufsrevolutionär hin und her.

Struktur kommt bei Muttersöhnen von außen. Jesus findet seinen Bezug in seinem persönlichen Verhältnis zum alten jüdischen Gott, den er als seinen eigenen Vater in Beschlag nimmt. Das Wort »Vater«, für Gott verwendet, kommt im Alten Testament nur achtmal vor, im Neuen Testament über hundertmal. Vatersehnsucht, Vaterliebe, Vatersuche sind Qualitäten von Muttersöhnen: Napoleon verehrte den alten europäischen Adel und die Glorie Frankreichs; Stalin pries die kommunistische Partei und die zaristische Zentrierung auf ein Oberhaupt hin, das er später selbst war; Hitler rühmte den preußisch-deutschen Staat. Vatersehnsucht manifestiert sich am deutlichsten in der Selbsterhöhung eines Sohnes als Vater: »Väterchen Stalin«, Führer Hitler, Duce Mussolini, Generalissimo Franco, Kaiser Napoleon. Die Vater-Sohn-Verschmelzung von Jesus und Gott ist so verwirrend, daß kaum einem Gläubigen restlos klar ist: sind die beiden nun getrennt oder vereint, sind sie zwei Teile eines Wesens, zwei Personen oder ein Vorgang? Menschwerdung Gottes, Gottwerdung des Menschen, gekreuzt im Vorgang des Kreuzestodes, der Erfindung ausgedehnter Brutalität, des Zeugnisses zusammengebrochener Männersinnlichkeit. Das Kreuz ist ein altes ägyptisches Symbol für das männliche Geschlecht. Die Römer rissen es aus seiner Bedeutung heraus und verewigten es als Schmerzenszeichen.

Jesus brilliert durch Reden. Er sagt faszinierende Dinge. Genau betrachtet kippt das von ihm verkündete Heil leicht in Unheil um, schon in seinen Worten. Die berühmte Bergpredigt enthüllt seine Zwiespältigkeit: Die Menschen sollten sich nicht um ihr tägliches Brot kümmern, sondern wie Vögel in den Tag hineinleben. Er hat eine falsche Vorstellung von Vögeln, ihr Leben ist ein ununterbrochenes Tun: Nahrungssuche, Nestbau, Revierverteidigung, Selbstschutz, Training der körperlichen Geschicklichkeit, Fortpflanzen, Brüten, Aufzucht und Versorgung der nächsten Generation, Einübung in arteigene Fähigkeiten, Wachsamkeit gegenüber Feinden. Das Tier ruht nur für die Regeneration seiner Kräfte oder, gezwungenermaßen, beim Winterschlaf.

Jesu Mißverhältnis zur Arbeit wird deutlich. Er achtet Anstrengung und Sorge um täglich Brot und Kleidung nicht. Wer gottgefällig ist, dem gibt es der Herr im Schlaf! Das ist der Start zur Reichenschmiere, zur Religion für die Nichtarbeitenden, zum Oberschicht-Christentum, als ob Jesu nachzufolgen tagesfüllend wäre. Seine Geringschätzung der menschlichen Tätigkeit erweist sich in der Geschichte von der Teufelsaustreibung. Jesus treibt einem Besessenen den Teufel aus, und der Teufel fährt in eine Herde von Schweinen, die sich ins Wasser stürzen. Die Schweinehirten sind nicht glücklich über diesen Heilerfolg, bitten Jesus, bei ihnen nicht mehr zu erscheinen. Jesus erleichtert einen Wahnsinnigen vom unreinen Geist und raubt dabei einer Gruppe die Ernährungsgrundlage – von der fünfhundertfachen Schweinetötung abgesehen.

Jesus tritt mit einer unerträglichen Selbstherrlichkeit auf, die immer von der späteren Zeit der gefestigten Religion her gerechtfertigt wird, mit der bestätigenden Unterstellung, er habe als Sohn Gottes gesprochen, sei als Mensch gewordener Gott auf die Erde gekommen. Aus der Gegenwart seiner Zeit betrachtet, erscheint sein Beharren auf Einzigartigkeit bedrohlich: *Ich* bin der Weg! Wer ihn nicht geht, verfällt, macht alles falsch.

Durch seine Mittlerfunktion verfälschte Jesus die Religiosität, erschwerte den Zugang zu Gott. Mit seiner Anmaßung, Stellvertreter Gottes zu sein, zerstörte er das direkte Verhältnis zwischen Mensch und Gott, drängte das Persönliche aus dem Kontakt zur Übersinnlichkeit zurück. Ein Heer von Stellvertretern des Stellvertreters schob sich vor die Verbindung Gott – Mensch. Deshalb wurde die christliche Religion so rasch steril, verkam der sogenannte Gottesdienst zum Mummenschanz.

Daß Jesus der Schöpfer einer Todes- und nicht einer Lebensreligion war, kommt am deutlichsten in seiner Opferhaltung zum Ausdruck. Durch Sterben, Sich-Aufgeben, Sich-Opfern wird nicht erlöst. Eine Erlösungsreligion ist keine Erlösungsreligion, wenn im Zuge ihrer Verbreitung auch nur *ein* Mensch eines gewaltsamen Todes stirbt, und sei es ihr Gründer. Durch die christliche Religion sind mehr Menschen gewaltsam zu Tode gekommen als durch jedes andere Glaubensbekenntnis. Der Erlösungsgedanke ist eine Eigenart von Muttersöhnen. Sie selber wollen erlöst werden von ihrem gespaltenen Zustand. Es verlangt sie dramatisch nach Heil(ung). Sie treten aber als Heilbringer auf, stiften anfänglich auch etwas Heil. Doch während sie weiter wirken, schlägt das Heil in Unheil um.

Der Opferkult ist die Gesinnung von Mannfrauverlorenen. Jesus war weder Mann noch Frau. Er bezog sich nicht, er gruppierte Menschen um sich, vor allem Männer, die Jünger. Er polsterte sich mit Jasagern, Auftriebgebern. Als Frau hätte er sich nicht geopfert, denn das Schlachten und Sich-schlachten-Lassen ist ein Männerritus. Als Mann hätte er Widerstand geleistet. Jesus ist eine Wunde. Das Zeitalter verehrt in ihm einen vaginalen Mann. Die Öffnung ist ihm hochgezogen zu seiner rechten Seite, gestochen durch den Speer eines römischen Soldaten. Neben der großen Blutscheide hat er noch vier kleine Löcher, an Füßen und Händen je eines – von den Nägeln, mit denen er an das Kreuz geschlagen wurde. Fünf Schmerzensstellen, fünf Öffnungen – die fünf Lustzentren des Menschen verkehrten sich unter dem Christentum in Zentren der Qual. Verkehrung ist das unheimliche

Unheil allen Muttersohnunterfangens. Frohe Botschaft – und plötzlich ist die Welt umgepreßt von Lust in Schmerz. Die fünf sinnlichen Zonen des Körpers sind Stellen der Verbindung, der Hergabe von Flüssigkeiten und Ausscheidungen, der Aufnahme von fremden Körperteilen, sind die Produktions- und Reproduktionsörtlichkeiten im Lebenskreislauf. Die fünf Wundmale der Kreuzigung markieren Erstarrung. Zum Leben geht es von dort aus nicht weiter, auch nicht zum ewigen.

Die atemberaubendste Ungeheuerlichkeit ist Jesu – oder das ihm unterstellte – Drohen mit Hölle, ewiger Verdammnis und Jüngstem Gericht, das Verheißen der Auferstehung und des ewigen Lebens. Seine Mutter- und Vaterstörungen kommen in diesen Allmachtsbildern einzigartig zum Ausdruck.

Hölle ist Höhle, Mutterschoß, Bauch, blutiges Innen, Gedärm, erdverschüttet-dunkles Unten – gröbstes Entsetzen für Muttergebundene, dort sein zu müssen, festgelegt als leiblose Schattenexistenz, Alptraum vom tausendjährigen Braten in Palmin, Mutterfettträsten, für immer Wegsacken in identitätsloser Unstruktur.

Auferstehung, Gericht, das heißt Standarte, Sieg, Erklimmen des höchsten Gipfels, glühende Spannkraft, Aufrichten, Fanal-Phall, der ganzen Welt beizukommen, den Menschen heimzuleuchten mit dem Bannstrahl über Gut und Böse, »die Lebendigen und die Toten«. Keine Möglichkeit für die Verurteilten, noch etwas am Entscheid zu drehen. Nein, endgültig Himmel oder Hölle, vom Vater auserwählt oder zur Mutter verdammt.

Jesu vermeintlich vollkommen Gutes im Diesseits schlägt um in ein fundamental Böses im Jenseits. Wer richtet, liebt nicht. Und was für ein Gericht, ohne spätere Amnestie! Für immer sollen die Menschen erhoben oder versunken sein. Die Hölligen haben keinen Gnadenakt zu erwarten, können niemals Freilassung von der ewigen Verdammnis erhoffen. Dies alles sind Wunschvorstellungen der männlich-menschlich Nicht-Gewordenen, die die Welt spalten wollen in Oben und Unten, Gut und Böse, Männlich und Weiblich. Mit dem Gedanken vom Jüngsten Gericht erreicht Jesus den Zenit seiner Unmenschlichkeit, von dem aus es bei seinen Nachfahren unaufhaltsam abwärtsging. Für die beängstigten Menschenherzen blieb es unklar, ob sie nach ihrem Tod erlöst oder verdammt werden. »Wer Jude ist, bestimme ich!« blähte sich Hermann Göring auf.

Die Ausgrenzung auch des größten Verbrechers wäre das falsche Therapieverfahren. Hitler, als Mensch ein Versuch, hat seine Heilung (Erlösung) verdient wie Jesus. Zwischen diesen beiden scheinbar so verschiedenen Gestalten spult sich das komplette Untergangsprogramm der Menschheit ab. Am Anfang steht die absolut gute Gestalt, am Ende agiert die extrem böse. Beide haben die gleiche Wurzel – die Jungfrauenmutter.

Das Prinzip, auf dem die zweitausendjährige christliche Kultur errichtet wurde, spiegelt das gesellschaftliche Verfahren der Fraueneinäscherung wider. Jungfrauenmutter heißt Bindungsmutter, brütet Muttersohn aus. Die »reine Magd« ist gesellschaftlich und geschlechtlich nicht tätig, wird Dauerbraut des Sohnes. Die christliche Religion ist eine Hausfrauenreligion. Die mutteridentifizierten Söhne erheben das unter ihren Jungfrauenmüttern gelernte Verzichten, Sich-Aufgeben, Opfern zum gesellschaftsbestimmenden Glaubensbekenntnis. Sie schließen sich zusammen zu einem Verband der Rockschößenonkels. Die Kleidung der Kirchenbestreiter verrät ihr Dazwischen-Hängen, ihre Ungeschlechtlichkeit. Tücher über nichts.

Es gibt in der Kirchengeschichte eine Legende, die mehrere Jahrhunderte lang geglaubt wurde. Ob etwas Wahres daran ist oder nicht, ihre Überlieferung enthüllt das unbewältigte Verhältnis der christlichen Muttersöhne zu den Frauen. Im 9. Jahrhundert war ein Mädchen als Junge erzogen worden, in ein Priesterseminar eingetreten und in der Glaubenshierarchie bis zum Papst – zur »Päpstin Johanna« – aufgestiegen. Ihr Verhältnis mit ihrem Sekretär hatte Folgen. Bei den Inthronisationsfeierlichkeiten erlebte sie, daß sie sich in einer wesentlichen Fähigkeit von ihrem Männerumfeld unterschied. Als die Vertreter der Hierarchie es bemerkten – das Kind soll während des Inthronisationsmarsches geboren worden sein –, haben sie die Frau auf dem Papstthron sofort gemeu-

Wojtyla mit Bischöfen

chelt. Anschließend wurde ein Loch in den Krönungsstuhl geschnitten. Und von nun an mußte jemand dem Papst, wenn er sich zum erstenmal auf den Thron setzte, unter die Röcke zwischen die Beine schauen und feststellen, ob er eine Nicht-Frau war. Denn körperlich müssen die Kirchenvorsteher Männer sein, im Gebaren sind sie es nicht. Der Vatikan – ein Ort, an dem noch heute die Erfindung des Nichtfickens zu spüren ist.

Die Abwehrhaltung der Kirchensöhne gegenüber der Frau, gegenüber dem, was sie ist und was sie kann, und die daraus resultierende bedingungslose sexuelle und soziale Knechtschaft der Frau stehen in schroffem Widerspruch zum Halbfrausein der Nachfahren Jesu. Ein Muttersohn haßt Frauen, weil jede echte mit seiner kruden Scheinweiblichkeit zusammenstößt. In der Nähe von Frauen kommt heraus, daß er ein Nichts ist, daß er nur Reste verschrumpelter Frauenleiblichkeit an sich hängen hat. Symbole verraten die Kopierversuche der Kirchensöhne. Die Priester lassen sich am Hinterkopf ein Loch in das Haar schneiden, die sogenannte Tonsur; die Bischöfe tragen bei feierlichen Gelegenheiten einen hochaufgerichteten Hut, der in einer geöffneten Scheide mündet: Sie haben eine erigierte Vagina auf dem Haupt. Phänomene des Glaubens und des Kults sind gezeichnet von Sinngehalten abgesprengter Weiblichkeit. Die Stigmatisation, das Auftreten der Wundmale, ist eine Art weiblicher Übertragungsvorgang. Durch ein ohne Berührung geschehendes Sich-Öffnen erscheinen die fünf Wunden Jesu am Körper des Empfangenden. Das Blut des Herrn fließt Sonntag für Sonntag. Blut fließt gemeinhin nur bei Frauen. Da Jesus Wunden hat, kann auch er fließen. Zugleich übernimmt sein Leib eine männliche Bedeutung, wenn er, zur Hostie geschrumpft, den Gläubigen eingeführt wird.

Die christliche Religion unterscheidet sich von verwandten Religionen, der jüdischen und der islamischen, dadurch, daß sie auch gegen das Männliche wütet. Israeliten und Mohammedaner praktizieren Feindschaft nur gegenüber Fremden, die Christen haben das größte und ausdauerndste Selbstzerfleischungsspektakel inszeniert. Da die Kirche ein Sammelbecken unaufhörlich nachrutschenden Eunuchentums ist, gerät jede Präzision, Kontur, Ausgestaltung, Eindeutigkeit unter Acht und Bann: Die in ihrer Tradition stabilisierten Juden werden verfolgt, erneuerndes Wissen wird bekämpft, das selbständige Frauentum ist kaputtgemacht worden, die profilierte Lust muß abgeschafft werden. Die kirchliche Sexualethik läßt keinen Zweifel: Die Kennzeichen begehrendaktiver Weiblichkeit und Männlichkeit sind verpönt. Eindringen können die Ungewordenen nicht. Aufnehmen dürfen sie nicht.

Das Kaulquappenwesen der kirchlichen Muttersöhne spann das Dogma von der unbefleckten Empfängnis. An Unbefleckheit hat nur jemand ein Interesse, der selber keine Flecken machen kann. Das leiblich zeugende Geschehen muß für diese Söhne eine so infame Provokation gewesen sein, daß sie die Herkunft ihres Obersten aus einem nichtleiblichen Zeugungsakt phantasierten. Bei der Erfindung der jungfräulichen Empfängnis blieb der »passive« Anteil der Weiblichkeit unangetastet. Der aktive Anteil wurde gestrichen und die gesamte männliche Mitwirkung eliminiert. Die christliche Männergesellschaft machte die Verväterlichung, die Konzentration auf den Vater, Führer, Herrn und Gott, ideologisch total. Demgegenüber setzte sie alles, was mit der organischen Väterlichkeit zusammenhängt, bei ihrer Gottheit außer Kraft.

Die Jungfrauensöhne litten unter phallischer Schwäche und ertrugen nicht, daß ihr Gott aus einem Akt des von ihnen verfemten Körperteils zustande gekommen war. Hatte Jesus keinen leiblichen Vater gehabt, konnten sie ihren Vatermangel besser hinnehmen. Jesu Mutteridentifikation wurde durch den Glauben an seine ungeschlechtliche Entstehung untermauert, seine Vaterlosigkeit mit dem Wahn von der jungfräulichen Empfängnis grotesk verfestigt. Diese Idee ist das Intimste, womit Muttersöhne sich entlarvten.

Für Menschen aus Fleisch und Blut wurde sie zum schneidendsten Keuschheitsgürtel, der Frauen und Männern je umgelegt worden ist. Die machthabenden Muttersöhne hätten das Geschlechtsineinander abgeschafft, wenn die Zeugung auch durch Zunge zum Fenster möglich gewesen wäre. Sie schränkten das hitzige Steckspiel auf die Befruchtung ein und brüsteten sich mit »Entsagen«. Aber die, die »Entsagen« predigten, hatten selbst nicht das, wovon sie anderen abzulassen befahlen. Entsagen ist nur für diejenigen süß, die die Wonne des »Sagens« nicht kennen.

Buddhas göttlicher Vater war ein Elefant, das größte unter den Tieren und ein männliches. Der christliche zeugende Rest, der Heilige Geist, ist ein Neutrum, Projektion der irdischen Neutren. Das Zeichen der Taube deutet darauf hin, daß er das Rudiment einer im Heidnischen ursprünglich als weiblich geltenden Gottheit ist. Jesus, Sohn der Söhne, entstand demnach durch eine Art Zellteilung, eine Fortpflanzung nur aus dem Weiblichen. Seine Sehnsucht nach Männlichkeit muß gigantisch gewesen sein, vergleichbar dem jahrmilliardenlangen Sich-Verzehren der »vegetierenden« pflanzlichen Weiblichkeit, bis sich die Natur den Auftritt des Männlichen ausdachte, das im Phänomen der Muttersöhne wieder abgeschafft wird.

Ihr Vaterminus wollten die Muttersöhne mit der christlichen Mythe an der Menschheit rächen. Rache ist ein unmännliches Verhalten, nicht offener Kampf, sondern ein heimtückisches Agieren. Jesu Jüngstes Gericht, die größte Rache der Weltgeschichte, setzt den Schlußakt muttersohnhaften Gebarens.

Die Erziehung zum Mann, die die altpatriarchalischen Völker mit der Knaben-Männer-Liebe betreiben, war in der jüdischen und am entschiedensten in der christlichen Religion verboten. Die Muttersohnprägung hat überhaupt nur einen Sinn, wenn die Identifikation mit dem Weiblichen in der Jugend des Mannes ausgelebt werden kann. Hethiter, Etrusker, Kelten, Babylonier, Perser, Inder, Griechen sperrten die Frau bereits in der statischen Rolle als Hausmensch ein. Doch hielten sie die daraus resultierende Grausamkeit ihrer Söhne in Grenzen, indem sie die Wunde der Jünglinge schlossen durch leibliche Liebesverhältnisse zu erwachsenen Männern. Griechenland ist die Umbruchstätte: letzte Kraftfrauengottheiten, beginnende Verkümmerung zum Hausfrauendasein, Entstehen des Muttersohnsyndroms, Balancieren der männlichen Blutrunst in Mann-Jünglings-Beziehungen.

Die herumfuhrwerkenden griechischen Helden sind schon vaterverloren und muttergeankert. Zu oft verschwinden die Väter in Kriegen.

Die üppigste Muskelgestalt, Herakles, der Raser, Wuchter, Stemmer, Sohn der Alkmene und des Zeus, gottgleich überwältigend, ist bereits durch seine Mutterbindung angekränkelt. Wo ein Gott der Vater sein soll, wie bei Jesus und Herakles, ist die menschliche Vaterschaft wacklig. Daß Herakles ein Vorläufer der christlichen Nachthemdväter ist, kommt in seinem Tod zum Ausdruck. Die Art des Sterbens sagt etwas über das vorangegangene Leben. Herakles stirbt im Hemd. Es ist das Eifersuchtsgewebe seiner Frau, übergezogen und mit magischen Tropfen vom Blut des getöteten Kentauren benetzt. Kaum hat Herakles das Hemd am Leibe, brennt es sich unter überwältigenden Qualen des Helden in seine Haut hinein. Er stirbt unrühmlich, weibisch, durch eine Frau, in Eifersuchtshändel verstrickt, am Zerschmelzen seiner Haut, dem Abgrenzungsorgan.

Das erste Volk, bei dem maßlose Grausamkeit beobachtet werden kann, sind die Römer. Männerrolle und Frauenrolle sind extrem auseinandergefallen. Weltreicherrichtende und -erhaltende Männer, im Mutterland zurückgebliebene, am Herd sitzende Frauen. Die Abwesenheit der Väter wird zum Prinzip für das Aufwachsen der Söhne. In Rom treten Männer wie Hitler und Stalin als Massenerscheinung hervor, Männer, die nicht mehr um einer Sache willen töten, sondern die an dauerndem Blutvergießen interessiert sind. Bei Sueton ist nachzulesen, daß das grausame Verhalten von Nero und Caligula im Zusammenhang stehe mit der Abwesenheit der Väter und der Anwesenheit überwältigender, in mannigfachen gesellschaftlichen Behinderungen und Eingeschränktheiten rotierender Mütter. Augustus, ein unter Männern aufgewachsener Kaiser, ist nicht grausam. Männlichkeit wird in Rom immer mehr zum Verwunden mißbraucht. Die Speere sollen sich am Limes recken, das tausendjährige Reich über seinen tausend Kilometer langen Wall abstecken. Und die Gegner im Innern werden mit dem langsamen Kreuzestod gefoltert.

Seit Rom lebt die Männergesellschaft nicht mehr im Patriarchat, unter der Herrschaft der Väter, sondern im Filiarchat, unter der Herrschaft der (Mutter-)Söhne. Dieses Filiarchat hat später das Christentum mit einer auch in Rom nicht gekannten Perfektion ausgebaut. Die christliche Kirche ist eine einzigartige Muttersohn-Erneuerungsbewegung und kann sich deshalb bravourös am Leben erhalten. Solange es Hausfrauen gibt, wird es die christliche Kirche geben. Weder Erbrecht noch Klassenzugehörigkeit, Nationalität oder berufliche Tüchtigkeit füllen die Reihen der Konservierer und Auslöscher beständig auf. Es ist der extreme Mutterbindungseffekt, der sich darin äußert, nicht arbeiten zu wollen und nicht lieben zu können.

Mit Vaterbegriffen – allem voran dem »Papst« = »Vater« – werden die Gläubigen über die nie reifende Sohnschaft hinweggetäuscht. Wer kirchenbeherrschendes Mitglied – eher Mitscheide – werden will, muß sich als Neutrum ausweisen.

Heiliggesprochen wird, wem Wunden klaffen – die Geschichte der Heiligen ist eine Tradition des Fleischaufreißens. Wundenmänner und manchmal auch »Wundenfrauen« ließen sich stechen, zerschneiden, köpfen, rädern, pfählen, hängen und rösten.

Die Kirche selbst ist eine große Wunde, die zwischen Sagen und Tun auseinanderklafft. Sie predigt Frieden: Liebe deinen Nächsten wie dich selbst, liebet eure Feinde – und es ist Krieg am laufenden Band. Die Feinde werden immer bis aufs Blut gepeinigt und vernichtet. Und die Selbstliebe der Menschen wird von Kindheit an unterminiert. Die Tendenz des Glaubens ist rückwärts gerichtet, die Zeremonien sind für Jahrtausende festgelegt worden. Die katholische Kirche hat erst vierhundert Jahre nach der Entdeckung, daß die Erde sich um die Sonne dreht, dieses Faktum offiziell bestätigt. Papst Johannes Paul II. bannt Abtreibung, Pille, voreheliche und gleichgeschlechtliche Betätigungen, ja sogar Selbstbefriedigung.

Eine bevorzugte Spezialität der christlichen Muttersöhne ist das Missionarsunwesen. Es geht von Jesus Christus aus. Sein Weg sei der einzige, und in alle Welt sollten die Jünger seine Ideen tragen.

Ausdehnungsvorläufer sind die Römer, die ein Soldaten-Weltreich errichteten. Die Christen haben das In-aller-Welt-sein-Wollen nahezu total verwirklicht. Daß das Übersinnliche für alle Menschen in einer einzigen Person, in Jesus, repräsentiert sein soll, heißt: Gott töten, denn Gott ist ein Prinzip der Vielfalt. Die durchgesetzte Verbreitung der christlichen Version des jüdischen Gottes hat den Untergang des Verhältnisses zwischen Mensch und Gott in die Wege geleitet.

Schon die alten Israeliten haben mit dem Totalitätsspuk begonnen. Auch das Alte Testament ist ein Spiegel muttersohnseelischer Verzerrung, Zeugnis einer Mischung aus Wartereligion und Rundumschlag, eines verlorenen Passiv-Aktiv-Gleichgewichts. Die alten Israeliten zerstörten das gute Nachbarschaftseinvernehmen. Die Geschichte ihrer früheren Seßhaftigkeit ist eine Kette von Greueln. Es beginnt schon mit der Schöpfung und Vertreibung – schwer verständliches Auf und Ab, unheimliche Wechselbäder eines launenhaften Allmächtigen, der die Menschen für immer aus dem Paradies treibt und sie mit ewiger Sehnsucht nach Erlösung aus dem Schlamassel zurückläßt.

Die orthodoxen Juden stellen während ihres Passahfestes einen zusätzlichen Stuhl an den Tisch und legen ein Gedeck auf für den Fall, daß der Messias kommt. Das ist Hausfrauenlogik: ständig auf die Wiederkehr des ausgezogenen Gatten vorbereitet zu sein. Die männergesellschaftliche Welt wimmelt von abgehauenen Männern und wartenden Frauen. Die berühmtesten Vertreterinnen sind Penelope und Klytaimnestra. Zwanzig Jahre blieben sie »daheim«. Und wehe, Frau und Haus und Kind sind nicht zum Empfang des plötzlich wiederkehrenden alten Gemahls bereit. Bei Penelope geht das Warten gut aus. Sie hat alle Freier abgewiesen und empfängt ihren Gatten Odysseus »rein«. Klytaimnestra wehrt sich, indem sie ihren Mann Agamemnon von ihrem Freund Aigist erschlagen läßt. Sie zieht ihre Kinder in den Konflikt mit hinein. Ihre Tochter Elektra stagniert im Schmieden von Racheplänen gegen die Mutter. Ihr Sohn Orest tötet sie und ihren Geliebten und wird nach der Tat wahnsinnig.

Der weitverehrte jüdische König David ist ein Vorläufer späterer Totalvernichter. Unter seiner Herrschaft werden alle Nachbarvölker ausgerottet, nicht nur die Heere geschlagen, nein: auch »Weib und Kind« getötet. Am traurigsten ist die Auslöschung der Philister. Sie haben David in seiner Jugend beschützt, als er von König Saul verfolgt wurde. Dankbarkeit kennen Muttersöhne nicht, nur Prinzipien. David, der Jüngste seiner Mutter, ist vaterlüstern wie Jesus. Er scharwenzelt um Saul herum, schont ihn, als er ihn in seiner Gewalt hat, und erschlägt später den Boten, der ihm von Sauls Tod berichtet, läßt den Ehemann einer von ihm begehrten Frau umbringen, damit er die Witwe heiraten kann.

Das Menschenzerreibende ist die Überkraft der Muttersöhne. David tötet als Jüngling Goliath, den stärksten Mann der Philister, einen Riesen. Er tut es mit einer aus dem Rahmen fallenden Technik, einer Steinschleuder, gezielt in die vom Helm gelassene Lücke zwischen den Augen. Muttersöhne verblüffen durch Grenzüberschreitung. Allein dadurch inszenieren sie sich als Gott. Das Unmögliche wird erreicht durch Ungewöhnliches. Empfindsamkeit verwandelt sich in den Stahl der Unerbittlichkeit. David ist auch Künstler, verewigt sich, wie Orpheus, singend mit der Harfe. Und alle Nachbarvölker tot, zum Ruhme Gottes, einer von Muttersöhnen nicht begriffenen Vaterschaft, eines Herren, dem sie sich lebenslänglich anerbieten müssen.

Als die Juden wanderten, waren Vater und Mutter wieder zusammen und schufen den einzigen klaren Friedenssohn, den die männergesellschaftliche Welt je gesehen hat, der gehaßt wurde von allen territorial gezüchteten Muttersöhnen.

Auch Jesus trug in sich Keime des Furchterregenden, war mit sogenannten überirdischen Kräften ausgestattet und gab den Befehl zur größten Ausdehnung, die je eine Muttersohn-Unstruktur den Menschen zugemutet hat. Mit der christlichen Religion exerzierte er das fulminanteste Aus-den-Fugen-Gehen vor, das jemals von einem Entgrenzer in Gang gesetzt wurde. Am Anfang war das Christentum eine römische Protestreligion, dann stieg es auf zum Staatsträger des niedergehenden Kaiserreichs und endete als

Verfolgungsungeheuer, das alles Eigenständige, das ihm in den Weg trat, auffraß.

Stalin etablierte sich als Stabilisator zwischen Zarentum und Ideenkommunismus. Napoleon klammerte Königtum und Revolution in seinem Kaiserreich zusammen und festigte Frankreichs unsicher gewordene Position gegenüber den Nachbarstaaten. Hitler richtete das durch den Ersten Weltkrieg gebrochene Selbstbewußtsein der Deutschen wieder auf, sanierte die Wirtschaft. Und als die Massen aufatmeten, weich geworden waren vor Begeisterung, den »Führern« bedingungslos nachfolgten, wurden sie umgeleitet auf die Talfahrt in den Untergang.

Der in den Evangelien überlieferte Jesus ist eine Konstruktion des Römischen Reiches. Die vier Apostel, die ihn bezeugten oder erschufen, schrieben frühestens in der zweiten Hälfte des ersten Jahrhunderts. Sie waren Angehörige einer vorderasiatischen Sekte und mixten ihre Eindrücke oder ihren Glauben mit Essenzen des Alten Testaments zum Neuen Testament, das noch über Jahrhunderte von römisch-griechischen correctores umgeschrieben wurde. Jesu Lebens- und Verewigungsgeschichte spielte und begann in einer der grausamsten Epochen des römischen Kaiserreiches, die beherrscht wurde von vier Muttersöhnen: Tiberius (14–37), Caligula (37–41), Claudius (41–54) und Nero (54–68). Die Väter der Cäsaren waren kaum anwesend und starben im ersten Lebensjahrzehnt der Söhne, die bei Müttern, Tanten, Groß- und Urgroßmüttern aufwuchsen.

Jesus, als zentraler Antipode zu den Schlächtern gedacht, mißriet zu einem Zeugen des Weltreichs, dessen unangenehmstes Oberhaupt Nero war. Jesu Selbsterhöhung, sein Universalitätsanspruch und sein Menscheneinstampfplatz »Hölle« stehen in Beziehung zu den ins Groteske ausartenden Taten Neros.

Neros Vater starb, als der Sohn drei Jahre alt war. Seine Kindheit und Jugend verbrachte er bei der Mutter und, nach deren Verbannung, bei einer Tante. Er trug ein Schlangenmedaillon am rechten Arm, weil seine Mutter es ihm geraten hatte. Er legte in einem Prozeß falsches Zeugnis ab, um ihr bei der Vernichtung einer Feindin zu helfen. Als Kaiser behandelte er sie in seinen ersten Amtshandlungen – er war siebzehn – wie eine Mitregentin. Er übergab ihr die »Oberaufsicht über alle privaten und öffentlichen Angelegenheiten. Am ersten Tag seiner Regierung gab er auch dem wachhabenden Tribun als Losung ›Die beste Mutter‹ und ließ sich in der Folgezeit häufig mit ihr zusammen in der gleichen Sänfte durchs Publikum tragen.«[2]

Er war empfindsam und künstlerisch tätig, wirkte als Sänger in unzähligen Aufführungen mit. Als eine übergewaltige, Schrecken einjagende Jünglingsgestalt regierte Nero von seinem siebzehnten bis zu seinem zweiunddreißigsten Lebensjahr. Er veranstaltete jüngste Gerichte, war darin Hitler und Stalin gleich. Die Frauen zerglommen in seiner Nähe. Er rottete seine gesamte engere und entferntere Familie aus, so daß sich nach seinem Ende drei Kaiser in einem Jahr erschöpften, weil keiner von ihnen das hinterlassene Chaos in den Griff bekam. Er warf das Geld für hirnverbrannte Unternehmungen hinaus und trieb es von den ihm unterworfenen Völkern mit üblen Machenschaften wieder ein. Er baute gigantomanisch, ließ sich einen Palast von riesigen Ausmaßen errichten, in dem es technische Schikanen mit noch heute als irrwitzig geltenden Erfindungen gegeben haben muß. Er zündete Rom an, berauschte sich beim Anblick des Feuers. Es bereitete ihm Lust, Hinrichtungen und Folterungen zuzuschauen. Sein geschlechtliches Leben war ebenso wie sein politisches ein Schlachtplatz. Er setzte seinen Körper allen erdenklichen Traktierungen aus, um ihm extreme Sinnenreize zu entlocken. Er konnte nicht allein sein, sich in nichts beschränken. Nach fünfmaligem Anlauf gelang es ihm, seine Mutter zu töten. Dann gab es kein Halten mehr. Er wurde von Wahnanfällen und Alpträumen heimgesucht, torkelte auf seinen Untergang zu. Das Reich begann zu meutern. Er wurde schließlich zum Selbstmord gezwungen.

Schon kurz nachdem er die Regierung angetreten hatte, war kein Mensch mehr seines Lebens sicher. Wie später Stalin verfolgte er alles, was ihm in die Quere kam; er betätigte sich auch selber beim Töten. In dieser Zeit hatten die Potentaten noch ihren

Spaß an direkter Grausamkeit. Er wollte sich – darin Napoleon ähnlich – verbannen lassen, Statthalter in Ägypten werden. Er lechzte nach Unsterblichkeit, ewigem Ruhm. Er brüstete sich, zu singen wie Apoll, die Wagen zu lenken wie Helios und kämpfen zu können wie Herakles. Er stampfte Religionen nieder, riß Götterstatuen ein. Nur an ihn galt es zu glauben. Er gab sich als den Einzigen aus. Alles wollte er neronifizieren. Der April sollte Neroneus, Rom sollte Neropolis heißen.

Nero zeigte im Entwurf, was Jesus und Nachfolgern dann in zweitausendjähriger Perfektion gelang. Die ich-angekränkelten, mutterverbundenen, erdabgetrennten Männer erklärten sich zum Fels der Einzigartigkeit und der Wahrheit, an dem die übrige Welt zu zerschellen hatte. An Nero zerschellten einige tausend Menschen, an Jesus Hunderte von Millionen. Die Entgrenzung, mit der seine Gestalt begonnen hat, weitet sich zum Untergang aller aus.

Ein bedeutender Vorläufer der römischen und neuzeitlichen Blutmänner ist Alexander der »Große«. Mutternah und vaterfern aufgewachsen, pumpte er das kleine, in seiner Jugend von seinem Vater Philipp übernommene Makedonien um etwa das Fünfzigfache auf. Kaum König geworden, zog er los und verbrachte die gesamte Zeit seiner Herrschaft – bis zu seinem Tode im Alter von Zweiunddreißig – auf Tour. Zwölf Jahre lang – wie Hitler – vergrößerte er sein Reich, stieß an China an, hob alle auf seiner Route ihm entgegengetretenen Herrscher aus ihren Thronen und errichtete sich selbst zum jeweiligen Obermohr. Anfangs waren seine Soldaten, einfache makedonische Bauern und Hirten, begeistert gewesen; sie dachten sich, es sei gut, mehr Land zu besitzen, bis sie eines Jahres bemerkten, daß der Feldzug nie enden sollte. Es gab kein Umkehren mehr. Der Krieg war permanent geworden. Fremde Kulturen und Reiche wurden durcheinandergebracht, Königstöchter mit den Heeresobersten verheiratet und wieder verlassen, neue Städte gegründet, über alle Taten ein kulturelles Glanzzelt gewölbt, unter dem der nie versickernde Blutstrom floß. Wäre Alexander nicht seinem Fieber erlegen, er hätte noch jahrzehntelang so weitergemacht. Es gab kein Ziel, die Unruhe war das Prinzip, die Ausdehnung das Bestreben.

Jesu Grundideen sind für den einzelnen unbrauchbar und für die Gemeinschaft gefährlich:

»Liebe deinen Nächsten wie dich selbst« ist im täglichen Leben nicht durchführbar. Es gibt so viele Gefühle zwischen Menschen, die es einem ausgeschlossen machen, alle Nächsten wie sich selbst zu lieben, auch nur zu achten oder zu mögen.

Sich von Besitz und Herkunft zu trennen klingt gut. Das kann ein Mensch aber nur, wenn er wie Jesus umherzieht und mit einem Lebenskonzept gepolstert ist. Die Verbindung zur Familie abzureißen ist erst möglich, wenn ein Mensch sich neue Kollektive und Bezugspersonen geschaffen hat, die ihm eine seelische Einbettung erlauben. Für Kinder sind zehn bis zwanzig Jahre lang eine stabile Erwachsenengemeinschaft, bleibende Orte, ja sogar besessene (besetzte) Gegenstände – eine sogenannte Heimat – lebensnotwendig. Jesus schloß immer von sich auf andere. Er mischte in seine Lehren Rezepte von Verhaltensweisen alter nomadisierender Völker, die für die seßhaften nicht mehr nutzbar waren. Wer unbezogen ist wie Jesus, kann seine Affekte auf alle Nächsten versprühen. Wer ohne Arbeit und ohne Kinder lebt, kann sich von Eigentum trennen und auf einen Heimatort verzichten. Wer Einsiedler oder Guru ist, benötigt Vater und Mutter nicht mehr. Doch Jesus selber trennte sich von Maria, seiner Mutter, nicht wirklich, da sie am Fuße des Kreuzes sein Sterben begleitete.

Das Dogma der Gewaltlosigkeit wäre brauchbar, wenn es keine Muttersöhne gäbe. Solange die Völker ihre Kinder unter Hausfrauen aufwachsen lassen, öffnen sie von Generation zu Generation neuen Blutschlächtern Tür und Tor. Jede Gemeinschaft oder Nation wird von ihren eigenen Schlägern aufgestört und muß sich gegen die Überfälle der fremden Angreifer wappnen. Der Muttersohncirculus ist ein Kreislauf der Gewalt. Wer meint, nur mit purer Friedfertigkeit aus ihm heraustreten zu wollen, wird früher oder später überrollt. Die Predigt der Gewaltlosigkeit verletzt überdies den Stolz des einzelnen. Das Bild von der Backe, die geschlagen wurde, und die Aufforderung, dem Feind die andere hinzuhalten, ist nur für Menschen mit einer Neigung zum Selbstzerfleischen eindrucksvoll. Sich-selbst-Unterwerfen und Sich-selbst-Überheben stehen in Jesu Lehre unvermittelt nebeneinander.

Die Heilung des Besessenen zeigt Jesu Geringachtung des Kollektivs. Ein Wahnsinniger wird geheilt, eine ganze Gruppe dem möglichen Verhungern ausgesetzt. Die Prinzipien stehen unverbunden nebeneinander. Auch das Gleichnis vom guten Hirten enthält eine Gefahr für das Bestehen des Ganzen: Ein Schaf hat sich verirrt, der Hirte verläßt die Herde, riskiert deren Bedrohung oder Untergang und macht sich auf die Suche nach dem verlorenen. Die Natur will nicht den Untergang des Ganzen, sondern zwingt den einzelnen, Fähigkeiten zu erlernen, die es ihm ermöglichen, im Einklang mit der Allgemeinheit zu existieren. Wenn ein Schaf nicht aufpaßt und seinen Kontakt zur Gruppe verliert, ist es seinem Untergang ausgesetzt.

Das Gleichnis vom guten Hirten sollte Jesu Liebe zur Individualität, seine Beschützung des Außergewöhnlichen, Schwachen, Kränklichen gegenüber der Masse der Normalen, Starken, Gesunden herausstellen. Schön – die einzelne Tat. Muttersöhne sind oft in Einzelheiten gut. Aber ihnen fehlt die Kraft zur Bildung eines Zusammenhangs, auf daß das Ganze gut wird. Jesus markiert Lebensfreundlichkeit mit seinen Taten, die etwas Lebensfeindliches an sich haben. Die Herde aufzugeben, die Schweine sich ersäufen zu lassen – diese Handlungen entblößen seine Unempfindlichkeit gegenüber dem Leben, eingepackt in Rührseligkeiten. Noch deutlicher wird die kontradiktorische Haltung zum Leben in Jesu Umgang mit dem Feigenbaum, den er schlägt, weil er im Winter keine Früchte trägt. Das ist eine Knabenungezogenheit.

Das Finale seiner Religion, das Sohnessterben zur Erlösung der Menschheit, der Start ins ewige Leben, läutete in Wirklichkeit den ewigen Tod ein, der von Jesu ideologischen Nachfahren, den heutigen Muttersöhnen, an allen Orten produziert wird. Für das Glück der Menschheit, für ihr ewiges Leben, hätte er den Tod des

Gottes prophezeien müssen, die Aufhebung der männerbevorrechtigten, vaterideologischen Gesellschaft.

Eine der eindrucksvollsten gegenwärtigen Muttersohn-Figurinen ist die Nachthemdvatergestalt Bhagwan. An ihm können die Entgrenzungen noch direkt beobachtet werden. Aus den Vorgängen in Pooram traten ein paar Details zutage, die Bhagwans Muttersohneigenschaften deutlich machten. Die Öffentlichkeit wußte nicht, daß er mit seiner Mutter zusammenlebte, daß sie neben Sheela die einzige war, die direkten Zutritt zu ihm hatte. Sie soll ihm den Floh seiner Göttlichkeit ins Ohr gesetzt und ihn angestachelt haben, der Erleuchtete zu sein.

Erhellen, erleuchten – das sind phallische Wunschvorstellungen männlich Verdunkelter. Der muttergebundene Pharao Echnaton begann im alten Ägypten mit der Anbetung der Sonne, in den meisten Kulturen ein männliches Zeichen, während der Mond zum Weiblichen eine Beziehung hat. Louis XIV, dessen Vater starb, als er vier war, stieg auf zum »Sonnenkönig«, dem in seiner Epoche mächtigsten Mann Europas. Die Sonne glüht und strahlt, doch Ludwig schaut auf den Gemälden mausemißmutig drein. Er unterdrückte das französische Volk über alle Maßen, hob Henri IVs Konfessionsedikt von Nantes auf, stabilisierte den Katholizismus in Frankreich und zwang die Protestanten zur Emigration oder in die Kerker, wurde von Wellen der Angriffslust geschüttelt, hinterließ nach einem Krieg gegen die Pfalz in Deutschland verbrannte Erde.

Bhagwan hat keine politische Macht, aber die Wirkung seiner Ideen ist nicht unbeträchtlich gewesen. Schöne Worte stehen neben befremdlichen Taten. Es fing so charmant in Indien an: Wiederöffnung der Menschen zur Gruppe, »entspannt im Hier und Jetzt«, kluge Bücher, Alternativen zum Familieneintopf, zur Hochhaus-Einsamkeitsschachtel. Und plötzlich entgleist alles, blitzen Dogmen durch, verbarrikadiert sich die Geschichte in einem System von Merkwürdigkeiten. Abermals *sollen* die Anhänger etwas tun, wiederum tritt jemand als »Du-mußt«-Sager auf.

»Magd Ruprecht« (Bhagwan)

Bescheidenheit kennzeichnet dagegen die Worte des Sokrates. Immer stellt er sein Licht unter den Scheffel, sagt, er wisse nur, daß er nichts weiß, schürt die Jugend gegen Vaterstrukturen. Als er den Giftbecher nehmen muß, bestätigt er mit einem Traum die Gerichtsentscheidung. Die Götter sagen ihm, er möge sich vor seinem Tod mit Musik beschäftigen. »Mach Kunst!« Die Wahrheit, nackt verbreitet, ist zu brutal für die Menschen. Sie können sie nur eingekleidet in dämpfende Formen ertragen. Noch einmal übt sich der Vatersohn Sokrates in Eingrenzungspsychologie, in einer Zurücknahmehaltung.

Bhagwan wuchert, sagt es deutlich, er würde gern die ganze Welt zu seiner Gefolgschaft machen. Schon sein Verlassen Indiens war suspekt. Angeblich mußte er wegen Steuerhinterziehungen fortgehen. Auch in Amerika verstrickte er sich in Steuerstreitigkeiten mit dem Staat. Wozu das Horten von Geld? Er preist Besitzlosigkeit, legt sich aber einen Rolls-Royce-Fuhrpark zu Füßen und zieht millionenteure Ringe auf die Finger. Er strebt nach Weltwirkung. »Amerika!« war seine Vaterallmachtsphantasie, von dort würde er leuchten können über die ganze Erde. Er tat es, aber mit Operettengeschehnissen, die sein bisheriges Wirken in Mißkredit brachten. Wildwest flackerte durch seine Hallen. Maschinengewehre, Vergiftungsdrohungen, Attentatsversuche, Kämpfe der Gruppe untereinander: Bhagwan gegen Sheela und umgekehrt.

Seine Hitler-Liebe versetzte Bhagwan in die richtige Nachbarschaft. Er predigte immer von neuem die Auslöschung des Ichs, Ausmerzung des Ego – das sei der Anfang des rechten Weges. Das Ende des Ich-Abwürgens ist weitverzweigter Tod. Die Ich-Wackligen haben etwas gegen das Ich der anderen. Unter Stalin durfte kein Mensch einen Hauch anderer Meinung sein, als Stalin es gerade stündlich war. Immer wieder dieses Unvermögen, sich in alles, was sonst noch lebt, einzufühlen. Bhagwan hätte ein Stalin der Religion werden können. Er ist wie ein zerbrochener Kristall. Edle Splitter liegen überall herum, aber es fehlt der Zusammenhalt, die Einheit. Bhagwan ist keine Mitte, als die er sich ausgibt. Er

»Das Allongevötzchen« (Ludwig XIV.)

heftet seine Gefolgsleute symbolisch an sich mit einer Kette und mit seinem Bildchen am Hals. Wie im Christentum werden gutwillige, nach Erneuerung strebende Menschen von Ideen zerrieben. Bhagwan versammelte eine Schar von Opferfreudigen um sich, lockte wie Hitler mit Kollektivwonnen, wie Jesus mit Zugehörigkeitsgefühl. Jesus ließ seine Jünger durch seinen frühen Kreuzestod im Stich. Das versprochene erneute Zusammensein mit ihnen fand nicht statt, obwohl sie damit rechneten, es selbst noch im Diesseits zu erleben.

Bhagwan hat keine Mitte. Untrügliches Zeichen dafür sind seine Rückenschmerzen. Das Rückgrat ist der Ort der »Härte«, verantwortlich für die Aufrechthaltung des Menschen, Symbol für Standhaftigkeit. Im Becken endend, soll sich dort nach indischer Auffassung der zentrale Punkt des Lebens und der Liebeskraft befinden. Da tut es Bhagwan weh. Da ist er krank. Da ist er wurzellos in sich selbst. Da sitzt seine Mutter. Sexuell ist er deswegen auch schon seit längerer Zeit nicht mehr tätig. Außerdem leidet er an drei weiteren Mutterbindungskrankheiten: Asthma, Allergien und Diabetes. Er hat Strukturschwierigkeiten, Abgrenzungs- und Stoffwechselschwierigkeiten. Weder äußerlich noch innerlich ist er »Herr« über sich. Daher verlangt es ihn mächtig, Herr über andere zu sein.

Muttersohn Rajneesh ist Anfang Fünfzig. Tod flackert in seinen Augen, Bedrohung geht von seinem Handeln aus, Wahn entpuppt sich aus seinen Worten, Verrat an den ihm Ergebenen braut sich zusammen. Von Selbstmord und Auflösung ist die Rede. Es trifft nur eine kleine Gruppe. Der Betrug kann von der Allgemeinheit öffentlich beobachtet werden. Bhagwan ist zur Unterhaltung der Gesellschaft da. Außer ein paar Gestrandeten tut er niemandem weh.

Die Geschichte endete ähnlich wie bei Napoleon. Vom Übervater »amerikanischer Staat« ergriffen, wurde Bhagwan »nach Hause« geschickt. Aber in Indien mochte er zuerst nicht bleiben. Er begann zu irrlichtern, flüchtete nach Kreta, wollte eine Insel im Pazifischen Ozean kaufen, dort mit seinem Status als Endzeitgöttlein weitermachen, landete in Südamerika. Keine Römer sind mehr da, die ihm bei seinem längst begonnenen Märtyrerdasein folterisch zur Seite stehen würden. Muttersöhne können die Welt nicht wirklich verändern. Sie können nur aufpumpen, bis etwas platzt, für Mensch und Welt Gefahren schüren, einen Haufen uneingelöster Versprechungen liegen lassen und verschwinden.

Bhagwan wird es wahrscheinlich nicht schaffen, eine Religion zu gründen, doch sicher ist das nicht. Jesus – falls er gelebt hat – muß für seine Zeitgenossen so unbedeutend gewesen sein, daß er von keinem Nachrichtenorgan, keinem Historiker im Altertum erwähnt wurde. Trifft eine Gestalt mit ihrem Verhalten eine allgemeine Stimmung, kann sie eine riesenhafte Wirkung auch noch nach ihrem Tode haben. Ob Bhagwan, der zu Lebzeiten schon weltbekannte Muttersohn, der den Menschen wieder etwas weismachen will, sich in der Zukunft verewigen wird, ist nicht vorauszusehen. Von seinen Ungereimtheiten können einige Rückschlüsse auf die Männer gezogen werden, die im ersten Jahrtausend religionsstiftend oder -stabilisierend tätig waren.

Die drei ersten Verfestiger der christlichen Religion sind Muttersöhne: Paulus, Konstantin der »Große« und Augustinus.

Über Paulus' frühe Kindheit und Jugendzeit gibt es kein Material. Bekannt ist nur, daß er Sohn eines Kaufmanns war, einer jüdischen Familie entsproß und in der griechischen Stadt Taurus aufwuchs, ursprünglich Saul hieß und in Jerusalem studierte. Wenn er das Handwerk des Vaters, der Stoffe für Zelte, Teppiche und Schuhe aus Ziegenhaar herstellte, gelernt hat, so spielte es in seinem zukünftigen Leben keine Rolle. Er ist nicht nur zur gleichen Zeit wie Jesus geboren, er ist auch eine Gestalt mit ähnlichen psychischen Bedingungen. Die Unterschiede: Paulus erkor nicht Gott, sondern Jesus zu seinem Herrn, er hat nachweislich gelebt, und es gibt schriftliche Zeugnisse von ihm – seine Briefe an erste christliche Gemeinden. Der Bruch mit der Tradition – der Arbeit und dem Glauben des Vaters – und das Wanderdasein, das beide geführt haben, ähneln einander. Dreimal reiste Paulus jahrelang durch die Gebiete, die heute von Israel, Zypern, Griechenland und der Türkei eingenommen werden. Eine letzte Reise führte ihn nach Rom, wo er wahrscheinlich hingerichtet wurde.

Paulus' Äußerungen und Verhaltensweisen sind muttersohnexemplarisch wie die seiner großen politischen Vorläufer, Zeitgenossen und Nachfahren. Er erschuf das Christentum oder baute es aus als eine sich der Welt bemächtigende Religion. Ursprünglich ein fanatischer Christenverfolger, soll er bei der Hinrichtung eines der Jünger Jesu dabeigewesen sein. Auf dem Wege nach Damaskus zu neuer Verfolgung hatte er sein Umkehrerlebnis: Jesus sei ihm erschienen, und die Erscheinung hätte ihn niedergeworfen, drei Tage blind gemacht und zu einer Wende bewogen. Statt die Gemeinde in Damaskus weiter zu verfolgen, wurde er ihr Mitglied. Dieser Knick in seiner Biographie geschah, als er um die Dreißig war, etwa zu der Zeit von Jesu Kreuzigung oder kurz danach. Was Paulus in den nächsten zehn Jahren tat, ist nicht rekonstruierbar. In den letzten zwei Jahrzehnten seines Daseins, ungefähr von Vierzig bis Sechzig, lebte Paulus – so nannte er sich nach seinem Erlebnis der »Erscheinung« – die Kombination von Märtyrertum und Missionarstätigkeit vor, die über unzählige seiner Nachfahren das Christentum fast der ganzen Menschheit aufzwingen und jedem einzelnen, der in den von den Missionaren heimgesuchten Gegenden der Welt lebte, ins Fleisch schneiden sollte.

Das Erlebnis der »Erscheinung« wird durch die für Muttersöhne typische Empfänglichkeit ermöglicht. In das Vakuum, das die nichtgewordene Männlichkeit hinterläßt, dringt eine überdimensionale Vaterkraft ein, was den Sohn zur Ekstase treibt, ihn vorübergehend blind oder wahnsinnig werden läßt.

Nach einem vergleichbaren Erlebnis begründete Mohammed seine große islamische Bruderreligion. Die Zeugnisse seiner frühen Jahre lassen auf ein Muttersohnschicksal schließen. Der Vater muß kurz nach der Geburt des Sohnes gestorben sein, denn die Erzählungen beginnen: »Die junge Witwe lebte mit ihrem kleinen Kind zusammen...« Mohammed wuchs bei einer Amme auf, lebte dann wieder bei seiner Mutter, die starb, wurde von seinem Großvater betreut, den Mohammed verlor, als er acht war. Danach kam er in die Hände eines Onkels, der ihn auf seine Reisen mitnahm. Mohammeds Wahlmutter wurde eine reiche Witwe, bei der er ungefähr zwanzig Jahre lebte. Zunächst diente er ihr, dann wurde er ihr Geliebter, später ihr Gatte. Sie war fünfzehn Jahre älter als er. Frauenkontinuitäten und Männerintervalle machten Mohammed bereit, in einer Höhle – Höhle, deutlicher ging es nicht! –, in die er sich zurückgezogen hatte, einem ihn überwältigenden Vaterbeikommen zu erliegen. Die Botschaft lautete: Sage, sende, verbreite!

Der Same hat Millionen Spermien. Zeugungstätigkeit bedeutet: sich bemächtigen, eindringen, versprühen, vermehren. Wenn diese Kapazität nicht an eine seelische Männlichkeit gekoppelt ist, wenn sie keinen psychischen Ausdruck im geschlechtlichen Wollen, ja im Bewußtsein des Mannes gefunden hat – in dem, was sein Verlangen genannt wird –, überträgt sie sich ins Universale. Von allen Enden der Welt braucht der Mann die Vorspiegelung, männlich zu sein, um allstündlich seinen seelischen Mangel wettgemacht zu bekommen.

Der Islam wurde neben dem Christentum eine der kriegerischblutigsten Religionen. Eine nichtblutige ist die buddhistische. Ihr Schöpfer, Buddha, war Vatersohn. Seine Mutter starb kurz nach seiner Geburt. Er wuchs zwischen Vater und Tante auf – eine Konstellation der Seelenausbildung, die offenbar weniger gefährlich ist und kein Loch in der Person des jungen Mannes hinterläßt. Buddha schuf eine mystische Religion, keine prophetische. Die Erscheinung eines Gottes oder eines Propheten hatte er nicht nötig. Es gibt im Buddhistischen keinen Gott. Buddha lebte von innen heraus nach außen, nicht von außen nach innen, wie es die prophetischen Religionen preisen. Er beschrieb die Entstehung des Lebens in drei Geburtsphasen: die Zeugung (die physische Geburt), die Geburt aus dem Mutterleib (die soziale Geburt) und die Trennung von der Herkunft (die seelische Geburt). Er brach von zu Hause auf und kehrte nie wieder zurück.

Die jüdische Religion, die christliche und die islamische sind diktatorische, keine dialogischen Religionen. Das Sohnesgebrechen wird zur Öse, in die der Vatergeist einfährt. Das Alte Testament – ein Schlag-auf-Schlag von Drohungen und Weheversatzstücken, die sich von Greuel zu Greuel zusammenfügen. Auch Jesus spricht immer im Imperativ. Er hört nie zu, er lernt nicht von anderen, unerträglich seine Besserwisserei: »Wahrlich, ich sage euch!« Immer tritt er mit fertigen Antworten auf. Und dann plötzlich seine Schwäche, wenn er zu Gott spricht: »Dein Wille geschehe!« Das kann nur jemand sagen, der mit dem eigenen Willen auf wackligen Füßen steht. Keine Gnade den Jüngern! Wer die Jesussprüche gläubig hört oder liest, muß sein Selbstvertrauen verlieren. Ihm wird andauernd seine Erbärmlichkeit weisgemacht: Tu nicht das, laß dies, mach jenes, komm hierher, geh dorthin und – das wird nun schon eingepaukt – glaube, glaube, glaube! Dann kommt das dicke Ende: »Mir ist gegeben alle Gewalt im Himmel und auf Erden.«[3] Und das schlimmste: Die Gewalt soll ohne Ende sein. Dabei ist der von Jesus halluzinierte Himmel nichts anderes als die Verschmelzung mit dem Wunschpapa – die Omnipotenzvorstellung eines mutterunabgelösten Sohnes, der über Blutfluß, Schmerzensleben und Foltertod Ablösungen vortäuscht und sie als Erlösung von einem Jammer, den andere gar nicht haben, der Menschheit andreht. Wenn es nur Andrehen gewesen wäre: Aber nein, er zwingt sie der Menschheit unter äußersten Qualen auf. »Darum gehet hin und lehret alle Völker ... und lehret sie halten alles, was ich euch befohlen habe.«[4] Es gibt nichts Brutaleres. Jesus bezeichnete sich als Stellvertreter. Selbst Vater zu werden, traute er sich nicht zu – das hätte bedeutet, den alten Vater nicht zu verehren, sondern ihn abzuschaffen durch die eigene Vaterschaft. Dieser Vorgang wäre lebendig gewesen. Aber dazu ist ein Muttersohn nicht imstande. Er muß das Alte zementieren und sich selber als Reaktionär inthronisieren, neben dem alten Vater.

Wie das funktioniert, die vermiedene Ablösung von der Mutter zur Erlösung der Menschheit zu stilisieren, wird deutlich im Wirken des Paulus. Er verfestigte den Charakter des Christentums als direktivische Religion. Er beantwortete in seinen Briefen nicht nur Fragen der befreundeten Gemeinden, sondern gab auch Anweisungen und Befehle. Paulus hielt sich aufrecht, indem er anderen die von ihm für richtig befundenen Maßnahmen einschleifte, rastlos herumreiste und ihre Befolgung kontrollierte. »Ein Zwang liegt auf mir, denn wehe mir, wenn ich das Evangelium nicht predige.«[5]

Auch Mohammed fühlte sich gejagt: »Wenn du es nicht verkündest, hast du deine Sendung nicht erfüllt.«[6]

Jedem seiner Gläubigen schärfte Paulus ein: »Denn alle Schrift, von Gott eingegeben, ist nütze zur Lehre, zur Strafe, zur Besserung, zur Züchtigung in der Gerechtigkeit.«[7] »Predige das Wort, halte an, es sei zu rechter Zeit oder zur Unzeit; strafe, drohe, ermahne mit aller Geduld und Lehre.«[8]

Bei Paulus ging es napoleonisch, cäsareisch oder alexandrinisch zu: Ausbreitung ins Uferlose. Zum Ruhme Jesu Christi? Nein, zum Ruhm seiner selbst. Fast sechzigmal fließt ihm das Wort »sich rühmen« aus der Feder. Das Filiarchat hat etwas übrig für diese Aufqueller, verehrt sie noch nach Jahrtausenden. Der Unterschied zwischen Jesus, Paulus und den politischen Ausbreitern: Die beiden waren um vieles erfolgreicher als alle nationalistisch tätigen Gigantomanen. Zwölf Jahre, vierzig Jahre, vierhundert Jahre hielt, was Alexander, Napoleon, Hitler, was Stalin und was Cäsar durchsetzten, zweitausend Jahre stand das Jesus-Paulus-Weltreich unumstößlich da, und sein Zusammenbruch ist noch nicht abzusehen.

Paulus haßte sich selbst, die Menschen und das Leben, definierte die Welt als böse und meinte, ihr Ende sei nahe. Muttersöhne sehen die Welt gern am Ende oder pressen einen Teil von ihr auf ein Ende zu. In Wirklichkeit soll ihre eigene Hetze aufhören, die Tretmühl-Dynamik anhalten, das Verfolgtendasein und der Verfolgungszwang beendet werden. Paulus war innerlich zerrissen, manisch-depressiv. »Denn ich weiß nicht, was ich tue. Denn ich tue nicht, was ich will, sondern, was ich hasse – das tue ich ... Denn ich weiß, daß in mir – das ist in meinem Fleische –

nichts Gutes wohnt ... Denn das Gute, das ich will, das tue ich nicht, sondern das Böse, das ich nicht will, das tue ich ... Ich elender Mensch! Wer wird mich erlösen von dem Leibe dieses Todes?«[9]

Wer die Welt schlecht findet, macht sie schlecht. Paulus war auf der Flucht vor Verfolgungen und suchte sie zugleich. Er pilgerte nach Rom, um, rechtmäßig verurteilt und getötet, nun endlich von der Vaterinstanz Kaiser zur Ruhe gebracht zu werden. »Und alle, die gottselig leben wollen in Christo Jesu, müssen Verfolgung leiden.«[10]

Er hinterließ eine Hieroglyphe zur Bezeichnung seines Zustandes. Er litt unter einem »Dorn im Fleisch« – eine Formulierung, die sich über die Jahrtausende in der Redewendung vom »Pfahl im Fleisch« erhalten hat. Dreimal flehte er Gott vergeblich um Heilung von dieser Wunde an. Eine gewöhnliche Krankheit war der seltsame Dorn nicht, denn Krankheiten nannte er seine Schwächen und Gebrechen. Paulus war leib- und lustfeindlich. Aber Begierde auf Frauen konnte der Dorn ebenfalls nicht sein, da niemand – auch Gott und Jesus Christus nicht – dagegengewesen wäre, wenn Paulus sich zumindest mit *einer* Frau verständigt hätte. Und sogar gegen mehrere, genannt »Konkubinen«, hatte seine Zeit noch nicht tödlich Front gemacht. Er riet den Empfängern seiner Briefe, sich lieber ehelich zu binden als im Verlangen zu verzehren. Er selber blieb sein Leben lang ungebunden und unbezogen.

Für einen Juden der Zeitenwende gab es nur einen Stachel – das Verlangen nach Mann, im Alten Testament schon als ungebührlich heidnisch aus dem Katalog der guten Taten ausgeschlossen, mit dem Untergang von Sodom und Gomorrha als mordwürdig festgesetzt, von Paulus in das Neue Testament als Todsünde hineinmontiert. Jesus äußerte kein abschätziges oder bedrohliches Wort über die Geschlechtlichkeit, weder über das Frau- noch über das Mannbegehren. Berühmt wurde seine Verteidigung der Ehebrecherin mit der im geflügelten Wort verewigten Aufforderung zur Selbstkritik: »Wer wirft den ersten Stein...?«

Wie von der Tarantel gestochen – mit diesem Bild wird ein Warmblütler gekennzeichnet, der, geplagt von einem sehr unangenehmen Stich eines Insekts, in der Gegend herumrast. Was eine Tarantel ist – eine südeuropäische, in Erdhöhlen lebende Wolfsspinne –, weiß kaum jemand noch. Eine Wespe, eine Biene, eine Hornisse täte es auch. Etwas grausam Stechendes sitzt im Fleisch, und ein sich überallhin verbreitender Schmerz läßt den Menschen hochfahren. Kaum ein anderes Bild könnte Muttersöhne treffender charakterisieren. Sie rasen, gefoltert von dem in ihnen festhakenden Stachel ihres Verlangens nach Männlichkeit.

»Papst trug Büßerhemd mit eisernen Stacheln
                                    Rom, 24. September
Papst Paul VI. hat ›oft ein Büßerhemd getragen‹. Diese überraschende Enthüllung machte sein ehemaliger Sekretär Pasquale Macchi.

Der Prälat während eines Gedächtnisgottesdienstes für Paul VI. im Mailänder Dom: Der Papst hat ungeachtet der schweren Leiden, die ihm seine Arthrose verursachte, unter der Soutane oft ein ›Cilicium‹, das ist eine Art Korsett mit Metallstacheln, die ihm tief ins Fleisch drangen, umgelegt.

Dieses Büßerhemd habe er beispielsweise bei der Öffnung der ›Heiligen Pforte‹ des Petersdoms zum Auftakt des ›Heiligen Jahres‹ 1975 angelegt.

Prälat Macchi berichtete auch, daß er von Paul VI. gerügt wurde, weil er sich im November 1970 in Manila (Philippinen) zwischen den Papst und einen auf ihn eindringenden Attentäter, einen bolivianischen Maler, warf.«

                                              BZ v. 24. 9. 79

Das Christentum hat etwas Panisches an sich. Es ist nicht mehr ortsgebunden oder volkszugehörig umgrenzbar. Der Islam drang nach Hinterasien und Afrika vor, blieb aber in seiner Wirksamkeit eingegrenzt. Das Judentum beschränkt sich auf jüdisch-israelische, der Buddhismus auf asiatische Menschen. Das Christentum – ein Staffellauf von Schmerzenskind zu Schmerzenskind. Es umfaßt in seinem Elternkult die seelischen Stimmungen aller Muttersöhne und Muttertöchter: duldende, gehemmte, »sitzende« Töchter, sich überschlagende, expandierende, alles aufreißende Söhne.

Der berühmte Brief des Paulus an die Korinther über die Liebe ist bei näherem Hinsehen die unheimliche Gerinnung der Hausfrauenfatalität. Die Liebe »verträgt alles, glaubt alles, hofft alles, duldet alles«.[11] Mit dieser Überzeugung wird hauptsächlich Frauen ein Schloß vor ihren Tatendrang gehängt. Kein Mann verträgt, glaubt, hofft, duldet alles. Und *alles* von allem sowieso nicht, nie. Wer sich verhält, wie Paulus es fordert, wird nicht zurückgeliebt, sondern verachtet. Entscheidender: Diese Vorstellung von Liebe taugt nicht dazu, den Männern und ihrer Gesellschaft beizukommen. Wer Männer lieben und ihre Verhältnisse ändern will, muß mißtrauisch sein, muß aufbegehren, fordern, anweisen, befehlen, unter Druck setzen und vor allem: eilen. Muttersöhne sind immer schnell bei der Hand mit einer kleineren oder größeren Vernichtung. Sie können ihr Zerstörungswerk um so besser fortsetzen, je mehr es Allesschlucker und -schluckerinnen gibt.

Die dritte herausragende Gestalt, die die Welt in Schach zu halten verstand, war Konstantin der »Große«, neben Jesus und Paulus für die Verbreitung des Christentums verantwortlich.

Konstantin verschweißte um 300 die neue Religion mit dem Staat: Er kehrte sich von der alten römischen Religion ab und erhob das Christentum zum offiziellen Kult des Reiches. Zunächst erwies sich diese Maßnahme als eine Wohltat, weil sie der Christenverfolgung seiner Vorgänger ein Ende bereitete, die noch unter Diokletian Massakerausmaße erreicht hatte.

Durch die Verkoppelung mit dem römischen Weltreich wurde aus dem christlichen Glaubensbekenntnis eine siebzehn Jahrhunderte lang herrschende Weltreligion, wie es sie zuvor nie gegeben hatte. Die Verfolgten verwandelten sich unmittelbar nach Konstantin in Verfolger – diesen Status nehmen die Christen noch heute ungebrochen ein. Rom hat nie aufgehört zu existieren. Die römisch-katholische Kirche verschob die Grenzen des sogenannten Weltreichs, die die Muskeln der römischen Soldaten schon äußerst ausgedehnt hatten, bis nach Grönland, China, Südafrika, Neuguinea ... Sie wurde schließlich zu einem Gas, das sich um die ganze Erde legte. »Barbaren« oder »Heiden« schrumpften zu einem kleinen, politisch nicht mehr maßgeblichen Bevölkerungsteil der Welt zusammen. Die Christen übernahmen in ihren Kult sogar die römische Praxis des Opferns. Aus dem Fleisch des Opfertiers und dem dazu getrunkenen Wein wurden der Leib und das Blut des neuen Gottes. »Und er nahm den Kelch und dankte, gab ihnen den und sprach: Trinket alle daraus, das ist mein Blut des neuen Testaments, welches vergossen wird für viele zur Vergebung der Sünden.«[12]

Konstantin, die Umbruchsfigur, lebte die längste Zeit seines Daseins innig verbunden mit seiner Mutter Helena. Sie besaß eine Kneipe und hatte ein Verhältnis mit dem Mann, der sein Vater war, einem tüchtigen Soldaten. In seinem vierten Lebensjahr trennten sich die Eltern. Der Vater wurde später Cäsar, dann, neben anderen Reichsoberhäuptern, regierender Mitkaiser und vermählte sich mit einer neuen, jungen Frau. Helena war bei der Geburt von Konstantin schon über Fünfunddreißig. Und die Mutter blieb – immer sich wiederholendes Schauspiel – auf der Seele des Sohnes sitzen. Sobald er Kaiser wurde, holte er Helena an seinen Hof, übertrug ihr die Erziehung seines ältesten Sohnes, den er mit einer Konkubine gezeugt hatte, und verlieh ihr den Titel Kaiserin. Sie durfte eigene Münzen prägen und bekam das Verfügungsrecht über den kaiserlichen Schatz.

Die Sache riecht nach Letizia Bonaparte. Konstantin als Kind einer Wirtin und eines Militärs war nicht von Geburt her dazu bestimmt, Alleinherrscher über das riesige Römische Reich zu werden. Er mußte sich dazu machen – es starben seine Mitregenten, Widersacher und alle, die ihm im Wege standen, eines gewaltsamen Todes, dessen Ursachen nie geklärt werden konnten. Seine

Mutter förderte, ja initiierte das Zerstörungswerk, das Konstantin in seiner Umgebung anrichtete. Nach dem Tod seines Vaters wurde die Familie des alten Kaisers – Stiefmutter und Stiefgeschwister Konstantins – vom Hof verbannt, Helena zuliebe, denn sie wollte mit ihrem Konstantin allein regieren. Auf einem Familienbild ließ sie sich im Vordergrund neben dem Sohn verewigen.

Unmittelbar bevor Konstantin mit seiner Religionsumstrukturierung begann, passierte etwas, das wie ein Symbol wurde für die Tradition der christlichen Kirche, den Lebensnerv der Menschen zu treffen und, wenn sie es wollte und konnte, zu zerreißen. Sein ältester Sohn, Krispus – hervorgegangen aus seiner ersten, unehelichen Verbindung –, und seine Frau, Fausta, wurden umgebracht. Ein Gericht verurteilte den einundzwanzigjährigen Krispus zum Tode und ließ das Urteil vollziehen; Fausta wurde unmittelbar danach im Bade erstickt. Paläste, Säulen und sonstige Zeichen der Erinnerung an die beiden mußten abgerissen, umgebaut oder vernichtet werden. Im Anschluß an diese Geschehnisse verschärfte Konstantin die Ehegesetze. Auf vollendeten Ehebruch stand nun für Frau und Mann der Tod. Die Ereignisse legen die Vermutung nahe, daß die etwa dreißigjährige Fausta und ihr Stiefsohn Krispus, der nicht bei ihr, sondern unter der Großmutter Helena aufgewachsen war, ein Verhältnis miteinander hatten.

Konstantin war nach diesen Vorfällen ein gebrochener Mann. Er widmete sich von da an seiner Verewigung, baute Byzanz zu Konstantinopel aus, dem Rom des Ostens, seiner neuen Residenzstadt. Seine Mutter hatte nun nicht einmal mehr eine Schwiegertochter als Nebenbuhlerin und wurde alleinige Kaiserin. Sie machte eine Pilgerreise in das Heilige Land, starb hochgeehrt im Alter von über achtzig Jahren und wurde vom Sohn feierlich beigesetzt. Konstantin trieb sich in seinen Baurausch hinein. Er ließ Rom ausplündern und sein Konstantinopel mit alten Kunstwerken bestücken. Ein paar Jahre später folgte er seiner Mutter in den Tod. Im selben Jahr, in dem er seine Frau und seinen Sohn töten ließ, 326, begann er, in Rom eine Basilika nach der anderen aus dem Boden zu stampfen. Das Gerücht verbreitete sich, er habe bei den alten Göttern wegen Vergebung für seine Taten angeklopft und sei von den Priestern zurückgewiesen worden. Ein Christenbischof habe ihm Absolution erteilt.

Nach dem Mord an seiner Frau verband er sich nie wieder, obwohl er damals erst Anfang Vierzig war. Er hatte einen Sinn für das Mutter-Sohn-Kultische, das die christliche Religion anbot und zu dem schon Tausende Menschen mit ähnlichen seelischen Bedingungen sich hingezogen fühlten.

Die alten Religionen, in denen Liebe und Arbeit, Frauen und Männer vorkamen, in denen die Götter ein Verhältnis zur Natur und Beziehungen untereinander hatten, Streit und Kampf eingeschlossen, und in denen die Jugend eine Rolle spielte, gingen unter. Sie wurden vom Christentum verfolgt und zerstört. Religiös installiert wurden Müßiggang und Nutzlosigkeit: Sterilität (Jungfrauengeburt), Unfaßlichkeit (Heiliger Geist), Qual (Jesu Kreuzestod), Mutterthronen (Maria) und Vatersohnverschmelzungssehnsucht (Himmelfahrt).

Die Griechen hatten eine Göttin der Jagd, einen Gott der Schmiedekunst, eine Göttin des Ackerbaus, einen Gott des Handels und der Post, eine Göttin der Philosophie, einen Gott der Kunst, eine Göttin der Liebe, einen Gott der Seefahrt, einen Gott des Friedhofs ... Der leitende Vatergott Zeus war ununterbrochen tätig, verwandelte sich in einen Stier, einen Schwan, einen Adler, um den Menschen nahe zu kommen. Der alttestamentliche jüdische Jahwe hatte vor seinem ewigen Ruhen und Menschen-Nachspionieren immerhin die Welt gebacken. Was aber machen Jesus und Maria den lieben langen Tag da oben – von der Nacht ganz zu schweigen –, und wo ist ihr Oben? In allen anderen Religionen war der Platz der Götter klar umrissen – bei den Griechen der Olymp –, genauso wie ihre Aufgaben, ihr Tätigkeitsbereich und ihre Verhältnisse zu Menschen und zu anderen Göttern. Jesus und Maria sitzen und seufzen und leiden und warten auf das dicke Ende, das Jüngste Gericht, den großen Tag der Rache und der Wiedervereinigung mit allen Angepaßten.

Die christliche Religion ist eine Passivitätsreligion. Nicht nur, daß die Passion des neuen Gottes Mittelpunkt des Kultes wird, das Glaubensbekenntnis stellt auch Gott und die »Dreieinigkeit« statisch dar: Vater, Sohn und Heiliger Geist bewegen sich nicht. So sollen auch die Menschen eingezwängt sein, veränderungslos stillhalten. Unter der neuen Vernetzung der gläubigen Seelen konnten die Akteure dieser Religion sich ihrer Raserei um die Erdkugel unbehelligt hingeben und alles niedermähen, was ihnen in den Weg kam. Das Gewachsene, das zerstört wurde, waren zunächst fremde Völker, »Heiden«, »Indianer«, alte Kulturen. Nach jahrhundertelang anhaltender Tierartenvernichtung – neunzig Prozent der Arten wurden ausgelöscht – wendet sich der Feldzug gegen das Gewordene heute gegen Pflanzen und Elemente – die Luft, das Wasser, den Boden.

Der Zerfall von Liebe und Arbeit und das Nicht-Verhältnis zur Natur haben die christliche Religion von Anfang an geprägt. Die Folgen des zweitausendjährigen Wütens können gegenwärtig fast auf der ganzen Erde beobachtet werden.

Nach einer »Überlieferung soll Konstantin in sein in Konstantinopel errichtetes Standbild ein von seiner Mutter übersandtes Stück des (Jesus-)Kreuzes eingesetzt haben«.[13]

Am Beginn der christlichen »Staatsreligion« wurden ein Jüngling und eine Frau von einem zum Totalherren aufgeblähten Muttersohn getötet. Jugend und Frauen sind von dieser Religion so geknechtet und ihre regenerierenden Fähigkeiten ausgelöscht worden – der Kult zelebriert Sonntag für Sonntag die Tötung eines jungen Mannes –, daß die Menschheit die Kraft verloren hat, sich gegen die Wüter und Würger zu wehren.

Eingestanden, ja dick aufgetragen wird seine Mutterbindung vom ersten großen Kirchenvater Augustinus. In den »Bekenntnissen« streift er den Vater mit nebensächlichen Bemerkungen und fährt der Mutter die Ernte ein aus seinem für sie allzeit gedeihenden Herzstromland. Sein »inneres Leben« wird von der »Gestalt seiner Mutter beherrscht«, verfängt sich ein Biograph in dieser scheinbar unverfänglichen Formulierung. Wenn die Beziehung zwischen Mutter und Sohn die »Bekenntnisse« »durchwebt«, den »roten Faden« des Buches »bildet«[14], dann durchwebt diese Beziehung auch das Leben des Augustinus.

Seine Mutter Monica sah in ihren Träumen das Leben des Sohnes vorher. Maria wurde noch vor der Empfängnis oder vor der Geburt ihres Sohnes Jesus – je nachdem, wie fanatisch die Unbefleckheit verfochten wird – dessen Leben und Wirken geweissagt. Engelsbotschaften und prophetische Träume – das heißt modern, die Mutter delegiert an den Sohn die Erfüllung ihrer Wünsche, die sie selbst nicht erfüllen kann.

Die Mütter träumen, statt die Mütter handeln. Die Mütter wissen, statt die Mütter wollen. Wollen durften Frauen auch nicht mehr, denn Wille führt zur Tat, und Tat war der Frau im voranschreitenden Filiarchat absolut verboten. »Dein Wille geschehe!« machen die Söhne daraus. Die Knebelung der Frau durch den Mann bewirkt den Kniefall des Sohnes vor einem imaginären Vater.

Die Aufzählung der von »Ewigkeit zu Ewigkeit« sich wiederholenden Daten würde eine nicht abreißende Kette von Kirchensöhnen bilden. Augustinus setzte den Standard, der aus dem Leben eines jeden seiner Nachfahren herausgeschält werden kann: Seine Eltern bogen sich in Spannungen voneinander weg, keine Erlösung führte sie wieder zusammen. Der Vater betrog die Mutter. Monica war schon christlich, der Vater war es nicht. Das Ergebnis des Mann-Frau-Auseinanderlaufens: ein Sohn, der seine Mutter immer bei sich gehabt hat. Augustinus schreibt darüber: »Ich aber täuschte sie, die sich an mich klammerte, um mich entweder zurückzuhalten oder mit mir zu fahren.« »Du [gemeint ist Gott] ... ließest ihr fleischliches Verlangen durch die gerechte Geißel ihres Schmerzes züchtigen. Denn sehnlich wünschte sie nach Art der Mütter, weit mehr noch als viele andere, mich um sich zu haben.«[15] »Wenn die Seelen der Verstorbenen an den Angelegenheiten der Lebenden Anteil nahmen, wenn wirklich sie selbst zu uns sprachen in unseren Träumen..., dann würde mich meine fromme Mutter keine Nacht verlassen, jene Mutter, die mir über Land und See folgte, um mit mir zu leben.«[16]

Die große Einzige, die eines Tages Himmelskönigin oder Kaiserinmutter wird, war nichts anderes als der Haushaltsvorstand, das Mamiklammeräffchen aus der Kinderwiegenzeit des Sohnes. Augustinus trennt sich auf Betreiben der Mutter von einer Frau, mit der er fünfzehn Jahre zusammengelebt hat.

Das Sitzen der Mutter muß die Welt teuer bezahlen: Frauen wie Männer müssen es, immer jeweils die jüngeren und die anderen, die Fremden, diejenigen, die außerhalb der Verklammerung Mutter-Sohn leben. Augustinus spaltete seinen Leib in etwas absolut Gutes und etwas unkontrollierbar Böses, verfolgte und hetzte seine Gegner, jagte durch sein Leben im unablässigen Gegenjemanden-Sein.

»So stand ich schon damals im Glauben, ebenso wie meine Mutter und das ganze Haus mit Ausnahme allein meines Vaters. Doch obschon er selbst ungläubig war, ließ er der mütterlichen Frömmigkeit ihr Recht, mich zum Glauben an Christus zu führen. Denn ihr Trachten war darauf gerichtet, daß du, Gott, mein Vater seiest, mehr als jener. Du aber standest ihr darin bei, daß sie ihren Gatten überwand, dem sie, obschon besser als er, treulich diente, wodurch sie auch dir diente, der du das befiehlst.«[17]

Und weil der leibliche ihm kein oder zu wenig Vater war, mußte der Sohn sich an einen überirdischen hängen.

Der Begriff »Kirchenvater« ist ein Etikettenschwindel. Die katholischen patres sind keine Väter, sie imitieren Väter. Bei näherem Hinsehen tun sie selbst das nicht. Das Priesterwerden ist nie ein Vater-Sohn-Geschehen, denn kein Priester hat einen Sohn. Priester wird ein Mann nicht aus Identifikation mit seinem Vater heraus. Und mit einem Priester kann sich ein Junge kaum identifizieren, weil er ihm zu fern steht. Nur in Internaten tritt ein Priester als Erzieher auf, doch dort ist er ein für die Identifikation untauglicher Funktionsträger oder Peiniger und nicht ein im Verband mit einem Jungen zusammenlebender, sich speziell ihm widmender, als Vorbild geeigneter Mann. Der Priester ist eine Vaterprothese, psychisch fabriziert über eine Vaterveruntreuung: »... daß du, Gott, mein Vater seiest, mehr als jener...«

Männer imitieren mit dem Priesterdasein das Leben ihrer Hausfrauenmütter. Alles, was in der Gesellschaft unter »Mann« läuft, erfüllt ein Priester nicht. Er geht nicht hinaus in die Welt, er zeugt nicht, erneuert nicht, kämpft nicht Mann gegen Mann, bietet seine Brust keinem Feinde. Statt dessen kehrt er ein in den Schoß der Kirche, polstert sich mit einer Gemeinde oder bettet sich in der Glaubenshierarchie. Er wird von absoluter Existenzsicherheit gestützt. Sein Geist kriecht unter die Röcke alter Ideen. Der Alltag eines Priesters dreht sich im Kreise. Wie die Mutter wischt, wäscht, kocht, trägt der Sohn Staub zu Staub, sitzt in verbrauchten Zeremonien fest, die täglich wiederholt werden müssen, unterwirft sich Riten, hantiert mit Lebensmittelimitationen (Oblaten), entfacht Gerüche und verbirgt sich hinter Kleidern, die seine Mannkonturen verhängen. Sein Geschlechtsleben stellt er ein, wie es auch jede Hausfrau tun muß. Sie darf ein paar Kinder bekommen, aber nie sexuelle Anforderungen stellen und hat beizeiten Schluß zu machen (Wechseljahre). In das erwachende Bewußtsein des Sohnes prägt sich die sexuelle Apathie der Mutter ein. Über sein Kinderleben zieht sich der Schimmel ihrer Migräne.

Karol Wojtyla, die derzeit bekannteste Hausfrau der katholischen Kirche, scheint aus dem Muttersohnschema herauszufallen. Er war neun, als seine Mutter starb, lebte noch weitere zwölf Jahre danach mit seinem Vater zusammen. Die Zeugnisse aus seiner frühen Kindheit sind fast so spärlich wie bei Paulus. Die Welt hat sich am Anfang gefreut über die Sensation, daß ein Pole auf den Papststuhl erhoben wurde, hat sich dann eine Weile von einem Guter-Onkel-Darsteller blenden lassen, immer noch in der Hoffnung, auf einen neuen Johannes XXIII. schauen zu können, und muß von Jahr zu Jahr deutlicher erkennen, daß sie wieder einen Pius XII. vor sich hat. Pius XII., der »Stellvertreter« Hitlers, war einer der größten Schreibtisch-Unterlassungssünder der Muttersohn-Geschichte. Er wußte von der millionenhaften Verschleppung und Tötung der europäischen Juden durch seine deutschen Verwandten. Er dachte wohl: »Juden verringern hilft Katholiken vermehren.«

Ausdehnen, Lebensraum, Glaubensraum schaffen – das ist der alte Wahnsinn, der die Kirchensöhne wie die Machtpolitiker umtreibt. Johannes Paul II. reiht sich gegenwärtig mit seinen Taten ein in die Kette der Menschheitsbedroher. Er ist gespalten. Er predigt Liebe und geißelt Freude. Wer einer der »größten Verbrecherbande der Welt« vorsitzt – so charakterisierte die Feministin Birgit Römermann die christlichen Kirchen – und diesen Eindruck nicht wie Johannes XXIII. mit Worten und im Tun widerlegt, sondern mit Diktaten aus den schwärzesten Zeiten der Menschheit noch verstärkt, ist Stellvertreter Reagans oder anderer Drohgestalten, nicht aber des lieben Gottes. Reagan kämpft mit Dollars gegen Nicaragua, Johannes Paul II. suspendiert den linken Geistlichen Ernesto Cardenal, Kulturminister der Sandinisten, vom Priesteramt.

Papst Wojtyla hat zwei Botschaften für die gespaltene Welt. Den armen, überbevölkerten Ländern befiehlt er, noch mehr Kinder zur Welt zu bringen, auf daß mit jedem Kind neues Leid geboren wird – täglich sterben vierzigtausend Kinder, jede zweite Sekunde erleidet ein Kind den Hungertod. Das von den Christen gepredigte »Mehret euch!« hat Anteil an diesem Sterben, so wie die Unterlassung, den Massenmord in Auschwitz öffentlich anzuprangern, die Mörder unterstützte. Das fanatische Missionieren des Papstes ist unheimlich wie das Hitlersche »Deutschland über alles«. »Katholizismus über alles!« – das alte Blutdrachentum soll der Menschheit noch einmal schmackhaft gemacht werden –, um nichts anderes geht es Wojtyla, auch wenn er dieses Bestreben hinter seiner harmlos erscheinenden Aura eines ranzigen Apfelstrudels verbergen möchte. Jesus Christus mag in Kleinasien angemessen gewesen sein wie Mohammed, Moses und andere. Daß er in Afrika, Südamerika und Asien herrschen soll, heißt: Zerstörung der dortigen Kulturen – von Wojtyla mit Kirchenrummeltouren vorbereitet, heute nicht mehr mit dem Kopf-Ab seiner spanischen und portugiesischen Missionarsvorläufer aus dem 16. Jahrhundert durchgesetzt.

Bei afrikanischen Stämmen ist es wie in einigen europäischen Landgemeinden Brauch, daß Frau und Mann erst heiraten, wenn ein Kind unterwegs ist. Als Katholiken sollen diese Menschen nun »jungfräulich« in die Ehe gehen. Dieses päpstliche Gebot entpuppt sich als fruchtbarkeitsfeindlich, denn probieren, ob es klappt, ist ein fruchtbareres Rezept. Heiraten in die dunkle Ungewißheit hinein, ob Menschen leiblich miteinander harmonieren, ist Menschenquälerei, Raub des freien Willens. Und im Zusammenhang mit verbotener Ehescheidung heißt es, seelische Sterilität auch auf Erden durchsetzen zu wollen.

Deckel auf den Unterleib – gebietet der Papst der industrialisierten Welt. Zu bestimmen, das Geschlecht habe zu schweigen, wenn es sich vorehelich, gleichgeschlechtlich, selbstbefriedigend und zeugungsunabhängig betätigen will – was im Klartext bedeutet, es soll dann mit wenigen Ausnahmen eigentlich immer untätig bleiben –, fährt alte Hebel nieder, auf daß die so blockierten Menschen in den »Erste«-Welt-Ländern noch reicher werden, ihre Bedürfnisse weiter mit parasitären Befriedigungen zu stillen versuchen und dadurch die armen Länder noch mehr ausbeuten wollen. Die Unzufriedenheit zu vermehren zeugt von Lieblosigkeit.

Es ist die Eigenschaft fast aller Muttersöhne, ihre Wunde zu verdecken. Außer Rilke und Pestalozzi hat keiner sie offengelegt. Besonders die Politiker dürfen sich nicht entblößen. Ihr Land-und-Leute-Versengen geschieht zur Wundenverschleierung. Wojtyla macht es schwer, hinter seine aus Waldschrat und Tante-Emma-Laden-Besitzerin zusammengepappte Fassade zu kommen. Und die Daten seines Lebenslaufs scheinen sich seiner Einreihung in die Schreckenslehrfiguren zu sperren.

Es gibt ein Indiz, das den Einstieg ermöglicht und die Demaskierung dieses Scheinvaters erleichtert. Wojtyla ist vor und neben seinem Priesterdasein dilettierender Künstler gewesen. Er schrieb fünf Dramen und war zwischen der Pubertät und seinem einundzwanzigsten Lebensjahr Schauspieler – so talentiert, daß seine Freunde und Lehrer glaubten, er würde aus dieser Begabung einen Beruf machen.

Den eigenen Körper zur spielerischen Darstellung einzusetzen ist in der Männergesellschaft nicht das Ziel der normalen Rollenentwicklung des Mannes. Der Schauspieler überschreitet die Grenze zwischen Männlichkeit und Weiblichkeit. Es gibt ein geflügeltes Wort: Der Schauspieler ist der weiblichste Beruf des Mannes und der männlichste der Frau.

Wojtylas fünftes Theaterstück heißt »Strahlung des Vaters«. Darin zeigt er einen Mann, den er Adam nennt, der sich mit sinnvernebelnden Wörtern zudeckt und über einigen Äußerungen seinen Muttersohncharakter wetterleuchten läßt. Das Stück beginnt mit dem Titel über der ersten Szene: »Das ›Ich‹ und die Metamorphosen«. Der Anfang lautet: »Seit vielen Jahren bereits lebe ich als ein aus dem Innersten seiner Person vertriebener Mensch, zugleich dazu verurteilt, in ihre Tiefe einzudringen. Im Laufe dieser Jahre drang ich unter unaufhörlicher Mühe zu ihr vor, häufig jedoch dachte ich entsetzt, ich würde sie verlieren – sie löse sich auf inmitten der Prozesse der Geschichte... Wieder und wieder dachte ich, meine Spuren verwischen zu sollen, ja mein Selbst auszulöschen, um auf diese Weise mit einem jeden Menschen eins zu sein...«[18]

Adam ist einsam und möchte aus seiner Einsamkeit erlöst werden durch die Strahlung des Vaters, durch die sich in den Mann hineinsenkende Liebe des Vaters. Adam macht sich bereit, »die Strahlung *deiner Vaterschaft* durchzulassen und sie, wie in einem Prisma, in sich selbst zu brechen«.[19]

Ein »aus dem Innersten seiner Person vertriebener«, ein sein »Selbst auslöschender« Mensch – exakter konnte Wojtyla nicht kennzeichnen, was »Wunde« ist, was es bedeutet, nicht Mensch und nicht Mann geworden zu sein.

Bhagwan entblößt seine Wunde mit den Mitteln der Schrulle. Wojtyla nimmt sich eisenernst, und darin liegt seine Gefahr. Bei ihm und allen anderen Unholden geht es immer um das gleiche.

Sie haben keine Beziehungen zu Menschen, sind einsam, werden umgetrieben, suchen nach Gott oder einer Idee, nach etwas, das sie »aufrecht« hält. Aus einem Mangel an seelisch-leiblich-geistiger Bezogenheit auf ein leibhaftiges Du müssen sie einen riesigen Ring um die ganze Menschheit schließen, mit dem sie sie strangulieren. Alle Menschen sollen mit diesen Beziehungsunfähigen verbunden sein. Ihr Abblocken vor Nähe läßt sie nach einer millionenhaften Ferntrauung verlangen. »Seid umschlungen, Millionen«, dichtete der arme Friedrich Schiller. Bhagwan macht es mit dem Kettchen am Hals seiner Jünger bildhaft. An die Kette legen müssen, dasselbe glauben müssen, das gleiche tun müssen, in dieselbe Partei eintreten müssen ... Wojtyla erneuerte das An-die-Kette-Legen mit Geboten nach dem Schema der alten Paulinischen Leibfeindlichkeit.

Das Einsamkeitsstöhnen entringt sich nur einem Erstarrten. Menschen gibt es wie Sand am Meer. Aber Wojtyla ließ sie nicht an sich herankommen. Die Bekannten seiner Jugend beschreiben ihn als unnahbar. Seine »Strahlung des Vaters« ist Nietzsches »Klage der Ariadne«. Eine so umständliche Liebespraxis kann nur jemand propagieren, der alle seine Orte und Möglichkeiten zur Liebe verbarrikadiert hat, der in einem Verlies der Gebundenheit lebt und durch einen von oben eindringenden imaginären Vater erlöst zu werden hofft.

Hat die Mutter, die neun Jahre mit Wojtyla zusammenlebte, einen uneinschränkbaren Einfluß gehabt? Haben die zwölf Jahre Vater-Sohn-Gemeinschaft nicht genug Männlichkeit in den Sohn gesenkt, daß daraus ein männlicher Mensch hätte werden können, der einer »Strahlung des Vaters« nicht mehr bedarf?

Wie bei allen Muttersöhnen sind die Sehnsucht nach Vaterschaft, das Erleben einer Vatererscheinung und die Selbstüberhöhung als Vater (Papst) Kennzeichen des Mangels an leiblicher Vaterschaft. Wojtyla äußert sich dazu unmißverständlich in seinem Stück: »Ich vermochte die Vaterschaft nicht auf mich zu nehmen, war ihr nicht gewachsen. Ich fühlte mich gänzlich ratlos – und was eine Gabe war, wurde mir zur Last. Wie etwas Lästiges warf ich die Vaterschaft ab.«[20] Dem jungen Wojtyla gelang die Identifikation mit dem Vater nicht, oder er machte sie wie etwas »Lästiges« ungeschehen.

An der leeren Stelle der nicht vorhandenen Männlichkeit nimmt eine fremde Männlichkeit Platz. Das bedeutet »Strahlung des Vaters«. Das Platznehmen der göttlichen Vaterschaft wird als so wohltuend empfunden, weil nun das Loch im Ich endlich verheilen kann. Diese frohe Botschaft soll jedem anderen Menschen ebenfalls zuteil werden. Die Technik der Leereauffüllung – das, was bei Wojtyla Einsamkeitsüberwindung heißt – ist für viele an Männlichkeitsvakanz leidende Muttersöhne und Muttertöchter eine Erlösung. Für männlich durchstrukturierte Männer, für menschlich abgerundete und erfüllte Menschen ist dieses Gott-sei-bei-mir-Verfahren lästig, ja quälerisch. Die Muttersöhne vom Kaliber Wojtylas setzen alles daran, daß andere Menschen auch eingesperrt werden, denn ohne den Zustand der inneren Leere ist das Strahlungserlebnis nicht möglich.

Frauen zu unterdrücken, Jugend zu behindern, Geschlechtlichkeit abzuwürgen sind die direkten Wege, um die nächsten Muttersöhne hervorzubringen. Wojtyla komplimentiert die Frau auf die Verlustseite des Lebens, wenn er Maria in seinem Stück sagen läßt: »Ich weiß um viele Frauen, die unter Schmerzen gebären. Die menschliche Mutterschaft trägt das Siegel des Schmerzes. Damit zahlt der Mensch für die Freude des Seins.«[21] Der Mensch? Die Frau zahlt, soll zahlen, wird so angekettet, daß sie für die Freude des *Mannes* zahlen muß. Die Geburt unter Schmerzen ist ein Mythos. Von Muttersöhnen nicht geliebte und unterdrückte Frauen gebären unter Schmerzen.

Wenn ein Klosterbruder oder eine Klosterschwester, wenn Menschen, die in den Verliesen ihrer Mutterversperrung eingeschlossen bleiben, sich einen Durchbruch zum Metapsychischen verschaffen und mit ihrem sogenannten Glauben ihre Wunde zu heilen vermögen, verdient dieses Verfahren – diese Art Vereinigung – Mitgefühl, Respekt und Bewunderung dafür, daß ein befriedigender Du-Bezug zu einer übersinnlichen Kraft hergestellt wurde.

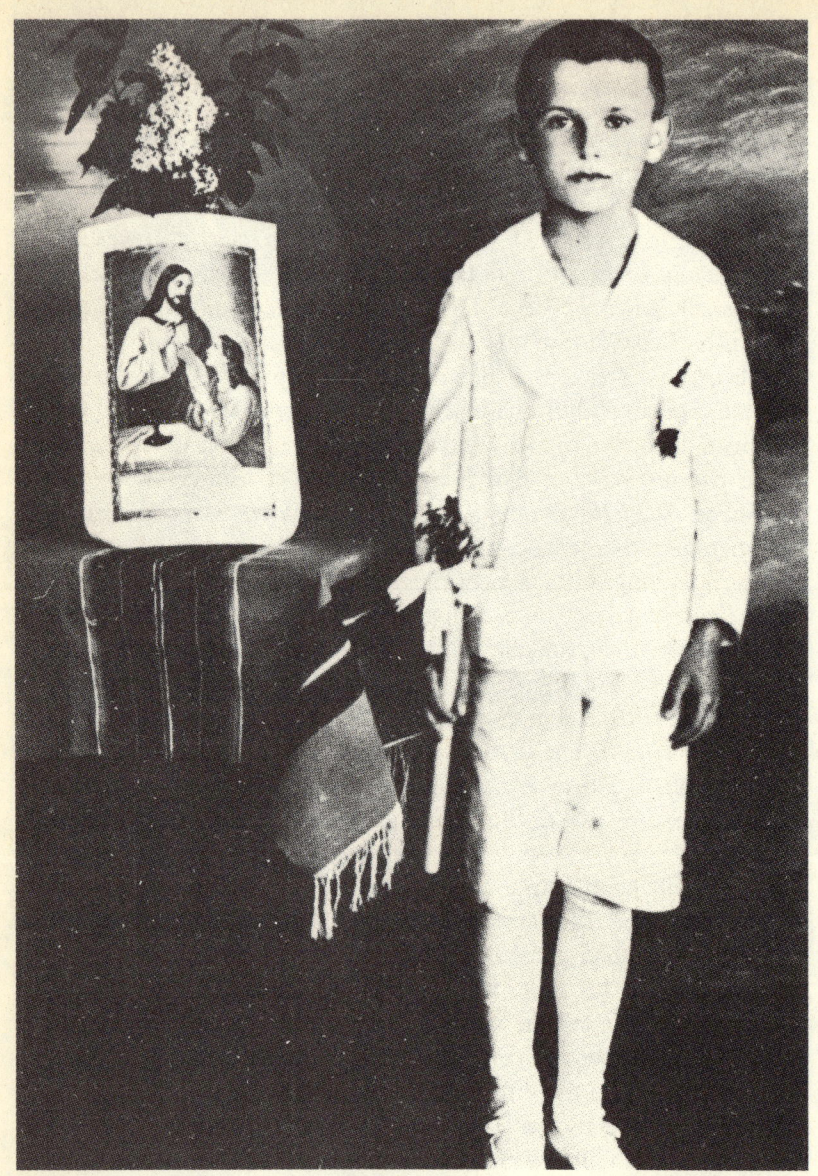
Wojtyla

Widerstand ist geboten, wenn dieses Menschenumgehungsverfahren allen Menschen aufgezwungen werden soll, wenn die Physik zugunsten der Metaphysik eingeschränkt wird, wenn auf diesem Wege nicht-verwundeten Menschen Wunden gerissen werden. Das Wundenreißen ist Tradition des Christentums.

Kampf muß sein, wenn eine Institution wie die katholische Kirche weiterhin massiv darauf hinwirkt, Zustände zu schaffen oder zu erhalten, die den leiblichen Zugang des Menschen zum Menschen erschweren, sogar verbarrikadieren, auf daß neue Wundenmänner produziert werden.

Aus einer Wunde – genauer: aus einer Krankheit – die Bahn zu Gott brechen zu wollen, ist nicht gottgefällig. Der Mensch soll das Ebenbild Gottes sein. Verzeihlich ist das Verfahren der Gottsuche aus dem Zustand der Verwundung – der von Wojtyla glorifizierten Einsamkeit –, wenn die Krankheit unverschuldet in die Menschen gekommen ist. Seit mehr als tausend Jahren wird diese Krankheit jedoch künstlich hergestellt, mit Schwertern, Scheiterhaufen, Ideologien und Machtpolitik. Die katholische Kirche hat ein Interesse am Blutfließen. Menschen, die kein Fleisch essen, die nicht töten wollten, wurden öffentlich geschlachtet. Die Vegetarier-Sekte der Katharer (»Ketzer«) wurde um 1200 auf Befehl des Papstes ausgerottet. Johannes Paul II. ist über seine Verbindung zur Mafia an Geschäften mit Waffen und Drogen beteiligt. Waffen zerstören Menschen äußerlich, Drogen innerlich.

Wojtyla ist ein Wundenmann wie Jesus. Die neun Jahre Zusammenleben mit seiner Mutter reichten zur Identifikation mit ihr. Napoleon und Stalin lebten auch nicht länger eng mit ihren Müttern zusammen. Die Mutter Wojtylas war nicht nur eine soziale, sondern auch eine körperliche Wunde. Sie kränkelte am Herzen und starb in ihren Vierzigern. Wie bei Rilke gab es bei Wojtyla eine kurz nach der Geburt gestorbene Schwester. Karol wirkte als Junge mädchenhaft. Von der Mutter, die sich wünschte, daß er Priester wird, ist ein Satz übermittelt worden: »Mein Lolek, ihr werdet sehen, wird ein bedeutender Mann werden.«[22]

»Hasch mich, ich bin der Frühling!« (Wojtyla)

Warum konnte der Vater in den zwölf Jahren bis zu seinem Tod die Wunde des Sohnes nicht verschließen? Er heiratete nicht noch einmal nach dem frühen Hinscheiden seiner Frau, lebte mit keiner anderen zusammen und arbeitete auch nicht mehr. Neun Jahre teilte er mit Karol eine gemeinsame Wohnung. Der vierzehn Jahre ältere erste Sohn starb ihnen weg, als Karol zwölf war. Der Vater hatte in seiner Jugend das Schneiderhandwerk gelernt und war später Soldat geworden, kriegerisch aber nicht tätig gewesen. Er hatte in der Militärbürokratie gearbeitet und sich mit Vierzig pensionieren lassen, etwa um die Zeit von Karols Geburt. Der Vater war als Mann mit Haut und Knochen anwesend, aber er war körperlich so hinfällig und seelisch so unplastisch, daß der Sohn keine Männlichkeit von ihm beziehen konnte. Der Vater trat in den zwölf Jahren nicht mehr als ein »Welt«-Liebender auf, auch nicht als Ehemann, als jemand, der sich neben Karol erwachsenen Personen widmete. Vor allem erlebte der Sohn ihn nie berufstätig. Er war nicht wie Mozarts Vater Musiker oder wie Goethes Vater »Rat« und Privatgelehrter, Väter in einer gesellschaftlich definierten Position, die allein Männlichkeit in der Männergesellschaft verleiht. Die günstigste Konstellation hatte Rudolf Steiner erlebt: einen berufstätigen Vater, der neben der Verrichtung seiner Arbeit den Sohn ausbildete. Ähnlich gestaltete sich die Vater-Sohn-Beziehung bei den vertriebenen Juden. Wojtylas Vater dagegen war Rentner. Nachbarn hatten »den Eindruck, als sei er ein alter Mann gewesen«, weil er immer kränkelte.[23] Er war eine Männlichkeitsattrappe. Er war Hausfrau. Die Delegation der Mutter für Karol: »Sei unser Mädchen, ersetz uns die tote Tochter!« wird der Vater fortgeführt haben.

Wojtyla probierte bis zu seinem einundzwanzigsten Lebensjahr mit seiner Männerrolle herum. Er balancierte sich in der Zwitterexistenz des Schauspielers, hatte wie jeder junge Mann eine Freundin. Einmal von einem Bischof für priesterwürdig befunden, kam er diesem Wink nicht nach, so sehr beschäftigte er sich mit Schauspielerei und Dichtkunst. Unmittelbar nach dem Tod seines Vaters entschloß er sich, Priester zu werden. Die Identifikation mit dem Vater platzte wie Pappmaché ab. In Wojtylas Worten liest sich das so: »Er stand einst an der Scheide von Vaterschaft und Einsamkeit. Wer trennte ihn von den Menschen, wer machte ihn in ihrer Mitte einsam?«[24]

»Einsam« ist niemand. Wirklich »allein« lebt niemand. Wer sich einsam fühlt, wer an Menschen nicht herankommt, wird von etwas Unsichtbarem umringt. Am Schluß von Wojtylas Stück kommt zum Ausdruck, was das Unsichtbare ist. Er läßt die »Mutter« sagen: »Geh nicht fort, Kind – du ewiges Kind –, geh niemals fort. Und wenn du fortgehst, dann vergiß nicht: Du bleibst in mir.«[25] Das »ewige Kind« Wojtyla kehrte in einen übertragenen Mutterschoß ein, als der ihn am Bleiben hindernde Vater tot war.

»Die Krakauer Kirche hat mich geboren wie die Mutter ihren Sohn«, behauptete er, als er Bischof geworden war.[26] Er ließ die Gebeine seiner Mutter nach Krakau in seine Nähe überführen.

Innerlich ein Bleibender, äußerlich ein Rasender. Kein Papst flog so panisch um die Welt wie Johannes Paul II. Dem letzten deutschen Kaiser, Wilhelm II. gleich, reist und redet er. Sein Schreibtisch im Vatikan ist meistens leer. Er interessiert sich für Shows, Besuche und Empfänge, Gepränge, setzt sich gern in Szene.

Wenn er unentwegt kleine Kinder hochhebt, schlägt ihn fast ein Schatten Leiden, daß er selbst nicht Mutter werden kann. So weit geht die Identifikation mit der Mutter nicht. Mutter werden – das möchte Wojtyla wohl, das muß er vielleicht wollen. Deshalb preist er Mutterschaft an, paukt sie auf allen seinen Schritten und Tritten den Frauen ein und wird zu einem der unheimlichsten Vollender der Überfüllung.

Wäre der Vater von Johannes Paul II. nicht mit zweiundsechzig, sondern mit vierundachtzig Jahren gestorben, hätte die Pappmaché-Männlichkeit des Sohnes besser und länger gehalten. Er wäre nie Priester geworden, sondern einer der vielen Ehemänner, die ihr Dasein miesepetrig über die Runden bringen und froh sind, wenn um Vierzig, Fünfzig nichts mehr zu laufen braucht – wie es der Vater Wojtylas dem Sohn vorgemacht hat.

Ein eindrucksvolles Beispiel nicht festsitzender Männlichkeit ist Martin Luther. Wie Karl Marx und Sigmund Freud hat er vater-sohncharakteristische Züge. Er bündelte den Zeitgeist, der sich gegen die Ungeheuerlichkeiten der Kirche aufzulehnen begann. Er griff den Papst öffentlich an (Verfassung der fünfundneunzig Thesen zu Wittenberg). Er trat mutig vor den Kaiser und den päpstlichen Gesandten, weigerte sich auf dem Reichstag zu Worms, seine Thesen zu widerrufen, schleuderte den höchsten Vertretern der damaligen Obrigkeit sein »Hier stehe ich, ich kann nicht anders« entgegen. Seine Kritik betraf hauptsächlich den Ablaßhandel und das Zölibat der Priester. Er kämpfte gegen die Käuflichkeit der Gnade Gottes und beschwor so die Spendenaffäre des 16. Jahrhunderts herauf. Der Klerus handelte mit der Vergebung der Sünden: Wer zahlte, dem wurde der Himmel versprochen. Die Bischofssitze und Papstpaläste, deren Pracht mit den Schlössern der weltlichen Fürsten konkurrierte, sollten finanziert, das aufwendige Herrschaftsleben der Geistlichen mußte ökonomisch abgesichert werden.

In der Zeit seiner Schutzhaft auf der Wartburg bei Eisenach übersetzte Luther die Bibel aus dem Lateinischen und Griechischen ins Deutsche, so heißt es. Aber ein einheitliches Deutsch gab es damals noch nicht. Luther schuf es, legte das Fundament des Deutschen als National- und als Literatursprache, indem er die vielen Dialekte zu einer allgemein überzeugenden Ausdrucksform komponierte. So machte er die Heilige Schrift jederfrau und jedermann zugänglich, damit endlich das Volk nachprüfen konnte, wie Gottes Wort schwarz auf weiß lautete. Vom Sündenfreikauf und von der priesterlichen Ehelosigkeit ist an keiner Stelle der Bibel die Rede.

Luther heiratete, was für einen ehemaligen Mönch eine Sensation war, und entfesselte mit seiner Tat und seinen Schriften eine Klosterflucht. Er gründete eine protestantische Kirche, die sich auf die Evangelien stützte und dem aufgeblähten Machtapparat der katholischen Hierarchie den schlichten, verehelichten Landpfarrer entgegenstellte. Luther lebte zwanzig Jahre mit seiner Frau,

Katharina von Bora, zusammen, zog eigene Kinder, Nichten und Neffen – insgesamt sechzehn Jugendliche – zu erwachsenen Menschen auf, entging allen Verfolgungen, war eine geachtete Autorität, zu der die Menschen ratsuchend pilgerten, ehe er mit zweiundsechzig Jahren starb. Er redete und schrieb in einer zupackenden, drastischen, »dem Volk vom Maul abgeschauten«, die Sachverhalte durchdringenden, künstlerisch leuchtenden Sprache.

Das ist die Tagseite seiner Biographie. Neben ihr gibt es eine Nachtseite.

Luthers Leben ist ein Slalom um Vater- und Mutterwirkungen. Das Verhältnis zwischen ihm und seinem Vater war so zwiespältig, daß daraus ein einheitliches Ich des Sohnes nicht hervorwachsen konnte. Die Eltern wurden sehr alt, blieben am Leben bis hinein in die Fünfzigerjahre des Sohnes, der sein Dasein zwischen der Identifikation mit seiner Mutter und den Delegationen seines Vaters fast zum Zerreißen spannen mußte. Die Vorfahren Luthers entstammten der Bauernschaft. Der Vater war als nicht erbender ältester Sohn Bergmann geworden, hatte sich hochgearbeitet zum Teilhaber kleiner Kupferschächte und Mitpächter von Schmelzhütten. Er verbrachte nicht wie der Bauer oder der Handwerker den Tag in unmittelbarer Nähe der Kinder, sondern war außer Hauses berufstätig. Er wird als streng und prügelnd beschrieben. Er hatte mit seinem ältesten Sohn Martin viel vor, den er im fünften Lebensjahr auf eine Lateinschule abkommandierte. Der Griff nach dem intelligenten Sohn nahm Züge von Interesse und Verfolgung an. Martin sollte Jurist werden und als Berater von Fürsten die höchste Stellung eines Bürgers der damaligen Zeit erklimmen.

In Luthers Kindheit kommt die heute überall zu beobachtende Spaltung der Vater-Sohn-Beziehung zum Ausdruck: überfrachtete ideologische Vaterschaft – der Vater hatte Absichten mit dem Sohn – und undeutliche praktische Vaterschaft, der Vater arbeitete auswärts und war deshalb für den Sohn nicht greifbar. Der Vater wollte etwas vom Sohn, das er ihm nicht vormachte – die Tätigkeit als Jurist –, und er war für den Sohn in seinem Beruf nicht faßlich – als Bergmann. Die Brüder Martins erlagen diesem Zwiespalt der Vaterschaft und starben als junge Männer. Luther war eine vorweggenommen bürgerliche und eine nachgespielt militärisch-feudalistische Manneskonstruktion – durch Arbeit oder kriegerische Verwicklungen bedingte Abwesenheit des Vaters.

Luther studierte die Künste und die Rechte. Einundzwanzigjährig hatte er – ähnlich Paulus – ein Umkehrerlebnis. Es kam etwas »von oben« auf ihn zu, drang in ihn ein. Bei einem Spaziergang war er in ein Gewitter geraten. Als der Blitz neben ihm einschlug, gelobte er der heiligen Anna, Mönch zu werden. Anna ist zwar die Schutzheilige des Bergbaus – also so etwas wie Luthers spirituelle Großmutter väterlicherseits –, aber die Entscheidung, Mönch zu werden, hieß, die Delegation des Vaters außer Kraft zu setzen. Der Vater hatte immer wieder den Priesterstand verächtlich gemacht und zum Sohn gesagt: Werd bloß nicht so'n Faulenzer!

Nun also doch! Martin brach seine juristischen Studien ab und ging in ein Kloster. Dem Vater war dieses angebliche Gotteserlebnis nicht geheuer. Für damalige Verhältnisse ungewöhnlich seelisch tiefblickend, behauptete er, der Blitz sei möglicherweise keine Stimme Gottes, sondern die Versuchung eines Geistes, einer vatergegenlaufenden Macht gewesen.

Nach kurzer Wonne im Kloster überkam Luther sein »Anfall im Chor«, den drei Zeitgenossen miterlebt haben wollen. Er warf sich auf den Boden, schlug um sich und schrie wie ein zum Schlachten angestochenes Tier: »Ich bin's nit!« Ob auf deutsch oder auf lateinisch – darüber waren sich die Chronisten nicht einig. Das lateinische »Non sum!« hieße noch deutlicher: »Ich bin nicht!« Die Geschichte kann erfunden sein. Die katholischen Gegenkräfte wollten Luther später zum Besessenen abqualifizieren. Aber auch wenn das Erlebnis eine Erfindung war, könnte kein Satz deutlicher Luthers Situation erhellen, die sich aus vielen anderen Zeugnissen bestätigen läßt. Sein Ich hatte Zerfallserscheinungen, war eine immer wieder schmerzhaft aufreißende Wunde, die sein Leben hindurch eiterte und besonders nach der Eheschließung seinen Körper zu einem Schlachtplatz von Anfällen, Krankheiten und Wahnsinnsschüben machte.

Luther haßte seinen Vater. Eines der simpelsten Beispiele dafür: In seinen Erzählungen, den berühmten Wittenberger Tischgesprächen, behauptete er, er stamme von Bauern ab. Vom Vaterberuf des Bergmanns und den Mühen des väterlichen Hocharbeitens redete er nicht. Bauern und Haushandwerker produzieren wie die ghettoisierten Juden meist Vatersöhne. Luther wollte seine Blöße als Muttersohn bedecken.

Später übertrug er seinen Vaterhaß auf den Papst. Er machte seinen Haß gesellschaftlich brauchbar, doch lag im Haß zugleich auch der Keim für die Ohnmacht der Lutherschen Gedanken, die Menschen vom Parasiten Kirche tiefgreifend zu befreien. Luther kam nicht weiter als bis zum Gegenanstinken. Mit dem Körperteil, der stinken kann, schien er alsbald mehr zu agieren als mit dem Kopf. Er wütete in seinen Schriften blindlings drauflos, hielt die Fürsten an, die aufständischen Bauern zu morden, und unterstützte später die Christen dabei, die Juden zu verfolgen. Die friedlichsten und unterdrücktesten Menschen lockten seinen vehementesten Haß hervor. Sein Streit mit dem Papst verkam zur Anbellerei. Er hatte nie dazu aufgefordert, den Papst gefangenzunehmen und umzubringen. Das tat er aber gegen die Bauern und tendenziell auch gegen die Juden. Die Fürsten tadelte er nur, weil sie ihrer Aufsichtspflicht als Obrigkeit nicht nachgekommen waren, nicht rechtzeitig eingegriffen und die Bauern in Schach gehalten hatten und nach der Niederschlagung keine Gnade walten ließen. Aber Obrigkeit selbst zweifelte er nie an. Er forderte in gut paulinischer Tradition seine Gläubigen stets dazu auf, der Obrigkeit untertan zu sein.

Luther war ein klassischer Vaterherbeisehner. Seine besten Taten vollbrachte er in der männergespickten Atmosphäre des Klosters – geliebt und gefördert vom Generalvikar Johannes von Staupitz – (Entwicklung der Thesen) und in adelsherrlicher Gesellschaft auf der Wartburg unter dem Schutzpatronat seines Landesherren, Friedrichs des Weisen (Bibelübersetzung).

Die katholische Kirche ist nicht nur eine Darstellerin von Fetzen der unterdrückten Weiblichkeit, sondern auch eine Gewährleistende der Verwirklichung unterdrückender Männlichkeit. Jahrhundertelang war sie die beste Fabrik für die Nachbemannung. Alle Löchrigkeiten bessert sie noch heute ihren strauchelnden Jüngern aus. Sie ist unumstößlich, baut sich felsenfest in die Zukunft hinein. Mit Wagnerschem Erektionsgetöse paukt sie ihr dogmatisches »Von Ewigkeit zu Ewigkeit« der eingeschüchterten Menschheit ins Ohr. Ideologisch stahlsteif – die härteste *Herr*schaft, die es je gegeben hat. Praktisch lauert hinter jeder Kirchensäule ein baumwollverhüllt-züchtiges Etwas, das sich »Vater« nennt. Ein Riesengerüst sich bis zum Papst nach oben schiebender Stufenvaterschaft stützt die identifikationsmißlungene Wackeligkeit jedes neuen Adepten. Weit über ein Jahrzehnt hat Luther das Kloster als Männlichkeitskorsett um sich gehabt. Wojtyla legte es sofort an, nachdem sein Vater gestorben war.

Luther verfluchte sich als Sünder. Die Vorstellung von der eigenen Sünde ist das zentrale Kennzeichen einer Lochseele. Sünde bedeutet schadhafte Stelle im Ich. Der böse Mensch bedarf der Erbarmungskorrektur durch einen heilenden Vatergott. Die christlichen Wundmale sind eine glorifizierte Nach-außen-Kehr der inneren Verwundetheit, Verkörperungen der seelischen Mißlichkeiten.

Zum Kind regrediert, schrie Luther nach dem ihm oft abgewandten Gott. Unvereinbar damit erschrak er vor dem ihn auffressenden Gott. Die Extreme des Verlangens nach Vater und des Verfolgt-Werdens vom Vater zeigen Luthers unbewältigtes Verhältnis zum leiblichen Vater. Zwischen Verschwinden und Überfall des (All-)Mächtigen zehrte und duckte sich sein armes »Seelchen«, wie er sein malträtiertes Ich gern nannte.

Dieses Seelchen mißlang so, daß der Pendel der Lutherschen Wirkung ins Grausige ausschlug und dort stehenblieb. Die Kirche wurde nicht reformiert, es bildete sich eine Gegenkirche. Die Lager der gespaltenen Kirche bekämpften sich bis aufs Blut. Zwei bis drei Jahrhunderte lang tobten Kirchenkriege, die, wie am

Beispiel Irlands zu sehen ist, auch heute noch nicht wirklich zu Ende sind. Die katholische Kirche erstarkte in ihrer Funktion als Folterin der Menschheit. Ein neues Ketzerkontingent konnte angestochen werden.

Das Christentum ist durch die protestantische Kirche restauriert worden. Luther identifizierte sich mit dem Schmerzenssohn Jesus, den er aus der heidnisch überwucherten katholischen Glaubenstradition herausschälte. Die drei wesentlichen katholischen Vermenschlichungen der Diktate des unheimlichen Zwillingspaares Jesus–Paulus machte Luther wieder rückgängig.

1. Er stieß Maria, die gottgleiche weibliche Instanz der katholischen Kirche, von ihrem Thron. Er wollte den Vater pur und ganz für sich. Aufs neue vermännlichte er das Christentum, das im ersten Jahrtausend seiner Staatsmacht einen deutlichen ideologischen Rutsch zum Weiblichen gemacht hatte.

2. Er fegte die Heiligen als Schutzpatrone und Bittadressaten beiseite. Mit den Heiligen war die alte Vielgötterei wieder aufgelebt, die Territorialität des Übersinnlichen instand gesetzt. Jeder Ort, sogar jede Kirche, hatte eine besondere Fürbitt- und Gutwettergestalt. Luther wollte sie allesamt absetzen. Er machte aus konkret wieder abstrakt, aus vielen wieder einen, aus persönlich wieder total. Der polytheistisch aufgefächerte katholische Glaube wird im evangelischen Bekenntnis wieder monotheistisch eingeschränkt. Buddha hatte nichts dagegen, wenn die Gläubigen weiter zu ihren lokalen Schutzgöttern beteten. Luther machte das Christentum erneut kalt. Nur das Wort galt. Wer ist »das Wort«? Die plastische religiöse Großfamilie wurde zerstört. Die Protestanten haben keine übersinnlichen Onkels und Tanten mehr.

3. Das schlimmste war Luthers Angriff auf Beichte und priesterliche Sündenvergebung.

Der Ablaßhandel wurde von der Kirche als Unterdrückungsmittel eingesetzt. Er artete ins Groteske aus. Die Menschen konnten sich einen Platz im Jenseits kaufen, noch ehe sie die Sünde begingen. Aber Reue und Buße, Reinigung vom erkannten Fehlverhalten, die Bitte um Vergebung schlechter Taten hier und jetzt, ihre Gewährung – das alles sind Vorgänge, die dem Menschen im Umgang mit dem Religiösen die Souveränität erhalten, die Aktivität im Verhältnis Mensch–Gott. Luther versank in der Passivität. Sein berühmtes Turmerlebnis – wieder wird in einen Sohn eingedrungen, diesmal an einer Errichtungsstätte – mündete in seinem Credo: Glaube als Gnade Gottes, nicht als Tat des Menschen.

Aus Luthers Überzeugung, der Vater gelte mehr als der Sohn, der Bauer mehr als der Knecht, der Lehrer mehr als der Schüler, der Fürst mehr als der Untertan – das Glaubensbekenntnis auch des größten Zurückdrehers der deutschen Nachkriegsgeschichte, Axel Cäsar! Springers –, aus Luthers die Obrigkeit stützendem Gefälledenken wuchs die protestantische Kirche zur zweiten Staatsträgerin des Filiarchats heran. In ihrer stabilisierenden Wirkung auf die Männergesellschaft unterschied sich die neue nicht von der alten Kirche. Die evangelischen wie die katholischen Muttersöhne verbrannten Frauen als Hexen. Einer der größten Frauenmörder der Antihexenkampagne, Benedikt Carpzov, der Volksgerichtshof-Freisler des 17. Jahrhunderts, wirkte als Strafrichter bei zwanzigtausend Todesurteilen mit. Er war Lutheraner. Fruchtbarkeitsdogma und Aberglaube ließen sich direkt von Luther herleiten, der seine seelischen Paniken nicht zu zähmen vermochte. Er behauptete, der Teufel hätte öfter bei ihm gelegen als seine Frau.

Die protestantische Kirche stand König Friedrich II. und Kaiser Wilhelm II. zur Seite, als es im 18. und 20. Jahrhundert um das massenhafte Männertöten ging. Luther hob den hinter dem Christentum versteckten Sadomasochismus nicht auf. Und Gottes Wort wurde zur überdimensionalen Einfuhrgröße, der sich der gläubige Sohn hinzugeben und der sich jeder Mensch auszuliefern hat.

Luther schrieb eine Arbeit gegen den freien Willen, die gegen seinen Zeitgenossen, den Universalgeist Erasmus von Rotterdam, gerichtet war, einen der bedeutendsten Vatersöhne der Männergeschichte. Wer keinen freien Willen hat, hat keine Person. Muttersöhne haben mit dem freien Willen, dem Transportmittel der

Person, enorme Schwierigkeiten. Entweder sie sind apathisch, oder sie sind hektisch, schwören auf ihren Willen und peitschen ihn der Menschheit ein, wie es Nietzsche und Hitler taten, oder sie schwören ihm ab, wie es Luther und Schopenhauer widerfuhr.

Luther konnte nicht fühlen – eines der herausragendsten Kennzeichen der Muttersöhne. Deshalb sein leidenschaftliches Verlangen nach Vereinigung mit Gott. Das Wort Gottes sollte in seiner Seele geboren werden, die Gewißheit des Herrn mußte ihn durchdringen und sich ihm ins Fleisch senken.

An Luthers Leben und Wirken läßt sich ablesen, wie untauglich das spirituelle Wundenheilungsverfahren ist. Depressionen, Angstanfälle, Wutdurchbrüche. Nach dem Abfall des Klostersuspensoriums erschlaffte Luthers Geist, faulte sein Körper. Depressionen sind Mutterbindungskrankheiten, Ich-Demontagen, Zerfließungswehen, Unstruktur-Zustände. Luther dickte ein, schwoll zum Kürbis an. Aber sein ärgstes Elend spielte sich in seinem Kopf ab. Muttermigräne wird zu Sohneskopfschmerz.

Eine markante Eigenschaft von Muttersöhnen: Sie sind gegen das Schwache, wobei das Schwache auch die eigene Person sein kann, wie es Schiller, Hölderlin, Nietzsche, Büchner, Rilke, Kafka, Pasolini zeigten. Muttersöhne sind gegen Frauen, Juden, Bauern, Randgruppen, Außenseiter, Minderheiten, Kinder, Untergebene, Unterdrückte, Abhängige, ausgelieferte Völker, gegen Tiere und im 20. Jahrhundert gegen die Natur – gegen alles, was sich nicht wehren kann.

Juden und Bauern gehören im christlichen Filiarchat zu den am meisten ausgebeuteten und geschädigten Menschen. Es war überflüssig, meuchelmörderische Abhandlungen gegen sie zu schreiben. Luthers Bauernschrift wurde vervielfältigt, als die Aufstände fast überall schon niedergeschlagen waren.

Eine verbreitete psychologische Theorie erklärt das Wüten der Männer aus ihrer Identifikation mit einem Aggressor. Luthers Vater war ein verfolgender, schlagender, dirigierender, seelisch peinigender und nicht lockerlassender Vater. Luthers Eigenart, auf den Schwachen herumzutreten und die Obrigkeit zu stützen, könnte der These neue Nahrung geben. Sie ist falsch. Das Beweismaterial der Muttersöhne mit nicht aggressiven Vätern ist so erdrückend, daß die Quelle der männlichen Aggressivität – deutlicher: der blindwütigen Zerstörungstätigkeit von Männern – eine andere sein muß. Die überwiegende Mehrheit der Muttersöhne, die keinen sie verfolgenden Vater hatten, setzt die Theorie außer Kraft: Cäsar, Nero, Caligula, Konstantin, Augustinus, Karl V., Iwan der Schreckliche, Louis XIV, Napoleon, Bismarck, Mussolini, Franco, Göring, Goebbels – die meist harmlosen Väter der autoaggressiv tätigen Kultursöhne selbstverständlich eingeschlossen. Nur Luther, Friedrich II. und Hitler ragen heraus. Stalin hätte kaum Zeit gehabt, sich mit den Schlägen seines Vaters zu identifizieren. Bis zu seinem fünften Lebensjahr mußten er und die Mutter den Vater nur manchmal an Wochenenden erdulden, weil er auswärts in einer Schuhfabrik arbeitete. Im fünften Lebensjahr Stalins verschwand der Vater und starb nach weiteren fünf Jahren.

Nicht die Identifikation mit dem Vater-Aggressor macht Söhne aggressiv, sondern ihr Identifikationsleck. Dieses Leck kommt durch eine Vielzahl von Eigenschaften des Vaters zustande. Für Söhne zur Identifikation unbrauchbar sind schwache, kranke, resignierende, untätige, mit der Mutter überworfene, von der Mutter abgelehnte, fremdgehende, den Sohn hassende, ihm gegenüber kalte oder allgemein brutale, lange Zeitstrecken abwesende, ja sogar – wie im Falle Wojtylas und wahrscheinlich auch Luthers – als Liebhaber den Sohn unterschwellig begehrende, ihn verfolgende Väter.

Die Identifikation ist ein so komplizierter, langwieriger Prozeß, daß die kleinfamiliäre Kinderaufzucht die Identifikation von Knaben mit Männern in der Regel vereitelt oder behindert und nur in Ausnahmen gelingen läßt. Sie setzt eine kontinuierliche Beziehung zwischen einem Jungen und einem erwachsenen Mann über einen Zeitraum von mehr als zehn Jahren voraus, ihre Nähe zueinander und beim Jungen das Aufkommen eines Wohlgefühls in Anwesenheit des Älteren.

Die Identifikation verlangt einen Mann, der sich dem Jungen widmet, ihn lenkt und doch freiläßt, ihn mit Anteilnahme begleitet und keine Angst vor dem Aussprechen des strukturbildenden »Neins« hat, das er notfalls mit Druck durchsetzen muß. Depression bedeutet Mangel an Druck. De pressio = kein Druck. Umgibt den Jungen in der Kindheit nicht ein Mann, der in der Lage ist, seine Entscheidungen mit Nachdruck durchzusetzen, geschieht keine männliche Ich-*Errichtung*. Ein Kind haßt den Erwachsenen, der ihm alle Wünsche erfüllt, sagt ein russisches Sprichwort.

Soll die Identifikation gelingen, bedarf es eines Vaters, der durchschaubar ist, der »im Leben steht«, eine Arbeit hat, die ihn ausfüllt und die er vor dem Sohn darstellen kann, eines Mannes auch, der mit erwachsenen Personen Beziehungen unterhält, guten Umgang zu Frauen pflegt, mit einem Menschen ein Liebesverhältnis hat, auf daß er den Sohn nicht in seine Unzufriedenheit hereinziehen muß.

Einen auf solche Art seelenbildenden Starvater bringt das Filiarchat nicht hervor. Wenn es ihn gibt, ist es ein Glücksfall, und wenn dieser Mann sich noch mit einem ihm geborenen Sohn freundlich und ausdauernd beschäftigt, ist es ein Wunder. Daß es immer seltener geschieht, zeigt ein Blick auf die Welt der Männer. Jeder Mann hat während seines Heranwachsens ein kleineres oder größeres Identifikationsleck mitbekommen und möchte es mit seiner Eingliederung in das männergesellschaftliche Radfahrsystem – das Schwache zu zerstören, das Starke zu begehren und zu stützen – verschließen.

Das beklemmendste daran: Frauen sind diesen Vorgängen hilflos ausgeliefert, ja sie vergrößern noch das Männlichkeitsdefizit des Mannes, wenn sie sich mit ihm verbinden.

Nachweislich reaktionär in der Absicht, nicht erst in der Wirkung, wurde Luthers Wort, seit er verheiratet war. Seine drei zersetzenden Schriften gegen die Bauern, die Juden und gegen den freien Willen schrieb er während seiner Beziehung zu Katharina von Bora, die Bauernverfolgung befahl er schon während seiner Verlobungszeit. Die Bauern hatten sich auf ihn berufen wie die

Studenten auf Adorno. Aber von wirklicher Veränderung der Verhältnisse wollen Muttersöhne nichts wissen. Statt dessen verraten sie ihre eigenen Ideen, wenn ihre Gedanken in den Taten anderer systemsprengende Wirkungen haben. Luther machte sich weder etwas aus der von Rittern seiner Zeit kämpferisch propagierten Adelsdemokratie (Ulrich von Hutten) noch etwas aus einer Bauernherrschaft, so wie Adorno lieber Klavier spielte und auf Vortragsreisen ging, als daß er die hierarchische Organisation seines Instituts und Lehrstuhls umstrukturieren ließ.

Mit seiner Eheschließung fügte Luther sich dem Willen des Vaters. Alle seine Brüder waren gestorben. Der Vater wurde beim über vierzigjährigen Martin noch einmal massiv vorstellig. Er bedrängte den Sohn, den Namen zu erhalten, die Familie nicht aussterben zu lassen. Luther hatte längst Fortpflanzung auch als Priesterpflicht gepredigt, war ihr jedoch nicht nachgekommen. Die wesentlichen Jahre seiner Jungmännerzeit, von Einundzwanzig bis Einundvierzig, war er Mönch gewesen, hatte sich mit der Suche nach dem (Gott-)Vater aufgehalten und nicht aus einer verinnerlichten Väterlichkeit heraus gelebt. Seine Freunde hatten eine der entlaufenen Nonnen nach der anderen geheiratet. Luther beteiligte sich am Kuppeln, langte aber selbst nicht kräftig zu. Die Heirat mit Katharina von Bora war keine Liebesheirat. Katharina liebte einen Mann in ihrem Alter – sie war Mitte Zwanzig –, der von seinem Vater zurückgepfiffen und zur Eheschließung mit einer reichen Frau gezwungen wurde. Katharina war es auch, die Luther oder einen seiner Freunde als letzte Möglichkeiten für sich ausgesucht hatte. Der Freund war schon vergeben. So blieb Martin übrig. Später gab es unanständige Spottbüchlein über Katharinas Verhältnisse mit den studentischen Gästen im Hause Luthers.

Luther lebte nach seines Vaters unerbittlichem Willen, nicht aber aus der Identifikation mit ihm. Denn Identifikation hätte bedeutet, spätestens zwischen Einundzwanzig und Einundvierzig ein Zusammenleben mit einer Frau einzurichten. Ab Vierzig galten damals Menschen als alt, oft starben sie schon früher. Luther heiratete auf dem Altenteil.

Wie wenig der Entschluß aus Identifikation mit dem Vater gefaßt und in die Tat gesetzt wurde, zeigt Luthers Leben und Werk danach. Er war zerrissen wie die Söhne, die delegierte männliche Partner ihrer Mütter sind. Die Mütter verlieren ihren Ehemann tatsächlich, oder sie verlieren seine Gefühle und ersetzen sich den freien Platz mit ihrem Sohn. Der aus dieser Konstellation herauswachsende Mann lebt im Zwiespalt zwischen delegierter Männlichkeit und identifizierter Weiblichkeit. Die Identifikation schlägt sich im Seelischen immer stärker nieder als die Delegation.

Luther machte erst nach Jahrzehnten wahr, was sein Vater schon in der Jugend des Sohnes von ihm wollte. Er konnte das Gesollte nicht mit Befriedigung erfüllen. Das kommt auch in seiner Wirkung auf das Verhältnis der Protestanten zur Sexualität zum Ausdruck. Als er selbst noch nicht verheiratet war, betonte er die große Bedeutung der Sexualität, stellte sie über Essen und Schlafen. Die katholische Kirche hatte die Ideologie vom beinahe asexuell-monogamen Mann-Frau-Verhältnis und die Ehelosigkeit der Priester durchgesetzt. Unter diesem Diktat wühlte sich ein unübersichtliches Liebesleben durch alle Gänge des Unbeobachteten. Die katholischen Priester lebten sich in ihren Verhältnissen mit Frauen und nicht selten mit Männern aus. In Rom wird geflüstert, daß mit Johannes Paul II. seit langem ein Mann Papst geworden sei, der keine Männerliebschaften gehabt hätte. Luther sterilisierte das Liebesleben ebenso wie den Glauben. Er räumte mit der geschlechtlichen Kreuz-und-Quer-Praxis auf, verlangte die Einheit von Wort und Tat, schuf die bläßliche Pfarrhausehe, lebte die unauflösliche Lebenslänglichkeit der Zweierbeziehung vor, zeigte durch sein Verhalten zugleich ihre Gefahren.

Die Ideologie zu erhalten und die Praxis von jeder Vielliebelei zu reinigen – das konnte sich nur jemand unterstehen, der Frauen nicht wirklich begehrte. Die Vatertochter Katharina von Bora – adlige Töchter leiten sich immer von Vätern her – hatte Martin unter ihre Fittiche genommen, mehr war nicht passiert. Keine Kunst, daraus eine zwanzig Jahre dauernde Verbindung zu machen, noch dazu zwischen Vierzig und Sechzig.

In seiner Ehe widerfuhr Luther etwas Arges, das seinen Verfall erklärt. Seine während der Klosterzeit mühsam stabilisierte Männlichkeit brach zusammen. Die Bevaterung durch die Kirchenmänner, die Luther zwei Jahrzehnte lang beschirmt und betreut hatten, hob sich nach dem erneuten, fordernd-verfolgenden Auftreten seines leiblichen Vaters auf. Zugleich wurde die unbotmäßige Weiblichkeit Luthers durch die Gemeinschaft mit seiner Frau verstärkt.

Das, was Luther in seinem Leben vorführte, geschieht zahllosen Muttersöhnen. Durch die Nähe zu Frauen, durch Zweierbeziehung und Ehe, wird die wacklige Vateridentifikation torpediert und die brüchige Männlichkeit abgetragen. Die tiefangelegte, festsitzende Mutteridentifikation kommt zum Vorschein. Es ist nicht nötig, daß die Mutter noch lebt, wie es bei Freud und Luther der Fall war. Die stabile Mutterprägung kann durch das enge Zusammenleben mit einer Frau aufgefrischt und verstärkt werden. Das spüren Männer, die deshalb die Frauen immer wieder fliehen, weil der Konflikt zu groß ist zwischen aufschwemmender Mutterwirkung, verlustig gehender Vaterstruktur und von der Gesellschaft verlangter Männlichkeitspräsentation.

Ehen und Liebesverhältnisse mit Frauen haben Muttersöhne nie in ihrer Brutalität gebremst. Es ist umgekehrt – aber nicht, weil Frauen Männer zu Greueltaten anstachelten, wie es antifeministisch behauptet wird, sondern weil den Männern im Umgang mit Frauen das bißchen Luft aus ihrem Männeschlauch auszugehen droht. Sie müssen sich mit neuen stechenden, eindringlichen, zersetzenden Taten aufblasen. Alle Nazigrößen, mit Ausnahme Röhms, hatten Beziehungen zu Frauen, lebten in biederen Ehen – wie Göring, Himmler, Goebbels, die meisten KZ-Kommandanten und SS-Bonzen – und frönten manchmal obendrein einem ausschweifenden Sexualleben in beliebig sich aneinanderreihenden Verhältnissen und Abenteuern. Goebbels und Heydrich waren darin maßgebend. Mussolini versuchte ebenfalls, das eine mit dem anderen zu verbinden.

Auch die Frustrations-Aggressions-Theorie zerschellt an der

Mutter-Sohn-Charakteristik der Männer. Von Nero bis Goebbels lebten sich Muttersöhne derartig aus, daß sie vor lauter Befriedigung zu Großwesiren der Gutmütigkeit hätten werden müssen. Muttersöhne machen sich entweder nichts aus Sexualität – so Napoleon, Stalin, Hitler und die Kirchenmänner vom Schlage Wojtylas –, oder sie »verschlingen« Leiber, genau wie sie ihre massenhaften Tötungen betreiben. Ob sie nichts tun, ob sie bieder den ehelichen Beischlaf praktizieren oder ob sie Amok laufen, was sie auch tun, wie sie auch dazu stehen, es hat keine Wirkung auf ihr gesellschaftliches Verhalten. Kein Funke genossener Lust springt über und zündet Gefühl für das Lebendige. Es gibt keinen Umschlagplatz des Ichs, auf dem etwas Erfahrenes in eine wohltuende Wirkung nach außen umgesetzt werden könnte. Sonst wäre es nicht möglich, daß Männer in der Regel Frauen begehren, mit ihnen körperlich Angenehmes erleben und sie doch verachten, gesellschaftlich ausgrenzen und geistig abwehren.

Das Heer der verheirateten Männer übt sich täglich im Frauenniedertreten, ergeht sich im Aufreiben alles Weiblichen. Zu Hause bekommt es die Ehefrau ab, die eingeschränkt, zurückgeschraubt, untengehalten wird. Die großen Aufrichtungskuren, die früher die Klöster verschrieben, verabreichen sich heute die Männer in ihrem Wirkungsmiteinander. In der zweiten Hälfte des 20. Jahrhunderts bietet das System technisch auserlesene Möglichkeiten an, mit Formeln und Verfahrensweisen, Apparaten und Konstruktionen zu stechen und zu brandmarken. Luther konnte noch sagen, Gott der Herr hätte ihm das blutrünstige Reden und Schreiben befohlen. Heute ist es die säkularisierte Mannaufarbeitung, die jeden Muttersohn an einem kleinen Schräubchen der Untergangsmaschinerie drehen läßt.

Die herausragenden Wundenmänner treten auf als Repräsentanten von Millionen Miniatureinreißern, die täglich die Erde in eine große Wunde verwandeln: Grausamkeit, Gespaltenheit, Ich-Zerstörungen, Gruppenbedrohungen sind überall an der Tagesordnung. Die alte Blindwut der Muttersöhne hat nicht aufgehört, das Leben zu verfolgen. Das bedingungslose Töten-Wollen richtete sich bis ins 20. Jahrhundert auf – an allen möglichen Haaren herbeigezogene – Gegner. Seit dem ausgehenden 19. Jahrhundert ist die Szene des Wütens verändert. Die Versuche, sich auszudehnen und Gott zu spielen, bekamen neue Dimensionen. Die Mutterproblematik übertrug sich auf Natur. Die Einheiten, die zerstörbar waren, wurden immer größer. Völker auslöschen – das beherrschten Muttersöhne schon seit König David. Mit der Industrialisierung des Lebens, mit den gigantischen, von der Natur abhebenden technischen Erfindungen kann Leben selbst, »Muttererde«, umgebracht werden.

Der Verlauf der Technisierung zeigt den chaotischen Geist der Muttersöhne. Es wären andere Erfindungen denkbar, es werden heute andere vorgestellt, die nicht zugleich zerstören, Natur und Menschen bedrohen. Aber das Biophile (Lebenliebende) hat im Filiarchat keine Macht. In der Geschichte der Männergesellschaft gab es immer wieder Ketzer, Retter, Frauen und Männer, die am Leben interessiert waren, die Gedanken, Erfindungen, Entdeckungen zum Einklang und nicht zur Zerstörung anboten. Sie konnten sich auf die Dauer nicht durchsetzen. Sie wurden verfolgt, behindert, unterdrückt, für nicht existent erklärt. Es blieben die Reaktionäre, die Totalitaristen, die alles oder nichts wollenden Kraftmeier, die ewig neue Gegnerschaften und Blutgerichte auslösten.

Es gibt eine Tradition, die vom Gott des Alten Testaments über Hitler zu den Industriemagnaten führt. Schon Jahwe ist ein Muttersohn, spielt Schöpfer, beginnt mit einem prima Paradies. Und im Handumdrehen läuft etwas falsch, gibt es Flüche, hauende Schwerter, Sintflut, Sodom und Gomorrha, verbrannte Erde, stalinsche Ausrottungsmethoden, Mann-Frau-Desaster, bedrohliche Diktate, zum Beispiel: alle Männer zu beschneiden – wer unbeschnitten ist, soll umgebracht werden. Einen Sonderbund wie Bolschewiki oder SS verlangte der Oberste, Herr Zebaoth, den Auserwähltenring um das jüdische Volk, der Führer, Vater, Gott und Gefolgsleute fest zusammenschmiedete und alle Auswärtigen abzuschlachten gebot.

Die Unterdrückung der Frauen war und ist so fundamental, daß der unter Hausmütterchen aufwachsende Sohn immer wieder ein eingeschränkter Mann wird, der seinen Mangel in der nach Männern verlangenden Gesellschaft mit Leben (Mutter) zerstörenden Taten wettmachen muß. Frauen und ausnahmsweise gewordene Männer haben seit Jahrtausenden keine gesellschaftliche Macht, diese Negativrotation zu durchbrechen.

Die Wissenschaft ist verseucht von zerstörerischen Tätigkeiten. Mit ihrer Faktengläubigkeit ist sie rückwärts gewandt, wie Jesus Christus und Martin Luther es mit ihrer Vaterhörigkeit waren. »Fakt« heißt lateinisch »gemacht«. Wissenschaft beschäftigt sich nur mit Gewesenem, Gemachtem, Gestrigem. Sie behauptet zwar, sie sei nach vorn ausgerichtet, aber ihre Faktengläubigkeit bindet sie an das Vergangene. Die Faktenverfallenheit der Wissenschaft ist der in das technologische Milieu ausfließende Beweis für die ungelöste Mutterbindung des Mannes. Söhne sind rückgekoppelt im Denken wie im Glauben wie im politischen Verhalten. Sie buddelten sich mit der Spaltung des Atoms immer tiefer in Materie – »mater« = »Mutter« – ein und hoben zugleich von der Erde ab. Raketenbau, Satellitenkonstruktionen, Erdumlauf, Mondbesteigung sind Zeugnisse ihres auswärtigen Irrlichterns. Mit dem »Krieg der Sterne« soll das Vernichten kosmische Dimensionen umfassen.

Die machthabenden Industriesöhne verwirklichen Jesu Ansinnen an den Feigenbaum, im Frühjahr Früchte zu tragen. Die »Erste«-Welt-Menschheit muß Tomaten im Winter und Erdbeeren im Herbst essen, fliegt um die Erde und bekommt Organe ausgetauscht. Die Zweite und Dritte Welt wird von Verwundung zu Verwundung gehetzt. Immer gehen die Fortschrittsgeschichten so aus wie die Heilung des Besessenen: rechts Heil, links Unheil. Abgespaltene Beschäftigung mit einem Vorgang, Einreißen, üble Nachwirkung, die die Lage des Ganzen verschlimmert. Scheinbarer Fortschritt im Speziellen, Rückschritt im Generellen. Daß die Erde in ein paar Jahren nicht mehr (be)lebbar ist, ist der globalste Rückschritt, den Muttersöhne je veranstaltet haben.

Die nachparadiesische Bibel ist bis hin zu Jesus ein Zeugnis immerwährender Mißachtung der tierischen und pflanzlichen Natur. Jesu Schweinetötung segnet die heutigen Tierversuche ab. Nur ein Zersetzungsdrang konnte die biblische Ideologie kreieren, der Mann solle sich die Erde »untertan« machen. Prinzipiell wird in der jüdisch-christlichen Tradition das Fremde nicht geachtet, werden Bedürfnisse anderer nicht respektiert, andere Kulturen, andere Gedanken, andere Lebewesen unterdrückt und ausgerottet.

Wegen der nicht enden wollenden Männermisere bleibt Jesus Christus noch immer eine der beliebtesten Vorbildfiguren. Er ist Sohn, lebt allein, wandert herum und hat das Sagen. Es gilt als ein Anzeichen für den Ausbruch von Wahnsinn, wenn ein Mann behauptet, er sei Jesus. Hölderlin, Lenz, Nietzsche, Pasolini fühlten sich wie er und drückten es aus. Pasolini ging so weit, in seinem Film »Das Evangelium des Matthäus« die Rolle der alten Maria von seiner Mutter spielen zu lassen, die eine der abgeschmacktesten Oblatenschmerzensreichen auf die Leinwand geklebt hat.

Das allerbedrohlichste: Die Vatersehnsucht der Söhne macht ihre Gesellschaft unabschaffbar. Das Sich-überkommen-Lassen von nur göttlicher Vaterschaft würde niemandem weh tun. Muttersöhne produzieren aber weltliche – wirtschaftliche, politische, militärische, kulturelle, kirchliche, wissenschaftliche – Vaterschaften, türmen Vaterhierarchien auf, wie es am katholischen Priesterwesen beobachtet werden kann und wie es in allen anderen gesellschaftlichen Sparten auch geschieht. Aus Mangel an Vater werden Väter inthronisiert, die die Söhne bestrahlen sollen. Die letzte Szene in Wojtylas Mysteriendrama »Strahlung des Vaters« hat die Überschrift: »Strahlen und Sterben«. Mit den Waffen, die auf der ganzen Erde gelagert sind, ist für alle Menschen ein Sterben durch Strahlen vorbereitet.

Jesus läuft ja um als Bräutigam. Statt einem »Weibe« will er Gott gefallen. Seine Hochzeit mit dem Vater war für die Menschheit ein so furioses Blutgericht, daß die ihr dadurch geschlagene Wunde vielleicht nie mehr heilen wird.

»Die Säuglinge des Bösen«
(Friedrich II., Bismarck, Hitler auf einer NS-Postkarte)

Von Bismarck zu Reagan

Otto von Bismarck ist der größte Vaterimitator des 19. Jahrhunderts: »der Zwietracht eiserner Erwürger«, Gründer der deutschen Einheit, Reichskanzler, wichtigster Staatsmann der neueren deutschen Geschichte, außergewöhnlichster Politiker seiner Zeit. Er hatte ungefähr dreißig Jahre lang die europäischen Geschicke in seiner Hand, führte Deutschland zur Großmacht empor. In fast jeder größeren deutschen Stadt ragt er in Stein verewigt in die Höhe. Ohne ihn hätte Deutschland als geeinte Nation nicht vierundsiebzig Jahre lang bestanden, gäbe es schwerlich im westlichen Rumpfstaat den nicht verhallenden Ruf nach einer Wiedervereinigung. Er hat drei Kriege geführt und anschließend europäische In-Schach-halt-Politik betrieben.

Mit Bismarck betritt das Endspiel der Muttersöhne eine Gestalt, die direkt in die gepflegten Gefilde demokratischen, außen-, wirtschafts- und militärpolitischen Vernichtens führt.

Die Kapazität des Vernichtens war in sadistischer Weise an den Blutmännern der Diktaturen und des Christentums, in masochistischer Weise an den Kulturproduzenten sichtbar geworden: an Politikern, Künstlern und Kirchenmännern. Auch innerhalb von Ordnungsgrößen wie »Republik«, »Staat«, »Demokratie«, »Bündnis«, an denen nicht sogleich Chaos erkennbar ist, macht sich Zerstörerisches breit, langfristig, im Gegensatz zu den Explosionen der im Schnellverfahren arbeitenden Führer, Kaiser und sonstigen Totalitarissimes.

Bismarck ist für die gegenwärtigen »Real«-Politiker, die den Niedergang mehr oder weniger perfekt vorantreiben, ein leuchtendes Vorbild.

Der Keim seines Wirkens konnte nicht klassischer angelegt sein. Ein siebzehnjähriges bürgerliches Mädchen – Wilhelmine

Mencken – heiratet einen fünfunddreißigjährigen preußischen Junker – Ferdinand von Bismarck –, hat von ihm zwei Totgeburten, einen Sohn, der am Leben bleibt, und nach zehn Jahren Ehezeit den zweiten Sohn, Otto. Daß eine bürgerliche Frau einen adligen Mann heiratet, ist am Anfang des 19. Jahrhunderts noch eine Seltenheit. Die Aufregungen um Schillers »Kabale und Liebe« waren kaum zwanzig Jahre vorbei.

Die junge Wilhelmine von Bismarck fühlt sich in der Schicht, in die sie hineingeheiratet hat, isoliert. Zu ihrer heimatlichen und familiären Entfremdung kommt die Klassenentfremdung und etwas drittes, was sie verstört: sie liebt ihren Mann nicht. Die Zeugnisse sprechen dafür, daß sie es nie getan hat. Sie ist eine Vatertochter, hatte einen berühmten alten Vater, der unter drei preußischen Königen ein geachteter Geheimrat und Kabinettssekretär gewesen und in ihrem zwölften Lebensjahr gestorben war. Als sie den achtzehn Jahre älteren Ferdinand von Bismarck heiratet, ist sie einem Vaterersatz erlegen, der sie nicht aus ihrer Fixierung an den leiblichen Vater befreien kann. Sie bleibt eine unerfüllte Frau, die sich im Gesellschaftsleben der Aristokraten leerläuft und mit Neunundvierzig an Krebs stirbt.

Der Vater Bismarcks, ein bescheidener, einfältiger Gutsbesitzer, war in seiner Jugend Offizier gewesen, hatte sich schon mit dreiundzwanzig Jahren vom Militär pensionieren und sich auch durch Napoleons Feldzüge nicht zu neuerlichen soldatischen Aktivitäten verleiten lassen. Er fraß, soff, freute sich des Lebens und verstand von seiner Frau nichts, wurde von ihr gründlich verachtet, weil sie etwas wollte, was sie als Frau in der Gesellschaft nicht durchsetzen und auch nicht über ihren Mann erreichen konnte, denn der mochte lieber bleiben, wo er saß: auf seinen pommerschen Gütern.

Der kleine Otto wurde von seiner Mutter als Mädchen erzogen. Nach einer Überlieferung soll er zu einer Tante, die ihn für ein Mädchen hielt, auf französisch gesagt haben: »Ich bin ein Junge!«

Die feministischen Psychotherapeutinnen Eichenbaum und Orbach stellten fest, daß Frauen sich ihre Töchter zu ihren (Ersatz-)

Müttern heranziehen, sich ihren Mangel an genossener Mütterlichkeit durch ihre Töchter heilen lassen. Eine Frau wird diesen Mangel auch von ihrem Sohn geheilt bekommen wollen. Bis weit in das 20. Jahrhundert hinein war es üblich, daß Mütter ihre Söhne als Töchter erzogen. In den ersten Lebensjahren des Kindes drückte sich dieses Unterfangen darin aus, daß Frauen wie Phia Rilke, Wilhelmine von Bismarck und Emilia Wojtyla ihre Söhne als Mädchen kleideten und frisierten. Väter brauchen Söhne für ihre Gesellschaft, Mütter brauchen Töchter für ihre Einsamkeit. Ein Junge wird von den Bestrebungen der Mutter gespalten: Der Gesellschaft muß sie ihn männlich abliefern, für sich selbst will sie ihn weiblich behalten.

Mütter können Söhne weder als Männer wollen noch zu Männern erziehen, da sie nicht wissen, was Männer sind. Die Aufzucht einer Frau hieß Abschirmung des Mädchens von allem, was männlich war. Väter, Onkels und Brüder waren weit weg oder böse, grob und unangenehm. Freunde? So gut wie ausgeschlossen. In die Ehe mußte jungfräulich gegangen werden. Ein solch zurückgehaltenes Wesen hat keinen Begriff vom Männlichen und kann deswegen einen Sohn auch nicht als männlich wahrnehmen, geschweige denn, zum Mann heranbilden. Besonders trifft das für die »Umbruchs«- oder Enttäuschungssöhne zu, die Frauen sich zu Protesttöchtern erziehen. Ehemänner benehmen sich seelisch und körperlich säuisch, mißachten die Ungeübtheit ihrer Frauen im Umgang mit dem Männlichen und hinterlassen nur Befremden. Frauen retten sich zu ihren Kindern, schaffen sich mit ihnen eine Frauenwelt nach, die sie kennen, machen aus Sohn Mami, Schwester, Muhme, Base, Busenfreundin, Schmusekätzchen. Ohne diese Polster würden sie die Ungehobeltheiten der Männer nicht ertragen können.

Fünf bis zehn Jahre und länger Schmusekätzchen – das bleibt in keinem Mann spurlos. Auch das stärkste Männerfleisch zieht lebenslang einen Frauenschleier hinter sich her. Bismarck war von riesenhaftem Wuchs und mit überragenden Kräften ausgestattet. Das nützte ihm nichts. Seine Mutter hatte das Mädchen in ihm

»Das Salonkätzchen« (Bismarck)

festgesetzt. Bis in seine jugendliche Erwachsenheit hinein umgab seinen Körper ein Puttenflaum, leuchteten zwei Himmelsschlüsselchen verheißungsvoll aus seinem Gesicht. Später mußte er sein ganzes Leben unter nervlicher Hochspannung zubringen. Der Vater stand dem Sohn fern. Otto konnte ihn nicht für die Identifikation fassen. Bismarck hat ein Bild für Gott gebraucht, das die Vaterferne kennzeichnet: »Man kann nur abwarten, bis man den Schritt Gottes durch die Ereignisse hallen hört, dann vorspringen, um den Zipfel seines Mantels zu fassen.«[1] Mehr als einen Zipfel vom Vater hat er nicht erhascht. Die Mutter überließ den Sohn nicht, wie es in adligen Familien im 19. Jahrhundert üblich war, einem Hauslehrer. Sie schickte ihn in seinem sechsten Lebensjahr nach Berlin auf Internate weit weg von zu Hause. Zwischen Sechs und Siebzehn verbrachte Otto sein Leben in Erziehungsanstalten, die schlimmste peinigte ihn im Alter von Sechs bis Zwölf. Prügel und Hunger, dazu Wissenseinbleuung. Bismarck erlitt, was auch seine charakterlichen Brüder, Vettern und Verwandten aushalten mußten. Dem tief in ihm einsitzenden Mutterstoff trat kein Vatermaterial hinzu. Wenn die Mutter nicht Bäderreisen unternahm, wurden die Eltern in den Ferien auf dem Lande oder später in der Berliner Stadt- und Winterwohnung besucht. Bismarck beklagte die Kälte seiner Mutter, gestand aber ihre enorme Wirkung auf sich ein.

Otto von Bismarck:
»Meine Mutter war eine schöne Frau, die äußere Pracht liebte, von hellem, lebhaftem Verstand, aber wenig von dem, was der Berliner Gemüt nennt. Sie wollte, daß ich viel lernen und viel werden sollte, und es schien mir oft, daß sie hart, kalt, gegen mich sei. Was eine Mutter dem Kind wert ist, lernt man erst, wenn es zu spät, wenn sie tot ist: die mittelmäßigste Mutterliebe, mit allen Beimischungen mütterlicher Selbstsucht, ist doch ein Riese gegen alle kindliche Liebe. Meinen Vater liebte ich wirklich, und wenn ich nicht bei ihm war, faßte ich Vorsätze, die wenig Stand hielten; denn wie oft habe ich seine wirklich maßlose uninteressierte gutmütige Zärtlichkeit für mich mit Kälte und Verdrossenheit gelohnt. Und doch kann ich die Behauptung nicht

zurücknehmen, daß ich ihm gut war im Grunde meiner Seele. – Über Glaubenssachen habe ich mit meinem Vater nie gesprochen; sein Glaube war wohl nicht der christliche; er vertraute so auf Gottes Liebe und Barmherzigkeit, daß ihm alles Andre als dieses Vertrauen überflüssig schien. Von der Religion meiner Mutter erinnre ich nur, daß sie viel in den ›Stunden der Andacht‹ las, über meine pantheistische Richtung und meinen gänzlichen Unglauben an Bibel und Christentum oft erschrocken und zornig war.«[2]

»Meine Mutter war die Tochter des in den damaligen Hofkreisen für liberal geltenden Kabinettsrats Friedrich des Großen, Friedrich Wilhelm II. und III. aus der Leipziger Professorenfamilie Mencken, welche in ihren letzten, mir vorhergehenden Generationen nach Preußen in den auswärtigen und den Hofdienst geraten war. Der Freiherr vom Stein hat meinen Großvater Mencken als einen ehrlichen, stark liberalen Beamten bezeichnet. Unter diesen Umständen waren die Auffassungen, die ich mit der Muttermilch einsog, eher liberal als reaktionär, und meine Mutter würde, wenn sie meine ministerielle Tätigkeit erlebt hätte, mit der Richtung derselben kaum einverstanden gewesen sein, wenn sie auch an den äußern Erfolgen meiner amtlichen Laufbahn große Freude empfunden haben würde. Sie war in bürokratischen und Hofkreisen groß geworden; Friedrich Wilhelm IV. sprach von ihr als ›Mienchen‹ im Andenken an Kinderspiele. Ich darf es danach für eine ungerechte Einschätzung meiner Auffassung in jüngern Jahren erklären, wenn mir ›die Vorurteile meines Standes‹ angeheftet werden und behauptet wird, daß Erinnerung an Bevorrechtigung des Adels der Ausgangspunkt meiner innern Politik gewesen wäre.«[3]

Wilhelmine von Bismarck schrieb an ihren Sohn Otto: »Es wäre das höchste Ziel meines Lebens, und ich dachte es mir als das größte Glück für mich, das ich erreichen könnte, einen erwachsenen Sohn zu haben, der, unter meinen Augen gebildet, mit mir übereinstimmen würde, der als Mann berufen wäre, viel weiter in das Reich des Geistes einzudringen, wie es mir als Frau vergönnt ist.«[4]

Bismarcks Leben machte deutlich, wie groß der Anteil seiner Mutter und wie gering der seines Vaters in seiner Seele war. Die Mutter wollte den Sohn als Mann des Geistes und als Staatsmann nach dem Bilde ihres Vaters formen. Er studierte Jura, mäßig, und mochte den Referendardienst nicht. Er wich aus, er brach ab. Er verschwand für Monate mit einem Frauenabenteuer. Die Mutter erkrankte währenddessen an Krebs, ähnlich wie Klara Hitler krank wurde, als Adolf nach Wien aufgebrochen war. Bismarck unternahm zwei erneute Anläufe zur Referendarausbildung und stieg dann endgültig aus. Er wollte Junker wie sein Vater werden. Seine Mutter war entsetzt und starb. Er kniete sich in die Bewirtschaftung der väterlichen Güter hinein. Er versuchte sich neun Jahre als Junker – von Anfang Zwanzig bis Anfang Dreißig. In dieser Zeit erwarb er sich den Spitznamen »Der tolle Bismarck«. Er war ein Entgrenzungskünstler: Affären, Sauftouren, Ankitzelung von Gefahren, Hingabe an Gewaltakte und plötzlich Krise. Er fiel in eine Leere. Dieses Leben zog nicht. Er ging täglich mit dem Vater um, pflegte den gebrechlich Gewordenen. Zu spät. Die Mutterbotschaften rumorten in ihm, die Mutteridentifikation saß fest. Das Leben nach Vaterart war ihm auf die Dauer nicht möglich. Es gab keinen identifikatorischen Raum, in den sich das Vaterschema hätte befriedigend hineinfüllen können. Bismarck bestätigte selbst, daß er entgegen der landläufigen Meinung von ihm kein Junker war: »Die in meiner Kindheit empfangenen Eindrücke waren wenig dazu angetan, mich zu verjunkern.«[5]

In der Zeit, in der sein Vater dahinsiechte und starb, hatte Bismarck ein »Umkehr«-Erlebnis, das ihn herumriß, ähnlich wie es Paulus, Luther und Wojtyla geschah. Auch in Bismarcks Leere drang Gott ein. Das Verbindungsglied war kein Blitz, keine Erscheinung, die Erleuchtung geschah weder im Turm noch im Priesterseminar. Eine streng religiöse Frau, Marie von Thadden, Gattin eines Freundes, öffnete Bismarck für das übersinnliche Erlebnis. Die fortan in seinem Leben wirkende Gottzufuhr geschah aber erst durch den Tod dieser Frau, deren unheilbare Krankheit Bismarck zum erstenmal das Beten gelehrt hatte. Er heiratete kurz nach ihrem Tod ihre beste Freundin, Johanna von Puttkamer, die nicht weniger religiös war und fortsetzen würde, mit der Gottstütze Bismarcks Leben zu stabilisieren. Zwei gottverkündende Adlige – Vatertöchter, in ihrer psychischen Konstellation seiner Mutter ähnlich – rissen sein Ruder herum, und er segelte von da an für immer auf den muttereingeschifften Wogen. Er wurde Staatsmann – und blieb es fast fünfzig Jahre lang. Es muß deutlicher heißen: er wurde Staatsfrau.

Der aufgeplusterte Begriff »Bekehrung« sagt etwas Schlichtes: Die begonnene Laufbahn als Mann auf den Schienen der Vateridentifikation war festgefahren, und es geschah ein Schwenk zur Mutteridentifikation, ein Sich-Öffnen, Empfänglich-Werden, Hören auf Rufe. Die Mutterdelegation hatte sich durchgesetzt und den versuchten Vaterweg – im Falle Wojtylas den probierten Kompromiß als Schauspieler – abgebrochen. Bei Bismarck fand die »Bekehrung« – der »Entschluß«, der Mutter nachzufolgen – verdeckt statt. Hitler: »... da *entschloß* ich mich, Politiker zu werden.« Die Politik ist ein sumpfiges Gebiet, in dem sich besonders viele Muttersöhne wohlfühlen. Sie brauchen dort nicht zu arbeiten – »arbeiten« in dem Sinne, eine gelernte Fertigkeit kontinuierlich auszuüben. Und zum Lieben gibt es kaum Zeit.

Luther, Paulus, Wojtyla – auch Bhagwan, der plötzlich seine Tätigkeit als Philosophieprofessor aufgab und ein Erleuchteter wurde – schieden aus dem vom Vater vorgezeichneten Männerleben aus. Bismarck stieg scheinbar in eine Vaterexistenz hinein, verbarg mit einer der steilsten politischen Karrieren, wie sehr er der Mutter zu Willen war und sie kopierte.

Seine Mutter war die Generalmanagerin des Unternehmens Bismarck. Sie verwaltete die Güter, sie bestimmte, wo gewohnt, wann verreist wurde, auf welche Schulen die Söhne und die später noch geborene Tochter kamen. Sie lud ein, sie nahm Einladungen an. Sie staffierte in Berlin die Winterwohnung aus. Sie empfahl die Studienorte des Sohnes, setzte die Wiederaufnahme seines Referendardienstes durch. Der Vater, vierundvierzig Jahre älter als Otto, war ein Fünfe-gerade-sein-Lassender.

Selten hat ein Politiker eine genauere Kopie seiner Mutter abgegeben. Bismarck verband sich mit dem achtzehn Jahre älteren Preußenkönig Wilhelm I. – seine Mutter war achtzehn Jahre jünger als sein Vater –, lebte mit ihm in einem auf den Staat übertragenen eheähnlichen Verhältnis. Nach dem polnischen Sprichwort, der Mann sei der Kopf, die Frau der Hals, wurde Bismarck zum Hals der preußischen Politik, der jede Drehung und Neigung seines Königs bestimmte. Die Männer verband ein zum Zerreißen gespanntes emotionsgeladenes Verhältnis – eine der folgenreichsten Vatersohn-Muttersohn-Anziehungen der Männergeschichte, in ihren weltpolitischen Dimensionen nur noch mit dem Verhältnis zwischen Lenin und Stalin vergleichbar.

Wilhelm I. verlor seine Mutter, die im Volk beliebte Königin Luise, als er zwölf, seinen Vater, Friedrich Wilhelm III., erst, als er dreiundvierzig war. Redlich, einfach, ängstlich, gutartig lieferte er sich dem durchtriebenen Bismarck aus. 1862 wollte Wilhelm, fast fünfundsechzigjährig, abdanken, weil er das Parlament nicht von einer längeren militärischen Dienstzeit überzeugen konnte. Sein Sohn, Kronprinz Friedrich, war zu feige, die Verantwortung zu übernehmen. Doch alle waren sich einig: Bismarck nicht! Fünfzehn Jahre hatte dieser windige Diplomat auf Seitengebieten die europäische Politik schon unsicher gemacht. Der regierungsunfähig gewordene ältere Bruder Wilhelms, der vormalige König Friedrich Wilhelm IV., hatte gesagt, als ihm Bismarck 1848 zum Minister vorgeschlagen worden war: »Nur zu gebrauchen, wenn das Bajonett schrankenlos waltet.«[6] Wilhelm I. erlag Bismarck, brach sein Versprechen, das er seiner Frau und seinem Sohn noch einen Tag zuvor gegeben hatte, auf keinen Fall Bismarck zu ernennen.

Bismarck war eine auf Männer einzigartig wirkende erotische Sirene. Stahlaugen schienen Gegner und Gesprächspartner zu durchbohren, Bärenkräfte sie zu bezwingen, Schwertschärfe des Wortes sie niederzuhauen. In Wirklichkeit war Bismarck Gift und Katze.

Das Verhältnis, in dem er und Wilhelm zueinander standen, würde ein glänzendes Modell für eine Pantoffelehe abgeben. Alles geschieht im Namen von Vatchen König, und alles wird von Mutti Bismarck gedeichselt. Bismarck spielte auf groteske Weise seine Mutter nach. Von 1862 bis 1888 zwang er Preußen, Deutschland

»Die Braut« (Bismarck auf der Kaiserproklamation in Versailles 1871)

und Europa seinen Willen auf. In den Briefen zwischen ihm und dem König tropfte es vor Liebesbezeugungen. Wilhelm: Ohne Sie wäre ich nichts! Bismarck: Nur unter Ihnen kann ich mich ausleben! Bismarck zwang dem König eine Unterschrift nach der anderen ab, erpreßte ihn mehr als ein halbes Dutzend Mal mit Rücktrittsgesuchen, die Zahl der Rücktrittsdrohungen wird das Doppelte betragen haben. Zerknüllte Papiere, zerschmetterte Federhalter, verspritzte Tinte – die beiden blieben zusammen, bis der Tod sie schied.

Auch Bismarck rutschte ab in die plumpe Nachstellung eines Hausfrauendaseins. Immer wieder manövrierte er sich in Krankheiten hinein, so daß er monatelang nicht in seinem Berliner Amt war, sondern sich in sein Haus in Friedrichsruh bei Hamburg zurückzog. Von dort aus regierte er am liebsten, dorthin ließ er die Diplomaten und Politiker kommen. Mit seinen Krankheiten und seinem Geschick, dennoch die Fäden in der Hand zu halten, imitierte er das Rezept der in die Passivität gezwungenen Ehefrau, Mann und Kind mit Liebesentzug zu bedrohen und mit Unpäßlichkeiten einzuschüchtern.

Die drei Gefahren, die die bedeutendsten Muttersöhne entfesselten, hat auch Bismarck heraufbeschworen: 1. Muttersöhne wollen sich ausdehnen, vergrößern, ein Reich gründen. 2. Sie müssen sich reiben, sie brauchen gleichstarke, ihnen ähnliche Feinde. 3. Sie treten auf dem Schwachen herum, unterdrücken das Wehrlose und Kleine.

1. Seltsam die Reichsgründung Bismarcks. Auf dem Bild der »Kaiserproklamation« von Anton von Werner sind alle Fürsten in Schwarz gekleidet, Bismarck ist als einziger in Weiß. Kaiser Wilhelm I. erhob ihn nach der Zeremonie in Versailles zum Fürsten. Bismarck wurde durch die Reichsgründung »Freifrau von Deutschland«. Napoleon nannte sich in seinem Testament mit Nachnamen »France«. Er hatte mit der Kaiserkrönung Frankreich geheiratet und seinen »Mädchen«-Namen »Bonaparte« abgelegt.

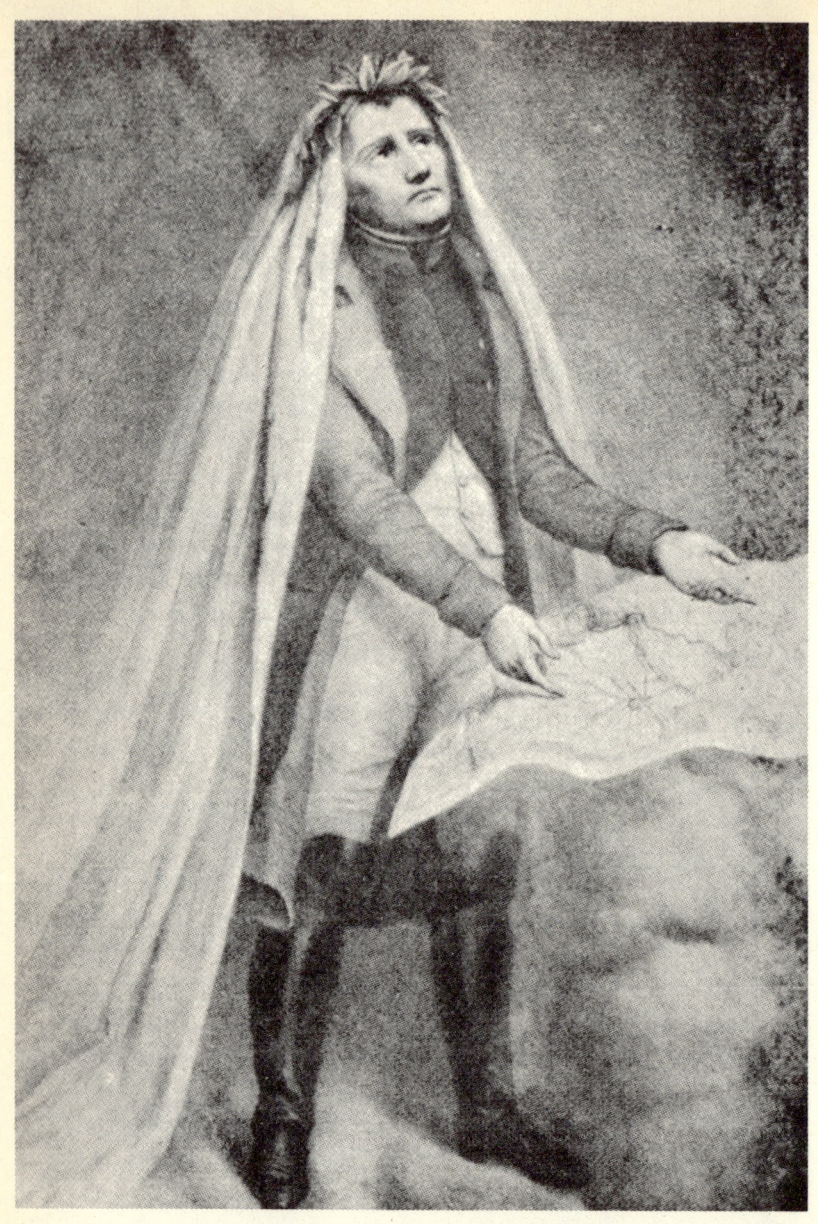

»Die Witwe« (Glorifizierung von Napoleons Leiden auf St. Helena)

Reichsgründungen werden in der Männergeschichtsschreibung als der Gipfel herausragender Leistungen dargestellt. Sie bedeuten für Söhne ein Unterkriechen, ein der Mutter nachgelebtes Einheiraten. Namensänderungen sind seit alters her Frauenangelegenheiten, außer bei modernen, feministisch denkenden Männern, die ihrer Frau zu den vielen Problemen der Frauen im Filiarchat nicht auch noch einen Namenswechsel zumuten wollen.

Versailles – die Hochzeit auf dem Lande. Warum mußte der deutsche Fürsten-Bund fürs Leben auswärts geschlossen werden? Wilhelmine Mencken heiratete nicht wie üblich in ihrer Familie, sondern auf dem Gut ihres Mannes in der ihr fremden Familie. Die Reichsgründung Deutschlands, vollzogen in Frankreich – daraus konnte nichts werden.

Hitler und Stalin heirateten ebenfalls ein. Der kleine Österreicher, der kleine Georgier, der kleine Korse, auch Bismarck, der kleine pommersche Junker – sie alle verließen ihre Heimat und verbanden sich mit einem großen Gebiet alter Tradition. Hitler erstrebte Deutschland als tausendjähriges Reich, hatte ein paar Jahre Europa in seiner Hand, Stalin puschte Rußland zur zweiten Weltmacht, Napoleon gründete das französische Kaiserreich und zwang Europa einige Zeit unter seinen Willen. Iwan der Schreckliche, Sohn einer litauischen Prinzessin, erhöhte das Großfürstentum Rußland zum Kaiserreich, trieb sich auf die Spitze »Zar« (Kaiser). Alexander der »Große« tobte sich außerhalb seines Makedoniens ein Weltreich zusammen. Cäsar begann mit dem römischen Kaiserreich. Jesus sprach von »seinem Reich«, das zwar nicht von dieser Welt sei, aber bald kommen sollte, das er im Jenseits errichten werde, um an der Seite »seines Vaters« auf ewig zu herrschen. Wojtyla entfaltete eine unvorhersehbare reaktionäre Energie, die erst im fremden Land zu wirken begann, nachdem er den Heiligen Stuhl geheiratet hatte.

Wilhelmine Mencken fuhr in die jahrhundertelang unauffällig lebende, vatertraditionell mürbe gewordene Familie Bismarck hinein und wirbelte ihren ältlichen, etwas trottligen Mann in der Gegend herum. Ihr Sohn Otto fuhr in den preußischen Staat hinein, brach in den ersten acht Jahren seiner Regierungszeit drei Kriege vom Zaun, vergrößerte zehn Jahre lang Preußen, bis er Deutschland unter sich hatte, betrieb mit einem ungeheuren Aufgebot von Intrigen, Schlitzohrigkeiten, Hinterm-Rücken-Fungieren Machtpolitik unter den Röckchen von preußisch-deutschen Verfassungen. Das neue Deutsche Reich war zugeschnitten auf die Kombination des Paares Bismarck-Wilhelm. Niemand sonst konnte es bewältigen, auch nicht Bismarck allein, denn als sein Wilhelm starb, brach er nicht nur psychisch zusammen, sondern strauchelte auch in so große politische Fehler hinein, daß sein Rücktritt unvermeidlich wurde. Die zwei nächsten deutschen, historisch herausragenden Muttersöhne, Wilhelm II. und Hitler, ritten das Reich in den Untergang. Bismarck legte die Marschroute dorthin fest, ritt selbst schon in diese Richtung. Mehrmals verglich er sich mit einem Pferd, den König Wilhelm mit einem Reiter.

Das Gründen, Ausdehnen, Vergrößern von Reichen birgt die Gefahr des Untergangs in sich – die Reichsgründung selbst ist der erste Schritt dahin. »Reich« heißt geographische, ideologische, wirtschaftliche, politische Anschwellung, bedeutet das Verlangen nach Total-Werden, ist mit der Zerstörung, zumindest der Unterdrückung anderer Menschen und Länder verbunden. Hinter der Tendenz zum Reich steht Großmannssucht. Ohne die aufgeblähten Taten eines Bismarcks wäre es 1871 nicht zur Reichsgründung gekommen. Keiner der deutschen regierenden Fürsten wollte sich über die anderen stellen, auch der Preußenkönig Wilhelm nicht. Dieses Bestreben hatte nur der halbbürgerliche Bismarck, der selbst einmal von der »aggressiven Tendenz« sprach, »die in bürgerlichen Kreisen unter Umständen zum Vorschein kam«.[7] Dem Adel war seit ein paar Jahrzehnten ein wenig die Puste ausgegangen, zu annektieren, Kriege zu führen, politische Macht zu vermehren. Die lockeren föderalistischen deutschen Gebilde genügten ihm zu seiner Existenzsicherung. So energiegeladen und reaktionär wie in früheren Jahrhunderten waren Aristokraten im 19. Jahrhundert nur noch in Ausnahmefällen (Metternich).

Da die Reichsgründung eine versuchte Vaterdarstellung und keine echte Vaterschaft ist, brechen die erzwungenen Machtgebilde zu Lebzeiten oder nach dem Tode der Gründer zusammen oder ziehen eine verhängnisvolle blutige Geschichte nach sich. Das deutsche Kaiserreich wurde innerhalb von kaum fünfzig, das Deutsche Reich nach vierundsiebzig Jahren zerstört.

Alexander, Cäsar, Iwan, Napoleon, die Päpste, die das Reich Christi schon auf Erden errichteten, Hitler und Stalin pflasterten ihre Triumphstraßen und -plätze, bauten ihre Paläste auf Millionen von Leichen. Bismarcks Reichsgründung ebnete den größten Kriegskatastrophen der Menschheit den Weg, die ohne die Existenz des geeinten Deutschlands nicht möglich gewesen wären.

2. Muttersöhne müssen sich reiben, sie brauchen gleichstarke, ihnen ähnliche Feinde. Bismarck hatte keine Freunde, aber Scharen von Feinden. Er war stolz darauf, der meistgehaßte Mann Europas zu sein. Er wurde vom typischen Muttersohnschmerz geplagt, er konnte nicht kollegial und nicht untertan, er konnte nur dominant sein. Schon früh weigerte er sich zu dienen. Er haßte die Mühe des Aufsteigens. Er mußte den Referendardienst verlassen, weil er nicht fähig war, sich unterzuordnen. Er wollte – wie er einmal an einen Freund schrieb – kein Instrument im Orchester sein, lieber der Komponist eigener Musik. Im Bereich der Kunst ist dieses Verlangen achtbar, in der Politik tödlich. Muttersöhne verstehen im Gegensatz zu Vatersöhnen nicht, sich hierarchisch zu benehmen. Die Welt des Männer-Über-Unter-Nebeneinanders, in der sich auch keine Frau zurechtfindet, wagen Muttersöhne nicht zu betreten. Deshalb ihr jugendliches Schmollen, Ausscheren, jahrelanges Herummachen. Sie können weder in die Lehre gehen, noch sich Mann an Mann schärfen. Sie dringen später von außen ins Zentrum des Systems vor. Sie steigen ein mit dem unter Männern tabuierten Mittel der erotischen Verunsicherung. Sie verführen einzelne Männer und Massen. Bismarck war 1862 Gesandter in Paris, eroberte das Herz Wilhelms I. und damit die höchste Machtposition Preußens, später Deutschlands. Es war eine Mannüberrumpelung, ein Privat-Staatsstreich von einigen

Stunden auf einem Spaziergang der beiden Männer an der Havel in einem Gespräch unter vier Augen. Es gab nach der Ernennung nur Bismarck als Minister. Und auch als Reichskanzler hatte er nur Staatssekretäre unter sich, keine Minister.

Wegen des Versäumnisses von Reibungen in der Jugendzeit müssen Muttersöhne sich permanent Feinde kreieren. Mit Handlungsweisen, die die gehinderten und beherrschten Frauen in der Zeit ihrer Unterdrückung lernen mußten, versuchen Muttersöhne sich durchzusetzen: heimlich, hintenherum, verlogen, intrigant. Ihre Männlichkeit bleibt dabei porös. Sie brauchen einen Feind zum Festhalten, einen Feind zur Beweisführung ihrer strategisch-phallischen Fähigkeiten, einen Feind zum Eingegrenzt-Werden, noch einfacher, einen Feind, um sich gut zu fühlen.

»Als am 23. März 66 noch nichts gegen die Rüstungen Österreichs geschehen ist, erkrankt er. Als am 27. die Rüstungsbefehle ergehen, gesundet er. Als Mitte April beiderseitige Abrüstung erwogen wird, erkrankt er wieder. Als die Mobilmachung der feindlichen Südarmee gemeldet wird, gesundet er wieder.«[8]

Gegen wen Bismarck Krieg führt, ist ihm gleichgültig, die Fraktionen wechseln alle zwei bis drei Jahre: mit Österreich gegen Dänemark, unter Frankreichs Stillhalten gegen Österreich, unter Österreichs Stillhalten gegen Frankreich. Hinter dem Rücken und gegen den Willen seines Königs fordert Bismarck Frankreich zweimal hintereinander heraus, so daß es Preußen 1870 den Krieg erklärt. In den Jahren vor dem deutsch-französischen Krieg 1870 erschlafft er, kränkelt, tritt auf der Stelle, schiebt Rücktrittsgesuche hin und her. Wenn sich die Lage zuspitzt, wenn er provozieren, Frankreich reizen und sich von ihm reizen lassen kann, ist er in seinem Element. »Das stellt Bismarck vor große und klare Entscheidungen, und sofort war sein Gesundheitszustand so gut wie seit langem nicht.«[9]

Er braucht Feinde immer unter seinesgleichen. Er führt Krieg mit dem Königreich Dänemark, dem österreichischen und dem französischen Kaiserreich. Nachdem er 1871 Generalmanager von Deutschland geworden ist, kämpft er nur noch im Inneren des Landes, mit der katholischen Kirche, den preußischen Reaktionären...

Bismarcks Kämpfe sehen leicht nach Fortschrittsbewegungen aus: Preußen hat mehr Land, Preußen ist zur Großmacht angeschwollen, es gibt eine deutsche Nation, die Macht des Staates ist gegenüber der Macht der Kirche gestiegen (Zivilehe und Einführung des Standesamts), die reaktionären Junker sind aus ihrer Patronatsherrschaft gestoßen und das Drei-Klassen-Wahlrecht aufgehoben worden...

3. Muttersöhne treten auf dem Schwachen herum, unterdrükken das Wehrlose und Kleine.

Daß Bismarck nicht für Fortschritt war, zeigt sein Umgang mit allen fortschrittlichen Kräften. Er kämpfte gegen die Revolution von 1848. Er schickte dem soeben noch verfeindeten Frankreich Truppen zur Hilfe für die Niederschlagung der Pariser Commune 1871. Er wütete gegen die Sozialdemokratie (Sozialistengesetz). Er war gegen eine politisch-rechtliche Gleichstellung der Juden. Er verfügte noch im ersten Jahr seiner Regierung eine »Preßordonnanz«, den Erlaß eines Zensurgesetzes, mit dem er Zeitungen und Publikationen verbieten konnte. Er hielt nichts von Parlamenten.

Das Schwache, Wehrlose, Kleine ist auch das Neue, Entstehende, Anwachsende. Im Keim ersticken ist Bismarcks Devise.

Als die Bevölkerung von Tours die weiße Fahne hißt und die deutschen Besetzer zu schießen aufhören, ist Bismarck empört, würde gern aus Rache und Vergeltung für den zuvor geleisteten Widerstand weiter schießen lassen, bis fünfhundert Geiseln herausgestellt werden. Einen Feind in seiner Hand will er vernichten.

Er hat keine Mitarbeiter, keine Schüler, die ihn eines Tages ersetzen könnten – niedergeholzter Wald um ihn, und nichts kann in seiner Nähe gedeihen.

Bismarck ist der große Zurückdreher des 19. Jahrhunderts. Die liberalen und demokratischen Zeitströmungen, die Reform- und Befreiungsbewegungen stoppt er. Viele deutsche Fürsten waren soweit, sich auf konstitutionelle Monarchien, ähnlich dem englischen Vorbild, zu beschränken. Die preußischen Könige nach Friedrich II. gaben sich als sanfte Herrscher. Daß Preußen und später Deutschland nur ein Hort für Militarismus gewesen sein soll, wie nach 1945 behauptet wurde, ist nicht exakt. Vier Muttersöhne zwangen diese politischen Gebiete in Kriege und große Desaster hinein: Friedrich II. in der Mitte des 18., Bismarck in der zweiten Hälfte des 19., Wilhelm II. zu Beginn und Hitler in der ersten Hälfte des 20. Jahrhunderts. Sogar der tobsüchtige preußische »Soldatenkönig« Friedrich Wilhelm I., der Vater Friedrichs II., führte keine Kriege, schuf sich ein Heer nur als Spielzeug zum Zeitvertreib. Preußen war zweimal ein Toleranzgebiet und Sammelbecken von Verfolgten und geistigen Bewegungen. Im 17. und frühen 18. Jahrhundert war es eine Fluchtburg für die französischen Protestanten (Hugenotten), vom Ende des 18. Jahrhunderts bis zu Bismarck war es das Preußen Steins und Hardenbergs, Humboldts, Varnhagens, Schlegels...

Das Kaputtmachen des Kleinen, Sich-Verändernden, Wachsenden geschieht aus dem Wagnerschen Beckmessereffekt. Muttersöhne sind klein, unerwachsen, aber auch starr, hohl, gestoppt. Voller Wut treten sie auf allem herum, was gedeihen will, was noch hilflos, unfertig, schwach und schutzbedürftig ist. Das Kleine erinnert sie an ihr Klein-geblieben-Sein.

Bismarck hatte eine hohe Stimme. In seinem Haus in Friedrichsruh steht eine Büste, ihm nach dem Leben gehauen. Die gewittrigen Brauen, die Augenblitze, der donnernde Schnurrbart verschwinden im Ton-in-Ton des weißen Marmors. Nach einer Weile des Betrachtens nimmt dieser Bismarck-Kopf die Züge eines Säuglings an.

Bismarck, in erwachsene Körperlichkeit gedehnt, karrieristisch geladen, politisch aufgeplustert als absolutistischer Spätling – »Der Staat bin ich!« –, war in seiner Seele zerknautscht, in seinem Gebaren zügellos. Zornausbrüche, Weinkrämpfe. Einmal, als der König nicht machte, was Bismarck wollte, zerbrach er in der Erregung eine Stuhllehne. Er schlang während der Mahlzeiten

Unmengen in sich herein. Er malträtierte seinen Körper. Er schlitterte von einer Krankheit in die nächste. Und war er gesund, setzte er sich Gewaltkuren aus. Er haßte wie Paulus Menschen. Er war wie Luther depressiv, sah alles schwarz und glaubte an die Sünde. Er liebte wie Napoleon Schlachten und Leichenfelder. Er exerzierte vor, woher das geflügelte Wort »Er ging über Leichen« stammt, womit gemeint wird, jemand setzt sich über andere Menschen hinweg. Vor allem haßte er Männer. Krieg führen hieß früher Männer schlachten. Er liebte die Jagd – das bedarf fast keiner Erwähnung mehr. Er wollte Sozialdemokraten zu Vogelfreien erklären, sie der Lynchjustiz aussetzen, wie Luther es für Bauern und Juden empfohlen hatte. Er war gegen die Abschaffung der Todesstrafe.

Bismarck war vernarrt in Hunde, entäußerte sich ihnen gegenüber mit hysterischen Gefühlsausbrüchen. Ein Tag ohne seine Doggen war ihm wie nicht gelebt. Eine noch weitere Auseinanderrückung des Gegensatzes zwischen Lebenshaß und emotionaler Abhängigkeit von einem ihm unterworfenen Tier gibt es später bei dem Auschwitz-Kommandanten Rudolf Höß.

»Man kann von der Betrachtung seiner hingebenden Leidenschaft nicht scheiden, ohne der stummen Freunde zu gedenken, mit denen er sich von der Studienzeit bis zum Tode, durch siebzig Jahre, umgab, die er überall duldete, die er selbst fütterte und in deren Blicken noch der Greis Trost suchte, als ihn seine Gefährtin verlassen. Er liebte auch die Pferde: ›Ich habe nur einmal einen Revolver vermißt. Es war gleich nach Königgrätz, ich ritt allein über das Leichenfeld. Da sah ich vor mir ein schönes Pferd, beide Hinterfüße sind ihm durch eine Granate weggerissen. So stemmte es sich zitternd und jämmerlich wiehernd auf die Vorderfüße und schaute mich mit großen nassen Augen wie hilfeflehend an. Da wünschte ich mir eine Kugel, um sie der armen Kreatur ins Herz zu jagen.‹

Aber am meisten liebte er die Hunde ... Aus Varzin schreibt sein Vortragender Rat, von Tiedemann, im Jahre 77: ›Wir stehen hier unter dem Eindruck eines an sich unbedeutenden, aber in seinen Wirkungen tief tragischen Ereignisses ... Sultan, die große Ulmer Dogge, die noch bei Tisch von jedermann verzogen worden war, war verschwunden. Der Fürst nahm an, er sei in ein benachbartes Dorf gelaufen, wo er ein Liebesverhältnis unterhielt. Er erklärte, er werde den Hund einmal tüchtig durchprügeln ... Abends gegen elf Uhr wird es unten lebendig. Es heißt, Sultan, der vor kurzem nach Hause gekommen sei, liege in den letzten Zügen. Unten bot sich uns ein wirklich erschütternder Anblick. Auf dem Fußboden saß der Fürst, den Kopf des sterbenden Hundes in seinem Schoß haltend. Er flüsterte ihm liebkosende Worte zu und suchte seine Tränen vor uns zu verbergen. Bald darauf starb der Hund, der Fürst erhob sich und ging in sein Zimmer, kam an diesem Abend nur für kurze Zeit wieder, um Gute Nacht zu sagen. Holstein faßte die Situation richtig in die Worte zusammen: Der Fürst hat einen Freund verloren und fühlt sich vereinsamt. Heut morgen war es, als ob wir uns in einem Trauerhaus befänden. Der Fürst hatte nicht geschlafen; es quälte ihn unaufhörlich der Gedanke, daß er den Hund kurz vor seinem Tod noch gezüchtigt hatte. Obgleich die Obduktion Herzschlag ergeben hat, macht er sich immer wieder selbstquälerische Vorwürfe. Nach dem Frühstück stiegen wir zu Pferde, der Fürst war einsilbig, er suchte die Wege auf, wo sein lieber alter Hund ihn zuletzt begleitete. So trabten wir lange in strömendem Regen vorwärts. Er sagte zu mir, es sei sündlich, so wie er getan, sein Herz an ein Tier zu hängen, er habe aber nichts Lieberes auf der Welt gehabt und müsse mit Heinrich V. sagen: – Ich hätte einen Besseren besser missen können. –‹«[10]

Neben den Doggen schwor Bismarck auf Gott. Aber brüsker Umgang mit Menschen: Er redete als Gesandter am Frankfurter Bundestag so bedrohlich, daß ein ausländischer Diplomat warnte, dieser Mann werde eines Tages so handeln, wie er spreche. Er tönte von Preußens Ruhm, der Durchsetzung von Preußens Interessen, von Preußens Kampfgeist, Preußens Machtverlangen, Preußens staatlichem Egoismus, Preußens Ausdehnungsbestreben. Bismarcks erste öffentliche Rede als Minister(präsident) 1862 enthüllte sein Programm: »Nicht durch Reden und Majoritätsbeschlüsse werden die großen Fragen der Zeit entschieden – ... –, sondern durch Eisen und Blut.«[11]

Unaufhörlich bemüht er Gott. Wenn er droht, wütet, herausfordert, reizt bis aufs Blut, geschieht es im Namen Gottes. Die

Gnadenlosigkeit des Bismarckschen politischen Generalmanagements ist gedeckt. Gott ist für ihn ein Siegel, mit dem er alle seine Diktate stempelt: »Ohne mich hätte es drei große Kriege nicht gegeben, wären 80000 Männer nicht umgekommen, und Eltern, Brüder, Schwestern, Witwen trauerten nicht. Das habe ich indessen mit Gott abgemacht.«[12]

Die Erkennungszeichen eines Muttersohnes sind Strukturschwäche, Aus-den-Fugen-Gehen, Skrupellosigkeit. Die Welt wird überrumpelt mit der Diskrepanz zwischen übermenschlich erscheinender Willenskraft und unter allem Erwachsensein liegender Verantwortungslosigkeit. Zu gern behauptet der Muttersohn, er handle nicht selbst, er werde gelenkt. Alles, was er täte, geschehe nicht aus eigenem Antrieb, sondern für irgendeinen fremden väterlichen Willen, dem er sich angeblich nur unterwerfe. Bismarcks »Gott« ist Hitlers »Vorsehung«.

Bismarck beschreibt sich als ein Kind, das jede Minute neu ins Dunkle tappen müsse. Dieses Befinden widerspricht dem Erwachsenwerden im Sinne von Sichererfühlen, Klarersehen, Weitergehen ins Licht, widerspricht Erfahren, Erkennen, Durchschauen.

Bismarck streute die Anrufung Gottes als Floskel über die geharnischtsten Herausforderungen seiner Feinde und über die Verächtlichmachung der Welt. Seit seiner Bekehrung läuft sein Vernichtungsuhrwerk wie geschmiert, als sei Gott eine Salbe für seine rissige Seele. Gott kann sich Muttersöhnen nicht wirklich nähern, weil sie kein Gewissen haben. So viele Männer tot in drei Kriegen – für was? Bismarcks »Gott« ist eine unentgeltliche Lebensversicherung, die jedes Eisen im Blut abfangen soll.

Otto himmelt seine Frau an, schreibt Briefe an sie, die zu den schönsten der Briefliteratur des 19. Jahrhunderts gezählt werden. Johanna von Bismarck hat mit ihrem Mann drei Kinder, lebt fast fünfzig Jahre mit ihm zusammen. Zusammen? Ihre Mundwinkel ziehen sich in einer furchterregenden Enttäuschungsmiene herab, das ganze Frauengesicht ist kaum merklich schmerzgepolstert. Mit seinem König kämpft Bismarck sechsundzwanzig Jahre lang.

Hat Johanna einen Fingerhut Chance, Otto beim Wickel zu nehmen? Sie ist in ihrer Wirkung auf ihn so aussichtslos wie Gott. Bismarck zieht schier besessen seine Frau in sich herein, läßt sie immer wieder wissen, ohne sie wäre er verloren. Bevor er sie hatte, war er verloren, hing er herum, dachte an Selbstmord, fand den Dreh des Lebens nicht.

Die Frau ist für einen Muttersohn wie eine ihm fehlende Schraube in seinem »Getriebe«, er braucht sie unbedingt, sonst funktioniert sein Ich nicht. Wenn er sie hat, kann er alles machen. Die Frau ist kein Gegenüber, das mit dem Ehemann einen autonomen Menschen vor sich hätte, auf den sie sich beziehen, dem sie sich verweigern oder entgegenstellen, mit dem sie zu einer höheren Einheit verschmelzen könnte. Sie wird eingesetzt in das Ich-Loch des Mannes und kann sich dort mit all seinen Unternehmungen mitdrehen. Frau von Bismarck, Frau Goebbels, Frau Himmler, Frau Göring, Frau Höß, Frau Eichmann, Frau Heydrich, Frau Braun-Hitler, Frau Franco, Frau Mussolini, zwei Frauen Bonaparte... waren Schrauben in ihren Muttersohngatten, mehr nicht.

Soll denn unser alter Deutschlandmacher nur ein Bösewicht gewesen sein? Sind Vatersöhne, Muttertöchter und Vatertöchter bessere Menschen? Haben sie vielleicht keine oder zu selten Macht, ihre Boshaftigkeit unter Beweis zu stellen? Malt der Begriff »Muttersohn« einen neuen Teufel aufs Papier? Alle unter die Kategorie »Muttersohn« hier eingeordneten Männer sind sogenannt große und haben nicht nur schreckliche Eigenschaften, sondern wie alle Menschen auch liebenswerte oder anrührende Züge, selbst Himmler, einer der verwirrendsten Mörder, der sich gegenüber seinem finnischen Masseur Sorgen um das kleine Getier macht, das die Menschen bedenkenlos niedertreten, wenn sie ohne Rücksicht auf das Leben am Boden einen Trampelpfad durch eine Wiese laufen.

Die Gegenüberstellung von Muttersöhnen und Vatersöhnen leistete einer Idealisierung der vatergebundenen Männer Vorschub. Die im kleinfamiliären Aufzuchtsystem bisweilen vorkommende enge Vater-Sohn-Beziehung fixiert den Sohn ebenfalls, reißt ihm Neurosen ein, macht ihn zum Bindungskrüppel.

Daß Vatersöhne die »heimlichen« Geliebten ihrer Väter sind, hat krankmachende Wirkungen auf die Söhne. Beethoven gab seinen Eros seinem Vater ins Grab. Freud und Gandhi taten das ebenfalls auf eine besondere Weise. Sie stellten nach dem Vatertod die sexuelle Gemeinschaft mit ihren Frauen ein. Beethoven quälte als erwachsener, bindungsunfähiger Mann seinen Neffen in einer uneingelösten pädophilen Beziehung. Mozart hetzte seine Frau Constanze von Umzug zu Umzug, spielte mit ihr Versteck über getrennte Reisen und Kuraufenthalte. Goethe soll sein erstes sexuelles Erlebnis – wenn so etwas mit an Sicherheit grenzender Wahrscheinlichkeit rekonstruierbar ist – nach dem Tod seines Vaters auf seiner ersten Italienreise gehabt haben, im Alter von Siebenunddreißig. Sein Verhältnis zu Christiane Vulpius war zwiespältig. Er heiratete sie in einer Art Gnadenakt erst nach achtzehn Jahren des Zusammenlebens. Sie quälte sich als Ehefrau an seiner Seite in den Krebs hinein, während Johann Wolfgang dichtete, verwaltete, reiste, empfing und sich busenbefreundete mit Marianne von Willemer. Rousseau führte mit seinen Geliebten einen Eiertanz der Gefühle auf, wollte sie ganz für sich, konnte Nähe aber nicht ertragen, versuchte mit zwei Frauen eine Dreierbeziehung, war seinerseits so eifersüchtig, daß er sogar die ihm von einer Freundin geborenen fünf Kinder nicht neben sich aushalten konnte und eines nach dem anderen in ein Findelhaus abschob. Buddhas Verhältnis zu Frauen ist auch nicht in Ordnung, wenn behauptet wird, er sei aus der rechten (der männlichen!) Seite seiner Mutter geboren worden.

Tolstoi hat Menschen und Tiere geliebt, wird jedoch von seiner Frau, Sofja Tolstaja, in ihren Tagebüchern als Scheusal beschrieben. Heinrich Manns Frau brachte sich um. Simone de Beauvoir litt unter Sartres Näheabwehr und seinen Beziehungen zu anderen Frauen, denen sie nicht immer eigene zu anderen Männern entgegensetzen konnte. Brecht soll als Liebhaber unangenehm machistisch gewesen sein.

Die Vaterbindung schafft männliche Konfliktseelen wie die Mutterbindung. Im persönlichen Bereich muß der Mensch auf der Hut vor jedem Mann sein, der aus einem kleinfamiliären System hervorgegangen ist. Der Unterschied zwischen Vater- und Muttersöhnen zeigt sich im gesellschaftlichen Bereich. Aus der Mutter-Sohn-Beziehung entsteht ein gesellschaftlich zerstörerischer Mann, aus der Vater-Sohn-Beziehung nicht. Das Privatleben der Muttersöhne kann durch den Mißbrauch der Frau in der Schraubenfunktion seltsam unproblematisch sein, wie es Bismarck, Mussolini, Franco und die Nazimänner vorgemacht haben. Dafür kann der gesellschaftliche Bereich wie bei Hitler und Stalin zur Hölle ausarten. Vatersöhne sind Männer mit Schwierigkeiten, Muttersöhne sind Nichtmänner, die auf einer quasi-lesbisch nachgestellten Bahn den intimen Umgang mit Frauen bewältigen und der Gesellschaft Todesstöße verabreichen.

Der Bindungseffekt hat eine Überkreuzwirkung. Vatersöhne haben Probleme mit ihren Frauen, aber nicht mit ihrer Männergesellschaft. Muttersöhne haben keine nennenswerten Probleme mit Frauen, bringen aber die Gesellschaft durcheinander. Sogar Hitler und Stalin hatten trotz ihrer negativen Wirkung auf alle mit ihnen Verbundenen und dem frühen oder gewaltsamen Tod von mehreren ihrer Liebespartnerinnen ein besseres Verhältnis zu Frauen als zu Männern. Nach dem Tod seiner Mutter nahm Stalin von seiner Tochter Besitz, er störte zwar seelisch und praktisch ihre Männerverbindungen, aber er ruinierte sie nicht wie seine Söhne. Napoleon war zweimal verheiratet und fügte seinen Frauen keinen Schaden zu. Hitler wurde von Frauen glühend verehrt und ließ Eva Braun ein unbehelligtes Dasein als Halbgattin in seinem Schatten führen.

Die Muttersöhne, in denen sich väterliche Akzente herausbilden konnten, haben mehr humane Züge als diejenigen, in denen das Väterliche fast spurlos vorüberzog. Stalin, Hitler, Himmler, Goebbels, Nero und Iwan sind die extremsten Vaterfremdlinge. Alexander, Cäsar, Friedrich II., Napoleon, Bismarck, Mussolini, Göring hatten Strukturreserven, die sie nicht nur zu Chaosknechten werden ließen.

Die reaktionäre Wirkung der Vatersöhne ist ihre Abhängigkeit von Muttersöhnen. Was sich im persönlichen Bereich als Liebesblockierung erweist, kann im gesellschaftlichen Bereich zur Handlungsblockade werden. Ihre Fixierung auf den Vater drückt sich darin aus, daß sie den Vater mit dem herrschenden Muttersohn ersetzen, vor dem sie seltsam kindisch in die Knie gehen. Es wurde immer wieder gerätselt, warum hohe Diplomaten und Generäle sich allen Hitlerschen Hirnverbranntheiten ergaben. Diktieren kann nur jemand, wenn er Männer hat, die diese Diktate aufnehmen. Der Vatersohn ist in seiner Handlungs- und Denkfähigkeit gelähmt, wenn auf ihn ein dirigierender Muttersohn trifft.

Bismarck hatte leichtes Spiel, denn sein König und der Kronprinz waren klassische Vatersöhne, deren Verstand stillstand, wenn er mit seinen Aktionen auf sie eindrang. Von Anfang an war es der Stil zwischen Wilhelm I. und Bismarck, daß der König etwas wollte oder nicht wollte und Bismarck es außer Kraft setzte. Von seiner Berufung als Minister, die Wilhelm einen Tag zuvor noch abgelehnt hatte, bis zur Reichsgründung und Kaiserkrönung, die Kriege und alle innenpolitischen Akte inbegriffen, funktionierte der seelische Kurzschluß zwischen ihnen, trieben sie sich zusammen als Paar der neurotischen Extreme des Überrollens und Sich-Überrollen-Lassens. Dreißig Jahre hindurch versuchte der Kronprinz Friedrich, sich Bismarck entgegenzuhalten, er unterlag im Krebs. Er stand durch seine Frau Victoria, die Tochter der Königin Victoria, den englischen Verhältnissen näher als den deutschen, hätte gern die absolutistische in eine konstitutionelle Monarchie verwandelt.

Über die Umwege des Erliegens, Anheimfallens, Überrumpelt-Werdens sind Vatersöhne gesellschaftlich gefährlich. Es ist jedoch ein Unterschied, ob eine psychische Deformation von jemandem ausgenutzt und dadurch ein Mensch zur Mitwirkung an Brutalitäten verleitet wird oder ob, wie bei den Muttersöhnen, die psychische Disposition selber der Motor für Zerstörung ist. Bismarck setzte sich mit dem Staat gleich. Er arbeitete nicht für, mit und in etwas. Er war es. Amt als Träger des Ichs. Das ist das Gefährlichste, was es gesellschaftlich geben kann.

Der wesentliche Unterschied zwischen Vater- und Muttersöhnen wird in den Existenzen von Rousseau und Robespierre deutlich. Vatersohn Rousseau bietet Arbeiten für die Veränderung der feudalistischen Gesellschaft und die Umerziehung des Menschen an, bereitet der Französischen Revolution den Weg, legt Fundamente für ein erneuerndes Denken, die noch nach Jahrhunderten tragen. Muttersohn Robespierre bringt die begonnene Erneuerung mit Tausenden rollenden Köpfen angeblicher Revolutionsfeinde zu Fall, mißversteht die wachsende Allmählichkeit von Veränderung so gründlich, daß er Revolution zum Schreckgespenst werden läßt und allen Rückdrehungen der Reaktion Vorschub leistet. Und worin besteht der Höhepunkt seiner angeblich revolutionären Tätigkeit? Robespierre läßt die Existenz eines »höchsten Wesens« mit einem Gesetz absichern, er inthronisiert einen überirdischen Vater in der Verfassung.

Die deutsche und die europäische Geschichte wären anders verlaufen, wenn es Bismarck nicht gegeben hätte. Die balancierende Politik Wilhelms I. und die Reformbereitschaft seines Sohnes, Friedrichs III., hätten ein anderes Preußen geschaffen, kein Deutschland oder nicht dieses Deutschland zustande gebracht. Die deutsche und die europäische Geschichte wären genauso verlaufen, wenn es Wilhelm I. und Friedrich III. nicht gegeben hätte. Bismarck benutzte Wilhelm nur als Steigbügel. Sich als Pferd darzustellen hieß, dem König abermals Sand in die Augen zu streuen. Bismarck war der Reiter. Er hätte sich ein anderes Pferd gesucht. Zehn Jahre hat er auf seine Ernennung als Minister hingearbeitet, zehn Jahre auf die Reichsgründung hingelebt.

Einer der größten politischen Scharfmacher war Ronald Reagan. Wo es etwas zurückzuschrauben und anzuhalten gab, war er mit Wort und Tat zur Stelle. Sein Blut- und Bombentemperament kam immer wieder zum Ausdruck: Raketenstationierung in Europa (sogenannte Nachrüstung), Einmarsch in Grenada, Infiltration in Nicaragua, Unterstützung aller reaktionären Staatsmänner der Welt, Bombardierung Tripolis', Vorbereitung zum Krieg der Sterne.

Reagan war vom gewinnbaren Atomkrieg überzeugt. Die USA müßten nur den »Erstschlag« unternehmen. Er hatte Europa, Nordafrika und den Vorderen Orient zum Kriegsschauplatz erwählt und probte mit sichtbaren und für die Öffentlichkeit unsichtbaren Mitteln den Einsatz.

Berühmt wurden seine Sätze vor einer Rundfunkansprache 1984, die nur für das Team gedacht waren und zufällig festgehalten wurden: »Amerikanische Mitbürger! Ich freue mich, Ihnen mitteilen zu können, daß ich heute ein Gesetz zur endgültigen Auslöschung Rußlands unterzeichnet habe. Das Bombardement beginnt in fünf Minuten.«[13]

Die Welt wußte, was Reagan machte, aber nicht, wie er zu Reagan gemacht worden war. Auf seinen Muttersohncharakter hinzuweisen, ist profan, denn überall traten die Anzeichen an ihm zum Greifen plastisch hervor. Das Verhängnis: Seine Art, sich zu geben und zu reden, paßte so in das gegenwärtige Amerika hinein, daß sein Gebaren dort nicht Alarm auslöste. Das Gefährliche an einem Muttersohn ist sein Chamäleonverhalten. Seine Blutrunst wird verdeckt von dem Bedürfnis vieler Männer, ihn an die Macht kommen zu lassen und an der Macht zu halten. Napoleon paßte in das nachrevolutionäre Frankreich, Stalin in das nachrevolutionäre Rußland, Bismarck in das vornationalistische und Hitler in das verunsicherte, gedemütigte, wirtschaftlich darniederliegende Deutschland. So paßte Reagan in die Krise Amerikas, dessen Position als erste Weltmacht, als In-Schach-Halter und Völkervater durch nichts (mehr) gerechtfertigt ist. Paßt ein Muttersohn historisch in eine gesellschaftliche Situation hinein, kann er sich leicht mit einer Messias-Aura umgeben. Der Rettungstrug gelingt ihm spielend. Die nach »Heil« lechzenden Massen werden blind für die Gefahr der feuerlegenden Taten, taub für die Worte der Gewalt. Augen und Ohren können sie erst wieder öffnen, wenn die Katastrophe da ist. Menschen im Ausland gelingt es eher, auf einen Blick das sich anbahnende Unheil zu erkennen. Und die Nachwelt stellt dann angebliche politisch-ökonomische Unvermeidlichkeiten fest.

Mit der gegorenen Süßlichkeit seines Westernhelden-Charmes täuschte Reagan darüber hinweg, daß er das größte Massensterben aller Zeiten vorbereitete. Verteidigungsworte verbrämten seine unblutig und manchmal auch blutig inszenierten Angriffstaten.

Die drei Hauptmotive der Muttersöhne, sich zu verwirklichen und dabei die Welt zu zerstören, trieben auch Reagan zügig an: die Gründung eines Reichs, die Suche nach Feinden und das Quälen von Schwachen. Mit dem »Reich« war es für Reagan etwas umständlich, da die USA schon existierten und die Welt bereits beherrschten, vielleicht noch nicht ganz, Rußland und China gehören noch nicht zum wirtschaftlich-politisch-kulturellen Einflußbereich der USA. Auf der Erde und mit irdischen Mitteln ist der totale Einfluß nicht so leicht herzustellen, er wird möglich sein über den Weltraum. Anschwellen in den Kosmos hinein, höchstes Hinauf, das es bisher gegeben hat. Reagans Volk ohne Raum sollte Raum über die Raumfahrt eingeräumt bekommen. Die ganze Erde wollte er mit seinem SDI-Programm in amerikanische Gewalt bringen. Wie bei Bismarck wurde Gott für dieses Bedürfnis plastisch ausgeschlachtet. Reagan schmeichelte seinen nach Heil suchenden Amerikanern ein, Gott möchte, daß sie den Weltraum erobern, daß sie zuerst dort sind. Die Hochzeit mit dem »höchsten Wesen« stand nah bevor. Reagan wollte Frau Gott werden, Weiße-Haus-Frau war ihm nicht genug. Auf das Jenseits mochte er damit nicht warten. Gott wurde zum tumben König Wilhelm gemacht, in dessen Bereich die Muttersohnbraut eindringen, dort wirbeln und über alles bestimmen wollte, Papi Gott durfte dabei auf seinem Thron ruhig sitzen bleiben.

Wenn es die Kommunisten nicht gäbe, hätte Reagan sie erfinden müssen. Er brauchte die Russen zum Sich-Reiben. Über viele Jahre hinweg waren aus Washington von einem amerikanischen Präsidenten nicht so scharfe Angriffe gegen den Ostblock geführt worden wie von Reagan. Muttersöhne müssen scharf werden, um sich scharf zu machen. Wer der Feind ist, bleibt für sie uninteressant. Vor allem, es muß sich jemand dazu eignen. Meist suchen sie ihn unter ihres Ähnlichen.

Muttersohn Gaddafi ist ein Reader's-Digest-Reagan, fuchtelt, bedroht, zündelt, intrigiert, daß sich sogar Kissinger fragen mußte, was für ein Ding Gaddafi weg hat. Mit damenhafter Lockenpracht und zuweilen erstaunlichen Samtpelerinen um die Schultern könnte er Verdächtigungen anderer Art auf sich ziehen, sitzt doch lieber am männerführenden Machtufer und träumt von islamischen Reichsgründungen, sogar China hat er wegen einer Mitgliedschaft angerempelt. Gaddafi spitzt sich unentwegt auf Feinde zu und massakriert mit von ihm lancierten Terrorakten harmlose Touristen und kleine libysche Emigranten. Er hat sich eine Frauenleibwache zugelegt, fordert jeden arabischen Staat heraus, will ihn unter sich zwingen, reibt sich besonders gern am Nachbarn Ägypten und baut sich auf zu Jesus von Arabien.

Die Gegnerschaft der großen beiden vereinigten Gebilde, der Vereinigten Staaten und der Vereinigten Sowjetrepubliken, wird heute mit dem Gejammer der Unausweichlichkeit verfolgt. Welt-Spaltung, Ost-West-Unüberbrückbarkeit. Die Polarisierung besteht seit dem Ende des Zweiten Weltkrieges. In den ersten fünfundzwanzig Jahren ihrer Existenz wurde die Sowjetunion von den kapitalistischen Staaten mißtrauisch verfolgt, unter Druck gesetzt und zum Teil bekämpft, von Deutschland 1941 überfallen.

Das Feindverlangen der Muttersöhne hat nichts mit den ökonomisch-politischen Ost-West-Gegensätzen zu tun. Als es diese Unterschiede noch nicht gab, suchten sich die Gewaltherren ihre Feinde unter Staaten mit den gleichen gesellschaftlichen Bedingungen. Wilhelm II. forderte sogar seine Verwandten heraus. Er reizte Großbritannien, dem seine Großmutter und später sein Onkel vorsaßen, er schliff sich an Rußland, das von seinem Vetter beherrscht wurde. Napoleon und Hitler machten ganz Europa zu ihrem Feind. Bismarck wechselte die Gegner wie die Hemden. Stalin produzierte sich im eigenen Land ein so riesiges Feindesreservat, daß er, durch die Millionen Morde innerhalb seiner großen

Sowjetunion befriedigt, keine außenpolitischen Feinde mehr zu suchen brauchte. Hitler hatte in Deutschland zuwenig Feinde. Der amerikanische Präsident muß seine Blutrunst immer außenpolitisch stillen, weil der Aufbau der Vereinigten Staaten ein zu wildes Vorgehen im eigenen Land unmöglich macht.

Die USA sind das Rom des 20. Jahrhunderts. Fast die ganze Welt ist für sie klein, unterdrückbar, manipulierbar geworden. Befreiungsbewegungen werden zu Feinden, schon Autonomiebestrebungen zu Unfreundlichkeiten erklärt. Die USA sind die aggressivste zeitgenössische Weltmacht. Die Sowjetunion unterdrückte nach altem Schema: Draufsitzen und nehmen, was zufällt (Stalin), halten und ausdehnen, wenn es die Grenzen sichern hilft (Breshnew). Die USA infiltrieren, rauben kulturelle, politische und wirtschaftliche Eigenständigkeit. Das Gasförmig-Unheimliche der Muttersöhne trifft auf Männer dieses Landes derzeit am meisten zu. Amerika ist überall. Anderen Völkern ist eine Wehr geistig schon nicht mehr möglich. Den Denver-Dallas-Jeans sind alle »Verbündeten« verfallen. Wo eine Wehr politisch geschieht, fließt Blut.

Amerika ist gegenwärtig die Brutstätte Nummer eins für Muttersöhne, die Rom im Altertum war. Das Auswärtssein der römischen Männer schuf über Jahrhunderte eine immer engere Beziehung zwischen Müttern und Söhnen, die die Gewaltanfälligkeit der Söhne steigerte. Die »Auswärtigkeit« der Väter wird in Amerika im Inneren des Landes gewährleistet, begünstigt durch die riesenhafte Fläche der Vereinigten Staaten und durch ein spezifisches Verhalten der Männer. Wo es ein gutes Arbeitsangebot gibt, da geht der Mann hin. Er ist weder an einen bestimmten Ort noch an eine menschliche Nachbarschaft noch an ein Arbeitskollektiv gebunden. Auch kennt er keine engen Beziehungen zu Dingen und keine unzerreißbaren Bande zu alten Freunden. Er schlägt seine Schaummatratze in einem Apartment oder in einem Bungalow auf, baut sie ab, wenn es nötig sein sollte, reißt Frau und Sohn aus ihrer Umgebung heraus. Er kann auch allein unterwegs und wochenlang von der Familie entfernt sein, oder, was nicht selten vorkommen soll, er verschwindet auf Nimmerwiedersehen und gründet am anderen Ende des Landes eine neue Familie.

Das marktorientierte Vagabundieren befriedigt allein die Interessen des Mannes. Für die Frau an der Seite des Industriezeitritters heißt es Sinnentleerung ihres Daseins, Zelte aufbauen, Zelte abbrechen, Entfremdung von allem. Es gibt nichts außer Mann und Kind. Und da der Mann in seiner Arbeit aufgeht, den ganzen Tag auswärts damit beschäftigt ist, gibt es für die Frau nur noch das Kind. Für das Kind gibt es nur noch die Mutter.

Amerika ist das erste Land, das als totaler Männerstaat begonnen hat. Eingewandert wurde pionier-mann-haft oder kleinfamiliär. Kanada, Süd- und Mittelamerika und Australien waren Länder und Ländergemeinschaften, in die Volksgruppen hineinwanderten: nach Kanada Franzosen, nach Süd- und Mittelamerika Spanier und Portugiesen, nach Australien Briten. Die USA nahmen anfangs jeden – die Männer kamen aus ganz Europa und Asien. Die Eingewanderten gründeten eine Männergesellschaft mit Merkmalen vorchristlicher und mittelalterlicher Abenteurerverhältnisse, in denen die Frauen wie überall Nutzmenschen, Gebrauchsbeiwerk waren.

Amerika schuf weder eine Gleichberechtigungsgesellschaft – einige Frauenschutzparagraphen in der Verfassung übertünchen diese Tatsache –, noch kannte es an einem Schaltzentrum der Macht Ausnahmen der Frauenbeteiligung, die in Europa die Königinnen, Kaiserinnen und Maitressen repräsentierten. In Amerika gab es nie eine Präsidentin oder eine über einen Präsidenten bestimmende Geliebte nach dem Madame-Pompadour-Prinzip. Eisenhower durfte sich nicht scheiden lassen, um die Möglichkeit, Präsident zu werden, nicht zu verspielen. Das ärgste: Die amerikanischen Frauen wurden aus der Einbettung in ihre alte Rolle gerissen, ohne einen neuen Lebenssinn eröffnet zu bekommen. In Europa wurde und wird die Frau noch von Resten früherer Identität getragen: Heimat, Kollektivbezug mit großfamiliärem Hintergrund, Verbindung zu anderen Frauen in Dorf- und Stadtgemeinschaften. Nach Amerika wurden die Frauen einzeln mitgenommen oder einzeln geholt und in neuen Siedlungen oder später in Etagenwohnungen abgesetzt. Ein paar abenteuerliche Kraftakte der allerersten Einwanderinnen bestätigen die Regel.

In Europa, Asien und Afrika ist die Basis der Gesellschaft eine ehemals starke, jahrtausendelang unterdrückte Weiblichkeit. Matriarchalische Züge, wie sie überall auf der Welt noch erkennbar sind, hat die amerikanische Gesellschaft nicht. Das Weibliche als Prinzip wurde zu Hause in Europa gelassen. Die Basis der amerikanischen Gesellschaft ist verbrannte Erde. Der Grund der Vereinigten Staaten ist der Völkermord an den Indianern und das Völkerverbrechen an den Afrikanern. Die alte europäisch-asiatische Völkerwanderung war eine Völkerverschiebung, Völkervereinnahmung und Völkerunterjochung. Amerika – das sind einzelne Männer, einzelne Kleinfamilien oder lose Kleinfamilienverbände, die die Kultur der Indianer auslöschten, Menschen aus ihrer Einbettung in Afrika rissen, verschleppten und als Sklaven mißbrauchten. Das auf Fortschritt und Machbarkeit von allem – Land der unbegrenzten Möglichkeiten – organisierte Gebilde hat keinen Widerpart im Weiblichen, hat keine Vorsicht, hat gar nichts mit Leben zu tun. Das Männliche, sich allein verwirklichend! – so war es Jehowas alttestamentarischer Wunschtraum schon dreitausend Jahre zuvor. Die amerikanischen Männer haben ihn erfüllt. Die Folge wird das größte Verbrechen gegen das Leben sein, das sich das Filiarchat bisher ausgedacht hat.

Die zwei Möglichkeiten, in denen Frauen an der Gesellschaft teilnehmen konnten, waren der Roboter und die Mutter: Männer-zur-Hand-Reicherin und Kinderwunscherfüllerin. Die einzige Verwirklichung als Mensch blieb die Mutterschaft. Geachtet wurde die Frau nur in dieser Funktion.

Die amerikanische Frauenbewegung täuscht darüber hinweg, daß Frauen in Amerika nur Oblaten, Stöpsel und Schrauben sind. Frauenbanken, Frauenmanagements, freche Frauenbücher – und null Einfluß auf den Männerstaat, die Männerwirtschaft, die Männerrüstung, die Männerkriege. Dieser Einflußmangel betrifft sowohl den fehlenden Einfluß von Frauen als auch den des weiblichen Elements. Ein Mann wie Carter konnte sich als Präsident der USA nicht behaupten. Kennedy wurde ermordet. Schon das Jugendliche, das dem Weiblichen näher steht als dem Männlichen, darf in Amerika keinen Einfluß haben. Shows, Mode, Musik, Film sollen Frauen und Jugend benebeln. Die angeblich so starken Frauenvereine Amerikas – ketch-up. Viel mehr als Stunk machen, wenn Liz Taylor zum fünften Male heiratet, können sie nicht.

Daß Reagan gewählt wurde, bestätigte die Ohnmacht der Frau. Die Hälfte seiner Wähler werden Frauen gewesen sein. Die amerikanische Frauenbewegung ist inzwischen zusammengebrochen. Reagan tat das Seine hinzu. Er gründete den Ring der »Fundamentalisten«, einen Antiemanzipationsverein, in den Millionäre eintreten sollten, die eine Million spendeten, auf daß weltweit Aktionen zur Rückführung der Frau an den Herd und unter die Obhut des Mannes gestartet werden können. In der Schweiz strömten Hunderte, in Deutschland Tausende Frauen zu den Veranstaltungen.

Wie nippesgroß die Frau in Amerika ist, zeigte Nancy Reagan, die Johanna-von-Bismarck-Schraube auf Muttersohn Ronald. Kein Nein zu dieser oder jener kriegerischen Aktion, ein Ja zu dem Antifrauenring. Große, schöne, etwas traurige Augen schauen in die Kameras hinein. Da muß doch etwas dahinter sein. Nichts! Nichts, was hätte dem ersten Verschacherer der Welt in die Zügel fallen können. Nancy Reagans Aktionismus – als Frauenmacht über den Präsidenten falsch eingeschätzt – erschöpfte sich im Zulieferantentum.

Also Söhne, massenhaft, aus denen Reagan als Eisbergspitze herausragte. Der amerikanische Mann hat sein Erkennungszeichen im Cowboy, im »Kuhjungen«, schert aus zu Freiheit und Abenteuer und ist doch, ach, bis an sein Lebensende Mamis Liebling.

Ronald Reagan erlebte in seiner Kindheit eine bilderbuchartige Herstellung zum Muttersohn. Er ist zweiter Sohn, sogenanntes Enttäuschungskind, wuchs auf unter einer starken Mutter und konnte einen schwachen Vater nicht fassen. Der Vater war Schuhverkäufer, übte diesen Beruf als Abteilungsleiter, Ladenbesitzer und Vertreter aus. Er wechselte seine Arbeitsstelle alle paar Jahre, war viel unterwegs und fern der Familie. Wegen seines unsteten Lebens mußte Ronald als Kind über ein halbes Dutzend Mal umziehen. Er konnte weder in einer Heimat noch bei anderen Menschen – vielleicht bei einer verwandten oder benachbarten Vaterfigur – wurzeln. Als Konstante gab es nur die Mutter. Die Labilität des Vaters drückte sich nicht nur im beruflichen Schwanken aus, sondern auch in einem zyklisch auftretenden Alkoholismus. In Abständen verschwand der Vater, ging auf Sauftouren oder erschien Abend für Abend volltrunken zu Hause. Die Mutter war Hausfrau und Laienschauspielerin, trat mit einem dramatischen Zirkel bei Wohltätigkeitsveranstaltungen auf.

Reagan wurde mittelmäßiger, halbherziger Schauspieler und Sprecher der Schauspielergewerkschaft. Mitte Fünfzig brach er diese Tätigkeiten ab und wurde konservativer Politiker. Seine Kindheit verlief an der untersten Grenze der Auffälligkeit: starke Mutter, schwacher, manchmal prügelnder, sonst gutmütiger, suchtkranker, häufig abwesender, beruflich nicht zu Rande kommender Vater. Die Identifikation mit der Mutter wäre ohne die Tatsache ihres Schauspielerdilettierens nicht leicht nachweisbar gewesen. Außerdem war die Mutter nicht nur Privatschauspielerin, sondern auch noch Privatpolitikerin. Sie kümmerte sich um Angelegenheiten in ihrer Umgebung, war im karitativen Bereich aktiv, machte Krankenhaus- und Sanatoriumsbesuche, organisierte Lesungen in Frauenvereinen, ging wöchentlich zu den Insassen der örtlichen Gefängnisse.

Der Sohn betätigte sich sportlich, wurde ähnlich wie Bismarck Rettungsschwimmer, spielte sich in fünfundfünfzig Filmen zu einem zweitklassigen Schauspieler empor, war ein achtbarer Gewerkschaftsvertreter, versuchte mit dieser Tätigkeit dem Vater nachzuleben, der auf seiten der Schwachen, der Arbeiter, Juden und Schwarzen gestanden hatte. Und plötzlich dieser Schwenk, diese Kehrtwendung (»Bekehrung«) einer nicht gefestigten Mannsperson. Das Männerzimmer war nicht richtig eingerichtet gewesen. Nach dem Tod des Vaters wurde es ausgeräumt und die Placebo-Colts der Filmwelt mit den Raketen in der richtigen Welt ausgetauscht. Tat und Plan des Sohnesmenschen Reagan schossen sich auf Chaos ein.

»Ich war elf Jahre alt, als ich beim Nachhausekommen zum erstenmal meinen Vater fand, wie er flach auf dem Rücken auf der Eingangsveranda lag. Er war sinnlos betrunken, und außer mir war niemand da, der ihm helfen konnte. Ein paar Minuten lang stand ich über ihn gebeugt und hatte nur den einen Wunsch, ins Haus zu gehen, mich ins Bett zu legen und so zu tun, als wäre er nicht da. Es war nicht so, daß ich von seiner Schwäche nichts gewußt hätte. Ich erinnere mich nicht mehr, wie alt ich war, als ich begriff, was seine gelegentlichen Abende außer Haus und die lauten Stimmen in der Nacht bedeuteten. Aber bis jetzt hatten sich immer meine Mutter Nelle oder mein Bruder um ihn gekümmert, während ich, der Kleine, im Bett lag und mich schlafend stellte...

Ich fühlte, wie neben meinem Selbstmitleid plötzlich Mitleid mit meinem Vater in mir hochstieg. Wie er dalag, die Arme ausgebreitet wie ein Gekreuzigter – der er ja war –, das Haar naß von geschmolzenem Schnee und bei jedem Atemzug laut schnarchend, konnte ich ihm einfach nicht böse sein.«

»Ich beugte mich über ihn. Ein scharfer Geruch nach Whisky und Kneipe ging von ihm aus. Ich packte ihn am Mantel und öffnete die Tür, und es gelang mir, ihn ins Haus zu zerren und in sein Bett zu verfrachten. Ein paar Tage später war er wieder der gutmütig-derbe, herzliche Mann, den ich kannte und liebte und immer in Erinnerung behalten werde.

Jack (wir alle nannten ihn bei seinem Spitznamen) war ein gutaussehender Mann – groß, dunkelhäutig, muskulös und voller widersprüchlicher Charaktereigenschaften. Als Anhänger der Demokratischen Partei trat er vehement für die Rechte der Arbeiter ein.«

»... als er in der schrecklichen Zeit der Depression für ein paar Dollar als Schuhvertreter durch die Lande reiste...«

»War mein Vater Katholik, so war meine Mutter Protestantin. Lehnte er sich gegen das Universum auf, so hatte sie eine natürliche und praktische Begabung, dem Leben das Beste abzuge-

Reagan (»zweiter« von rechts mit Mutter, Bruder und Vater)

winnen. War er Ire, so war sie schottisch-englischer Abstammung. Bediente er sich gelegentlich ordinärer Ausdrücke, so versuchte sie stets, in der Familie eine gehobene Sprache zu pflegen. Wahrscheinlich verstand sie ebensowenig den Grund für seine wochenlangen Sauftouren ein- oder zweimal im Jahr wie er ihre kulturellen Aktivitäten.«[14]

»Mit fünf, also noch ehe ich in die Schule kam, lernte ich ganz nebenbei lesen. Das hatte ich nicht meinem besonderen Talent zu verdanken, sondern meiner Mutter, die sich jeden Abend die Zeit nahm, uns aus Büchern vorzulesen.«[15]

Die Mutter »war Vorsitzende der örtlichen Laienspielgruppe. Sie betrachtete diese Aufgabe als Erholung von ihren familiären und sozialen Pflichten und stürzte sich mit dem Eifer einer verhinderten Schauspielerin darauf. Sie rezitierte mit tragischem Tremolo klassische Monologe, schluchzte bei der Wiedergabe von herzerweichenden Textstellen aus Melodramen wie ›East Lynne‹, und sie trug bewegt ellenlange Balladen vor. Gelegentlich stieg sie in die Niederungen von Lustspielen wie ›Levinsky at the Wedding‹ hinab, aber solche Vorführungen waren äußerst selten. Natürlich wurde ich, wenn ich auch protestierte, dienstverpflichtet – meistens zu der Gestalt im weißen Leintuch bei Aufführungen der Sonntagsschule, die so bezeichnende Titel hatten wie ›The Spirit of Christmas Never Was‹. Man könnte darüber streiten, ob damals schon meine Liebe zur Schauspielerei geweckt wurde. In meinen Augen war eher das Gegenteil der Fall, denn dadurch wurde ich viel zu oft von meinem geliebten Sport abgehalten.

Nach und nach war die rauhe Wirklichkeit des ungeregelten Spiels in meine Traumwelt eingedrungen und hatte die toten Gegenstände und ausgestopften Tiere (mein Idol war lange Zeit der örtliche Tierpräparator) in den Hintergrund gedrängt.«[16]

»Die Kommunisten waren in Hollywood die allerersten, die in Verdrehung der Tatsachen behaupteten, sie seien die Opfer der ›Schwarzen Liste‹. Und dabei arbeiteten sie weiter an der sowjetisch dirigierten Verschwörung gegen die Vereinigten Staaten.«[17]

»Ich dagegen gebe Ihnen zu bedenken, daß es kein Links oder Rechts gibt, sondern lediglich ein Hinauf oder Hinunter. Ein Hinauf zu einem Höchstmaß an individueller Freiheit im Einklang mit Gesetz und Ordnung, oder ein Hinunter in den

Ameisenhaufen des Totalitarismus. Und ungeachtet ihrer menschenfreundlichen Ziele haben sich diejenigen, die Freiheit für Sicherheit aufgeben würden, für den Weg nach unten entschieden – ob sie es wissen oder nicht.«[18]

»Diejenigen, die uns auffordern, unsere Freiheit für die Armenküche des Wohlfahrtsstaates zu verhökern, sind die Baumeister einer Politik des Kleinbeigebens. Sie sagen uns, wenn wir einer direkten Auseinandersetzung mit dem Feind aus dem Weg gehen, wird er uns lieben lernen und von seinem bösen Tun ablassen. Alle, die sich diesem Gedankengang entgegenstellen, werden samt und sonders als Kriegshetzer verschrien. Laßt uns wenigstens das eine klarstellen: Es geht nicht um die Streitfrage, ob Krieg oder Frieden. Es ist billige Demagogie, wenn unterstellt wird, irgend jemand wolle anderer Leute Söhne in den Krieg schicken. Es gibt nur ein Argument im Hinblick auf den besten Weg, einen Krieg zu vermeiden. Da gibt es nur einen sicheren Weg – sich ergeben. Beschwichtigung oder Ermutigung? Das Gespenst, dem unsere wohlmeinenden liberalen Freunde nicht ins Gesicht zu blicken wagen, ist die Wahrheit, daß ihre Politik der gütlichen Einigung nichts anderes als Beschwichtigungstaktik ist. Aber Beschwichtigungspolitik läßt Ihnen nicht die Wahl zwischen Krieg und Frieden, sondern nur über Kämpfen oder Sichergeben. Man sagt uns, das Problem sei für eine einfache Antwort zu vielschichtig. Es gibt eine einfache Antwort, auch wenn sie uns nicht leicht fällt. Wir müssen den Mut haben, das zu tun, was wir für moralisch richtig halten ...

Alexander Hamilton hat uns schon warnend darauf hingewiesen, daß eine Nation, die lieber in Schande als in Gefahr lebt, bereit ist für einen Sklavenhalter – und ihn verdient. Zugegeben, jeder Weg, dem wir folgen, birgt Risiken. Den breiten und sicheren Weg zu wählen, schließt dieses Risiko nicht aus. Schon haben einige Baumeister der gütlichen Einigung angedeutet, wie sie sich entscheiden werden, wenn es zum Äußersten kommt. Der englische Kommentator hat es ausgesprochen: Er würde lieber auf Knien leben als auf Füßen sterben. Landsleute von uns sagen: ›Lieber rot als tot.‹ Wenn wir in dem Glauben leben sollen, daß es nichts gibt, wofür es zu sterben lohnt, dann frage ich: Wann hat das begonnen? Hätte Moses den Kindern Israels raten sollen, lieber in Sklaverei zu leben, als die Gefahren der Wildnis auf sich zu nehmen? Hätte Christus sich weigern sollen, das Kreuz auf sich zu nehmen? Hätten die Patrioten sich bei der Concord Bridge weigern sollen, den Schuß abzugeben, der auf der ganzen Welt gehört wurde? Sollen wir glauben, alle Märtyrer dieser Welt seien umsonst gestorben?«[19]

Daß die Vorbereitung eines Chaos direkt aus der Muttersohncharakteristik entspringt, ist bei Reagan vielleicht schwer nachzuvollziehen, weil seine Wirkungszeit nicht abgeschlossen, die Folgen noch nicht meßbar, die Taten nicht rubrizierbar sind. Es gibt aber einen Muttersohnvorläufer Reagans, der für alle Welt erkennbar Chaos gemacht hat: Harry Truman. Er befahl den Abwurf der Atombomben auf Hiroshima und Nagasaki, er schuf die CIA, die Organisation, die im Großen betreibt, was Reagan Gaddafi im Kleinen vorwirft: Amerikanische Männer werden ausgebildet, fremde mißliebige Regierungen zu stürzen (Chile), Reaktionäre zu stützen, Putschs gegen Progressive vorzubereiten. Die CIA ist die Männerinfiltrationsanstalt, die in der ganzen Welt Stillstand und Stabilisierung der Muttersohnherrschaft mit kapitalistisch-amerikanischen Vorzeichen garantieren soll. Unter Truman wurde die Nato gegründet, die den Warschauer Pakt provozierte und die Welt endgültig in zwei Lager spaltete. Nebenbei entfesselte er den Koreakrieg und legte noch weitere politische Zündbomben. Als er nach seiner Amtszeit von einem Journalisten gefragt wurde, ob ihm Schuldgefühle wegen seiner vielen »schwarzen« Taten gekommen wären, hatte er das Muttersohnstereotyp auf den Lippen: »Nicht schuldig!« Es ging immer nur um die Erhaltung der Freiheit, er hat nichts anderes getan als für den Frieden gekämpft und das Leben von Amerikanern gerettet. Das einzige, das er in seinem Leben bereute, war die Einsetzung eines – seiner Meinung nach – unfähigen Obersten Richters.

In einer Biographie Harry Trumans wird dreimal darauf hingewiesen, daß er ein »Muttersöhnchen« war, ohne daß der Autor ahnt, welches Geheimnis er damit preisgibt. Unauffällig verlief auch Trumans Kindheit. Er hatte einen unbedeutenden Vater und eine bedeutende Mutter, die ihm Lesen und Klavierspielen beibrachte. Er begann später, mit Stoffen zu arbeiten, wurde Textilkaufmann, leitete ein Herrenmodengeschäft, das Pleite machte. Und nach zwanzig Jahren sind Hunderttausende Japaner tot, weitere hunderttausend mußten sich allmählich zu Tode quälen. Der Bombenabwurf war ein Test. Die Bomben waren gegen Deutschland gebaut worden, dort nicht mehr nötig, auch in Japan überflüssig. Das Kapitulationstelegramm der japanischen Regierung erreichte Truman noch vor dem Abwurf. Aber nun sollten die Bomben einmal ausprobiert, ihre Wirkung auf Menschen beobachtet werden: der politische Eindruck auf die Welt und die körperlichen Folgen für den einzelnen. Amerikanische Wissenschaftler filmten die Untersuchungen an den strahlengeschädigten Überlebenden.

»Schaut man aber auf diese Jahre zurück, so scheinen sie alles andere als einfach. Man denke nur an den Abwurf der A-Bombe, die Bildung der Vereinten Nationen, die Entscheidung über Korea, den Fall Alger Hiss, die Entlassung MacArthurs, die Geburt Israels, die NATO, den Marshall-Plan, an die McCarthy-Phase, das Punkt-Vier-Programm und so fort und endlos so fort. Und in all dem, durch fast acht Jahre hindurch, war Harry Truman da, nicht im windstillen Zentrum des Sturms, er war das Sturmzentrum. Er tat, was zu tun war, tat alles. Er bat seine Helfer, ihm zu sagen, wieviel Zeit er habe, um zu entscheiden, was zu entscheiden war, und wenn der Termin heranrückte, dann war die Entscheidung da. Und kein Bedauern, kein reuiger Blick zurück, kein Grübeln (wenn ich das alles noch einmal zu tun hätte, würde ich es wieder tun?) Dean Acheson schrieb, Truman sei ganz und gar ohne das, was er ›das zehrendste aller Gefühle, die Reue‹ nannte.

Reue war Selbstmitleid, ebenso schlimm, vielleicht noch schlimmer, als den Leuten zu sagen, wie man sich fühlte. Keine Zeit für sowas.«[20]

»Harrys Mutter... war eine Frau mit einem großen Charakter. Sie lehrte ihren Sohn, zu tun, was recht war, und er hat es nie mehr vergessen...

Das Wesentliche ist, daß Harry Truman nie vergessen hat, was es hieß, ein einsames Kind zu sein, das gehänselt wurde, das, weil die Brille zerbrechen konnte, sich nicht traute, die Spiele des Bruders Vivian und der Jungen aus der Nachbarschaft mitzuspielen.«[21]

»Am Schluß von Trumans Ansprache gab es jeweils eine Fragestunde, und ich erinnere mich gern daran, daß eines Tages die letzte Frage von einem schüchternen kleinen Jungen mit rotem Haar kam, dessen Ohren stärker gewachsen waren als sein Gesicht.

›Herr Präsident‹, sagte er, und seine Zukunft wie die der Welt hingen von der Antwort ab, ›warst du als Junge beliebt?‹

Der Präsident blickte den kleinen Jungen über die Brillengläser hinweg an, die ihm stets das Aussehen einer verärgerten Eule gaben. ›Oh nein‹, sagte er, ›ich war nie beliebt. Beliebt waren die Jungen, die im Spiel gut waren und große, feste Fäuste hatten. Ich war nie so. Ohne meine Brille war ich blind wie eine Fledermaus, und wenn ich ehrlich sein soll, dann war ich eher ein Muttersöhnchen. Wenn die Gefahr bestand, daß ich hätte kämpfen müssen, rannte ich immer davon. Ich glaube, deshalb stehe ich heute hier.‹

Der kleine Junge begann zu applaudieren, und dann taten es ihm alle anderen nach. Es war eine äußerst befriedigende Antwort für alle diejenigen unter uns, die jemals vor einem Kampf davongelaufen sind – also für uns alle.

Später baten mich die ›Entsafter‹ – ihre Bitten waren häufig Befehle –, dafür zu sorgen, daß diese Frage und die Antwort darauf aus dem Band herausgeschnitten würden, ›bevor von dem Band irgendwie in der Öffentlichkeit Gebrauch gemacht würde.‹

›Besonders die Stelle über das Muttersöhnchen‹, sagte einer von ihnen.«[22]

»Trumans Mutter ... hatte bemerkenswerte Ansichten über die wirklichen Werte im Leben ... Von ihrer Vorstellung dessen, was Recht war, wich sie nie ab.«[23] »Sie war eine Frau, die immer das Richtige tat.«[24]

Truman: »Meine Mutter, meine Schwester und ich spielten Klavier, wir hatten immer das Haus voller Bücher und wir lasen.«[25]

Morton Chiles: »Ich geniere mich, heute zuzugeben, daß wir Harry gewöhnlich ein Muttersöhnchen nannten. Er trug eine Brille und spielte unsere Spiele nicht mit. Er trug Bücher und wir einen Baseballschläger. Deshalb nannten wir ihn Muttersöhnchen.«[26]

Truman: »Bevor ich in die Schule kam, habe ich die Bibel zweimal von der ersten bis zur letzten Seite durchgelesen. Meine Mutter brachte mir das Lesen bei ...

Ich glaube, ich habe Ihnen gestern gesagt, als ich etwa zehn war, gab mir meine Mutter eine kleine Tafel, auf deren Rückseite stand ein Text von etwa vier oder fünf Sätzen über jeden Präsidenten bis zur damaligen Zeit einschließlich Grover Cleveland. Und so begann ich mich für das Präsidentenamt und die Geschichte unseres Landes zu interessieren.«[27]

»Harry Trumans Vater ... war abwechselnd Maultierhändler, Farmer, Wachmann, Getreidespekulant und Straßenmeister. Er war ein kleiner lebhafter Mann mit gewählter Kleidung und gepflegten Manieren. Alle nannten ihn Peanuts [zu Deutsch ›Erdnüsse‹, im übertragenen Sinn: ›Krümelkacker‹], und obwohl niemand je seinem Wort mißtraute – wie bei seinem Sohn –, war er doch finanziell eine Niete. Immer träumte er von einem Glücksfall, von plötzlichem Reichtum, aber der kam nie.«[28]

Eine in der Bundesrepublik Deutschland bekannt gewordene, von dem Psychoanalytiker Helm Stierlin aufgestellte These versucht, Hitlers zerstörerische Taten aus den Delegationen der Mutter zu erklären. Wird diese These an anderen Blutmännern überprüft, läßt sie sich nicht halten. Der Zusammenhang zwischen Mutterbindung der Söhne und zerstörerischer Gesellschaft der Männer besteht nicht über den aktiven Erziehungsteil der Frau, sondern über den passiven. Hätte Hitler gemacht, wozu seine Mutter ihn delegiert hat, wäre er einer der wohltuendsten Staatsmänner Europas geworden. Daß er der größte politische Verbrecher wurde, entspringt nicht den Wünschen, sondern den Wirkungen Klara Hitlers auf ihn, die er in der maskulin-machistisch aufgebauten Welt täglich ungeschehen machen mußte.

Adolf Hitler ist so extrem, daß jede Spekulation über die Ursachen seiner Zerstörungstätigkeit zu plausiblen Erklärungen führen wird. Erst bei politischen Muttersöhnen von etwas geringeren Ausmaßen erweist sich das Typische der Entstehung ihrer Negativität und Brutalität. Bismarck, der österreichische Kaiser Franz Joseph, der französische Revolutionär Robespierre, der Gründer des kommunistischen Chinas, Mao Tse-tung, Mussolini, Göring, Goebbels, Eichmann, Truman, Reagan ... hatten eine viel weniger auffällige Kindheit gehabt als Hitler.

Die »normaleren« Kindheiten eignen sich besser dazu, das Symptomatische freizulegen. Aus ihnen kann verallgemeinernd hergeleitet werden, wie die psychische Entwicklung eines Mannes zum Ausgangspunkt wird für die von ihm verursachte oder geförderte gesellschaftliche Katastrophe, in die das Filiarchat die Menschen – und möglicherweise demnächst das gesamte Leben auf der Erde – stürzt.

Bismarcks Mutter will, daß ihr Sohn preußischer Staatsmann wird. Sie delegiert ihrem Sohn die Existenz, die ihr Vater gelebt hat. Anastasius Ludwig Mencken war unter drei preußischen Königen ein geachteter Staatsmann gewesen, zugleich so liberal, daß er der »Jakobiner« genannt wurde. Von Blutrunst, von bedenklichen politischen Manövern und von Gewaltakten gegen Untertanen ist nichts bekannt geworden. Bismarcks Hektik, Kränklichkeit, Maßlosigkeit, innere Zerrissenheit, Depressivität entspringen nicht der Delegation seiner Mutter, sondern sind Zeugnisse des Niedertretens der Identifikation mit ihr. Oft spricht er davon, daß er nur eine Rolle spiele. Wie seine Mutter wird er Mitte Vierzig schwer krank und leidet lange an den Folgen. Die Mutter stirbt mit Neunundvierzig. Bismarck beginnt in diesem Alter den Krieg gegen Dänemark. Seine schlimmsten Taten, die drei Kriege und – Demütigung für Frankreich – die Reichsgründung in Versailles, vollbringt er in seinen Fünfzigern. Statt Höhepunkt und Maßfindung – Maßlosigkeit. Als er nach seinem Sturz endlich eine echte Hausfrau geworden ist, nur noch in seinem Friedrichsruh leben darf, wird er ruhig, traktiert seinen Körper nicht mehr, sieht nun gemütlich aus. Alt ist er schon lange – er wird mit Fünfundsiebzig entlassen –, aber ruhig erst jetzt.

Auf zweierlei Weise kann in einem Mann die gefährliche Energie des Muttersohns entfacht werden. Beide Wege führen über die Identifikation mit der gesellschaftlich und meist auch noch psychisch unterdrückten Mutter.

1. Identifikation mit der Mutter aus Mangel an einer dem Sohn zugewandten Vatergestalt

Die Identifikation geht immer den Weg des geringsten Widerstandes. Wer abwesend oder persönlich widerwärtig, ja nur verschwommen oder unnachvollziehbar widersprüchlich ist, ist zum seelischen Tod bei seinem Kinde verdammt. Identifiziert wird mit dem psychisch starken, psychisch einheitlichen Elternteil, der gemeinhin die Mutter ist. Und nur von ihm werden Delegationen angenommen. Delegation setzt Identifikation voraus. Die gesellschaftliche Stärke des Mannes ist für das Kind nicht faßbar oder hat auf es nur negative Wirkungen, weil sie mit seelischer Schwäche erkauft werden muß. Der Junge hält sich deshalb wie das Mädchen an die anwesende, persönlich stimmige und dadurch beeindruckende Mutter. Dieses Verfahren ist die Regel. Ihm entsprangen Alexander der »Große«, Cäsar, Caligula, Nero, Konstantin der »Große«, Dschingis Khan, Luther, Iwan der Schreckliche, Friedrich der »Große«, Robespierre, Napoleon, Wilhelm II., Stalin, Hitler, Mussolini, Franco, Mao Tse-tung, Truman, Eichmann, Himmler, Höß, Reagan, Wojtyla ...

»Die Mutter« braucht nicht die leibliche Mutter zu sein. Robespierres Mutter starb, als der Junge sechs war. Er wuchs danach bei einer Tante auf. Für die Identifikation ist das wichtigste die kontinuierliche Anwesenheit eines das Kind betreuenden, erwachsenen Menschen und seine überschaubare Persönlichkeit. Adolf Eichmann verlor seine Mutter früh und erlebte anschließend die Kontinuität bei seiner Stiefmutter. Jürgen Bartsch wuchs unter einer Stiefmutter auf. Die mühelose und ungebrochene Identifikation mit der »Mutter« geschieht wegen der Eingeschlossenheit der Frau in der Rolle der Hausfrau und der Kindererzieherin. Wer die Eingeschlossene ist, die Partnerin des Wachsens, hat für die Identifikation keine entscheidende Bedeutung. Robespierre setzte seine Frauenidentifikation bei seiner Tante fort, stoppte aber die Identifikation mit dem Vater, der nach dem Tod der Mutter auf Nimmerwiedersehen verschwand. Der Großvater kam dem Jungen nicht mehr nah, und ab Elf mußte er auf eine der üblichen Entmannungszuchtanstalten, wo er fast zehn Jahre blieb. Kälte, Fanatismus, Scharfrichtertum über Tausende guillotinierte Menschen – so mußte später sein Loch an Männlichkeit gestopft werden.

Iwan der Schreckliche, der Stalin des 16. Jahrhunderts, erlitt einen permanenten Vaterabhub in seiner Kindheit. Sein natürlicher Vater starb, als er drei Jahre alt war. Die Brüder des Vaters ließ seine Mutter einkerkern und zwei Jahre lang in den Kellern des Kreml zu Tode siechen, direkt unter Iwans Gemächern. Der Wahlvater, der Geliebte der Mutter, wurde nach ihrem Tode, als Iwan acht war, hingerichtet. Bis zu seiner Thronbesteigung im Alter von fünfzehn Jahren kamen nur noch Aufpasser, peinigende Erzieher und herummordende, ihn verfolgende Regenten.

Mao Tse-tung, der »Reichsgründer« des kommunistischen China, der diktatorische Kulturrevolutionär, Dauer- und Übers-Ziel-hinaus-Kämpfer, der Menschenvernichter und Nachbarnkassierer (Tibet), der Bruderfeind der Sowjetunion, wurde sechzehn Jahre lang von seinem Vater drangsaliert und von seiner Mutter beschützt und geliebt. Der Vater setzte außer Kraft, was der Sohn wollte und zu werden versuchte, bis er seine Existenz in der Seele des jungen Tse-tung fast ausgelöscht hatte. In Maos Gesicht gruben sich, optisch für jeden Menschen erkennbar, alsbald die Frauenzüge seiner Mutter ein, die er in allen Altersstufen behalten sollte.

Bei Mussolini, Truman und Reagan waren die Mütter nur bedeutender als die Väter. Wegen der Rollenaufteilung ist es für den auswärtigen Vater schwierig, sich einen Weg zum Kinde zu bahnen. Die Mutter war die erste, und die Mutter ist immer da. Daraus wird das Verhängnis: die Mutter bleibt die letzte. Mussolinis Vater war nicht einmal viel abwesend, nur seiner Frau unterlegen. Er entstammte wie der Vater Luthers einer bäuerlichen Familie, hatte das Schmiedehandwerk erlernt, war schwärmerischer Sozialist, entwickelte wenig Lust zu arbeiten und konnte das Geld nicht halten. Die Mutter mußte den Lebensunterhalt der Familie verdienen. Sie tat es als Lehrerin. Darüber hinaus war sie die Meisterin des Hauses, regelte das praktische Dasein, war Mann und Frau in einer Person. Die Dorfschule war zugleich die Wohnung der Familie. Rosa Mussolini stellte sich sinnvoll und lebensspendend dar, von ihr kamen Geld und Geist. Sie brachte Benito

»Tante Gottbefohlen« (Mao)

Lesen, Schreiben und Rechnen bei. Sie unterrichtete ihn noch in der Pubertät, als er zwischen zwei Internatsaufenthalten wieder ein Jahr zu Hause verbrachte. Diese Konstellation ist das genaue Gegenteil der Bedingungen, unter denen Rudolf Steiner heranwuchs. Aus dem einen Milieu entstand ein Diktator, aus dem anderen ein Lebensreformator. Bei Mussolini war der Vater Verzierung. Das allein genügte schon, um ihn in der Seele des Sohnes keinen Platz haben zu lassen. Und die fruchtbaren Essenzen der tapferen Mutter fielen durch den Sohn hindurch, denn wie Mutter darf im Filiarchat kein einziger Sohn ungeschoren bleiben.

Das führte Mussolini angsteinflößend vor. Schon früh in seiner Kindheit trat er wüterisch auf, peinigte kleinere Kinder und Tiere, belästigte Mitschüler, wurde von seinen Klassenkameraden gefürchtet, war aufsässig, konnte sich nie unterordnen, befriedigte permanent seine Streitlust, haßte Menschen, verbrachte chaotische Jahre nach seinen Internaten, schrieb Gedichte, dilettierte als Journalist. Ihm fehlten Wille und Fähigkeit, einer geregelten Beschäftigung nachzugehen, sich einer Ausbildung zu unterziehen. Er vagabundierte, streunte durch europäische Länder, ja bettelte sich seinen Lebensunterhalt zeitweilig zusammen, wurde sogar wegen Landstreicherei festgenommen, wechselte in der Schweiz von Anstellung zu Anstellung, verwickelte sich in politische Händel, begann, sich als Redner zu profilieren, litt immer unter Minderwertigkeitskomplexen, preßte sich ein Machtbewußtsein zusammen, wurde im Ersten Weltkrieg Flieger, war schon damals für Terror, Aufruhr und Gewalt, betätigte sich später in allem, verfolgte Männer, die ihm beim Aufstieg zum Führer der faschistischen Bewegung Italiens und zum ersten Mann des Staates geholfen hatten.

2. Identifikation mit der Mutter wegen ihrer Bevormundung des Vaters und ihrer Dominierung des Sohnes

Die Mütter Trumans, Reagans und Mussolinis wirkten durch die Konstellation. Sie waren interessanter, handfester, stärker, wichtiger für die Familie als ihre Männer. Die Mütter von Augustinus, Bismarck, Franz Joseph, Göring und Goebbels wurden

Mussolini

tätig, setzten die Väter der Söhne zurück oder schlossen einen Gefühlskreis um sich und den »Enttäuschungssohn«.

Als Bismarck auf die Welt kam, hatte seine Mutter die Lage und den Mann an ihrer Seite durchschaut und für ihren Gatten nur noch Verachtung übrig. Sie flatterte im Netz ihrer Vaterverstrickung, das ihr Gemahl nicht zerreißen konnte. Jeden Tag stand er von neuem vor ihren Rätseln und wurde wie ein thebanischer Jüngling von der Sphinx in den Orkus ihrer Ablehnung hinuntergestoßen. Die Rache der Wilhelmine von Bismarck war Entmachtung ihres Mannes bei jedem Lebensentschluß.

Eine überraschende Kombination mutete Franziska Göring ihrem Sohn Hermann zu, auf daß nichts Männliches sich in ihm niederschlagen konnte. Als Kellnerin hatte sie einen zwanzig Jahre älteren Diplomaten geheiratet. (Die erste Frau von Heinrich Göring war gestorben.) Die Männer denken sich, sie könnten bis an ihr Lebensende eine Frau nach der anderen heiraten, auf zig Kinder komm raus schwängern und dann glücklich sterben. Manchmal spielt ihnen eine Frau einen Streich. Frau Göring war so eine. Hermann kam als ihr zweiter Sohn, ihr viertes Kind zur Welt. Bei seiner Geburt wußte sie schon, daß die Beziehung zu ihrem Mann bald ausgestanden sein würde. Der Vater Görings war dreiundfünfzig Jahre älter als der Sohn. Die Mutter gab Hermann in den ersten drei Jahren zu Pflegeeltern und präsentierte ihm dann eine Ehe zu dritt. Bis zum Anfang der Pubertät und dem Eintritt in eine Kadettenanstalt fand ein Katze-und-Maus-Spiel mit verteilten Rollen in der Seele des Jungen statt. Die beiden Vatergestalten fraßen einander auf. Der leibliche Vater lebte als ein geduldeter Hausmeister in den Schlössern und Luxuswohnungen des reichen Arztes Dr. Hermann Epenstein seinen Altenteil aus. Weit ab vom Zimmer des Göring-Vaters lagen die Schlafräume der Mutter und des Geliebten mit offenen Türen zueinander.

Mit dem Vater konnte Hermann sich nicht identifizieren, da er dessen Schlappschwanzigkeit, sich so aufs Gnadenbrot absetzen zu lassen, verachten mußte. Und mit dem Geliebten der Mutter konnte der Junge sich ebenfalls nicht identifizieren, weil die Demütigung seines Vaters auch den Sohn verletzte. Außerdem war der Mann zwielichtig. Er kannte Görings Mutter schon ein paar Jahre vor Hermanns Geburt, er war in Deutsch-Südwestafrika Arzt und Freund der Familie Göring. Hermanns Vater bekleidete dort die Position des ersten Gouverneurs der Kolonie. Die Mutter fuhr zur Entbindung ihres vierten Kindes nach Deutschland, ließ sich von Dr. Epenstein eine Unterkunft in einem Kurhaus vermitteln und gab dem Sohn nach der glücklichen Geburt den Namen des (früheren oder späteren) Geliebten. Zumindest wahlverwandtschaftlich ist der Vater Hermann Görings gesichert. In Wagnerschen Abstammungswirren verstrickt, war er gegenüber dem Gönner seiner unbeschwerten Kindheit – die Familie zog während seiner Jugend zwischen den drei prunkvollen Sitzen des Arztes hin und her – immer mißtrauisch und ablehnend. Das Gefecht der beiden Väter in der Seele des Jungen stellte er mit leidenschaftlich betriebenen Soldatenspielen nach, die nicht festsitzende Männlichkeit versuchte er später mit Hilfe von Kampffliegen und Kriegsrüsten und mit der Position des Generalfeld- und Reichsmarschalls zu stabilisieren.

Göring trat gern auf als guter Onkel des Dritten Reichs, liebte die Kunst, quoll in die Pracht einer Kaiserinmutter hinein, protegierte Theater, deckte ein paar jüdische Angehörige ihm wichtiger Schauspieler oder Sänger. Bei den Nürnberger Prozessen gab er an, daß er den Krieg nicht gewollt hätte. Doch Göring leitete die »Endlösung« des europäischen Judentums ein. Der Begriff erschien zum erstenmal in einem Schriftstück von ihm*, in dem er, beauftragt von Hitler, Mitte 1941 Heydrich anwies, im deutschen Einflußgebiet alles Nötige dafür zu unternehmen. Zu gleicher Zeit befahl Himmler dem Auschwitz-Kommandanten Höß, mit der massenhaften Vergasung zu beginnen. Schon in der »Reichskristallnacht« tat Göring sich blutrünstig hervor. Er war gegen den

---

* 31. 7. 41, zitiert in Reitlinger, Gerald: Die Endlösung. Hitlers Versuch der Ausrottung der Juden Europas 1939–1945. Berlin 1956, S. 92f.

angerichteten Sachschaden, aber dafür, daß es noch ein paar Juden mehr das Leben hätte kosten haben können.

Von seinen Vätern wurde er nicht geprügelt oder auffällig grausam behandelt. Und seine Mutter hatte keine Zeit und keine Veranlassung, ihm etwas zu delegieren. Sie war damit beschäftigt, ihr Leben zwischen ihren beiden Männern zu balancieren. Sie war stark und immer da und eindeutig, um ihrem Sohn eine Identifikation mit ihr zu ermöglichen, die er über Millionen getöteter Menschen auszuradieren versuchte.

Goebbels war der dritte und der erklärte Lieblingssohn seiner Mutter. Durch diesen Ring kommt kein Vater mehr. Goebbels Vater war liebenswürdig, ein in einer Dochtfabrik vom Laufburschen zum Prokuristen aufgestiegener Kleinbürger, der sich um das Wohl der Seinen plagte, Joseph zugetan und um die Ausbildung des Jungen besorgt war, ihm ein Klavier geschenkt hatte ... Es nützte nichts, der Sohn verachtete den Vater als Spießer, liebte nur die Mutter, schien sich bis in seinen kindlich gebliebenen Körperwuchs hinein gegen das Männliche zu sperren und mußte es dann mit der Gestalt Hitlers lebenslänglich eingeführt bekommen. Eines seiner beliebtesten Wörter war »eiskalt«. In seiner Jugend glaubte Goebbels fanatisch an Jesus Christus, den er später problemlos austauschte mit Adolf Hitler. Er blieb am Tropf eines Erlösers hängen. Obwohl er als ein Intellektueller galt, kämpfte er gegen den Geist: »Wir müssen den Geist überwinden. Der Geist quält uns und treibt uns von Katastrophe zu Katastrophe. Nur im reinen Herzen findet der gepeinigte Mensch Erlösung von dem Elend. Über den Geist hinaus zum reinen Menschen!«[29] Nietzsche hetzte gegen den Menschen, Bhagwan gegen das Ego. Es ist immer das Zentrale – der Kern, dessen industrielle Spaltung nur aus einer Muttersohnmentalität des Mannes her erklärlich ist –, das die Muttersöhne abschaffen oder zerstören wollen. Die Begriffe »Seele«, »Geist«, »Ich«, »Mensch«, »Ego« bezeichnen etwas, das Muttersöhne nicht erlangt haben oder nicht geworden sind. Deshalb müssen sie es auch außer sich vernichten. Zurückbleiben soll das »reine Herz«, der »reine Mensch«. »Rein« ist eine Mutterbefindlichkeit, ein Zwangszustand der in der Männergesellschaft eingesperrten Frau. »Rein« wird zu »sauber«, bedeutet erstarrt.

Es ist Frauen nicht zu verdenken, wenn sie ihre Männer ablehnen, geringachten oder sie hinter einem Lieblingssohn zurücksetzen. Solange die Aufzuchtspraktiken für Mädchen sich als ein Zurücksetzen des gesamten weiblichen Geschlechts erweisen und nur mit gesellschaftlichen, geistigen, psychischen, körperlichen, besonders mit sexuellen Keuschheitsgürteln durchlaufen werden können, solange die Heiratsbräuche über die Wünsche der Frauen hinweggehen und solange die Ehemänner auf den Gefühlen ihrer Frauen herumtreten, werden Frauen Männer und das Männliche, das ihnen von Anfang ihres Lebens an Schmerzen zufügt, verachten. Je nulpiger oder gewalttätiger Männer sind, um so mehr werden Frauen sie verhohlen ablehnen. Söhne merken alles und machen aus dem mütterlichen Mannablehnen Menschausstreichen.

Einer der Wegbereiter des großen Todes im 20. Jahrhundert ist der österreichische Kaiser Franz Joseph. Er benahm sich wie eine Marionette, sah mit seiner Wespentaille nicht nur so aus, hing zuerst an den Fäden seiner Mutter, später an den Drähten der ihn benutzenden und dirigierenden Männer. Das Leben erstarb um ihn am Odem seiner Negativität. Sein Sohn beging Selbstmord, seine Frau geisterte durch Europa, von Jahrzehnt zu Jahrzehnt mehr gehetzt, bis sie auf offener Straße mit einer Feile erstochen wurde. Er ruinierte das österreichische Weltreich wie Wilhelm II. das deutsche Kaiserreich. Nicht immer geht dem Vernichten das Errichten eines Reiches voran. Weniger fähige Muttersöhne beschränken sich auf die Tätigkeit des Vernichtens. Franz Joseph war der Zündfunke des Ersten Weltkriegs. Allen Warnungen zum Trotz riskierte er das Leben des Thronfolgers, seines Neffen und dessen Frau, indem er die beiden nach Sarajewo, in das Gebiet aufständischer Unruhen, gehen ließ. Er war über das Attentat fast befriedigt, da er den Neffen nicht mochte. Noch mit Vierundachtzig magisch angezogen vom Zersetzen, gab er den Anstoß zum Zehn-Millionen-Männer-Schlachten.

Muttersöhne altern nicht. Es ist ein Trugschluß, auf Reifung und Einsicht bei ihnen zu hoffen. Reagan könnte hundertunddrei werden und würde nicht ablassen, den dritten Weltkrieg vorzubereiten und auf der Jagd nach Gegnern sein Gottesreich errichten zu wollen. Reagan imitiert Reifung nur. Er färbte sich das Haar zum Antritt seiner Regierung schwarz und ließ sich von Jahr zu Jahr ein paar weiße Strähnen einziehen. Im Amt ergraut – so sieht er aus.

Der Dauergefahrspieler Franz Joseph wurde auf groteske Weise an die Mutterleine genommen. Die deutsche Prinzessin, Sophie von Bayern, mußte sich neunzehnjährig nach Wien transportieren lassen, um sich ihren Zukünftigen anzusehen. Sie war entsetzt. Sie fand ihren Bräutigam, einen österreichischen Prinzen mit einem debilen älteren Bruder, nur gräßlich. Er schien am Irrsinn gerade noch einmal vorbeigekommen zu sein. Er war häßlich, dumm und uncharmant. Wenn sie ihn heiratete, heiratete sie die Aussicht, daß ihr Mann oder ihr – eventueller – Sohn Kaiser werden könnte. Der regierende Kaiser hatte keine Kinder. Die Kaiserwürde würde in die Linie fallen, die ihr jetzt die Lebensfalle stellte. Sophie heiratete in die erzherzogliche österreichische Familie ein – ihre Mutter schubste sie mit der gängigen Begründung, die widerstrebenden Mädchen gegeben wurde, die Liebe käme bei der Gewöhnung. Kam nicht. Dann blieben dafür nur noch Söhne übrig. Franz Joseph war der erste, den sie an sich band. Ein Leben lang hatte er mit dem Fühlen Schwierigkeiten. Er war Amt.

Wenn die Liebe nie da ist oder wenn sie bald vergeht, hat die Frau keine andere Chance, als ihre Gefühle um ihre Kinder zu schlingen. Die Mütter Trumans und Reagans waren schon so puritanisch, daß sie ihrer Nicht- oder Nicht-mehr-Liebe keinen Ausdruck zu verleihen mochten. Allein ihre Söhne zeugten mit ihren Taten davon.

Was Frauen auch tun, wie sie auch wirken, bei den Söhnen bildet sich das Muttersohnsyndrom nur heraus, wenn sie zusammen mit unterdrückten Müttern aufwachsen. Seelische Größe, geistige Bedeutung, menschliche Stärke nützen den Frauen nichts, wenn sie im gesellschaftlichen Minus leben. Die Söhne identifizieren sich nicht nur mit der persönlichen Kraft ihrer Mütter, sondern auch mit ihrem gesellschaftlichen Minus. Nach dieser Identifikation bereitet es ihnen empfindliche Schwierigkeiten, der gesellschaftliche »Plus«-Mensch Mann zu werden. Sie müssen permanent gegen das von ihren Müttern übernommene, verinnerlichte Minus-Bewußtsein ankämpfen.

Die Mütter Bismarcks, Mussolinis, Görings, Trumans und Reagans erwiesen sich als starke Frauen, und doch unterstanden sie ihren Ehemännern, auch wenn das Vogelscheuchen waren. Schnell kann ein so günstiges Arrangement wie das der Franziska Göring zusammenbrechen. Ihr Liebhaber wollte nach fünfzehn bis zwanzig Jahren nicht mehr. Ihn hatte weniger Frau Göring, mehr die Dreierkonstellation, genauer, das Verhältnis mit einer Frau gereizt, die festgekeilt war zwischen einer Familie und einem zurückgesetzten, später senilen Ehemann. Als der Vater Hermann Görings starb – die Mutter wollte nun vom Liebhaber geheiratet werden –, zerstritt sich das Paar, trennte sich, und Herr Epenstein heiratete eine andere, junge Frau.

Kein Muttersohnsyndrom entsteht bei Söhnen von Herrscherinnen. Katharina die Große, Maria Theresia und Maria Medici waren starke, ihren Männern ebenbürtige oder sie überragende und zum Teil brutale Frauen. Katharina ließ geschehen oder inszenierte, daß ihr Mann, der haltlose, regierungsunfähige Zar Peter III., umgebracht wurde. Ihr Sohn Paul soll nicht von ihm gewesen sein. Maria Medici hat wahrscheinlich ihren Mann, Heinrich IV., umbringen lassen: Er wurde ermordet einen Tag nach seiner Unterzeichnung des Gesetzes, das im Falle seines Todes seine Frau zur Königin, nicht nur zur Regentin von Frankreich, bestimmte. Der Sohn von Königin Victoria, der sechzig Jahre lang als Prince of Wales dahinwelkende spätere Edward VII., war ein gemütlicher Mann, der gern lebte und sich oft in edlen Pariser Bordellen sehen ließ, seinen naßforschen Neffen, Wilhelm II., verachtete und ihn bestens zu nehmen verstand. Die gefährliche

Indira Gandhi scheint keinen auffällig negativen Sohn hervorgebracht zu haben. Sogar die große Reaktionärin, Margaret Thatcher, hat einen Sohn, der nicht auf einen Hitler zuwächst, nur von Unruhe geplagt ist, aber offenbar von keinen nennenswerten Selbst- und Fremdzerstörungsenergien getrieben wird.

Die Königin, Herrscherin, Spitzenpolitikerin steht so gefestigt auf der Plusseite der Männergesellschaft, daß ihre im Sohn identifizierten Anteile von ihm zur Durchsetzung seiner Rolle nutzbar gemacht werden können.

Wenn Männer nicht in der sie bevorrechtigenden Gesellschaft lebten, müßte ihr Muttersohnsyndrom nicht entstehen. Beide Geschlechter würden gleich geachtet nach ihren Fähigkeiten gesellschaftlich tätig sein, und es gäbe kein Minusgeschlecht, dessen Wirkung die Söhne in sich auslöschen müssen. Jedes Kind nähme Weiblichkeit und Männlichkeit von Männern und von Frauen in sich auf und würde sich in der Gesellschaft so zur Geltung bringen, wie es Weibliches und Männliches als wachsender Mensch erworben hat, ohne daß es gestört wird von einem Zwang zur Darstellung nur der einen Kraft und zum Verdrängen der anderen. Daß die biologische Funktion der Frau und gesellschaftliche Macht, Bedeutung und verantwortungsvolle Tätigkeit einander nicht stören, zeigen die Lebensläufe der Königinnen und anderer hochstehender Frauen. Maria Theresia bekam sechzehn Kinder.

Neben Regentinnen werden früher ein paar Schriftstellerinnen und Schauspielerinnen keine Muttersöhne hervorgebracht haben. Heute wird es ein paar Unternehmerinnen, Politikerinnen, Wissenschaftlerinnen gelingen, sich ökonomisch und emotional von Männern unabhängig zu machen. Frauen auf der Plusseite der Gesellschaft sind aber sehr, sehr selten. Wirtschaftliche, soziale und lebensgeschichtliche Autonomie gegenüber *einem* Mann und gegenüber Männergremien, diese königinnengleiche Unabhängigkeit vom Mannesgnadentum – eine Rarität.

Nach dem Zweiten Weltkrieg verschärfte sich die Lage der Frauen in den industrialisierten Gebieten. Das Computer- und Raketenzeitalter hat die traditionelle Frauenrolle eingestampft und die Männerrolle universalisiert. Männer sitzen in Labors und Instituten, knallen ihr sich überschlagendes Fortschrittsprogramm in das nächste Jahrtausend hinein. Frauen drehen sich vor Knöpfen und Apparaten in Satellitenstadtbehausungen, stieren auf die verkohlten Reste ihres Sinnbereichs. »Zu Wohnung« ist Frau leergekocht. Und was Ehemann forscht, formelt und programmiert, davon hat sie keinen Schimmer. Oder sie ist industrielle Zureicherin, Handgriff, Sekretärin, Akkordarbeiterin, Hilfskraft. Will eine Frau sich diese beiden Lebensabdrehungen nicht gefallen lassen, muß sie in die Männergesellschaft einsteigen. Frauen versuchen das, bewaffnen sich wie Thatcher bis an die Zähne mit Mannattributen.

Alle von der Gesellschaft angebotenen Restmöglichkeiten zeitgenössischen Frauenlebens stehen dem Mannlieben und dem Kinderumgang entgegen. Die sinnentleerte Wohnungsdreherin und die aushäusige Knopfdrückerin liebt kein Mann so recht. Und die Positionsrotiererin kann der Mann noch nicht begehren, weil er eine Frau seit Generationen als Schwächereservat angepeilt und nicht als gleichberechtigt begriffen hat. Also gesteigertes Alleinsein der Frauen, auch unter den Deckmänteln der verschiedenen Formen des Zu-zweit-Seins. Die universal verbreitete Isolation der Mütter wird zum Streckverband der Söhne.

Die zehn bis zwanzig Jahre alte Emanzipationsbewegung nach 1945, die lebensgeschichtlichen Verbindungen zwischen Frauen und ihre bessere Solidarität füreinander haben ihre Einsamkeit etwas aufgelockert. Für die Mütter der gegenwärtig mächtigen dreißig- bis achtzigjährigen Männer kamen diese Bemühungen zu spät. Und auch die jüngeren, emanzipationserprobten Geschlechtsgenossinnen sind Suchende, beginnen mühsam bei sich selbst und harren noch immer der ihren Kämpfen massenhaft entsprechenden, ihnen zulaufenden Männer.

Die Situation für Kinder ist noch nicht da. Das Industriefiliarchat hat die Belastung der Frauen zwischen Rollensinnentleerung und Systemfrontkampf auf ein für Männer unvorstellbares Maß hochgeschraubt. Und also wird der Blutstrom ihrer Söhne in keinem noch so breiten Flußbett Vernunft mehr faßbar sein.

Die Söhne der unterdrückten Frauen – »dem Mann untertan«, »mit Schmerzen gebärend«, festgelegt auf Kinder, Küche, Kirche, (Fließband-)Knöpfe – können nicht siegen. Sie leiden an Siegessucht und stehen unter Verlierzwang.

Der Muttersohn ist »Hans im Glück«. Hans erhält nach sieben Jahren geleisteter Arbeit von seinem Herren eine kopfgroße Goldkugel. Verstünde er zu siegen, könnte er sich von diesem Wert Häuser und Ländereien erwerben und seine Tage sinnvoll beschließen. Er will aber zu seiner Mutter zurück, viermal wird es im Märchen der Gebrüder Grimm erwähnt. »Zur Mutter zurück« heißt verlieren. Hans tauscht die Goldkugel gegen ein Pferd, das Pferd gegen eine Kuh, die Kuh gegen ein Schwein, das Schwein gegen eine Gans, die Gans gegen einen Schleifstein, den Schleifstein läßt er aus Versehen in einen Brunnen fallen. Als wäre er nicht draußen in der Welt gewesen, läuft er nach Hause, kommt genauso leer an, wie er aufgebrochen ist. Jeden Tausch preist er, bildet sich den Verlust ein als Gewinn. Muttersöhne treten kraftvoll optimistisch auf, sind Blender, ruhen nicht, bis sie und alle um sie herum verloren sind.

Ronald Reagan war als amerikanischer Präsident deshalb so gefährlich, weil auch unter seiner Siegessucht ein Verlierzwang verborgen lag. Dieser Verlierzwang hätte ihn am Ende seiner zweiten Amtsperiode, die für ihn mit einem der besten Wahlergebnisse der amerikanischen Geschichte begann, fast seine Präsidentschaft gekostet.

Siegen wäre etwas Männliches: ans Ziel gelangen, ankommen. Die Minusmänner können nicht siegen, weil sie nicht wissen, was die Spitze ist, wann sie den Gipfel erreicht haben. Sie können einen Sieg nicht erkennen, noch weniger ihn genießen. Das Sportunwesen legt vom Verlust an Männlichkeit Zeugnis ab. Schneller, weiter, höher. Die herausragendsten Muttersöhne sind Rennfahrer und Bergsteiger. Nie gibt es Ruhe des Gelingens, Frieden des Haltens. Hitler hat sich sechs Jahre auf Sieg zu gesteigert und sechs Jahre alles verloren. Auch noch der Beginn seines Krieges erschien durch die Überstürzung von Überfällen als Sieg. Und er ruhte nicht, bis er von Niederlage zu Niederlage in den Untergang gezwungen wurde. Sieg-Heil war Fassade. Verlust-Unheil war die Realität.

Reagans Siegessucht fiel nicht so auf, weil sein Verhalten eingebettet war in die Raserei aller Industriezeitaltersöhne. Das Rüsten der politischen Vorsteher, das Wirtschaftswachstum der Unternehmer, der Fortschrittstriumph der Wissenschaftler, die Warenflut der Generaldirektoren sind Zeichen von Sucht. Und Sucht endet immer im großen Verlieren. »Kampf hat einen therapeutischen Wert, der darüber hinausgeht, das Ziel des Kampfes zu erreichen«, schrieb Mao Tse-tung, »das Leben« sei »ein Schlachtfeld, auf dem wenige Siege endgültig sind«.[30]

Hitler, Stalin und Napoleon haben gezeigt, daß die Permanenz des Kampfes ihrem eigenen Untergang zusteuerte (Hitler, Napoleon) oder die Demontage ihrer Persönlichkeit und ihrer Taten zur Folge hatte (Stalin). Die Siegessucht der kulturell tätigen Muttersöhne beschwört keine Nachteile für andere Menschen herauf. Sich von Werk zu Werk hetzen zu müssen, wie es Fassbinder, Hesse und Pasolini taten, höchste Ehren (Siege) zu erringen und doch depressiv zu bleiben, tut der Welt nicht weh. Die Siegessucht der Politiker und ihr Zwang zum Verlieren hat Folgen für Millionen von Menschen.

Es war bei Reagan lange Zeit nicht klar, wie weit er es in seiner zweiten Amtsperiode treiben wollte. Die jüngste europäische Geschichte hat gelehrt, daß es nie schadet, Muttersöhnen gegenüber zu schwarz zu sehen. Jeder verkleidet seinen Kriegswillen mit anderen Verteidigungstaten. Napoleon versteifte sich in seinen Memoiren darauf, er hätte sich immer nur verteidigt. Bis zu seinem Gang nach Moskau war jede seiner kriegerischen Handlungen eine Verteidigung. Auch Reagan behauptete, mit dem Bombardement des libyschen Regierungsviertels hätten die USA sich verteidigen müssen.

Das Bombenattentat auf die Berliner Discothek war für Reagan etwas Ähnliches oder er nutzte es zu dem, was von Hitler zum

»Überfall auf den Sender Gleiwitz« gemacht wurde. Hitler hatte 1939 einen Vorwand gesucht, um sich gegen Polen »verteidigen« zu können. Er ließ SS-Männer nach Polen schleusen, in polnische Uniformen stecken und befahl ihnen, den deutschen Grenzsender Gleiwitz zu überfallen. Diese inszenierte Herausforderung Deutschlands war für ihn das Signal zum Zweiten Weltkrieg: »... seit fünf Uhr wird zurückgeschossen.« Reagan: »... dann werden wir antworten.« Seit Jahren war in Washington eine militärische Aktion wie die gegen Libyen vorbereitet worden.

Der Bombenangriff auf Tripolis hätte den Dritten Weltkrieg auslösen können. Es bestand die Gefahr, daß diese Gewalttat der Beginn einer Kette von Eskalationen wird, die bis zu einem Dritten Weltkrieg führen. Ohne daß die USA sich mit Libyen im Krieg befanden, ließ Reagan einen Bombeneinsatz gegen einen fremden Staat fliegen und versuchte, dessen Oberhaupt zu treffen. Gaddafi wurde am Kopf verletzt. Die Muttersöhne Reagan und Gaddafi nehmen sich nichts. Es kommt aber darauf an, wer die größere Macht, wer den Finger am Abzug hat, den Weltbrand zu entfesseln. Und dieser Finger gehörte zur Hand Ronald Reagans.

Achtzig Prozent der Amerikaner, die mit einem Anruf im Weißen Haus auf den Befehl zum Einsatz von Bomben reagiert hatten, erklärten Reagan ihre Zustimmung, und siebzig Prozent aller Amerikaner waren für diese Gewalttat. Das Amerika der achtziger Jahre ähnelt dem Deutschland der frühen dreißiger. Keine große Zeitung hat widersprochen, keine profilierte Stimme einer Opposition hat »Nein!« gesagt.

Als die Verhandlungen in Genf scheitern sollten, damit in Europa Raketen stationiert werden konnten, verletzten 1982/83 Flugzeuge des unter amerikanischem Einfluß stehenden Südkorea über fünfzigmal den sowjetischen Luftraum, bis eine Maschine abgeschossen wurde und die Welt Grund hatte, sich über die Brutalität der Russen zu entrüsten. Im Windschatten der Weltentrüstung konnten die USA ihre Weltaufrüstung vorantreiben.

1985 war das Jahr, in dem die Muttersöhne seit Bestehen ihrer

Gesellschaft am meisten für die Rüstung ausgegeben hatten. Und das meiste des meisten wurde von den amerikanischen vergeudet. Rüstung – simpelste Erklärung: Muttersöhne brauchen ein Gerüst, sie brauchen Panzer zur Stützung ihrer inneren Weichlichkeit. Die USA haben den höchsten Etat für Militärausgaben, den es je in der Geschichte der Männer gegeben hat. Schon konstruierten sie eine Doppelwaffe, die konservativ und atomar einsetzbar ist. Sollte die atomare Abrüstung der Supermächte vorankommen, wollen sie sich den Weg zum größten Grauen weiter offenhalten.

Die Rüstungsspiele machten die USA zum verschuldetsten Land. Reagan hinterließ mehr Schulden als alle seine Vorgänger zusammen. Die Welt steht vor einer Wirtschaftskrise.

Reagan mußte zu den sowjetischen Abrüstungsvorschlägen »Ja« sagen. Länger zu zögern, hätte seinem Image geschadet, für das er alles tat. Doch der Waffenhandel mit Persien zerstörte es beinahe für immer. Da ihm die Gelder zur weiteren Unterstützung der Contras in Nicaragua vom Senat nicht mehr bewilligt wurden, suchte er nach anderen Finanzierungswegen. Mit dem von ihm selbst zum Erzfeind der USA erklärten Iran des Chomeini liefen heimliche Waffengeschäfte, die die Fortführung des Golfkrieges von persischer Seite her ermöglichten. Reagan verschanzte sich hinter dem muttersöhnlichen »Nichts gewußt«, das er ebenso vor sich stellte, als Militärputschpläne an die Öffentlichkeit kamen, die durch die Hirne seiner engsten Vertrauten geisterten. Herrschaftsträger produzieren Waffen nie allein dafür, um mit ihnen zu drohen. Sie wollen sie in die Menschen eindringen lassen (Trumans Atombombenabwurf). Letztlich bewahrte die Verlegenheit der amerikanischen Nation Ronald Reagan vor seinem Sturz. Die USA wollten kein zweites Watergate erleben und nach so kurzer Zeit wieder einen ihrer Präsidenten der Gewalttaten überführen.

Ronald Reagan hat eine »charakteristische und zugleich bestrikkende Stimme.« Sie »wird zur rechten Zeit leise und klingt in eindringlichen Passagen weich. Wenn Reagan besonders überzeugend sein will, hebt sich seine Stimme kaum über ein Flüstern hinaus und wirbt um Sympathie durch ihre Intimität statt durch das Gesagte ... Gerade diese Stimme rettete Reagan aus Dixon und aus der Wirtschaftskrise, diese Stimme, die ihn in größerem Maße als irgendeine andere seiner Eigenschaften dorthin brachte, wo er jetzt ist.«[31]

Einzelne Muttersöhne sind oft schwer zu durchschauen, alle zusammen dagegen mühelos. Dreitausend Jahre Zerstörungsgeschichte von König David bis zu Reagan auf den Nenner des Mangels an Männlichkeit gebracht, und alles wird ganz einfach.

Bismarck konnte auch nicht siegen: drei Kriege gewonnen, ein Reich gegründet, Europa unter seinen Willen gezwungen. Danach gab es genügend Höhepunkte, die eine gute Gelegenheit gewesen wären, abzutreten. Bismarck wurde fünfundsechzig, wurde siebzig und dachte nicht an Pensionierung. Er war dreiundsiebzig, als sein Wilhelm starb. Aber er wartete, bis der Zwist mit dem Nachfolger, Wilhelm II., seinen Rücktritt erzwang. Es war praktisch so, daß er aus dem Amt hinausmanövriert wurde.

Eine wichtige deutsche Gestalt, die unter Verlierzwang stand, war Paul von Hindenburg: »Ich habe den größten Krieg verloren. Ich habe unserem Volke, das mich auf den höchsten Posten berief, nicht helfen können. Das wichtigste ist, daß man stets versucht hat, nach besten Kräften seine Pflicht zu tun.«[32] »Ich habe unserem Volke ... nicht helfen können« war gelinde formuliert und meinte: »Ich habe Hitler durch die Berufung zum Reichskanzler den Weg zur Macht freigegeben.« Hindenburg hatte eine ähnliche Elternkonstellation wie Bismarck: ausgemergeltes preußisches Adelsgeschlecht des Vaters, in die Klasse des Mannes einheiratende bürgerliche Mutter, im Falle Hindenburgs sogar kleinbürgerlicher Herkunft. Grenadier und Wäscherin waren ein Urgroßvater und eine Urgroßmutter. Hindenburgs politische Karriere ist nahe der eines Gespensts. Über vierzig Jahre, von Anfang Zwanzig bis Mitte Sechzig, lebte er auf Probe. Er war Militär in Kasernen und auf Exerzierplätzen, nachdem er sich als junger Mann – erzogen in Kadettenanstalten – während der Bismarck-Kriege ein wenig im Blutvergießen geübt hatte. Mit Ende Sechzig wurde er

»Die Marketenderin« (Hindenburg)

im Ersten Weltkrieg von Kaiser Wilhelm zum Siegen herangezogen, siegte bei Tannenberg, unternahm erfolgreiche Feldzüge gegen Rumänien, Italien und Rußland, verlor aber als Oberbefehlshaber des Heeres den gesamten Krieg für Deutschland. Dann machte er sich 1925 nach seiner Pensionierung noch einmal auf, um als Greis die große Endrunde des deutschen Verlierens einzuleiten. Er führte die Weimarer Republik in den neun Jahren seiner Amtszeit als Reichspräsident sukzessive abwärts und übergab mit Fünfundachtzig Hitler die Macht. Von Bismarck über Wilhelm II. zu Hitler schließt sich mit der Muttersohnfatalität Hindenburg die Reihe der Protagonisten des deutschen Untergangs.

Der französisch-jüdische Astrologe und Zukunftsseher des 16. Jahrhunderts, Nostradamus, der eine Anzahl von Untergängen vorhergesagt, der Napoleon, Stalin und Hitler ziemlich deutlich getroffen hat, notierte rätselhaft, daß der dritte große Brand am Ende des 20. Jahrhunderts vom Sohn einer ... entfacht werden würde. Das Volk zu nennen, dem dieser Sohn entstammen soll, hieße, es zu belasten, aber der letzte große Zündeler wurde von Nostradamus als *Sohn* einer Mutter, nicht etwa als Sohn eines Vaters oder gar als eine Tochter vorgestellt. Nostradamus hatte ein Gespür für seine Zeit, die Ankündigung des Untergangs so zu formulieren. Das 16. Jahrhundert erlebte die größten Muttersohnkatastrophen nach Rom: forcierte Verfolgung von Hexen und Ketzern, Gegenreformation, Beginn der Ausrottung der Indianer.

Was haben die Herren mit den deponierten Minen, Sprengköpfen und Raketen vor? Menschen sollen brennen, glühen, schmelzen, rösten. Viele stellen sich den neuen Krieg vor als einen großen Knall. Atombomben fallen, und alle Menschen sind tot. Die portugiesischen Muttersöhne des ausgehenden Mittelalters haben Techniken entwickelt, die es ihnen ermöglichten, Hexen und Ketzer langsam, tagelang, brennen zu lassen. Der französische König Franz I. befahl im 16. Jahrhundert, einen »Galgen« zu bauen, der die Protestanten immer wieder hochzog, wenn sie in dem Rauch zu ersticken oder zu schnell zu verbrennen drohten. Die meisten Menschen, die den Dritten Weltkrieg erleiden müssen, werden langsam brennen, wie die Frauen und Männer auf den jahrhundertelang nicht verlöschenden Scheiterhaufen.

Menschen durch langsames Brennen zu quälen ist eine Muttersohntradition. Muttersöhne neigen zur Pyromanie. Alexander der »Große« zündete die persische Stadt Persepolis an und weidete sich am Anblick der Flammen in dem Bewußtsein, daß Tausende von Menschen darin starben. Nero setzte Rom in Brand, Napoleon verursachte 1812 das Feuer von Moskau und stand fasziniert davor. Iwan der Schreckliche forderte 300 Jahre zuvor die Tataren heraus, die Moskau anzündeten und die Hälfte der Bevölkerung zu Tode schmelzen ließen. Hierostrat, ein altgriechischer Muttersohn, wollte berühmt werden und steckte eines der damaligen Weltwunder, den Tempel der Diana von Ephesus, in Brand. Berühmtwerden war für die Griechen das stärkste. Berühmtwerden ist Herausragen, Siegen. Das konnte Hierostrat nicht durch Leistungen, nicht durch »Errichtungen«, nicht durch das Hervortreten als Künstler oder Politiker, er tat es als Brandstifter. Truman zerschmolz die Bevölkerung von Hiroshima und einiger Viertel von Nagasaki. Hitler verbrannte die europäischen Juden. Er brachte die Menschen zuerst mit dem Gas Zyklon B um und ließ dann in eigens dafür errichteten Öfen bis zu zehntausend Körper pro Tag zu Asche werden. Hitler stand in der Tradition der christlichen Muttersöhne, die die Juden jahrhundertelang verbrannt hatten. Luther gebot, die Synagogen anzuzünden. Die Nazis legten an das Reichstagsgebäude Flammen, um das Volk für sich und gegen die Kommunisten einzunehmen. Außerdem verbrannten sie den Geist von Menschen, die sie körperlich nicht mehr fassen konnten (Bücherverbrennung).

Warum haben Muttersöhne diesen Hang zum Brennen? Sie können nicht glühen. Sie leiden an Schwingungsversagen, Liebesunfähigkeit, Erregungsstopp, Kälte. Wer innerlich nicht brennen kann, muß andere brennen lassen. Schmerzen durch Feuer peinigen am schlimmsten.

Die entfesselten politischen Muttersöhne betreiben immer Mordbrennerei. Die jetzt lagernden Minen, Sprengköpfe und Raketen sind für ein Schmelzen in spe gedacht. Reagans Rüsten von heute heißt Rösten von morgen. Diese Zeitverschiebung ist der einzige Unterschied zu den Taten der Feuerleger früherer Epochen. Die Mordbrennerei der Muttersöhne hat sich gesteigert. Der Weg führt vom frühen Altertum der Israeliten um König David über Griechenland und Rom zum Christentum in die Neuzeit hinein.

Die Hauptproduktionsstätte von Mördern war jahrtausendelang die Aristokratie. Sie hatte ein Interesse daran, zu herrschen, nicht zu arbeiten, zu plündern, zu vernichten und ihren Raum zu vergrößern. Den Nachwuchs an Schlächtern garantierte sich diese Klasse dadurch, daß die Väter auf Raub- und Feldzügen unterwegs waren und die Kinder mit ihren Müttern allein ließen. Über den bösen englischen König Richard III. im 15. Jahrhundert entstand bald nach seinem Tode die Sage, er habe zwei Jahre im Bauch seiner Mutter gesessen. Hinter diesem Mythos über seine embryonale Zeit verbarg sich die Wahrnehmung seiner Mutternähe. Frauen und Kinder wurden hinter Schlösser und Burgen verriegelt. Es war gleichgültig, unter welcher Frau der Junge aufwuchs. Frauen – das bedeutete Kontinuität und Negativität, Eingesperrtsein und »Wert«-losigkeit. Ammen, Erzieherinnen, Kinderfrauen, Hofdamen, Köchinnen, Mütter, Tanten ... alle seelischen und leiblichen Mütter waren gebrochen. Väter, Erzieher, Betreuer, fremde und verwandte Männer erschienen auf einen Sprung, ersehnt, erträumt, und waren doch nur am Zipfel zu erhaschen, wie es Bismarck beschrieb. Der Mann kam vorbei, machte beim Sohn kurz Rast zwischen zwei Kämpfen, dann mußte der Kleine zugreifen, auf daß er einen Zipfel vom Mantel der Männlichkeit erhaschte. Das Erhaschen konnte nur ein Zweifingerberühren sein. Da waren Vater Gott und aller Mann schon wieder vorbeigerauscht.

So bekam der Adel seine Kriege voll von Willigen. Die Bauern und Handwerker heirateten um die Ecke, entwurzelten ihre

Frauen nicht so, wie der Adel es tat, trennten nicht Mann und Kind und entwerteten die Frau nicht zum »Sitzfleisch«. Sie war wichtige Arbeitskraft, sie war Bäuerin und lange Zeit auch Handwerkerin. Was in früheren Jahrhunderten an Muttersöhnen im dörflichen und städtischen Milieu zufällig heranwuchs, das fing die Kirche auf. Die Bauer und Handwerker gewordenen Männer duckten sich unter Adel und Kirche und konnten nicht fassen, warum die anderen Männer zyklisch über sie herwüteten. Auch das: Muttersöhne haben einen Zyklus beim Blutvergießen. Gegenwärtig wäre längst wieder ein großer Strom fällig. Nur die Aussicht auf die gigantische Vernichtungskraft der modernen Waffen stoppt ihn noch.

Kirche und Adel brannten und mordeten sich über tausend Jahre durch das Land, bis im 15. Jahrhundert ihre Blutrunst und Glühbrunst sich noch einmal steigerte. Um die Wende des 15. zum 16. Jahrhunderts hatte die Unterdrückung der Frauen ihren bislang schauerlichsten Höhepunkt erreicht. Kirchliche und weltliche Aristokratie wollten mehr Männer für ihre Kriege und den Dienst in ihren aufgeblähten Machtapparaten haben, mehr Kinder, als Städte und Dörfer für die Erhaltung des Lebens und Gemeinwesens brauchten. Das Wissen um Geburtenkontrolle mußte ausgelöscht, die Hebammen, Hexen und Kräuterfrauen sollten getötet werden. Der Angriff galt nicht nur einem Berufsstand. Das Wissen vom Verhüten war unter allen Frauen verbreitet. So mußten »alle« umgebracht werden. Es gab Dörfer, in denen die gesamte erwachsene weibliche Bevölkerung ermordet wurde.

Die Frau war schon seit Jahrtausenden der gesellschaftlichen Bedeutung beraubt und öffentlich-politisch ausgeschaltet worden. Die Muttersöhne des 15. Jahrhunderts trieben die Unterdrückung des Weiblichen einen entscheidenden Schritt voran. Seine letzte Bastion, der weibliche Körper, sollte gestürmt werden. »Frau« hieß von nun an nur noch Brutmaschine. Jedes Anzeichen von körperlich-geschlechtlicher Selbständigkeit wurde zum Verbrechen erklärt. Lust haben, verhüten und abtreiben waren todeswürdig. »Todeswürdig« klingt harmlos, es bedeutete folterwürdig, stundenlange, tagelange körperliche Qual. Und das Sterben hieß Glühen, langsames Schmelzen im Feuer. Zu dieser Zeit begann der globale Tod des Weiblichen, der sich unaufhaltsam in den Tod des Ganzen hineinfraß.

Die Wirkung des universalen Verbrechens an den Frauen war riesenhaft. Die Frau verkam zu einem ängstlichen, sich selbst entfremdeten, hilflosen Männergebrauchsartikel. Die Wahrnehmung als Mensch sollte ihr nur noch in der sterilen Funktion als Mutter möglich sein. Was adlige Frauen schon früher hatten erleiden müssen – das Eingesperrtsein in körperliche und burgmäuerliche Keuschheitsgürtel –, das drohte jetzt allen Frauen. Und also wurden die Riemen zwischen Mutter und Sohn enger geschnallt. Die Söhne trieben auf, wurden noch flirriger, stachen um sich, zogen nieder, gerieten durch ihre fester gewordene Mutterbindung in eine nicht mehr zu besänftigende Unruhe. Der Verhängniskreislauf war geschlossen: Frauenunterdrückung, Sohnesbindung, Muttersohnausbildung, Lebenszerstörung.

Die muttersohngeprägte Gesellschaft ging seit dem 15. Jahrhundert unaufhaltbar auseinander. Hexenverfolgung und Kontinenteneroberung – Muttertötung und Mutterlandverlassen –, das waren einander bedingende Vorgänge. Das Welteroberungs- und Länderentdeckungsunwesen resultierte aus den Ungelöstheiten, die die Männer an ihre Herkunft schmiedeten. Frühe Vorwegnahme: Alexanders Indienwahn. Späte Erfüllung: Hitlers »Lebensraum«. Das Existieren war nicht mehr hier und jetzt möglich, sondern nur noch in irgendwelchen kontinentalen oder überirdischen Fernen. Die allgemeine Menschheitsschändung stieg und stieg, bis sie das jährliche Millionenniveau des 20. Jahrhunderts erreicht hatte. Die Brutalität, mit der die europäischen Männer der Neuzeit gegen die Indianer Amerikas vorgingen, läßt sogar die Vermächtnisse des römischen und mittelalterlichen Blutvergießens weit hinter sich. Im 16., 17. und 18. Jahrhundert schüttelten Muttersöhne die Menschheit mit Kriegen, Überfällen und Folterprogrammen, die alles bisher Dagewesene in den Schatten stellten. Der um 1500 beginnende Kapitalismus schuf in allen Bevölkerungsschichten auswärts agierende Männer nach dem Vorbild der Luther-Eltern. Zu Hause arbeitete bald kaum noch ein Vater. So steigerte sich beständig die Produktion von Muttersöhnen.

Blutrunst und Mordbrennerei schienen im 18. Jahrhundert von der Aufklärung etwas gebremst zu werden. Der Schein trog, sie wurden nur verlagert, in den Kolonien betätigt oder im Umgang mit der Natur – mit Tieren, Pflanzen, Elementen, mit der gesamten Materie – ausgelebt, verwirklicht über mordbrennerische Forschungen, Erfindungen, Technologien bis hin zur Atomkernspaltung. Die Unberechenbarkeit der Muttersöhne kennzeichnet heute nicht nur einzelne Männer – politische Führer und Machthaber der Wirtschaft –, sondern sie ist das Charakteristische der von ihnen erfundenen Technologien geworden. Wie viele Menschen durch den sogenannten technischen Fortschritt sterben – das ist nicht weit entfernt vom Tod durch Stechen, Schlagen und Brennen.

Gesiegt werden sollte nun nicht mehr nur über Frauen und unterdrückte Menschen, sondern über die Natur. Wie sich am Ende des 20. Jahrhunderts erweist, ging Natur dabei in die Brüche. Der letzte Kampf gilt der »Mutter«. »Ihre« Söhne wollen mit Hilfe der Genforschung auch noch die inneren Prozesse des weiblichen Organismus unter ihre Kontrolle bekommen. Männer möchten empfangen, austragen und gebären. Zum Liebeslaborakt sind sie schon fähig. Das Austragen in den ersten Monaten müssen sie noch lernen. Was Jahwe vor Tausenden von Jahren im Alten Testament vorexerziert hat, machen ihm die Industriebosse nach. Sie verändern Naturvorgänge, stellen Leben künstlich her, bis die »Mutter« von diesem Vorgang ausgeschlossen ist. Die Genforschung ist ein moderner Hexenhammer. Die Frau soll überflüssig gemacht werden.

Natur, wie sie ist, und Geschlecht, was es kann, außer Kraft zu setzen ist nur von Wesen vorstellbar, die nicht Natur sind und die des Geschlechtlichen sich nicht erfreuen.

Das Menschenversengen im Krieg geschieht seltener, aber in größerem Stil. Der Erste Weltkrieg war eine so überdimensionale

Fleischschmelze wie kein anderer Krieg zuvor. Frühere Gefechte brachten Zehntausenden Männern den Tod, der Siebenjährige Krieg Friedrichs II. forderte über hunderttausend, mehr noch die Napoleonischen Umzüge. Aber zehn Millionen in vier Jahren tot – das hatte es noch nie gegeben. Der Zweite Weltkrieg mit seinen 50 Millionen Toten macht noch immer die Nachgeborenen fassungslos. Er wurde vorbereitet von Deutschland mit der damals aufwendigsten Rüstung der Geschichte. Rüsten heißt immer einen Krieg vorbereiten.

Reagan hatte den Heiligenschein des Republikaners um sich, wie Bismarck den des großen Staatsmannes ausstrahlte. Mit den Problemen der Welt kam Reagan nie zurecht. Wieder drohte die Menschheit einem fischigen, geschlechtlich uneindeutigen Mann zu erliegen. Auch Reagan war eine Sirene. Schrullenessenzen kräuselten sich wie vergilbte Hollywoodschminke auf seinem Gesicht, das er mit einer nachgestellten Sheriff-Markanz notdürftig hart und eckig erscheinen ließ, auf daß niemand seine seelische Ausgefranstheit bemerkte. Mannhaftigkeit täuschte er mit Make-up und Mimik vor, wie Hitler mit dem erhobenen Arm, Napoleon mit der Hand im Uniformrock und Stalin mit seinen Rüpelredereien.

Weil im Filiarchat keine große Frauengestalt mehr verehrt werden darf – auch Maria ist nur ein Rudiment –, huldigen die Menschen so überschwenglich diesen frauenabgeleiteten, zwischen Mutterspinnweben hängengebliebenen Männern und erkennen nicht deren von Jahrhundert zu Jahrhundert zunehmende Gefahr.

Es gibt eine Tradition der Rettung vor den Draculas, der Abschaffung zumindest einzelner Muttersöhne, wenn sie einige Zeit gewütet haben.

Es gelang nicht, Rom in Schach zu halten. Die Welt mußte fünfhundert Jahre auf seinen Untergang warten. Auf den Untergang der römisch verfolgenden Kirche wartet sie noch immer. Es gelang nicht, Iwan den Schrecklichen und Ludwig XIV. abzusetzen, Bismarck zu verhindern oder rechtzeitig zum Rücktritt zu zwingen. Napoleon konnte erst nach kriegerischen Niederlagen in die Verbannung geschickt, Stalin nach seinem Tod entthront, Wilhelm II. am Ende des Ersten Weltkriegs abgesetzt, Hitler durch die totale Niederwerfung seines Landes zum Selbstmord veranlaßt werden.

So aussichtslos die Wehr gegen die allerschlimmsten Größenwahnsinnigen zu sein scheint, es gibt ein einfaches Verfahren, Muttersöhne außer Kraft zu setzen oder in Grenzen zu halten. Wenn sie überhaupt nur etwas ins Männliche hineinwachsen konnten, so haben sie es bis zum »bösen Buben« geschafft. Dieser unangenehmen männlichen Spezies gilt es entgegenzutreten. Muttersöhne brauchen wegen ihrer Strukturlosigkeit die strukturgebende – eine sie abgrenzende, sie zurückweisende – Tat.

Es gibt Beispiele, die zeigen, daß der angeblich absolut mächtige Hitler eingeschüchtert werden konnte. Er mußte die Euthanasie stoppen, weil in der deutschen Bevölkerung Widerstand aufkam und die christlichen Kirchen das Vorgehen öffentlich tadelten. Als viertausend jüdische Deutsche, mit nichtjüdischen in einer sogenannten »Mischehe« verheiratet, »erfaßt« worden waren und abtransportiert werden sollten, versammelten sich ihre Angehörigen zu einer Protestkundgebung vor dem Gebäude, in dem die Partner gefangengehalten wurden. Seltsamerweise schossen die Nazis nicht auf die Demonstranten. Die Verhafteten wurden freiund in der darauffolgenden Zeit unbehelligt gelassen.

Die Italiener waren nicht so antisemitisch wie die Deutschen. Besonders der »Endlösung« Hitlers verweigerten sie sich. Es gab immer wieder Fälle, in denen italienische Soldaten die Verschleppung jüdischer Häftlinge unmöglich machten und die Gefangenen der SS-Männer wieder freiließen.

Durch vehementes Entgegentreten können Muttersöhne in ihre Schranken verwiesen werden. Der dänische König verhinderte, daß die Juden seines Landes einen gelben Stern trugen, indem er androhte, jeden Dänen zum Tragen eines Sterns aufzufordern und selber mit gutem Beispiel voranzugehen. Hätte Pius XII. den

Völkermord an Juden, Polen und Russen, von dem er wußte, öffentlich gemacht und zum Widerstand aufgerufen, wie es einige deutsche Geistliche gegen die Euthanasie getan haben, hätte Hitler die Gaskammern schließen müssen.

Der Fürst von Liechtenstein trat dem unberechenbaren Stalin entgegen. Fünfhundert Soldaten der sowjetischen Armee hatten nach dem Zweiten Weltkrieg in seinem kleinen Land um politisches Asyl gebeten und es gewährt bekommen. Stalin verlangte die Ausweisung. Der Fürst widerstand. Er mußte den Einmarsch der Stalinschen Truppen riskieren. Stalin marschierte nicht ein.

Als im 16. Jahrhundert der Papst von Friedrich dem Weisen die Herausgabe Luthers forderte, weigerte sich der Herzog. Auch er mußte mit einem Krieg rechnen. Luthers Aufstand gegen den Papst, gestützt von deutschen Fürsten und Geistlichen, hatte Erfolg, weil er Entschlossenheit demonstrierte und eine starke Bewegung hinter sich hatte. Die Aufstände einzelner und der Widerstand von Schwachen beeindrucken Muttersöhne leider überhaupt nicht, fordern sie nur zum Massakrieren der mutigen Kleinen heraus. Giordano Bruno, Jan Huß, Thomas Münzer und die vielen Namenlosen beweisen es.

Der wahnsinnige Alexander der »Große« konnte seine Expansionslust nicht unterdrücken und wollte am liebsten bis nach China vordringen. Seine Soldaten zwangen ihn zur Rückkehr, indem sie für neue Unternehmungen den Gehorsam verweigerten. »Rückkehr« heißt, der Mutter anheimfallen zu müssen. Ehe die Muttersöhne das tun, wollen sie lieber sterben. Alexander gab seinen Weltdrang auf. Mit zweiunddreißig Jahren starb er an einem wie herbeigerufenen Fieber, um nicht zu seinem Ausgangspunkt zurückkehren zu müssen.

Der wunde König Anfortas in der Parzivalsage kann nur durch Fragen erlöst werden. Fragen heißt eindringen. Dazu ist der vaterlos aufgewachsene Parzival nicht fähig. Er zieht unverrichteterdinge weiter und läßt den König unerlöst zurück. Der vaginale Mann muß mit Hilfe von phallischen Akten stillgelegt werden. Die sogenannten weiblichen Verhaltensweisen – verstehen, dulden, nachgeben, hinnehmen, sich zurückziehen – kommen weder einem einzelnen Muttersohn bei noch der gesamten Mordbande des Filiarchats. Wie der »phallische Akt« zustande gebracht wird und wer ihn vollzieht, ist gleichgültig. Er bedeutet, auf die politisch-emanzipatorische Ebene übertragen: Zusammentun und Frontmachen, Drachenbekämpfung.

Reagans Angriff auf Libyen und die Reaktionen in den USA haben Europa gezeigt, daß die große Katastrophe am Ende des 20. Jahrhunderts verhindert werden kann, wenn sich Europa stark macht gegenüber dem, von dem die Gefahr heute kommt.

Das Muttersohnsyndrom ist wie eine Krankheit, die von Nation zu Nation schleicht, irgendwo ausbricht, verschwindet, woanders erscheint und vielleicht wiederkommt. Ihr Nährboden ist die Großmacht. Alle Weltmächte waren und sind von ihr geschüttelt: das alte Rom, die ideologische Weltmacht der römisch-katholischen Kirche, die habsburgisch-spanische Weltmacht, deren furioseste Dunkelgestalt Karl V. war, unter dem im 16. Jahrhundert die mexikanischen und peruanischen Indianer ausgelöscht wurden. Karls Vater, Philipp der Schöne, starb, als der Sohn sechs war. Karls Mutter wurde vom Volk »Johanna die Wahnsinnige« genannt. Karl V. selbst muß wahnsinnig gewesen sein, das haben die Geschichtsschreiber der Männersiege und -glorientaten nur nicht bemerkt. Auch hatte er eine körperliche »Wunde«, er konnte nicht richtig atmen. Sein Mund stand immer offen. Das Amt des Kaisers gab ihm einigermaßen Form. Er regierte das in der Geschichte des Filiarchats bisher weitgespannteste Reich – von Mittel- und Südeuropa bis Mittelamerika –, in dem die Sonne nie unterging, wie es Männerstolz verkündete. Er führte unablässig Krieg, kämpfte immer wieder gegen die Reformation, bis er die Protestanten im Augsburger Religionsfrieden von 1555 anerkennen mußte und abdankte. Er tat es ein Jahr nach dem Tode seiner Mutter, trug seit der Zeit nur noch Schwarz, zog sich mit Sechsundfünfzig in ein Haus in der Nähe eines spanischen Klosters zurück, in dem er nach zwei Jahren sein Witwendasein aushauchte.

Karls Sohn, der spanische König Philipp II., vermochte sich mit der gespaltenen und widersprüchlichen, teils wüterisch ausgelassenen, teils mimosenhaft migränischen Gestalt seines Vaters nicht zu identifizieren. Die Identifikation mit einem Vater wird für den Sohn desto schwieriger, je mehr der Vater muttersohncharakteristische Züge hat. Mit ausgeprägten Muttersöhnen, die Philipp, Hitler, Stalin und Napoleon zu Vätern gehabt haben, ist eine Identifikation unmöglich. Es ist kein menschlich-männlicher Stoff da, aus dem der Sohn seine Seele bauen könnte. Philipp II. erstarrte in hyänischer Kälte, wurde mit voranschreitendem Alter gepeinigt von Vatersehnsucht, polsterte sich mit Scharen von katholischen Geistlichen, baute sich einen Palast als Kloster und feierte verzückt Vereinigungen mit dem Leichnam seines Vaters. Er wurde zum großen neuzeitlichen Vorläufer Hitlers. Er rottete die maurische Minderheit in Spanien aus, fünfhunderttausend arabische Menschen, die ähnlich wie die Juden in Deutschland mit den Spaniern über Jahrhunderte zu einer kulturellen Einheit zusammengewachsen waren, dem Lande Wohlstand und eine geistige Blüte gebracht hatten. Philipp verbrannte über eine Million Protestanten und ließ seine männliche Bevölkerung in einem Krieg nach dem anderen zur Ader, bis Spanien von zehn Millionen auf acht Millionen geschrumpft war. Was Hitler in zwölf Jahren gelang, das dehnte Philipp auf vierzig Jahre aus. Er richtete sein Land zugrunde. Seine Verbrechen in Spanien, in Europa, besonders in den Niederlanden, im Vorderen Orient und in Mittelamerika waren so groß, daß sein Volk danach als Weltmacht und als bedeutende europäische Kulturnation nicht mehr existierte und verarmte. Spanien verkam zur Provinz, die es bis heute geblieben ist.

Die Großmacht Frankreich setzte das Volk und die Nachbarn alle Jahrhunderte einmal ausgetüfteltsten Peinigern aus. Die großen Briten standen den Franzosen nicht nach, Heinrich VIII. und viele andere mordeten, was es zu morden gab, bekriegten ihresgleichen, löschten dabei Tausende arme Seelen aus. Die deutschen Fürsten waren früher zu schwach, um Weltkatastrophen zu entfachen. Ihre Völker wurden während des Dreißigjährigen Krieges von den damaligen Großmächten fast zermalmt. Der sadistische württembergische Herzog Karl Eugen, der im 18. Jahrhundert die Stuttgarter Knabenzuchtanstalt »Karlsschule« gründete, in der Friedrich Schillers Entwicklung zur Männlichkeit gestört wurde, konnte nicht viel Brutalität außer Landes tragen. Erst Preußen – als es im 18. Jahrhundert Großmacht geworden war – gab einem Friedrich II. die Gelegenheit, politisch-militärisch geschichtsbuchreife Wahnsinnstaten zu vollbringen. Bismarck nahm sich diese Gelegenheit, Wilhelm II. wurde sie gegeben, Hitler nahm sie sich wieder. Als Schweden zur Großmacht anschwoll, ergriffen auch dort Generaltöter die Chance, in Europa und Rußland Mordbrennerei zu betreiben. Immer wieder hieß es: Die Türken! Alle europäischen Absolutisten rangelten mit den Türken, forderten sie heraus, drängten sie zurück. Was »die Türken« für die alten europäischen Herrscher waren, sind für die neuen amerikanischen »die Russen«. Der Schwedenkönig Karl XII. uferte im frühen 18. Jahrhundert aus, geisterte jahrelang in der Türkei herum, entfesselte so lange Kriege, bis Schweden die Stellung als Großmacht eingebüßt hatte und er in einer Schlacht fünfunddreißigjährig getötet wurde.

Der Männercharakter »Muttersohn« entsteht überall, wo Frauen unterdrückt werden. Politische Gefahren ergeben sich dadurch bei kleineren nationalen Gebilden in der Regel nicht: Als ob ein kleines Volk sich besserer Gruppengesundheit erfreut und die trügerischen Verkehrtheiten der alles auf die Spitze treibenden Muttersöhne schneller und deutlicher bemerken und bannen kann. Die heutigen skandinavischen Länder, die Niederlande, Belgien, Kanada, Luxembourg, die Schweiz, Ungarn, die kleinen slawischen Länder, Australien, Neuseeland, einige asiatische Länder geben Mordbrennern weniger Möglichkeiten zur Entfaltung als die großen unüberschaubaren Reiche. Die Heraufbeschwörung einer Gefahr, wie sie Alexander der »Große« mit seinen makedonischen Soldaten vorexerziert hat, ist in einem kleinen Land eine Ausnahme, ein zufälliges Nutzbarmachen des Potentials an Blutmännern. Bei Großmächten dagegen ist die Entfesselung von Gewalt eine Regel. Als Deutschland Großmacht geworden war, ließ es innerhalb von fünfundsiebzig Jahren vier Muttersohngestalten unbehelligt agieren, die das Reich zerstörten. In beiden Restteilen des alten Landes können sich gegenwärtig Muttersöhne nur als Zulieferanten der Gewalt betätigen. Mit Willy Brandt und Erich Honecker traten sogar bedeutende Vatersohngestalten auf, deren Einfluß wesentlich zur Mäßigung der Ost-West-Feindschaft beitrug.

Die Großmächte, denen am Ende des 20. Jahrhunderts mißtrauisch zu begegnen ist, sind die Sowjetunion und die Vereinigten Staaten.

In der Sowjetunion werden Frauen von Männern unterdrückt wie in allen Ländern der Erde. Drastisch leben Männer ihre Wüterei aus in einem hemmungslosen Alkoholismus und dem fast schon zum guten Ton gehörenden Verprügeln von Frauen.

Seit Iwan dem Schrecklichen im 16. Jahrhundert schwoll Rußland an. Bis zu Afghanistan hat es eine kleine Nation nach der anderen, die an seinen Grenzen lag, geschluckt. Nach Iwan kam um 1700 ein hochkarätiger Muttersohn, Peter der »Große«. Sein Vorbild war Iwan, den er begeistert als tapfer und weise beschrieb und seinen »Vorläufer« nannte. Auch ihm starb der Vater weg, als er drei Jahre alt war. Peter benahm sich wie Iwan, veranstaltete ausgedehnte Aktionen verbrannter Erde. Er führte gern Krieg und paukte in sein fortschrittsungewohntes Rußland unter unzähligen Opfern Staats-, Militär- und Verwaltungseigenheiten der westeuropäischen Herrscher hinein. Er rottete die Strelitzen aus, die Mitglieder der zaristischen Leibgarde, die versucht hatten, die Macht an sich zu reißen, als er in Westeuropa in die Lehre gegangen war. In Holland hatte Peter der »Große« gelernt, wie Schiffe gebaut und Städte über Wasser angelegt und gegen das Meer gesichert wurden. Als er zurückkam, zwang er Tausende von Männern bei der Errichtung seiner neuen Residenzstadt Petersburg (dem heutigen Leningrad) in den Tod. Ähnlich Ludwig XIV., dem der Palastbahnhof Louvre in Paris zu klein war, der sich außerhalb der Stadt in Versailles eine noch gigantischere Herrschanstalt erbauen ließ und damit begann, das französische Königtum zu untergraben, konnte es Peter in der Enge seiner Moskauer Schlösser nicht mehr aushalten. Er fühlte sich erst wieder wohl, als er aus den Sumpfgebieten der Newa einen neuen Zarensitz hervorgezaubert hatte. Wie Philipp II. von Spanien seinen Sohn Carlos, Konstantin der »Große« seinen Sohn Krispus, Stalin seinen Sohn Jakob, so tötete Peter seinen Sohn Aleksej. Gegen Frauen hatte er nichts. Er lebte mit einer Schar von »Ammen«, die jede ein Kind von ihm hatte, krönte seine ehemalige Geliebte, ein litauisches Bauernmädchen, zur Zarin und bestellte sie zu seiner Nachfolgerin (Katharina I.).

Für die Balance Westeuropas zwischen den Großmächten Sowjetunion und Vereinigte Staaten ist es wichtig, die Arten der Gewalttätigkeit, die die Reiche kennzeichnen, auseinanderzuhalten. Die Geschichte Rußlands weist sich aus durch Gewalt im Inneren des Landes, an seinen Grenzen und in den ihm nach dem Zweiten Weltkrieg zugefallenen Ostblockstaaten, die es unter seiner Macht behalten will, wie die seit Jahrhunderten »kassierten« – eine nach der anderen politisch einverleibten – Nationen der Union. Die USA sind stolz auf ihre innere Freiheit, die nur nicht für alle Bürger gilt, für schwarze nicht gleichermaßen wie für weiße. Die amerikanische Freiheit ist weniger die Freiheit von Personen als die Freiheit von Produzenten. Unter ihr verbirgt sich ein enormes Potential an Gewalt. Die gewaltsame Energie der Amerikaner wird nur zu einem geringen Teil im Inneren des Landes verbraucht, richtet sich vor allem in die Ferne, um die ganze Welt beeinflussen zu können. Amerika zerstört durch Infiltration.

Rußlands Bevölkerung lebt verbreitet noch in sippenähnlichen Gemeinschaftsformen – besonders auf dem Lande –, die prinzipiell nicht so geeignet sind, ein großes Muttersohnkontingent zu erstellen, wie es in der Kleinfamilie geschieht, die ausschließlich das Dasein in Amerika bestimmt.

Das Ungeheuerlichste an Menschenvernichtung, das Rußland

unter Stalin erlebt hat, fand im eigenen Lande statt. Ausrotten der Gegner hieß vor und nach Stalin: einsperren, ausklammern, die Opfer der Verfolgung nach Sibirien verbannen. Mißliebige Menschen wurden in der Sowjetunion isoliert oder in psychiatrischen Anstalten gefangengehalten, in Amerika werden sie noch immer hinterrücks erschossen, von jedermann Namenlos – so die Brüder Kennedy, Martin Luther King, der Bürgermeister von San Francisco ...

Stalin wollte Deutschland nicht erobern. Rußland wurde von Napoleon und von Hitler überfallen und wird von den amerikanischen Militärs und Politikern der achtziger Jahre attackiert. Der Kommunismus ist längst nicht so angriffswütig und missionarisch, wie es die USA behaupten und für ihr Feindbild gern hätten. Missionarisch sind die katholischen und protestantischen Varianten des Christentums, die die Gesellschaft Amerikas geprägt haben. Amerika hat Jesu Gebot »Gehet hin in alle Welt« erfüllt. Die USA sind in aller Welt. Es gibt sogar einen Passus in der amerikanischen Verfassung, der die Politiker der Staaten berechtigt und verpflichtet, den Kommunismus zu bekämpfen. Rußlands orthodoxe christliche Kirche war nicht auffällig missionarisch tätig, vergleichbar der katholischen und lutherischen, und was noch charakteristischer ist: es gab unter dem russisch-orthodoxen Glaubensbekenntnis keine Hexen- und Ketzerverfolgungen. Rußlands religiöse und politische Tradition wurzelt noch im alten »Patriarchat«, das zwar immer wieder von grausam wütenden Sohnesgestalten geschüttelt wurde, aber dessen Basis nicht wie in Amerika eine generelle Lebensfeindschaft ist. Der amerikanische Ursprung ist das Matrifiliarchat, nicht der russische. Vor Iwan dem Schrecklichen herrschten zwei wohltuende Fürsten, die dem Lande siebzig Jahre Frieden brachten. Nach Peter dem »Großen« gab es drei Zarinnen. Im 18. Jahrhundert wurden die Geschicke Rußlands von zwei Frauen bestimmt, die zusammengerechnet fünfundfünfzig Jahre lang an der Spitze der Gesellschaft standen: Elisabeth Petrowna (1741–1762) und Katharina II. (1762–1796).

Die Sowjetunion trennte sich halb von Ländern wie Jugoslawien und Albanien und duldete auch in Rumänien einen eigenen Weg, hielt sich vor zweiten Eingriffen in Ungarn und der Tschechoslowakei zurück, marschierte in Polen nicht erneut ein, ließ es China gegenüber mit Distanz und einer temperierten Feindschaft bewenden, arrangierte sich mit Finnland, gab Österreich frei und zurück an den Kapitalismus, als es in die Neutralität einwilligte, bot die deutsche Wiedervereinigung an zum gleichen Preis. Konrad Adenauer lehnte das Angebot in den fünfziger Jahren ab, weil er befürchtete, von einer gesamtdeutschen Bevölkerung nicht wiedergewählt zu werden.

Als 1968 in Frankreich die Möglichkeit bestand, nach den studentischen Mai-Aktionen eine kommunistische Regierung zu bilden, hielt die sowjetische KP ihre französische Bruderpartei zurück. Ein stabiles kapitalistisches Frankreich unter de Gaulle war den damaligen Machthabern des Kreml lieber als ein unsicheres kommunistisches. Will die Sowjetunion Westeuropa kommunistisch haben, wie es immer wieder behauptet wird, um Angst vor ihr heraufzubeschwören? Will sie ein gesamtdeutsches kommunistisches Land? Nichts schrecklicher für sie als das. Längst partizipiert sie an der besser funktionierenden kapitalistischen Wirtschaft und hat deshalb an einem Weltkommunismus trotz einiger alter Schriften und gelegentlicher neuer Lippenbekenntnisse kein Interesse. Die Russen sind viel zu träge und zu schlampig für den Kapitalismus, erst recht für eine sogenannte Weltherrschaft. Nach der Revolution von 1917 wechselte in Rußland der Feudalismus in den Kommunismus über. Einen Kapitalismus gab es erst in den Anfängen. So ist es geblieben. Als ein Pilot mit dem modernsten Flugzeug der sowjetischen Luftwaffe in China um Asyl bat, stürzten sich die Amerikaner auf das Modell – und fanden Kamellen.

Es gibt das Gerücht, die Amerikaner wollten die Russen totrüsten. Sie müßten sich gar nicht verteidigen. Sie wollten die Russen zum unentwegten Nachrüsten zwingen und damit den wirtschaftlichen und schließlich auch den politischen Zusammenbruch des sowjetischen Systems herbeiführen. Der Reaktorunfall von Tschernobyl zeigt zunächst, daß die Russen technisch nicht perfekt sind. Ihnen ist die bisher größte Atomkraftwerkskatastrophe der Welt passiert. Sie löschten den Brand mit aus Hubschraubern abgeworfenen Sandsäcken! Sie können mit der Kälte und der Technik des industriellen Zeitalters nicht so gut umgehen wie die im Kapitalismus trainierten Amerikaner, Westeuropäer und Japaner.

Im Moment sieht es so aus, daß die Menschen der Bundesrepublik eines Tages nicht mehr aufwachen werden, entweder weil ein amerikanischer Präsident die hier stationierten Waffen gezündet hat – er braucht zur Einwilligung dazu die Deutschen vorher gar nicht mehr erst aufzuwecken – oder weil eine Kette sowjetischer Atomkraftwerke, wie sie auch in der DDR errichtet wurden, explodierte. Wenn es ums Sterben geht, ist der Unterschied nicht wichtig. Aber solange wir leben, ist er wichtig für unser politisches Verhalten. Die Lehre aus den Ereignissen muß heißen: Zurückweisung der Amerikaner, Entgegenkommen den Russen! Dem will Reagan vorbeugen, indem er versucht, den Westdeutschen den Osthandel drastisch einzuschränken.

Die jahrhundertelange Politik des Gleichgewichts zwischen West-, Mittel- und Osteuropa wurde nur von westeuropäischer Seite gestört: von Napoleon, von Wilhelm II. und Franz Joseph und schließlich von Hitler. Schon viele französische und deutsche Soldaten standen in oder vor Moskau, russische noch nie vor London. In Berlin und Paris waren sie nur, weil Friedrich II., Hitler und Napoleon sie dazu zwangen. Nach dem Sieg der russischen Revolution leiteten die neuen Machthaber der Sowjets Friedensverhandlungen mit Deutschland ein und beendeten dadurch den Ersten Weltkrieg an der Ostfront schon 1917.

Die Sowjetunion verzichtete 1985 für zwei Jahre einseitig auf Atombombentests. Gorbatschow bot die Null-Lösung und die Reduzierung der konventionellen Waffen an, mit denen die Sowjets den USA überlegen sein sollen. Deutsche Physiker bereiteten während des Zweiten Weltkriegs die Produktion von Raketen (Wunderwaffe) vor, amerikanische bauten sie mit deren Hilfe (Wernher von Braun). Die USA konstruierten Atombomben und warfen sie ab. Die Sowjetunion reagierte auch diesmal, ging jedoch nur bis zur Herstellung der Bomben, ahmte Hiroshima nicht nach.

Die Angst vor Rußland ist veraltet, wenn es sich um die Angst handelt, die ausgelöst wurde durch die von Russen begangenen Kriegsgreuel, durch die Vergewaltigungen deutscher Frauen, die das übliche Maß des Elends eines besetzten Volkes überstiegen, von Stalin befohlen worden waren und von ihm durch Befehl beendet wurden. Sowjetische Soldaten erschossen beim Vorrücken nach Deutschland Gutsbesitzer, die für sie Repräsentanten ihrer alten Feinde waren. Russische Männer verbrannten aber nicht ganze Dörfer und ließen die Bevölkerung bei 20 Grad Minus erfrieren, wie es deutsche Soldaten während ihres Einmarsches in die Sowjetunion getan haben. Russen lieben Kinder. Sie schonten eine Frau, wenn ein Kind an ihrer Seite war. Deutsche Muttersöhne töteten über eine Million jüdischer Kinder und kannten auch vor russischen und polnischen Kindern kein Erbarmen.

Die deutschen Frauen zu vergewaltigen war ein sadistischer Akt, aber er war, vergleichbar mit dem Sadismus deutscher, britischer und amerikanischer Männer, harmlos. Die Bomben, die auf Dresden und Hiroshima fielen, haben mit dem Sadismus des gesamten Muttersohnaufbaus der amerikanischen Gesellschaft zu tun. Dresden war die Fluchtburg für viele, besonders in Osteuropa heimatlos gewordene Menschen. Wie sich deutsche Militärs weigerten, Paris zu zerstören, so schien es auch eine stillschweigende Verabredung zu geben, das Elbflorenz, wie Dresden zärtlich genannt wurde, nicht zu bombardieren. Größere Industriewerke, vor allem Rüstungsfabriken zur Waffenproduktion, gab es dort nicht. Das Deutsche Reich lag im Februar 1945 schon in den letzten Zügen. Die Verbrennung Dresdens hat das Kriegsende nicht beschleunigt und auch die Machthaber nicht bedroht. Die saßen in ihren Berliner Bunkern sicher. Aber »unschuldige« Menschen wurden zu Zehntausenden getötet, und ein europäisches Kleinod an Architektur wurde zerstört. Es ging ums Heimzahlen, um einen Überraschungsangriff auf die Kleinen, um das Ausmerzen der Schwachen. Während des Vietnamkrieges zeigten die von der Regierung befohlenen Bombenabwürfe und die Taten einzelner Männer, wes Geistes Kind die amerikanischen Muttersöhne sind: vom Präsidenten angeordnete Folter vietnamesischer Menschen durch Napalm, Quälereien von Frauen und Kindern durch amerikanische Soldaten (My Lai). Der Bombenangriff auf Tripolis ist nur eine Zaunköniggewalttat, und doch glimmt in ihm das gleiche auf, das aus Hiroshima, Vietnam und Dresden lichterloh brannte.

Ein wesentlicher Unterschied kennzeichnet die Mentalität von Russen und Amerikanern. Die Russen haben keinen Respekt vor sich selbst, voreinander, nicht vor dem, der unter ihrer Gewalt steht, aber sie haben Respekt vor dem Fremden, das sie nicht bedroht. Es gibt eine russische Tradition der Achtung vor dem Westlichen – dem Französischen, Deutschen, Englischen.

Die Amerikaner haben keinen Respekt vor anderen, es sieht so aus vor niemandem, außer vor sich selbst. »Sich selbst« – das ist aber nur der weiße amerikanische Mann für sich allein. Schon die weiße Frau und alle Schwarzen im Land gelten wenig. Nach ihnen kommt lange nichts und dann erst der Rest der Welt.

Die Respektlosigkeit vor allem anderen führte in Amerika zu einer unheimlichen Alltagspraxis des Blut-fließen-Lassens. Jeder, der nur etwas anders ist, anderes will, sagt oder tut, als es dem einzelnen Mann paßt, kann damit rechnen, von ihm erschossen zu werden. Fast zwölftausend Menschen pro Jahr – hauptsächlich Männer – werden in Privatjustiz von amerikanischen Muttersöhnen mit der Schußwaffe getötet. Wahrscheinlich sind es doppelt oder dreifach so viele, die jährlich niedergestreckt, aber nur verletzt werden. In anderen Ländern liegen die Zahlen der Erschossenen – auch in Anbetracht der unterschiedlichen Bevölkerungsstärke der Länder – viel niedriger: in Australien sind es vier, in Großbritannien acht, in Kanada acht, in Schweden achtzehn, in Japan siebenundsiebzig, in der Schweiz vierundzwanzig ... Wöchentlich werden in New York mehr Menschen durch amerikanische Muttersöhne umgebracht, als jemals durch arabische Terrorakte zu Tode kamen. Es muß um die seelische Kapazität des Organs, das der Colt kopiert, bei dem amerikanischen Mann schlecht bestellt sein. Ein riesiges Minderwertigkeitsgefühl zwingt ihn, um sich zu schlagen. Er muß es wettmachen mit einem gigantischen Narzißmus, dem Aufplustern zum Größten.

Dieser gefährliche Narzißmus des amerikanischen Muttersohnes verbindet ihn wie in vielem anderen mit den Muttersöhnen des alten römischen Weltreichs. Für die übrige Welt muß das Verhalten des amerikanischen Mannes die Herausforderung bedeuten, alles aufzubieten an Kraft, damit diese Verachtung anderer Menschen sich nicht zu einem Enddesaster auswirken kann. »Ende des römischen Weltreichs« heißt nämlich unter amerikanischen Vorzeichen in der kommenden Zeit »Ende der ganzen Welt«, falls die USA in ihrem Untergangstreiben nicht gestoppt werden.

»Nuke them!« sagt der amerikanische Muttersohn, wenn er einem anderen Volk etwas vergelten oder wenn er überhaupt Menschen massenhaft umbringen will. »Nuke« kommt von »Nuclear« und soll in der Wendung »nuke them!« heißen: »Lösch sie atomar aus!« Reagan hatte sich bei seinem Räuspern vor der Rundfunkansprache schon *gefreut,* daß er das Gesetz zur atomaren Auslöschung Rußlands verkünden konnte. Die atomare Kriegskatastrophe wird von den Amerikanern mit gutem Gewissen vorbereitet. Zum üblichen Schlachtruf der Muttersöhne »Nach mir die Sintflut!« kommt der amerikanische »Jenseits von mir die Sintflut!«

So notwendig es ist, einen bevorstehenden Gewaltausbruch früh wahrzunehmen, so können Wachsamkeit und Entschlossenheit, einen Größenwahnsinnigen zurückzuhalten, nicht die Ursachen der Gewalttätigkeit beseitigen. Die nationalen Eigenheiten der Völker dämpfen manchmal das Gebaren der Muttersöhne. China lebte schon seit Jahrtausenden hinter seiner Mauer nach innen. Die Energie, die Mao entfaltete, kam der chinesischen Revolution zugute. In eine Welteroberung ließ sich China durch Mao nicht hineinsteigen. Es machte nach ihm rückgängig, was durch seine

Übertreibungen zustande gekommen war. Es öffnete sich dem Westen, zuerst kulturell, dann ökonomisch, indem es sich dessen marktwirtschaftliche Verfahrensweisen bei der Produktion und Verteilung der Güter zu eigen machen will. Japan neigt zu Entgrenzungen, ist eine geballte Ladung von Muttersohnpotenzen, überdreht wirtschaftlich und manchmal auch politisch (Überfall auf Pearl Harbour). Es ist aber zu klein und zu isoliert, um Weltkatastrophen zu entfesseln. Der islamische Block, eine Brutstätte von Muttersöhnen, Schauplatz turbulenter Vorschubmännlichkeit, versuchte durch die Jahrhunderte immer wieder einmal, Ausdehnung zu praktizieren, wurde vom christlichen Weltmeister der Ausuferung erfolgreich zurückgedrängt. Die Muttersöhne der Türkei hatten jahrhundertelang Slawen und Griechen in ihrer Gewalt und standen einmal in ihrer Geschichte vor den Toren von Wien.

Die Drangsal, die von Muttersöhnen ausgeht, wird in der Welt bleiben. Sie verstehen es, gesellschaftliche Zerreißproben zu mißbrauchen und die Situationen wirklich zum Zerreißen zu bringen. Reagan nutzte die Krise Amerikas. Das Land der unbegrenzten Männlichkeit weiß nicht weiter. Reagan wollte lieber Kriege anstiften, als durch eine innere Läuterung Amerika gesunden zu lassen.

Es erscheint so, als ob einige Länder gegen ihre gesellschaftliche Krankheit immun geworden seien. Rußland, Deutschland, Frankreich, Italien und Spanien haben nach Stalin, Hitler, Napoleon, Mussolini und Franco gesellschaftliche und politische Bedingungen geschaffen, die sie vor neuen Eskapisten bisher bewahrt haben. Ganz sicher bleiben die Völker vor ihnen jedoch nicht. Und was sich politisch-kriegerisch mäßigte, steigerte sich wirtschaftlich-»friedlich«. Die Atomkraftwerke sind die Scheiterhaufen der Muttersöhne in der zweiten Hälfte des 20. Jahrhunderts. Mit ihnen wird das Glühen von Massen vorbereitet. Perfekt verkapselt ist der Drang zur Mordbrennerei bei den wirtschaftlich-politischen Führern der Gegenwart.

Die Fähigkeit zur Verkapselung ihrer Blutrunst ist eines der sonderbarsten Merkmale der Muttersöhne. Werden einmal alle

KZs des Dritten Reichs zusammengezählt, so ergibt sich ein Aufgebot von beteiligten Wärtern, Mitarbeitern, Befehlshabern, Planern, Kontaktleuten, Mitwissern, das in die Millionen geht. So viele Männer konnten 1945 nicht nach Südamerika auswandern. Sie tauchten unter, heißt es immer. Was heißt das genau? Sie lebten zu Hunderttausenden als sogenannt normale Bürger unauffällig weiter. Sie mögen noch so sehr Folterer, Schlächter, Henker und Brenner gewesen sein, plötzlich waren sie es nicht mehr. Sie wurden wieder der Wald-Feld-und-Wiesen-Arzt, der sie vorher waren, der leutselige Bürgermeister, der freundliche Angestellte von nebenan. Es ist nicht *ein* Fall öffentlich geworden, in dem ein Nazitäter hier noch einen Nachschlagmord begangen hätte, vielleicht einen Privatraub, einen vereinzelten Überfall, eine folterische Körperverletzung, eine quälerische Tötung. Scheinbar weg war die Blutrunst. Eben nicht. Nur eingekapselt. Sollte irgendwann ein neuer Hitler auftauchen, sollte Reagan oder ein neuer amerikanischer Präsident deutsche Kollaborateure anfordern – so wird die deutsche Mittäterschaft am nächsten Desaster aussehen –, dann würden die Verschlüsse der Kapsel aufspringen und dem Drang zum Töten freien Lauf lassen. Muttersöhne können und wollen zuweilen morden, müssen es aber nicht. Die traditionelle Kriminalistik hat für sie keine Täterpsychologie. Die Reue-und-Sühne-Regeln gelten für sie nicht. Der SS-Mann wird unbehelligt von Skrupeln alt und stirbt in Frieden. Das Äußerste an »Bewältigung« wäre, daß die Frau des SS-Mannes Krebs bekommt und sein Sohn sich umbringt oder an einem Autounfall stirbt. Die Fähigkeit der Verkapselung ihrer negativen Kraft läßt Muttersöhne ungefährlich erscheinen, macht sie jedoch undurchschaubar und daher äußerst gefährlich.

Den sich steigernden, von Muttersöhnen entfesselten Wahnsinn betrachtet die Menschheit gern als unausweichlich: Höhere, wieder einmal göttliche Bestimmung, kosmische Einflüsse. Die Untergangsprophetie zapft die rotierende Muttersohngesellschaft an und sagt Schlechtes voraus. Doch der Kosmos ist nicht für den von Männern fabrizierten Untergang verantwortlich. Der

»liebe Gott« wollte ebensowenig den Völkermord der Juden, Philister, Kelten, Wenden ... wie die bevorstehende Ausrottung der Wale.

Die Bürger von Persepolis mußten wie die Bürger von Dresden und Hiroshima zwischen ihrem Aufwachen und ihrem Zerschmelzen denken, ihr Tod sei Schicksal. Muttersöhne reden sich heraus. Sie meinen, sie hätten von Gott die Erlaubnis bekommen, die Welt in Brand zu setzen, sie dürften, wenn Uranus zu Pluto nicht gut steht, mit dem Feuer spielen. Die alten Bauern blieben zu Hause, wenn die Luft gewittrig war. Martin Luther, der Kleinbürger, hatte schon keine Ahnung mehr vom Gewitter, davon, daß es vorher zu spüren ist und wie sich währenddessen verhalten werden muß. Der Turmbau zu Babel stürzte ein, als die Erde bebte. Die Atomkraftwerke brennen, wenn sich in ihnen etwas entzündet. Am Ende des 20. Jahrhunderts, an der Nahtstelle zwischen zwei Zeitaltern (Fische und Wassermann), am Ende eines Jahrtausends, in der Spannung des Umbruchs, wäre von seiten der Menschen an allen Orten und mit allen Dingen Vorsicht geboten. Aber Vorsicht ist keine Eigenschaft von Muttersöhnen.

Eine Schwäche für Eschatologie (die Lehre vom Ende) haben sie immer, ob sich ein Jahrhundert, ein Jahrtausend oder ein Zeitalter neigt oder ob nichts Äußeres zu Ende geht, sie selbst wollen zu Ende gehen. Die Organisation des psychischen Aufwachsens männlicher Jugendlicher hat sich seit Jahrtausenden nicht geändert. Ob Männer in Bärenfelle oder in Schnallentogen gehüllt, mit Allongeperücken verziert waren oder in grauschwarze Zweireiher verpackt sind, ihr Verhalten ist das gleiche geblieben. Der Unterschied besteht darin: Früher sehnten sich die Muttersöhne an ein Ende oder bereiteten vielen Einheiten – Menschen, Tieren, Tierarten und Völkern – den Garaus. Heute machen sie mit *allem* ein Ende.

Die Natur will den totalen Tod so wenig, wie der Kosmos ihn heraufbeschwört. Als der österreichische Thronfolger Franz Ferdinand sich nach Sarajewo aufmachte, griff das Leben dreimal ein und warnte mit deutlichen Zeichen vor der herannahenden Katastrophe. Diplomaten, allen voran der ungarische Außenminister, rieten Kaiser Franz Joseph von der Reise des Thronfolgers ab, äußerten sich gegen seine Teilnahme an den österreichischen Manövern bei Sarajewo. Die Räder des kaiserlichen Salonwagens liefen heiß und blockierten die Weiterfahrt. Der Thronfolger mußte in ein gewöhnliches Erster-Klasse-Abteil umsteigen. Das Licht fiel in diesem Waggon aus. Die Fahrt wurde mit Kerzenlicht fortgesetzt. Die letzte, äußerst präzise Warnung war das in Sarajewo zunächst erfolglos verlaufende Attentat auf den offenen Wagen des Thronfolgers. Die in das Auto geworfene Bombe kullerte heraus, fiel unter das nachkommende und explodierte erst dort. Die alten Römer waren noch so mit dem Leben verbunden, daß sie Unternehmungen, Reisen, Schlachten absagten und umkehrten, wenn am Anfang etwas schiefgegangen war. Franz Ferdinand barschte seine Gastgeber an und haute stramm sein Programm weiter voran, forderte noch einmal die Serben mit der Darstellung der österreichischen Präsenz in Sarajewo heraus. Dann erst, nach ein paar Stunden auf einer nächsten Fahrt im offenen Wagen, fielen die Schüsse, die den Tod von zehn Millionen Männern und die gesamte nachfolgende europäische, ja Weltkatastrophe auslösten. Leben heißt nicht nur herausfordern. Wenn im alten China in einem Dorf ein Brunnen gebaut wurde und beim Bau nur *ein* Mensch zu Schaden kam, mußte der Brunnen zugeschüttet und das Wasser wieder vom Fluß geholt werden.

Mit der Produktion der Muttersöhne zerstört sich die Männergesellschaft allmählich selbst, nun unter dem Preis der Zerstörung des Ganzen. Sie wehrt Frauen ab und erliegt frauengeprägten Horrorgestalten, die im Deckmantel des Männerkörpers ungehindert Zugang in die Männerwelt finden und ihr Vernichtungswerk vorantreiben. Die Rache der ausgeschlossenen Frauen konnte nicht vollkommener sein.

Die Formel: Aus dem gesellschaftlichen Minus der Frau entsteht das psychische Minus des Mannes. Der Mann hat oder ist zu wenig Seele. Die abgewehrte Weiblichkeit seiner Mutter und die nicht durchdringende Männlichkeit seines Vaters lassen den Mann zum seelischen Niemandsland »Muttersohn« werden, der zu allem fähig ist, nur nicht zum Leben.

Die Muttersöhne sind die Strafe dafür, daß auf der ganzen Erde eine *Gesellschaft* aus Männlichkeit ohne Weiblichkeit hergestellt worden ist. Sollte die Menschheit nicht lernen, daß von den Früchten der gefesselten Frauen, den vaginalen Männern, nur Unheil kommt, wird sie immer größeren Mordbränden ausgesetzt sein. Die Anbahnung des Todes ist eingekleidet in das Kostüm der »Liebe« (Religion), des »Fortschritts« (Wirtschaft) und der »Freiheit« (Politik). Das scheinbar geschlechtsneutrale Politische ist das Männerseelische, das Religiöse ist es, und das Ökonomische ist es auch.

Die Fatima-Botschaft war deutlich. Sie wurde jedoch von der katholischen Kirche in Beschlag genommen und eingeschränkt interpretiert, ja verfälscht. Abermals hatte das Leben sich unmißverständlich geäußert. Die Botschaft lautete – angeblich aus dem Himmel portugiesischen Bauernkindern Anfang des 20. Jahrhunderts geoffenbart und an die ganze Welt gerichtet –: Wenn die Wünsche der Mutter nicht erfüllt werden, kommt es zu einer großen Katastrophe.

»Mutter« ist nicht nur die katholische Maria. »Mutter« ist eine Metapher für alle gedemütigten Frauen, für die Weiblichkeit, die Natur. Wird dieses Prinzip weiter unterdrückt, bleibt der Muttersohnkreislauf der Gewalt geschlossen, und die Menschheit geht zugrunde.

Wer einen Weltbrand verhindern will, muß die Männerfrage stellen. Die Männerfrage ist die Mutterfrage. Die Mutterfrage ist die Frauenfrage. Die Frauenfrage ist die Männerfrage.

Adenauer, Strauß, Kohl

Die Nacht des Nachkriegsdeutschlands begann 1949. Der erste Verschacherer des westlichen Restgebildes war Konrad Adenauer. Sein letzter Ausverkäufer möchte Helmut Kohl gern sein. Die wahren Extremisten der Bundesrepublik sind Adenauer, Strauß und Kohl – das Triumvirat »Vater, Sohn und unheilvoller Enkel«.

Der rheinische Pensionär verbarg seine Blöße zweifach, hinter der Männerrolle »großer Staatspolitiker« und hinter seinem Erscheinen auf der weltpolitischen Szene als Uralter. Er ergriff die Führung des deutschen West-Nord-Süd-Gebietes als 73jähriger Großvater. Doch ähnlich wie Bismarck und Reagan schleppte Adenauer sein unbewältigtes inneres Mädchen bis in das greise Mannesdasein hinein, auch wenn es ein ganz anderes unterdrücktes Mädchen in einer ganz anderen Staatsmannstracht gewesen war.

Konrad kam als jüngster Sohn von Helene und Johann Conrad Adenauer auf die Welt. Er war Dritter. Sein ältester Bruder, August, wies unter den drei Söhnen die gesatteltste Männlichkeit auf, führte ein unbescholtenes Männerleben, folgte in seiner Biographie eng dem Vater, der ein mittlerer Beamter in der Justizapparatur gewesen war. Der zweite Sohn, Hans, sollte Mutters Kind werden, wurde auch Muttersohn, später Priester. Als Drittes wünschte sich die Mutter ein Mädchen. Es kam wieder ein Junge, Konrad. Wie als Entschädigung für die Nichterfüllung der Wünsche seiner Mutter geriet er ihr am ähnlichsten. Den Vater trennten 43 Jahre von ihm. Zwischen den Eheleuten Adenauer gab es die Distanz eines Altersunterschieds von 16 Jahren. Ihre Beziehung begann, als die Mutter etwa 15, 16 war. Helene Adenauer bekam Konrad mit 27. Sie war die Tochter eines in das Rheinland verschlagenen thüringischen Musikers aus Bad Sachsa, Kreis Erfurt, der seinen Beruf wechselte und sich als Bankbeamter später in

Adenauer

Köln niederließ. Der Muttersohn Konrad Adenauer war also Halbsachse. Das hat er weit über seinen Tod hinaus geschickt verbergen können. Doch seine »Transi«-Aura – seine geschlechtlich indifferente Ausstrahlung – ist auf Hunderten von Fotos und Filmaufnahmen festgehalten worden. Im Alter hatte sich sein Gesicht in das Antlitz einer Indianergroßmama hineingeschrumpelt. Während der Lebensmitte hielt sich etwas Unheimliches um ihn. Die Kontroverse zwischen Frauenwirkung und Männerwille machte das Gesicht obszön.

Konrad Adenauer unterlag seiner Mutter mit einem devoten Gehorsam. Es gibt kein Zeugnis eines auch nur minimalen Distanzierungsversuches. In seiner Kindheit litt er viel unter Krankheiten, die einschneidendste betraf seinen Bewegungsapparat. Er mußte ein Jahr lang an den Beinen Stahlschienen tragen, die bis zu seinen Hüften hinaufreichten. Außerdem wurde er kräftig von den Mutterbindungskrankheiten Migräne, Diabetes und Unpäßlichkeit der Atemwege geplagt. Er stand eine Tuberkulose durch. Die Atemwege blieben jedoch für immer anfällig. Zeitlebens peinigten ihn Kopfschmerzen, die nur verschwanden, wenn er auf Höhen stieg! Er war ein linkisch-scheuer und tölpelhaft fischig wirkender Junge, der einen roten Kopf bekam, wenn er angesprochen wurde. Zwischen seinem zweiten und dritten Jahrzehnt erblühte sein Gesicht ins riskant Lockvogelhafte. Er bekam suggestive Stechaugen und legte sich einen Reizschnurrbart zu, als wäre er ein nachtfalterischer Schwerenöter der subkulturellen Männerszene. Täuschung. Er tat nichts, mied beiderlei Geschlecht, bis er 28jährig sich zum ersten Mal vermählte. Er hatte einen Hang zu pessimistischer Weltbetrachtung, schweigendem In-sich-Hineinfressen, stummem Ertragen, war launisch, bösbubenhaft, autoritär, depressiv, untreu, kalt und berechnend. Süchtig nach rasendem Autofahren, heizte er seine Chauffeure zu Geschwindigkeitsabenteuern an, wodurch er einmal einen Unfall provozierte, der ihm Gesicht und Glieder erheblich verletzte. Als er schon längst verheiratet war, machte er noch täglich abends nach dem Dienst zuerst seinen Eltern seine Aufwartung, ehe er zu seiner Frau nach

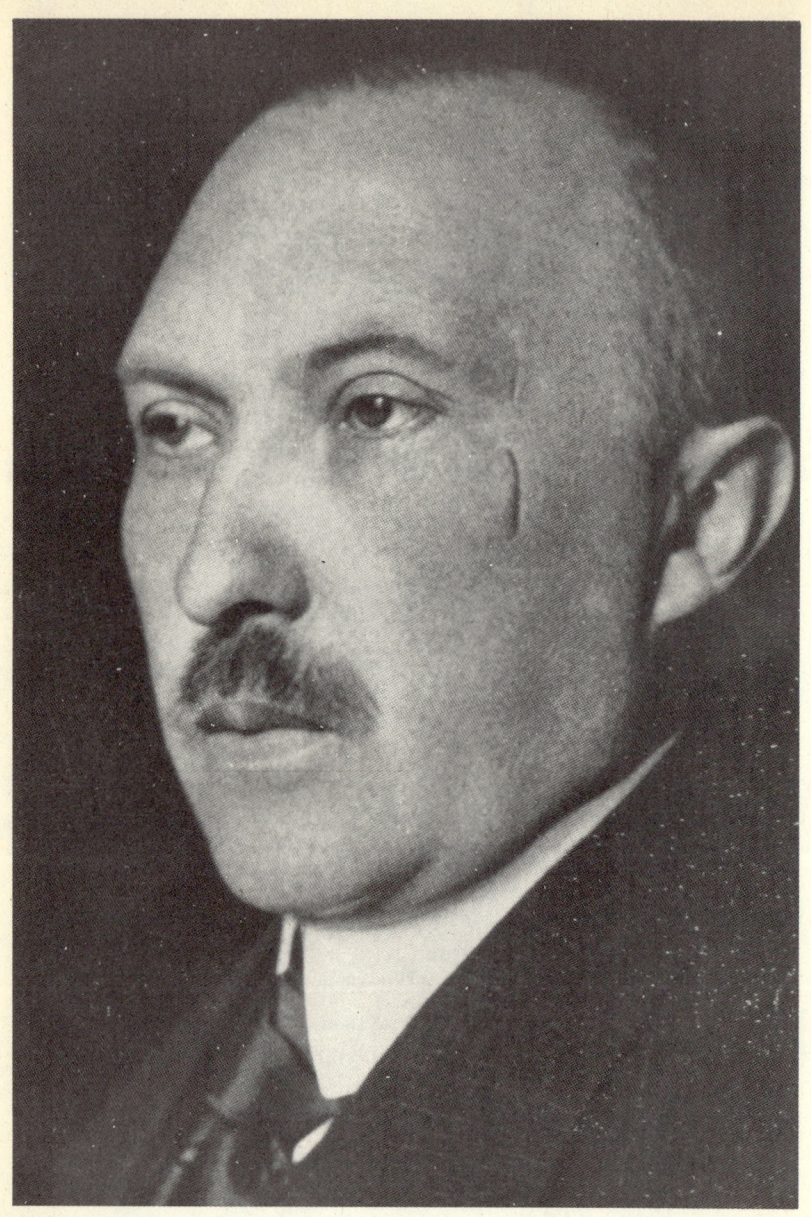

Adenauer

Hause fuhr. Der Vater starb 1906. Da übersiedelten Mutter und Schwester in Konrads Wohnung. Seit dieser Zeit litt seine Frau Emma, geborene Weyer, an einer mysteriösen Nierenkrankheit, die sie immer wieder bettlägerig machte und dazu zwang, den Haushaltsvorstand an ihre Schwiegermutter abzutreten. Im Oktober 1916 – Adenauer befand sich auf einer Dienstreise – aß die Familie giftige Pilze, die die gesunden Mitglieder schadlos überstanden, die kranke Emma nicht. Sie starb daran. Pilze kamen damals nicht aus der Dose, sondern wurden meist von den (Haus-)Frauen gesammelt. War das Pilzgericht eine unbewußte Vergiftung Emma Adenauers durch die »böse Schwiegermutter«? Die und ihre Tochter blieben seltsamerweise der Beerdigung von Konrads Frau fern.

Nach nicht ganz einem Jahr stieg Adenauer in die Führungsposition des Oberbürgermeisters von Köln hinein. Er wurde damit zum jüngsten OB ganz Preußens und zum bestbezahlten Deutschlands. Er hatte sich erkundigt, wie hoch das Gehalt des Berliner Kollegen war, verlangte mehr und bekam es, 1917, zur Zeit des »Gold-gab-ich-für-Eisen«, da das Volk darniederlag. Die Jahrzehnte seiner Jünglings- und Jungmännerzeit verbrachte er unter schweren inneren Spannungen, war sich seiner selbst nicht sicher, bestand sein Assessorexamen knapp am Scheitern vorbei, so daß er für seine bei der Staatsanwaltschaft beginnende Tätigkeit nur ein Hungerlohngehalt bekam. Und mit 41 ist er plötzlich Führer, jüngster Spitzenpolitiker Deutschlands!

Seine zweite Frau, Gussie Zinsser, starb – ähnlich wie die erste – mitten in Adenauers Vorbereitung auf sein zweites Führungsamt. Auch sie litt an einer undefinierbaren, einer sogenannten Blut-Krankheit und starb 52jährig 1948. Schon nach einem Vierteljahr waren von Adenauer keine trauernden Äußerungen mehr über den Verlust zu hören und zu lesen. Er stand unter der Droge »Macht«, war Chef der CDU, wurde im selben Jahr Präsident des Parlamentarischen Rates, strebte die Kanzlerschaft des neu zu bildenden Drei-Zonen-Staates an, die er nach eineinhalb Jahren errang.

Das Schadenstiftende eines Muttersohns hat verschiedene Dimensionen. Als politischer Führer nutzt er historische Bedingungen für sich selbst, verschweißt sie so fest mit seinen persönlichen Bedingungen – seinen seelischen Notwendigkeiten und sachlichen Zielen –, daß sein Tun zerstörerische Folgen für Generationen hat und immer eine Kette von kleineren oder größeren Destruktionen nach sich zieht.

Adenauer schraubte die Zeit zurück, betrieb Spaltungspolitik und setzte die geistige Verödung Deutschlands durch die Nazis mit anderen Mitteln fort.

Er wurde 1876 geboren, war nur 17 Jahre jünger als der letzte deutsche Kaiser, Wilhelm II. Im Dreikaiserjahr 1888 war er 12, bei Bismarcks Rücktritt 14, um die Jahrhundertwende 24, zu Beginn des Ersten Weltkriegs 38. Er war 41 im Jahre der Russischen Oktoberrevolution, 42, als das deutsche Kaiserreich zusammenbrach. Er war 57, als die Nazis die Macht übernahmen, 69, als der Zweite Weltkrieg zu Ende ging. Adenauer wurde vom Kaiserreich geprägt, war für den Wilhelminischen Staat 14 Jahre lang tätig gewesen. Und er knüpfte 1949 dort an, wo er 1933 aufgehört hatte. Er wurde Oberbürgermeister der Bundesrepublik Bonn. Er zimmerte sich ein westliches, erweitertes Stadtgebilde zurecht, das er obrigkeitlich in den Griff nahm. Wer anderer Meinung war als er, förderte den »Untergang Deutschlands«, auf den er selbst sich zubewegte. Unter der Schürze von demokratischen Normen regierte er autoritärer als der letzte deutsche Kaiser. Er war so machtbesessen, daß er sechs Jahre lang die Schlüsselpositionen Kanzler und Bundesaußenminister einnahm. Erst von 1955 an ließ er an der Spitze des Auswärtigen Amtes Heinrich von Brentano repräsentieren, eine Marionette, deren Fäden er in der Hand behielt. Er blieb Bundeskanzler bis Ende 1963, bis fast in sein 88. Lebensjahr hinein.

Hitler wird als »von gestern« abgetan, Adenauer als allgegenwärtig gefeiert. Adenauer ist von vorgestern – 13 Jahre älter als Hitler, 3 Jahre älter als Stalin –, restaurierte sein Einflußgebiet ideologisch und wirtschaftlich auf die alten Werte: Kapitalismus,

Christentum, Pflichterfüllung, Männerstaat, schuf erneut die Voraussetzungen, die einen Faschismus immer wieder möglich machen werden. Es erübrigt sich fast hinzuzufügen, daß Adenauer frauenfeindlich war. Er wollte den Frauen nur passive politische Rechte zugestehen. Der Gleichheitsgrundsatz für Männer *und* Frauen in allen gesellschaftlichen Angelegenheiten kam gegen seinen Widerstand in das Grundgesetz hinein.

Gespenstisch war sein Verhältnis zum Dritten Reich. Er war Gegner der Nazis, wurde von ihnen 1933 aus seinem Amt gejagt, zwangspensioniert und 1944 ins KZ gesperrt, weil er Verbindungen zu Widerstandskreisen hatte. Er war kein Mittäter, nicht einmal ein Mitläufer, wurde aber, nachdem der Terror vorbei war, zu einem der ersten und zähesten Miterhalter von Prinzipien aus jener Zeit. Hinter Lippenbeteuerungen über die Unmenschlichkeit der Nationalsozialisten und hinter etwas bemüht wirkenden Schadensersatzzahlungen an die jüdischen Opfer hielt er die Beamtenapparatur des Dritten Reiches aufrecht, ja rekonstruierte die Hierarchie, machte den ehemaligen Kommentator der Nürnberger »Rassen«-Gesetze und hohen Beamten des Hitlerschen Reichsinnenministeriums, Hans Globke, zu seinem engsten Mitarbeiter, zur personalpolitischen Schlüsselfigur seiner Regierung. Er hemmte die Auseinandersetzung mit der NS-Zeit. Die deutschen Prozesse gegen die prägnantesten Täter der Tötungsmaschinerie begannen erst, als Adenauers Einfluß abnahm. Er benebelte die (West)Deutschen abermals mit einem »Wirtschaftswunder« – der Begriff stammte aus dem Dritten Reich, benutzt für Hitlers Ankurbelung der Wirtschaft durch Rüstungsproduktion und Autobahnbau. Er lenkte die Bundesbürger dadurch ab vom »Gebot der Stunde«, er verhinderte das Durchschauen der Lage, machte eine tiefere Bewältigung des vergangenen Desasters unmöglich. Er reparierte das durch die Niederlage 1945 angeschlagene Gemüt seines Volkes mit dem Gefühl der Kontinuität, das noch 1987 von seinen Nachlaßverwaltern gehätschelt wird: »Konrad Adenauer – Dokumente aus vier Epochen deutscher Geschichte«! Daß die Nazizeit eine Katastrophe des Ganzen gewesen war, hat Adenauer unermüdlich vertuschen wollen, indem er überall Signale der Kontinuität errichtete. Er hielt an Hitlers Antikommunismus fest, benutzte die Sowjetunion als Feindbild und als sich selbst Profil gebendes Reibungsobjekt, verbot die KPD und warf einige ihrer Mitglieder erneut ins Gefängnis. Er stempelte SPD-Mitglieder zu »Vaterlandsverrätern«, ritt auf der unehelichen Geburt von Willy Brandt – »alias Frahm« – herum. Das verschärfte Sexualstrafrecht der Nazis behielt er bei, das Menschen von 1933 bis 1945 ins KZ gebracht hatte und mit dem nun weiter verurteilt wurde. Die Liberalisierung fand erst nach Adenauers Tod 1969/ 1970 statt.

Nach dem Dritten Reich, dieser größten Menschenschlachtstätte in der gesamten von Männern gemachten Geschichte, an seinen Ausgangspunkt zurückzugehen und die Überwindungsarbeit zu scheuen – das war die muttersohntypische Verbarrikadierung einer Chance, hier des hoffnungsvollen Neubeginns im Nachkriegsdeutschland, dessen Karren von Adenauer in Richtung neuer Untergang gesteuert wurde.

Adenauer gilt als »Vater der deutschen Teilung«. Von ihm kamen wesentliche Impulse zur seit 1945 sich verschärfenden Ost-West-Spaltung. Viele Weichen zu einem Dritten Weltkrieg wurden von ihm gestellt. Er verhinderte, daß Deutschland die Aufgabe als Friedensbewahrer, als verbindende Mitte Europas ernst nahm – die einzige Aufgabe, die diesem Land nach dem von deutschen Muttersöhnen zwischen 1939 und 1945 veranstalteten Europauntergang zu einem Gesicht verholfen hätte. Er gründete gegen nationalneutralistische Bestrebungen seiner eigenen Partei (Jakob Kaiser) aus den drei Westzonen den neuen deutschen Weststaat. Er forcierte die (West)Europäische Verteidigungsgemeinschaft – EVG –, wies Angebote der Sowjetunion ab, Deutschland wiederzuvereinen, die »Ostzone«, spätere DDR, aus ihrem Einfluß zu entlassen. Als die Russen 1952 den ehemaligen Verbündeten die Wiedervereinigung Deutschlands vorschlugen – unter der Voraussetzung der Neutralität und der militärischen Selbständigkeit des Landes –, hintertrieb Adenauer bei den

Westmächten jede positive Reaktion, stemmte sich erfolgreich gegen die Einberufung einer Viermächte-Konferenz. Das, was in Finnland und später in Österreich geschah, wozu die Sowjetunion auch Deutschland gegenüber willens und fähig war, hätte für Adenauer das Ende seiner politischen Führerschaft bedeutet. Er wollte die Macht über den Halbstaat in seinen Händen behalten. Es wäre ihm wahrscheinlich nicht gelungen, die Macht über ganz Deutschland zu erringen, das vermutlich mehr protestantisch und vor allem mehr sozialdemokratisch gewählt hätte. Schon im Westgebiet hatte 1949 seine Kanzlerschaft am seidenen Faden einer einzigen, seiner eigenen, Stimme gehangen.

Adenauer setzte entgegen seinen früheren Beteuerungen die Wiederbewaffnung Teildeutschlands durch, führte es der Nato zu, als die EVG durch das »Nein« der französischen Nationalversammlung geplatzt war. Er erzwang die Allgemeine Wehrpflicht. Er ließ gegen den erbitterten Widerstand breiter Schichten der deutschen Bevölkerung sogar Atomwaffen auf dem Boden der Bundesrepublik stationieren. Er glaubte auch vorübergehend an den Ausbruch eines Atomkriegs. Er war einer der ersten Strategen des Kalten Krieges, handelte für die Politik der Stärke. Er verlängerte das Leid der deutschen Kriegsgefangenen in der Sowjetunion mindestens um drei Jahre. 1952 lag das Angebot ihrer Befreiung nun auch auf dem Tisch der Westmächte. Um ein Haar wären die ehemaligen deutschen Soldaten sogar 1955 noch nicht befreit worden. Adenauer war bereit, aus Moskau unverrichteter Dinge abzureisen, hätte Chruschtschow nicht eingelenkt.

Adenauer unterwarf sein Gebiet dem politischen, wirtschaftlichen, wissenschaftlichen und kulturellen Einfluß der USA. Selbst Mitglieder der CDU schalten ihn »amerikanischer als die Amerikaner«. Und während das Verhältnis zu Amerika getrübt wurde – Adenauer mochte Kennedy nicht –, hängte er sich an de Gaulle, lockte ihn zum Bündnis zwischen Frankreich und Westdeutschland an, beschwor Karls des Großen Abendland herauf.

Abgrenzen von der sächsischen Mutter – das ging nicht. Aber Grenzziehen gegenüber Sachsen, gegenüber allem Osten – das

Strauß (Mitte) mit »Müttern«: Mutter Walburga und Schwester Maria Strauß

ging, das tat Adenauer sein ganzes Bundeskanzlerleben lang. Sein Bedürfnis nach seelischer Abnabelung von seiner Mutter verschob er auf die politische Ebene und befriedigte es dort. Er mußte sich von allem Östlich-Mütterlichen distanzieren, wollte nur auf den Vater-Westen setzen, kultivierte sich als Total-Rheinländer, Ausschließlich-Westlich-Orientierten. Die Ostzone und spätere DDR war zu Adenauers Einflußzeiten noch nicht so sehr wie unter Honecker ein Ort der Wiederauferstehung und Repräsentation des alten Preußens. DDR – das war damals »Sachsen«, personalisiert in der adenauergegnerischen Führungsfigur des Sachsen Walter Ulbricht. Diese DDR war für Adenauer nicht existent, hieß bei ihm abschätzig »Zone«. Er verweigerte offiziell die Annahme ihrer Noten, nicht ohne sie vorher »inoffiziell« über einem Dampfbad geöffnet und gelesen zu haben. Er provozierte mit seiner Politik die Mauer und tat nichts gegen sie. Mit der Mauer hatte er endlich die langersehnte unwiderrufliche Abgrenzung vom Mutter-Osten. So verurteilte er die 17 Millionen Menschen in Mitteldeutschland zum unabsehbaren Bleiben unter sowjetischer Kuratel. Seine Sehnsucht nach mutterabspaltender Verschmelzung mit irgendeinem Westlichen – ob Amerika oder Frankreich, war ihm letztlich gleichgültig, Hauptsache »westlich«! – trieb ihn um. Es war sein nie stillbarer Drang nach Vater, der durch die Umklammerung seiner Mutter nicht genügend durchgedrungen war.

Auch dem Geist der Deutschen fügte Adenauer Schaden zu, indem er unnachgiebig durchsetzte – er schreckte nicht vor Intrigen und Bestechungen zurück –, daß Bonn Hauptstadt wurde und blieb. Nicht die Vier Mächte schlugen Deutschland den Kopf ab, indem sie die alte Hauptstadt Berlin besetzten und unter sich aufteilten, Konrad Adenauer tat es. Und nur, weil er seinem Rhöndorf im Vater-Land – die Vorfahren des Vaters entstammten den Dörfern der Bonner Umgebung – ganz nah sein wollte, dessen provinzielle Enge er als Korsett für seine Regierungstätigkeit brauchte. Frankfurt war als neue Westhauptstadt vorgesehen. Das wäre eine Stadt gewesen, die die Aufgabe, neues geistiges Zentrum Westdeutschlands zu sein, hätte erfüllen können, weil es

Strauß (rechts) mit seiner Schwestermutter Maria Strauß

eine große alte Bevölkerungs- und eine traditionsreiche Handels- und Kulturmetropole ist. Auch Köln hätte diese Funktion wahrnehmen können. Bonn kann es nicht. Bonn ist keine Stadt. Bonn ist ein Professorengattinnensitz. Sein Charakter pendelt in der Unentschlossenheit zwischen einem zurückgebliebenen Mädchen und einer alten Jungfer hin und her. Bonn paßt zu dem Stagnativen in Adenauers seelischen Bedingungen, aus dem er sich mit markiger Entschlossenheit seines politischen Daueragierens auch noch in seinem neunten Jahrzehnt herausreißen mußte. Etwas Unterentwickeltes und zugleich etwas unfruchtbar Verwelktes – das ist Westdeutschlands neues Zentrum. Mit Bonn bandagierte sein Gründer das ganze Gebiet, das es seit 1949 be-haupten soll, zur kulturellen Provinz ohne jegliche visionäre Zukunft.

Adenauer war Zeitgenosse von Proust, Gide, Karl Kraus, Döblin, Feuchtwanger, Heinrich und Thomas Mann ... Nichts von deren Geist rettete er zu den Urenkeln herüber, während er sich so verbiestert mit den gesellschaftlichen Transplantationen des 19. Jahrhunderts auf die zweite Hälfte des 20. Jahrhunderts beschäftigte. Und Adenauers eigener Geist, von dem sein Haus in Rhöndorf hätte ein Zeugnis hinterlassen können? Rhöndorf ist eine »Endstation Vakuum«, eine an den Hang gepreßte Eingeschränktheit, in die Adenauer auch seinen politischen Machtbereich – terrassenförmig sauber abgestuft wie seine Rosenbeete – hineingezwungen hat. Er starb mit dem Blick auf das Bild seiner Mutter, das über seinem Bette hing.

Das »Kind« dieser Sphinx, Franz Josef Strauß, braucht in seinem politischen Ausmaß nicht langatmig vorgestellt zu werden. Alle kannten ihn: Rüstung, Rechtsdrall, Ritter des Atomstaates, ehemaliger spiegelaffärenumwitterter Verteidigungsminister und sogar erster Atomminister unter Adenauer.

Aber die Wurzel eines der unverwüstlichsten nachfaschistischen Gewaltmeier Deutschlands ist überraschend wenig bekannt. Der Ausgangspunkt Franz Josef Strauß' ist voller Leid. Die Mut-

Strauß (als Erstkommunikant)

ter, Walburga Strauß, hatte eine Tochter, Maria – geboren 1907 –, und sie bekam 1914 ein zweites Mädchen, das nach drei Wochen starb. Bald wurde sie wieder schwanger und gebar Franz Josef – im September 1915. Walburga Strauß hatte nicht genügend Zeit, den Tod des zweiten Mädchens zu betrauern, sie wurde vom Ehemann schon Ende 1914 wieder geschwängert. Der alte Volksmund sagte, daß es mindestens ein Jahr dauerte, bis ein Mensch den Verlust seines geliebten Nächsten verkraftet hätte. Die herbste Unsensibilität leistet sich die Männergesellschaft gegenüber den Kindern und dem Kinderbekommen. Wie lange eine Frau braucht, bis sie wieder ein Kind zur Welt bringen kann oder sich von dem Tod eines Kindes erholt, das interessiert das Männersyndikat nicht. Drüber! Sobald es geht! Das ist das »einzige«, an das der Mann denkt.

So verunstaltet die Verunstaltung der Frau das ihr aufgezwungene Leben. Im Schmerz um ihr verlorenes Kind besetzt eine Mutter, wenn sie nicht genügend Zeit zur Trauer hat, ihr nächstes Kind mit dem gestorbenen. Sie setzt das lebendige in die Existenzlücke ein, die das tote hinterließ. Mit dem neugeborenen Kind verschließt sie sich ihre Gefühlswunde, gerissen durch das Verschwinden des älteren. Das ist verheerend für die Heranbildung der Identität des Nachgeborenen, denn es muß eigentlich als ein anderes – das kurz vor ihm gestorbene – aufwachsen. Noch schwankender wird der Boden des Neuankömmlings, wenn das Baby ein Junge ist und das vor ihm gestorbene Kind ein Mädchen war. Auch das Geschwister, das vor der Geburt Adolf Hitlers starb, war ein Mädchen.

Franz Josef Strauß erstarrte zur Puppe, glotzte ratlos ins Leben mit der einzigen für ihn erheblichen Frage: Bin ich nun Mädchen oder Bübchen?

Zur mütterlichen Besetzung seiner Existenz als Mädchen kommt noch eine zweite geschlechtsprofilbelastende Bedingung in seiner Jugend hinzu. Er wird vorwiegend von seiner Schwester Maria aufgezogen, in der er eine nur acht Jahre ältere Nebenmutter vorfand, mit der er sich identifizierte und an die er beim Heranwachsen emotional fest gebunden wurde. In den pubertä-

»Die Sportlerin« (Strauß, erster von rechts, als Bayerischer Radfahrmeister)

ren Umbruchszeiten entpuppt er sich als »süß«, stellt über ein Jahrzehnt lang auf den Fotos ein zartes Männlein dar und bricht ab Mitte Dreißig auseinander. Der Jüngling verschwindet hinter einer wie mit Luft aufgepumpten Kröte, die ähnlich einer Verwünschung seinen körperlichen Ausdruck von da an für immer gefangenhält.

Das Dicksein schwächt die Schwuchtel ab. Es schützt gegenüber der Außenwelt. Der Hänfling wird hinter dem Speck nur noch schwer erkannt. Und das Massige erdet den Geschlechtsungefestigten. Er entschwebt nicht mehr so gut. Wie unübersehbar viele Spitzensöhne sind fett, geben ihr aufgeplustertes Fleisch für ein Herrschaftszeichen aus, für das Insignium von gestandener Männlichkeit! Doch die mangelhafte Körpereinfassung – dieser geschlechtslose Polsterschwamm ihrer auseinandergegangenen Weichteile – entspricht ihrer fehlenden seelischen Stabilität als Mann. Jede/jeder konnte es sehen: Strauß entbehrte der Mannkonturen. Das mußte er mit allem wettmachen, was als männlich in der Männerwelt galt: drohen, auf den Putz hauen, beleidigen, einschüchtern, angreifen, verletzen, übertreiben, herumfuhrwerken, auf die Spitze jagen, stören, aufstören, zerstören.

Die leichte Göringmischung von Fliegen und Jagen fiel auf. Strauß zeigte sich gern auf Fotos im Cockpit und mit dem Gewehr im Arm, einen Fuß auf dem getöteten Tier: Durch die Lüfte schneiden und in die Leiber tödlich dringen. Schnell hatte Strauß ein neues Waffengeschäft mit einem Krisenherd angebahnt oder abgeschlossen. Allein die historischen Bedingungen der allgemeinen gesellschaftlichen Situation stecken einem politischen Muttersohn den Rahmen ab, wieweit sein Jagen, Rasen, Rüsten, Fliegen, Umsichschlagen reichen, wieviele er treffen wird. Göring konnte dreimal so dick werden wie Strauß, der im nachnazistischen Deutschland nur ein Gartenzwergdiktator geblieben ist.

Hinter seiner Säbelrasselei verbarg sich eine innere Mimosenhaftigkeit. Strauß trank, enthüllte auch dadurch seine mütteridentifizierte seelische Unplastizität. Bis zur Heirat mit Marianne Zwicknagl – Strauß war einundvierzig! – hatte er, außer einer

Kohl (links) mit älteren Geschwistern

funktionalen Ministerabsteige in Bonn, keine eigene Wohnung, lebte in Bayern bei Mutter und Schwester. Mit der immer unverheiratet gebliebenen Schwester war er so gefühlsverschweißt, daß er den Tod seiner Frau 1984 fast krisenlos überstand, sich in seiner politischen Attackerei nicht einmal für kurze Zeit bremsen ließ, geschweige denn sich läuterte, nein, er steigerte sich zu neuem Volkes-Angst-und-Bange-Machen.

> »Obwohl er in die Studienstiftung Maximilianeum aufgenommen worden war, verzichtete er darauf, im Maximilianeum zu wohnen. Viel lieber blieb er zu Hause. Daran änderte sich auch später nichts. Bis zu seiner Verheiratung wohnte Franz Josef bei uns, wenn er in München zu tun hatte. Er war schon Verteidigungsminister, da hat ihm unsere Mutter noch mit Weihwasser ein Kreuz auf die Stirn gezeichnet, wenn er sich verabschiedete.
> Auch wir Geschwister hatten immer eine besonders enge Bindung und halfen uns gegenseitig, wo es möglich war. Als er einmal während des Rußlandfeldzuges zu einem kurzen Urlaub daheim war, sagte er zu mir: ›Keiner meiner Kameraden, die verlobt oder verheiratet sind, bekommen so viele Feldpostpäckchen wie ich von dir.‹ Mit einem großen Blumenstrauß dankte er mir dafür.«[1]
>
> Maria Strauß über ihren Bruder Franz Josef Strauß

Helmut Kohl, nicht gerade das »Kind« von Franz Josef Strauß, aber ganz der »Enkel« von Konrad Adenauer, wie er selber sagt. Wozu er Grund hat. Auch ihn steckte die Mutter in Mädchenkleider – was hieß, sie maß ihm Mädchenbedeutungen zu –, auch er war Jüngster. Acht Jahre vor ihm wurde seine Schwester Hildegard, vier Jahre vor ihm sein Bruder Walter geboren. Helmut kam nach neunjähriger Ehe und nach etwa zwanzigjähriger Beziehung der Eltern Cäcilie Schnur und Hans Kohl auf die Welt – die Mutter war 40, der Vater 43.

Männer überstehen alternde Ehen mithilfe von Seitensprüngen oder Bordellbesuchen – von denen die Partnerinnen nichts wissen –, oder sie gehen im Amt auf. Frauen haben keine Ämter. Für sie gibt es keine Freudenhäuser und auch, weil fast immer uner-

Kohl (in den Zwanzigern)

reichbar, keine Nebenmänner. Sie überstehen die erschlaffenden Beziehungen nur, indem sie ihre (jüngeren) Kinder als Teilgeliebte an sich binden, wovon die Ehemänner meist keinen Schimmer haben und woraus sich Kinder zu Muttertöchtern und Muttersöhnen verunstalten lassen (müssen). Muttertöchter werden Duldungsseelen, denen eigene glückliche und langdauernde Partnerschaften zu außerfamiliären Personen unmöglich sind. Muttersöhne werden Spaltungskapazitäten – Mutterklucker, Weltbedroher.

Zwischen seinem neunten und seinem vierzehnten Lebensjahr war Helmuts Vater abwesend, der zum zweiten Mal, über fünfzigjährig, in den Krieg ziehen mußte. Eine andere nahe erwachsene männliche Bezugsperson gab es nicht. Als der Vater wiederkam, war er ein Verbrauchter und ein Gebrochener. Sein Lieblingssohn Walter war in den letzten Kriegswirren getötet worden. So stand mit dem sechzigjährigen Vater dem jungen Helmut im wichtigen zweiten Lebensjahrzehnt nur noch ein Schatten an Männlichkeit für die Identifikation zur Verfügung.

Ein wesentliches Indiz für eine Mutterbindung besteht darin, daß der Sohn nicht einmal das Nähe, aber auch Distanz ausdrükkende Personalpronomen »mein« verwendet, wenn er von *seiner* Mutter spricht. Helmut Kohl schreibt in seinem autobiographischen Aufsatz für den Sammelband »Mein Elternhaus« mit einer Ausnahme immer von »Mutter«.[2] Uferlos, unumschränkt gibt es nicht »meine Mutter, deine Mutter«, sondern nur »Mutter« vollkugelrundumdieuhr.

So wie die Mutter ihn umschloß, umschließt sein Guter-Onkel-Sackkörper das strampelnde innere Mädchen, das sich mauserte zur Tante Tunichtgut. Der späte Jüngling – Kohl um 20 – hat in der Gestik eine Bismarcksche Salon-Attitüde. Diseusenelegant winkelt er sein Händchen ab. Auf den Gruppenfotos der Schulzeit taumelt er nach vorn und zur Seite, hängt rücklings schief im Bild, während alle anderen Klassenkameraden ihre Gestalt stramm in die Höhe strecken. Er kann nicht reifen, nicht die Aura eines Dreißig-, Vierzigjährigen entwickeln. Er ist soeben noch der Ephebe oder Schlaks und rutscht in seiner Erscheinung

Kohl (in den Dreißigern), oben: rechts, unten: dritter von rechts

gleich danach durch in die fünfzig, kaum daß er dreißig geworden ist. Plötzlich ist er dieser sonore Herr. Am Anfang der geliehenen Herrenausstattung wirkt er noch ausgestopft, als sei er so dick nicht, wie er ist. Er füllt die plötzliche Dehnung noch nicht. Er spielt sie.

Bei Helmut Kohl, der sich als Demokrat kostümiert, wird die Frage erneut aktuell: Worin besteht die Gefährlichkeit eines politisch führenden Muttersohns? Muttersöhne haben die chamäleonhafte Fähigkeit, sich einer historischen Situation nachzufärben und für Massen nicht gefährlich zu erscheinen. Jemand, der wie Hitler aufträte, wäre heute in Ost- und Westdeutschland ungefährlich. Alle würden das drohende Unheil durchschauen. Doch ein immer grinsender, scheinbar gutmütiger Amtsverwalter, ein zähleibig-dickhäutiger Aussitzer aller Konflikte ist so ungriffig und zugleich so repräsentativ für die Muttersöhne der westdeutschen Nach- oder Vorkriegszeit, daß Kohl gefährliche Wirkungen hat.

Sein Schadenstiftendes wird von vielen Menschen nicht erkannt. Das sogenannte Volk mißt politische Führer nicht an ihren Worten und Taten – die meist in ihren Konsequenzen nicht verstehbar und nicht einsehbar sind –, sondern nimmt sie nur über ihre nebensächlichen Eigenschaften wahr; Hitler zum Beispiel über seine »Ausstrahlung«, suggestive Divenhaftigkeit und seine übersinnlichen Kräfte. Adenauer wirkte durch seine »Autorität«, Schlagfertigkeit, seinen Kölner Humor, durch die mondlandschaftzerklüfteten Faltenwürfe seiner Gesichtshaut, durch seine bizarre Schrulligkeit und seine jenseitsunterkühlten Widerworte zu jedem Einwand gegen seine Taten. Strauß lenkte von seinem Muttersohncharakter ab mit seinem bauernschlauen »Mutter«-witz, querformatigen Marktweibcharme und der Übertölpelung aller ernsthaften Gegenargumente. Helmut Kohl, der Unterbürgermeister der Bundesrepublik Bonn, fängt die Menschen ein mit seinem Charisma der Erbarmungswürdigkeit. Ein so großer Tolpatsch, dessen Hände, wenn er frei stehen muß und sich nicht an einem Pult festhalten kann, zu in Bauchhöhe wedelnden Kuhfladen werden, verdient Rührung.

Das Lächerlichmachen von Kohls Person, verbreitet durch die Presse im ganzen Land, hilft der Verschleierung der von ihm ausgehenden Gefahr. Vor dem Sturm auf die Macht in Bonn ließ er sich stylen: Haarschnitt, Brille, Anzugtyp entwarf ein Designer staatsmanngerecht, wischte Kohl den rheinlandpfälzischen Provinzpolitikerstaub vom Image. Da Kohl weder Theatralik noch Witz hat – diese massen*eindringlichen* Wirkungsweisen –, ist es wahrscheinlich, daß er eine Massenwirkung mit dem Sog des Mitleids zu erreichen versucht. Erbarmen mit der höchsten Machtfigur des Staates – das wäre das Ausgefuchsteste, was es je gegeben hat! Deshalb muß durch die Ungeschickter-Junge-Allüren hindurchgeschaut und der Blick direkt auf die Hauptsache, die Worte und Taten des Vorsitzenden, gerichtet werden.

Das Unheimliche und Kohl als Muttersohn Ausweisende ist seine merkwürdige Fähigkeit der Erstarrung, verkleidet mit seinem Lieblingswort »Gelassenheit«. Konflikte werden nicht gemeistert, sondern ausgesessen. In Krisen unterläßt es Kohl zu reagieren. Er wartet ab, verweigert jedes Handeln, bis nichts als vergangene Zeit die Situation entschärft hat und er konsequenzlos sitzen bleiben kann. Mit dieser sagenhaften Hausfrauenmentalität untergräbt er jede Entwicklung.

Die Gefährlichkeit Kohls liegt wie bei Adenauer in seiner Westlastigkeit. Wäre Deutschland souverän, müßten wir uns vor Hitlers, Wilhelms, Bismarcks, Friedrichs in Acht nehmen. Die Bundesrepublik ist aber ein Anhängsel der Vereinigten Staaten von Amerika, wirtschaftlich und kulturell eine Absteige dieser Weltmacht, militärisch ihre Basis. Bis zu einem Friedensvertrag mit Deutschland ist das Westgebiet von Franzosen, Briten und am einflußreichsten von Amerikanern besetzt. Jeder Politiker, der die Bundesrepublik an die USA noch mehr kettet, als sie es auf Grund der Kriegsnachfolgebedingungen schon ist, beschädigt und zerstört die wirtschaftliche, politische und kulturelle Eigenständigkeit der Menschen in dem westdeutschen Teilstaat.

Der Programmbegriff »Enkel Adenauers« muß genaugenommen werden. Er bedeutet: Kohl opfert wie Adenauer die Interessen seines Volkes der eigenen Machterhaltung. Kohl will Kanzler bleiben, solange es geht, so lange wie Adenauer es war, und, wenn es geht, länger, was gehen wird, da er mit Anfang Fünfzig begann. Frau Hannelore hat es prophezeit: Ihr Mann soll längstamtierender Kanzler der Bundesrepublik werden.

Eine der gefährlichsten Muttersohneigentümlichkeiten ist es, die Ich-Definition des Mannes über sein Amt aufstellen zu wollen. Person = Funktion, Person = Position, Person = Macht. Kohl ist Vasall. »Skeptisch«, wie er sagt, steht er gegenüber dem Erneuerer Gorbatschow, berauscht drückte er sich an den Reaktionär Reagan. Die Fotos von den Begegnungen der beiden zeigen Tätscheln, Umarmen, grinsendes Kopf-an-Kopf.

Kanzlerbleiben heißt für Kohl, dem jeweiligen Präsidenten der USA Liebkind zu sein, sogar einmal, als es Reagan in das Kalkül seiner Schlußkurve paßte, für ihn ein paar Raketensprengköpfe, die Kohl behalten wollte, aufzugeben. In der Regel läuft sein Eingehen auf den »mächtigsten Mann der Welt« andersherum: Rüstet der Präsident vor, rüstet der Kanzler nach. Welche verheerenden Auswüchse die Vatersehnsucht eines deutschen politischen Machthabers hat, zeigt Kohls »Ja« zum amerikanischen SDI-Programm, das Europa für den Dritten Weltkrieg bereitmachen soll. Auch im Inland ist Kohls Markenzeichen neben dem Wende- der Neigekanzler, der sich in seiner Doppelbeuge vor den starken, älteren Mitsöhnen Strauß und Genscher profilierte.

Kohl nahm »Goebbels« in den Mund, als er den Beginn des Gorbatschowschen Reformkurses verteufeln wollte. In einem Punkte ähnelt Kohl selbst dem NS-Demagogen, nämlich in seiner Ungehemmtheit und Willfährigkeit gegenüber dem höchsten Muttersohn der Welt. So schwärmerisch wie Goebbels sich für Hitler entgeistern ließ, so amourös unterbreitete sich Kohl »Freund Ron«. Seine Demagogie ist die Verharmlosung des »letzten Gefechts«, dessen Vorbereitung er als scheinbarer Landesvater bürokratisch gegenzeichnet. Die Chancen, Europa vor dem Erlöschen zu bewahren – ein »Nein« zum SDI – will Kohl verstreichen lassen um den Preis seines Sitzenbleibens.

Das Politikum

Mit der Beleuchtung des Besonderen, dem Blick auf die Biographien einzelner herausragender Männer, soll das Allgemeine getroffen werden. Die ihr System nachschaffenden und verbarrikadierenden Männer üben ihre Funktion nicht plötzlich aus – wenn sie 40 oder manchmal auch schon, wenn sie 20 sind, nicht erst, wenn sie in der Machtposition stehen –, sie legen dorthin einen Entwicklungsgang zurück, der in ihrer frühesten Kindheit beginnt. Es gehört zu den systemstützenden Maßnahmen, das Biographische – vor allem die frühe Kindheit – als nicht-politisch zu veranschlagen. Das Biographische ist der Ausgangspunkt alles Politischen. Ironischerweise spielen sich seine wichtigsten Phasen im von den Herrschenden mißachteten Frauenrollenbereich ab.

> »Chomeinis unnachgiebige und radikale Haltung gegenüber dem Schah und sein Versprechen einer freien, glücklichen und vor allem eigenständigen islamischen Zukunft machen den fast achtzigjährigen Ayatollah zum unbestrittenen Haupt der iranischen Revolution. Der Schah flieht. Chomeinis Heimkehr 1979 wird ein Triumphzug. Unter dem Jubel der Bevölkerung ergreift er die Macht. Doch der Frühling der Freiheit währte nicht lange. Um seine Vorstellung von einem islamischen Staat zu verwirklichen, schaltet Chomeini seine Gegner aus, läßt foltern und hinrichten, verbietet jede Lebenslust, predigt den Märtyrertod. Im Krieg mit dem Irak opfert er Hunderttausende Kinder und Jugendliche, um seine Ideen auch in den Nachbarstaaten zu verbreiten.«[1]
> »Ruhollah Musawi Chomeini wurde 1902 in Chomein, einer Kleinstadt am Rande der großen Salzwüste, geboren. Im sechsten Monat nach seiner Geburt wurde sein Vater – ein Geistlicher – ermordet ... Chomeini selbst hat sich bisher nur selten über die Vergangenheit geäußert, die Vorgänge nach seiner Geburt und während seiner Kindheit hat er nie erwähnt ... Ruhollahs Geburt

wurde von der abergläubischen Bevölkerung Chomeins mit dem Tod des Vaters in Zusammenhang gebracht und als ein schlechtes Omen aufgefaßt. Es sei ein Unglückskind, so raunten die Bewohner der Stadt, es werde Unglück über die Stadt bringen.

Die Mutter geriet durch solche Gerüchte in Panik, versteckte das Kind. Eine Tante gewährte ihm Zuflucht. Bei ihr blieb er bis zu seinem siebzehnten Lebensjahr ...

Ruhollah war das jüngste unter den Kindern. Seinen Vater, der sehr zurückgezogen lebte, den Sinn seines Lebens in der Erfüllung seiner Pflichten den Menschen und vor allem Gott gegenüber sah, viele Stunden des Tages mit Beten und frommen Diensten verbrachte, diesen Vater hatte Ruhollah nicht mehr erlebt ...

Die Tante, die Schwester seines Vaters, ... war ziemlich wohlhabend. Ihr Mann, der schon in fortgeschrittenem Alter war, kümmerte sich kaum um den ungewollten Adoptivsohn. So war die Tante die einzige Person, bei der Ruhollah sein kindliches Verlangen nach Wärme und Geborgenheit befriedigen konnte.

... der Tod des Vaters und der Mangel an familiärer Geborgenheit formten den heranwachsenden jungen Mann zu einem melancholischen, einsamen und mystisch veranlagten Menschen. Freunde hatte er keine. Nach der Schule ging er geradewegs nach Hause, verkroch sich in sein Zimmer, wanderte allein durch die Wüste oder setzte sich im Schatten eines Baumes nieder, las den Koran oder die Gedichte von Hafiz, dem großen persischen Dichter, der vielen iranischen Mystikern als Vorbild dient.

Ruhollah – sein Name bedeutet ›Seele Gottes‹ – war ein schöner Junge. Sein ovales Gesicht mit der klassischen Nase, die schmalen Lippen, die ungewöhnlich hohe Stirn über seinen tiefschwarzen Augen, nicht zuletzt seine wohlgeformte, schlanke Gestalt fielen jedem Betrachter angenehm auf ...

Seine Herkunft aus einem geistlichen Hause, seine Begabung, die ihn aus seinen Mitschülern herausragen ließ, seine vornehme Bescheidenheit und Höflichkeit, sein durchdringender Blick und zugleich seine Unnahbarkeit wirkten auf die Bewohner von Chomein beeindruckend. Selten konnte man seinen strengen Gesichtszügen ein Lächeln entlocken ... Er wurde als ein Sonderling angesehen, geachtet, bewundert, ja, obwohl er noch so jung war, manchmal auch gefürchtet.

Zu seinen Mitschülern hatte er kaum Kontakt. Keiner von ih-

nen, die ihn ebenfalls bewunderten und als Autorität akzeptierten, wagte eine Annäherung und den Versuch einer Freundschaft zu ihm. Von Jugendstreichen, Herumtoben, Lärmen und Spielen hielt er nicht viel, auch am Sport fand er keine Freude. . . .
Bald litt Ruhollah nicht mehr unter der Einsamkeit, im Gegenteil, er liebte sie, hütete seine Geheimnisse und war glücklich über die Stunden und Tage, die er mit sich allein verbringen durfte. Nur einem einzigen öffnete er sein Herz und seine Seele ohne Einschränkung: seinem Schöpfer, dem er eine grenzenlose Liebe entgegenbrachte. All die Zuneigung, die man gewöhnlich in diesem Alter den Eltern, Geschwistern, Freunden und einer Jugendliebe entgegenbringt, richtete sich bei ihm einzig auf Gott, dem er sich voll hinzugeben bereit war.«[2]

Es gibt die Grundsatzmänner muttersohntypischer Prägung, die direkten Filiarchatsträger, und es gibt – viel weniger – die vatersohntypischen Besänftigungsmänner, die der Menschheit als Intervallpflaster dienen, ihr eine Zwischenlinderung verschaffen, sie die Schrecken der Muttersohnherrschaft vergessen lassen und leider glauben machen, Männergesellschaft sei doch nicht so schlimm.

Die die Welt gegenwärtig zerstörenden Manager des Industriezeitalters sind selbstverständlich vom Muttersohncharakter geprägt, der sich bei ihnen nur nicht nachweisen läßt, da es über Vorstandsvorsitzende der Farbwerke Hoechst, BASF, Bayer, Sandoz, Hoffmann-Laroche, Ciba Geigy . . . über leitende Herren der Stahl- und Rüstungskonzerne, Banken und Nahrungsmittelfirmen, über Vorsteher von Öl- und anderen Monopolgesellschaften, über Inhaber technischer Lehrstühle und Direktoren »natur«-wissenschaftlicher Forschungslabore, über Verwalter von Schlachthöfen und Eigentümer von Tierquälanstalten, über alle, die in irgendeiner Form dem Leben direkt oder indirekt Gewalt antun, kein greifbares biographisches Material aus ihrer Kindheit gibt. Nur die extremsten Wirtschaftlich-Hervorgetretenen, die »reichsten Männer der Welt«, haben biographisches Interesse auf sich gezogen. Getty und Rockefeller legen in ihren Lebensläufen ein eindeutiges Zeugnis von ihrer Vaterferne und ihrer Mutternähe ab.

Der erste »reichste« Rockefeller (1839–1937) wuchs unter einer leidenden und enttäuschten Mutter und einem Hallodri-Vater auf, der Frau und Sohn langzeitlich verließ und nur sporadisch bei ihnen auftauchte. John Davison Rockefeller – er nannte sich zusätzlich »Davison« nach dem Mädchennamen seiner Mutter – machte es mit seinem Sohn, John Davison junior (1874–1960), nicht besser. Er überantwortete ihn einer Sieben-Frauen-Riege aus Mutter, Tante, zwei Großmüttern und drei älteren Schwestern, die ihn in ihre abgelegten Mädchenkleider steckten, in denen er bis zum achten Lebensjahr seine Tage verbringen mußte.

Getty kam in ein ähnlich kompliziertes Konfliktfeld der Mutter wie Strauß. Seine Eltern hatten eine Tochter, die ein paar Wochen vor ihrem zehnten Geburtstag starb. Nach etwa einem Jahr wurde die Mutter noch einmal schwanger und gebar – sie war 41 – Jean Paul, mit dem sie ihre Schmerzen um ihre verlorene Tochter zu lindern versuchte und den sie als Mädchen erzog. Später trieb der Sohn sein Vermögen ins Gigantische, während er es mit fünf Frauen nicht aushielt. Die Ehen mit den ersten vier wurden nach zwei bis drei Jahren geschieden, da keine ihn von seiner Mutter abbinden konnte, die neunzigjährig starb, als er fast fünfzig war.

Der »reichste Mann der Welt« ist von Hitler nicht so weit entfernt, wie es scheint. Millionen von Menschen werden vom reichsten Mann der Welt geknechtet und eingeschränkt, ohne Blutvergießen kaputtgemacht. Millionen Lebensläufe werden von ihm indirekt vermurkst oder zerstört, auf daß durch seinen Wucher – im Falle Gettys und Rockefellers mit Ölgeschäften – das Geld zum Berg des Reichsten sich amortisiere. »Reichster Mann der Welt« hinterläßt verbrannte Erde wie »größter Feldherr«.

Die »größten Feldherren aller Zeiten« waren Muttersöhne, ohne Ausnahme. Der schwedische König Gustav Adolf, unbremsbarer Schlachtenführer im Dreißigjährigen Krieg, schwoll nach seiner Jünglingszeit zur Tonne an, saß als Kegelstumpf drollig zu Pferde und ließ doch Tausende von Männern in einem Krieg nach dem andern töten. Seine Mutter, Christine von Holstein Gottorf, war mit König Sigismund von Polen verlobt, den sie nicht bekommen konnte. Sie mußte dessen Onkel, den knattrigen Schlachtenbummler und späteren König Karl IX. von Schweden heiraten, der im siebzehnten Lebensjahr seines Sohnes Gustav Adolf starb. Die deutsche Prinzessin war am schwedischen Hof entwurzelt, an den sie aus Männer-Staats-Interessen verkuppelt wurde. Was blieb ihr auf die Dauer anderes übrig, als statt ihres dreiundzwanzig Jahre älteren, ewig abwesenden Mannes ihren Sohn zu begehren und die Fessel der immerwährenden Unerlöstheit um ihn zu schlingen.

Prinz Eugen, der totale Feldherr Österreichs um 1700, war jüngster Sohn der in Frankreich entfremdeten Italienerin Olympia Mancini, Nichte des mächtigen Kardinals Mazarin. Sie wurde als erste Maitresse Ludwigs XIV. eingesetzt, bald aus dieser Stellung verjagt und mit einer Hof- und Militärschranze, dem Prinzen Eugen Moritz von Savoyen, verheiratet, den sein jüngster Sohn Eugen kaum je erlebte, weil er starb, als der Junge 10 war. Das Kind wuchs zwischen Mutter und väterlicher Großmutter auf. Über dreiunddreißig Jahre lang war er nach seiner Flucht aus Frankreich oberster Kriegsführer Österreichs, siegte in sechzehn Schlachten, verlor seine letzte.

Drei markante Zeugnisse seiner Mutterbindung gibt es: Als Fünfundfünfzigjähriger wurde er einmal gefragt, warum er unablässig Krieg führen müsse. Er antwortete: »Ich habe nie vergessen und vergeben, was König Ludwig XIV. und seine Kanaillen mir und meiner Mutter angetan haben. Jawohl . . ., ich habe es fünfunddreißig Jahre nicht vergessen und werde dies nie tun können. Und ich habe danach gehandelt.«[3] Die Mutter fuhr mit dem Sohn durch Europa auf Brautschau, vergeblich. Kurz bevor sie starb, erlitt er einen Ohnmachtsanfall. Er befand sich weit ab von ihrem Wohnort in einer Schlachtenpause, besichtigte eroberte Geschütze und brach unvermutet zusammen. Als er wieder zu Kräften kam, erzählte er: »Es war mir, als würde ich einen langen, dunklen Gang betreten und als käme mir dort meine Mutter entgegen in

»Die siamesischen Zwillinge«
(Reinhold Messner mit seiner Mutter Maria Messner)

schwarzem Nonnengewand mit weißer Haube und einer brennenden Kerze in der Hand.«[4] Zwei Tage später erhielt er die Nachricht vom Tode seiner Mutter.

Prinz Eugen wird gefeiert als edler Ritter, siegreich im Kampf gegen die Türken, deren Vorstoß nach Europa er gestoppt hat. Aber *siebzehn* Schlachten, darunter viele mit Europäern? Siebzehnmal Mann und Pferd tausendfach hinmetzeln lassen und immer dabeisein, mitten im Gewühl, die Not der Zerstückelten, Krepierenden sehen, hören und noch Anweisungen geben für günstigeres Leibversehren! – Wer das kann und will, muß am Gewaltantun, Aufreißen und Zersprengen ein Interesse haben. Hat Eugen gehabt. Den Malern von Schlachtenszenen gab er Instruktionen, damit das Gräßliche auch noch auf den Bildern an Blutrunst nichts zu wünschen übrig ließ.

Ein Muttersohn, sich austobend auf einem anderen Gebiet, ist der Bergsteiger Reinhold Messner. Wen traf er an auf den vierzehn Achttausendern, die er »bezwang«? Den Tod! Und es überkam ihn auf den höchsten Höhen die Sehnsucht nach seiner Mutter! Messner macht simpel klar, daß Todessuche und Mutterbindung Korrelate sind. Auf den Bergspitzen ist kein Leben. Er sieht erfrorene Männer, die das Gleiche suchten, das ihn außer sich auf das Höchste trieb, und die dabei zu »Grunde« gingen. Auch er kommt bei jeder Tour beinahe um. Er erleidet Erfrierungen und Verbrennungen, verliert Zehen. Warum macht er das alles? Er ist süchtig nach dem Gefühl der Abgetrenntheit, das er in gewöhnlichen Ebenen nicht hat, erst in Extremsituationen – auf den höchsten Bergen der Erde nach überstandenen Todesgefahren – erleben kann. Aber auch da nur kurz, denn schon bald nach Erreichen des Gipfels denkt er an seine Mutter, zu der er schnell zurückkehren will, besonders dann, wenn sie unten seiner harrt, eigens an einen am Fuß des Berges gelegenen Wartestand geeilt. Messner wird noch lange Achttausendersisyphus spielen müssen, bis er Trennung dort erlebt, wo sie hingehört. Er ist eine harmlose Inkarnation der die Erde zerstörenden Eroberungsmentalität des gemeinen Muttersohnes, ein Darsteller der Himmelsstürmerei, der die täglichen Todesgrenzgänge aller Fernfantasten ein letztes Mal privatschauerlich reizvoll macht.

>»Es war ein Kampf auf Leben und Tod
Plötzlich triffst du den Tod. Er blickt dich an mit starren Augen ...
Unterhalb des Gipfels finde ich einen Freund. Er ist tot ...
Was empfindet man, wenn man ganz oben steht? Eine höllische
Angst empfindet man, eine Sterbensangst, ob man da jemals
wieder lebend runterkommt ... Gleich sind wir tot. ... Günther
[der Bruder] ... kam in einer Eislawine um ... Wenn heute
die tausend besten Bergsteiger der Welt diesen Weg noch einmal
gehen müßten, dann käme nur ein einziger wieder lebend nach
unten ... Wir stehen noch oben ... Von der Euphorie getragen,
vom Sturm getrieben ... Wieder runterkommen. Leben.
Wärme. Meine Mutter ... Verrückt. Bin ich verrückt? Heute
weiß ich: Der Mensch ist nicht für diese Gipfel geschaffen ...
Rennen wir blind in den Tod? Der Tod. Ich hab' ihn zu oft erlebt ... Was hätte ich gemacht, wenn es keine Berge geben
würde? Vielleicht wäre ich Wüstenforscher geworden, Seefahrer.
Oder Astronaut. ... Freiheit. 14 Achttausender – sie waren
für mich zur fast unertragbaren Last geworden, nachdem ich sie alle
erobern wollte. Ich habe sie alle geschafft ... Jetzt bin ich frei
für neue Abenteuer ... Unten steht meine Mutter ... Es war
mein letzter Achttausender. Ich habe es ihr versprochen.«[5]
> Reinhold Messner

Der vielumjubelte »Kremlpilot«, Mathias Rust, hat seine »Mutterbindung« faustdick hinter den Ohren. Die »Stern«sche Seifenoper »Unser Sohn wollte mit Gorbatschow sprechen« wird ein Anwaltstrick gewesen sein, versucht, um den Provokateur in seinem Prozeß besser davonkommen zu lassen. Das Unternehmen barst vor Sprengstoff. Und es nimmt sich wundergleich aus, daß sein Transport an keiner Stelle hochgegangen ist. Spekulationen über Hintergründe der Gewalttour sind überflüssig. Das, was geschah, war praktisch und politisch ein grenzgängerischer Gefahrenritt, für den es einer seelischen Konstitution bedurfte, die sich durch Kälte, Lebensdistanz, ja Lebensverachtung auswies. Genial der Plan, genial die Ausführung bis zum Gelingen ohne Schramme von Mann und Gerät. Genial sind sie alle, die im Lichte der Öffentlichkeit Gefahren suchen und die Zerstörung meist finden. Die guten Absichten haben sie alle auch. Jeder hat sie, der mit seinen Aktionen das Leben um einen kleinen Schritt dem Tode näherrückt. Ob Rusts Tat nur ein Husarenstück bleiben würde, war nicht gewiß. Die Wirkung auf die sowjetische Machtapparatur war immens: Vier hohe konservative Militärs über Nacht entlassen. Das sah gut aus, konnte aber in die Reihen der dortigen Reaktionäre zu schnell ein zu großer Eingriff gewesen sein, der Rache in ihren Lagern schürte. Und die Kränkung der ganzen Nation, in ihr Allerheiligstes hineinzuschneien – kein Westfeind von Napoleon bis Hitler hat diesen Platz je erreicht! Eine solche Verletzung hätte einen Keim für Vergeltungsbedürfnisse legen, Rusts Flug Gorbatschows Fall auslösen können. Störendes weltpolitisches Kaliber hatte er genug gehabt: Die Weltmacht Sowjetunion ist ein Nichts vor einem Hobbyflieger, auch noch einem westdeutschen, der zeigt, wie und wann am besten in sie einzudringen ist, an Feiertagen, die bei ihr Sauf- und Schlaftage sind. Und mußte sich der Flug nicht als ein Dolchstoß gegen Gorbatschows Abrüstungsbemühungen auswirken? Die Rüstungswilligen der Sowjetunion konnten geltend machen, in welch miserablem Zustand sich ihr Abwehrsystem befinde, das durch jeden Flugartisten und alle anderen Überfallwütigen spielend zu unterfliegen sei. Rust – das hätte der Start zur Nachrüstung und Neomilitarisierung der Sowjetunion sein können. Er schürte die alte Angst der Russen, von Westfeinden überrumpelt zu werden, die während eines Zeitraums von 130 Jahren dreimal tief in ihr Landesinneres vorstießen und die sie letztlich nur deshalb siegreich zurückschlugen, weil sie so viele sind.

Das Landemanöver auf dem Roten Platz war derart riskant, daß es beim Mißlingen viele Menschen – über hundert spazierten dort herum – das Leben hätte kosten können. Die Maschine mußte durch Stromleitungen hindurchgesteuert und auf einer Flußbrücke mit einer achtspurigen Fahrbahn während der Sekunden einer Verkehrspause aufgesetzt werden. Der eigene Tod oder

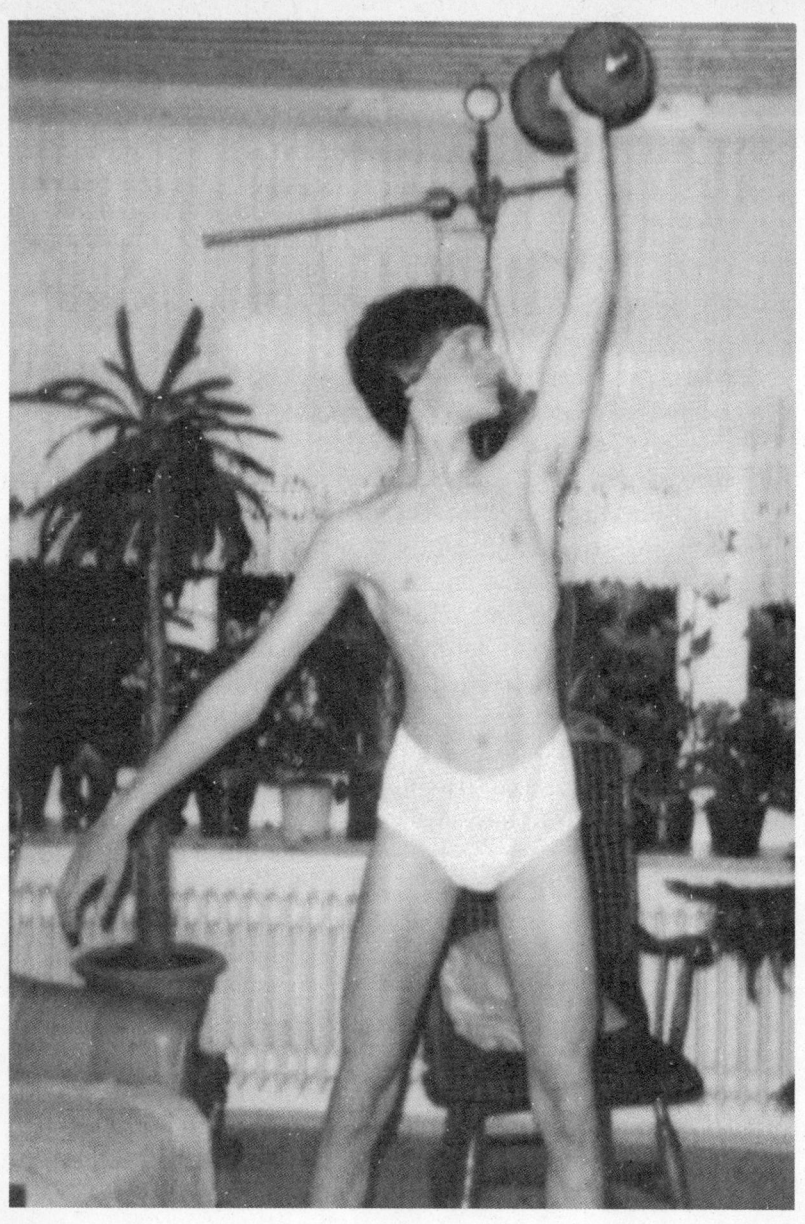

»Die Friedenstaube« (»Kremlpilot« Mathias Rust)

die körperlich-geistige Selbstverstümmelung waren im Unternehmen inbegriffen, wie sie es in den Messnerschen Bergtouren sind. Sich selbst zu riskieren – das ist oft die erste Stufe einer Unfriedenstat. Seine Fliegerzukunft, sein liebstes Tun, hat Rust sich abgeschnitten, einen ganzen Sport in Mißkredit gebracht. Unsolidarisch ist er über die Interessen seiner Clubkameraden hinweggegangen, die plötzlich ohne Flugzeug dastanden und deren Urlaubspläne zunichtegemacht wurden.

Und warum diese Tat, die einen Berg von Konflikten aufgehäuft hat, auf dessen Spitze sich nur zufällig Tod und Krieg einmal nicht befanden? Ein Eingezäunter drängte nach Grenzüberschreitung, wollte am Vatertag der zur Zeit größten Vatergestalt zu Füßen fliegen, war von der Wojtylaschen Sehnsucht nach Strahlung des Vaters erfüllt, die ihn aus seiner Einsamkeit erlösen sollte. Er leistete sich das »große Ding«, von dem er immer geredet hatte, erfüllte sich seinen Traum von einer Art Weltherrschaft in Form der Herrschaft über die Aufmerksamkeit der ganzen Welt, indem er das unverschämteste Wagemutskunststück politisch-technischen Charakters, das ein europäischer Entgrenzungsspezialist im 20. Jahrhundert nach Hitler versuchte, vollbracht hat. Plötzlich war er vereint mit allen Menschen, er, der eigenbrötlerische, unnahbare Einzelgänger, der Überkorrekte am Arbeits- und Flugausbildungsplatz, der Überangepaßte in der Sohnesrolle, der Unheimliche, der leicht böse werden konnte, sich unsportlich, etwas zimperlich und altklug gab, manchmal in Redeschwälle ausbrach, nie eine Freundin hatte und kaum einen Freund, unter dessen wenigen Büchern sich zwei Standardwerke der Gewalt befanden: acht Bände vom Kriegstagebuch des Oberkommandos der Wehrmacht und »Das große Verbrecherlexikon«. Der Schreib- und Bastelplatz des 19jährigen liegt im Schlafzimmer der Eltern, angeschlossen direkt an das Sieben-Zwerge-Doppelstock-Bett des Paares: ein fünfzigjähriger, früh vergreister, durch seinen totenkopfstarren Gesichtsausdruck schemenhaft wirkender Vater und eine Püppimutti, die die Frage auf sich zieht, wes Sohnes Braut sie ist. Auch der zweite Sohn Ingo hat den Grauschleier der Depressivität über sich. Siebenundvierzigjährig wirkt die Frau wie die Tochter ihres Mannes, spricht von ihrem Fliegerhelden in einer Zärtlichkeitsaufwallung nach der andern, hat die Innenwelt der »Familie Rust« im Griff und wohl auch die Seele ihres Sohnes Mathias.

Der Flug des Sohnes in das Zentrum der russischen Macht wurde zum Flug der Mutter an die Spitze der Weltöffentlichkeit. Sie posiert auf Titelbildern von Illustrierten. Sie gibt Interviews. Sie zieht die Kameras während des Moskauer Prozesses auf sich. Sie steigt in den Zeugenstand. Sie macht die Presseerklärungen. Das Mauerblümchen Vorstadtgattin wurde durch den Wagemutssohn zu einer der spektakulärsten Königinmütter. Den Schelmenstreich des skurrilen Abgrenzungsversuchs eines neunzehnjährigen Muttergebundenen – über Länder- und Systemgrenzen hinwegzufliegen und sich hinter den Mauern eines russischen Gefängnisses zu verschanzen – will sie nicht verstehen.

Männer wie Richard von Weizsäcker, Michail Gorbatschow, Willy Brandt und Erich Honecker haben einen Vatersohnwerdegang hinter sich, der sie befähigt, gefahrenbannend, kräfteausgleichend und manchmal sogar erneuernd tätig zu sein.

Wenn es um die Frage geht, ob ein Mann gesellschaftlich segen- oder unheilstiftend wirkt, hat die Antwort wenig mit seiner politischen Überzeugung und seiner Gebundenheit an ein Gesellschaftssystem, eine Partei oder eine Stellung zu tun. Entscheidend dafür sind – wie in allen anderen Lebensbereichen auch – fast ausschließlich der Verlauf seiner Kindheit, die Konflikte in seinem Ursprungsmilieu, sein Verhältnis zu Mutter *und* Vater, seine Ablösung von beiden.

Weizsäckers Mutter, Marianne von Graevenitz, selbst adlig, war nicht entwurzelt in den Kreisen des Ehemannes, wie die Mütter von Bismarck und Hindenburg es waren. Richard ist Jüngster, aber die Ehe der Eltern war noch lebendig, als er auf die Welt kam. Er verehrte die Mutter, liebte den Vater, wesentlicher: er wurde von beiden in Abbindung trainiert. Die Mutter hatte eine eigene Aufgabe als Frau eines Diplomaten, mußte den »gesellschaftlichen« Teil dieses Berufes in die Hand nehmen. Alle paar Jahre wechselten die Eltern Weizsäckers das Land, die Mutter mußte sich in neuen menschlichen Umfeldern durchsetzen, manchmal in fremde Sprachen hineinarbeiten. Der Sohn hatte ein enges Verhältnis zu seinen Großeltern und wuchs über lange Zeiten fern von den elterlichen Wohnsitzen auf, weil die Kontinuität seiner schulischen Entwicklung es so erforderte. Später stellte Weizsäcker sich dar als ein Mann, der verbinden, besänftigen, geistig anregen und das Amt des Bundespräsidenten, wenn auch nur mit wenig Macht ausgestattet, vorsichtig für die Veränderung des Bewußtseins der Bundesdeutschen, noch vorsichtiger für die Öffnung zu gesellschaftlichen Erneuerungen nutzen kann.

Die Unterschiede zwischen der Kindheit Weizsäckers auf der einen Seite und den Kindheiten Adenauers, Strauß' und Kohls auf der anderen, werden hauptsächlich durch die Mütter dieser Männer bestimmt. Den einzig bedenklichen Vater hat Weizsäcker. Der ehemalige Staatssekretär im Auswärtigen Amt und spätere Botschafter Hitlers am Vatikan, Ernst von Weizsäcker, wegen seiner Mitwisserschaft von Kriegs- und Menschenrechtsverbrechen in Nürnberg angeklagt, wurde teilweise für schuldig befunden und mußte drei Jahre, von 1947 bis 1950, im Gefängnis verbringen. Nicht bedenklich jedoch war das Verhältnis zwischen Vater und Sohn Weizsäcker. Es war derart von Liebe gekennzeichnet, daß Richard als Hilfsverteidiger dem Vater während des Prozesses zur Seite stand und nach vier Semestern eineinhalb Jahre sein juristisches Studium für ihn unterbrach. Die Väter von Adenauer, Strauß und Kohl machten als Gerichtsschreiber (Adenauer), Fleischer (Strauß) und Steuerbeamter (Kohl) unauffällige, übliche Männerbiographien durch, waren ihren Söhnen aber wegen ihres Alters oder aus seelischen Beweggründen fern. Die Unterschiede bei den Lebensläufen der vier herausragenden Männer werden ganz besonders bestimmt von den gesellschaftlichen Positionen der Mütter. Helene Adenauer, Walburga Strauß und Cäcilie Kohl mußten als zurückgeschraubte Kleinbürgersgattinnen existieren, in deren seelische Verstrickungen die Söhne hineingeboren wurden und sich zu entwickeln hatten.

Gorbatschow wuchs im bäuerlichen Milieu auf, das Muttersöhne normalerweise nicht oder sehr abgeschwächt hervorbringt – auch Papst Johannes XXIII. entstammte ihm –, weil die Frau dort nie »nutzlos« ungeachtet »brachliegt«, wie es der (Klein-)Bürgerin, in früheren Jahrhunderten der Aristokratin und heute generell der sogenannten Hausfrau aufgezwungen wird. Die Bäuerin ist die Bestellerin des Landes, hat neben ihrem ausgefüllten Leben mit Menschen und Tieren keine Zeit und kein Verlangen zum Sohnesbesetzen. Gorbatschow begleiteten bis in sein erwachsenes Alter Vater und väterlicher Großvater, die im Dorf unter den anderen Bauern geachtete Männer waren. Der Vater verließ den Sohn nur knapp vier Jahre während des Zweiten Weltkriegs und kam nicht wie Kohls Vater als Gebrochener zurück. Auch hatte der Junge – darin sich ebenfalls von Kohl unterscheidend – ohne Unterbrechung den Großvater um sich. Auf dieser solide angelegten Männer-Kommunikations-Schiene konnten später auch nichtverwandte Väter sich dem Jüngling und jungen Mann nähern. Lehrer, Ausbilder, ältere Freunde, Professoren und Vorgesetzte förderten seine Identifikation mit ihnen, stabilisierten seine Identität. So wird er im Laufe seiner Entwicklung von mehrfacher »Vaterschaft« betreut und ist in seiner Männlichkeit und Menschlichkeit gefestigt, so daß er sein Amt nicht zur Todessuche oder Nah- und Ferntötung mißbrauchen muß. Er ist mit einer Professorin für Philosophie und Soziologie verheiratet – Raissa Gorbatschowa – und bemüht sich, der umfassendste Veränderer und vielleicht Befreier Rußlands nach Lenin zu sein.

Willy Brandt verbrachte seine ersten Jahre zwischen zwei Müttern. Er wurde geboren als unehelicher Sohn der Martha Frahm. Sie war Verkäuferin in einem Konsum, teilte sich die Pflege des Kindes mit einer Freundin in der Nachbarschaft – Paula Bartels-Heine –, zu der sie es Sonntagabend brachte und bei der sie es am nächsten Sonnabendmittag wieder abholte. Von seinem fünften Lebensjahr an lebte Brandt im Haushalt seines Großvaters Ludwig Frahm und dessen zweiter Frau. Das Pendeln zwischen Mutter und Pflegemutter und später die kontinuierliche Nähe zum Großvater, der schon Sozialdemokrat war, den er »Papa« nannte und sehr liebte, waren unübliche Aufwachsensbedingungen, die eine Deformation des Jungen zum Muttersohn ausschlossen. Weder die leibliche Mutter noch eine andere Mutterfigur – auch nicht die ihm gegenüber distanzierte Stiefgroßmutter – wirkten in Brandts Jugend so ausschließlich, daß sie das Kind hätten seelisch vereinnahmen können.

Die fehlende Besetzung durch eine Mutter und die gelungene Identifikation mit einem (Groß-)Vater öffneten den Jungen früh für die Welt. In der sozialistischen Jugendbewegung wurden seine Kontakte zu Menschen bald erweitert. Und ähnlich wie bei Gorbatschow erwies sich das gute Verhältnis zum Großvater als Voraussetzung für anschließende identifikationsfördernde Beziehungen zu außerfamiliären Vatergestalten – die prominentesten waren Julius Leber und Ernst Reuter.

Brandt war der erste und bedeutendste Politiker der Bundesrepublik, der in der gesamt-europäischen und Welt-Balance seine Aufgabe sah, der das durch Adenauer gestörte Gleichgewicht der Politik mit West *und* Ost wiederherzustellen versuchte. Für diese Bemühungen erhielt er den Friedensnobelpreis. Sein kollegial-partnerschaftlicher Arbeitsstil fand bei seinen Mitarbeitern wenig Zustimmung; sie raunten ihm »Führungsschwäche« nach. Er liebte Menschen, vor allem Frauen – welche Rarität unter Politikern! –, woraus ihm bei der Guillaume-Affäre ein Strick gedreht wurde.

Erich Honecker wuchs in einer ähnlichen Geschwisterkonstellation auf, wie sie Lenin erlebt hatte. Er wurde nach zwei älteren und vor drei jüngeren Geschwistern als Sohn einer Arbeiterfamilie im Saarland geboren. Der Vater, Hans Honecker, war Bergmann, die Mutter, Karoline Weidenhof, Tochter eines Metallarbeiters. Die Familie lebte in einem kleinen Haus im Geburtsdorf des Vaters. Die Mutter entstammte einem Nachbardorf. Honecker hatte wie Weizsäcker enge Kontakte zu seinen in der Nähe wohnenden Großeltern. Noch entscheidender war die Position des Vaters als Betriebsrat und Vertrauensmann der Bergarbeiter, als Mitglied der SPD und der Freien Gewerkschaften, wodurch in seinem Haus täglich Genossen ein- und ausgingen, abends kleine Versammlungen abgehalten wurden, an denen Honecker seit seiner frühen Jugend zuweilen teilnahm. Nahe, leiblich-seelisch greifbare Vatervorbilder – der allgemein geachtete und vom Sohn geliebte eigene Vater starb 1969 – und ein offenes Beziehungsfeld vieler verwandter und befreundeter Personen machten seelische Enge und Gefühlsausschließlichkeit zwischen Mutter und Sohn unmöglich. Honecker brachte es später fertig, aus der Situation in der politisch verbarrikadierten, sowjetunterworfenen, vom Vorgänger Walter Ulbricht eingemauerten DDR für seine Bürger das Erträglichste zu machen. Er tritt auf als Meister der Balance, kümmert sich um die allmähliche Rückgewinnung demokratischer Zustände und öffnet das Land vorsichtig und stetig dem Westen.

Die österreichischen Hauptpolitiker der jüngsten Geschichte und Gegenwart, Kreisky und Waldheim, machen sinnfällig vor, wie Vatersohn- und Muttersohncharakter führender Männer das politische Leben eines ganzen Landes bestimmen oder repräsentieren. Kreisky lebte in seiner Kindheit mit so vielen Familienmitgliedern seiner jüdischen Sippe zusammen – fast alle Frauen waren berufstätig, die Großmutter war eine geachtete Lehrerin, er hatte neben Mutter und Vater unter den zahlreichen Geschwistern seiner Eltern Wahlmütter und Wahlväter –, daß seine leiblichen Eltern kein Ausschließlichkeitsnetz über ihn werfen konnten, um mit einer »Besetzung« in der Seele des Sohnes für sein ganzes Leben Platz zu nehmen. Kreisky war der wesentliche Repräsentant der österreichischen Balance-Politik, hatte schon als Staatssekretär im Außenministerium Anteil an der Vorbereitung der österreichischen Unabhängigkeit und Neutralität.

Waldheim wuchs in einer Kleinfamilie unter Hausfrau und »Außen«-Mann auf, in der eine Besetzung des Sohnes durch die gesellschaftlich unausgelastete und sexuell unerfüllte Mutter die

Regel ist. Sein Leben der Spaltung in den zeitgenössischen, liberalretuschierten Weltpolitiker und den ehemaligen, der Beteiligung an Kriegsverbrechen verdächtigten Wehrmachtsoffizier und SA-Mann fügte seinem Land den größten Schaden seit Kriegsende zu. Seine Position als Staatsoberhaupt ist zugleich ein Indiz dafür, daß das Muttersohnsyndrom alter und neuer Nazis österreichische Urständ feiert.

In dem Politiker Hans-Dietrich Genscher scheinen sich die psychischen Eigentümlichkeiten von Vatersohn-Muttersohn-Merkmalen unvermittelt gegenüberzustehen. Einerseits ist er der große Taktiker, Maßhalter und Gleichgewichtsgarant, andererseits war vornehmlich er der Wendemacher und Kohlsteigbügel. Mit seinem Mäntelchen-in-den-Macht-Wind-Hängen sicherte er sich vor allem seine eigene Spitzenposition als längstamtierender Außenminister Europas. Er war einer der ersten Strategen der alten Nachrüstung, tut jetzt so, als sei die doppelte Null-Lösung eine Erfindung von ihm. Er ist ein glänzender Verschleierer. Er redet Watte, auf der sich viele Bundesbürger vertrauensvoll ausruhen, bis kaum noch jemand sieht: er handelt Stahl. Er ist gefährlicher als ein weit-sichtbarer Reaktionsklotz, gegen den offene Wehr geübt werden kann. Genschers Scheinpositivität wird über einen Nebeneffekt seiner politischen Tätigkeit entlarvt. Unheimliches spielt sich in seinem Ministerium ab. Ein Mann nach dem andern nimmt sich das Leben dort, erschießt sich im Arbeitszimmer, hängt sich auf oder stürzt sich aus dem Gebäude in die Tiefe. Der Chef, der nach außen eine pomadige Liebenswürdigkeit verströmt, ist für seine Untergebenen ein vampirähnlicher Eismann, der eine Todeshauchatmosphäre um sich breitet. Sein großer Zusammenbruch am 2. Oktober 1986, den die Öffentlichkeit seiner Überlastung zuschrieb, hatte schnödere Ursachen. Überlastet ist Genscher Tag und Nacht, nun schon jahrzehntelang. Genschers achtzigjährige Mutter kam Ende September 1986 wegen eines schweren Sturzes ins Krankenhaus. Seit Jahrzehnten lebt sie bei ihm, fährt mit ihm im Urlaub in beider sächsische Heimat. Eine Ablösung von ihr gelang dem »schnellen Dieter«, wie Gen-

»Muttis Liebling« (Gauweiler)

scher im Ausland genannt wird, offenbar nicht. Statt dessen mußte er als Knabe jahrelang eine Lungentuberkulose in Krankenhäusern ausheilen lassen. Die Position als Außenminister nutzt er, um seinem Drang zum Rasen freien Lauf zu lassen. Seine Gewalttouren einander sich jagender Reisen und Reden übersteht er seltsam glänzend. Erst durch die lebensgefährliche Krankheit seiner Mutter, ihre Nähe zum Tode, drohte der Energiekreislauf zwischen Mutter und Sohn zusammenzubrechen, woraufhin Genscher einen Schwächeanfall erlitt.

Nach ihrem Tod Anfang 1989 scheint er wie gelähmt, als hätte er ihr seine Taktierfähigkeit mit ins Grab gegeben. Um sein weiteres Amtsrasen zu sichern, müßte er den Absprung vom im ganzen Land ungeliebten Kohl vorbereiten, den sogar dessen eigene Partei loswerden will. Die Trennung vom weit geachteten Helmut Schmidt war ihm spielend gelungen. Die dem Wendebündnis nun drohenden Gefahren von links und rechts kann er plötzlich nicht mehr parieren.

Für einen neuen Blick auf Zusammenhänge gibt es nichts Günstigeres, als daß Paradebeispiele vor die Augen aller Mißtrauischen treten, durch die die veränderte Sehweise überraschend plausibel gemacht werden kann. Die jüngste deutsche Ausgabe eines furchterregenden politischen Muttersohns ist Peter Gauweiler, der sich für niemanden mehr übersehbar als Teufel an die Wand der bundesrepublikanischen Gegenwart malte. Schon von so manchem bayerischen Emigranten wurde er als Westentaschenhitler halluziniert. Seine Mutterbindung schreit zum Himmel. Er wuchs auf als jüngster Sohn unter zwei älteren Schwestern, einer dominierenden Mutter und der Randerscheinung eines kriegsversehrten, körperlich und seelisch geschwächten Vaters. Er hat es mit Ende 30 nicht einmal so weit gebracht, formell mit Hilfe einer standesamtlich gegengezeichneten Liebeserklärung an eine neue Frau seine Mutter aus dem Sattel seiner Seele zu heben. Im Gegenteil, er tritt mit ihr auf öffentlichen Empfängen auf. Sie überwacht die Kleidung ihres Sohnes. Nach dem Tod des Vaters teilt der

Unbezogene seinen Haushalt mit ihr und einer Schwester in einer Villa am Starnberger See.

Gauweiler bietet sich an als einfaches Modell für ein kompliziertes Geschehen. Durch Aids ist eine für alle Menschen bedrohliche Situation entstanden, in der Politiker handeln müssen. Sie müssen es aber nicht so, wie Gauweiler es tat, was Rita Süßmuth und viele andere bewiesen haben. Gauweiler nutzte die Situation aus. Er jagte Angst ein, drehte die Verhältnisse zurück, paukte in Bayern ein Gesetz durch, mit dem Menschen verfolgt und drangsaliert werden können. Er ließ seiner Neigung zum Extrem freien Lauf, forcierte den Zwang zur Erstarrung. Alles tat er – begleitet von Heilsgerede und verbrämt mit seiner Rolle als angeblicher Retter der Nation – für die Gesundheit des einzelnen und für den Schutz des Lebens vieler.

Das Volk stellt sich den Zusammenhang zwischen Gauweilers »Säuberungs«-Gesetz und dessen Triebleben enger vor, als er es wahrscheinlich ist. Gauweiler hätte nach dem Effekt der Wörner-Kießling-Affäre agiert: um die eigene Nähe zum Geschehen unsichtbar zu machen, werde der Schritt in die extreme Reaktion getan. Über Wörner tuschelte die Kölner Szene, seine Frau habe Strichjungen für ihn anheuern müssen. Über Gauweiler flüsterte die Münchner Szene, er beschäftige in seinem Starnberger Mütterhaus einen Thai-Jungen ... als Butler. So ist es leider meistens nicht. Gauweiler dürfte allem Anschein, allen seinen Äußerungen und seinen biographischen Umständen nach ein kompletter Berührungsdilettant sein und brauchte es deshalb vehement, die Schleimhautkontakte anderer Menschen zu überwachen.

Gauweiler ist ein Mahnmal des Reaktionären. Das Reaktionäre, Rückgewandte, Zurückdrehende beim Mann kommt aus seiner Mutterbindung. »Zurück« »liegt« die Mutter, zur Re-Aktion des Mannes zwingt ihn seine Fixierung auf sie, die schon eine Re-Agierende ist, eine Zurück-Gestoßene, Gegen-sich-selbst-Handelnde. Dahinein, in dieses Zurück, läßt der Sohn sich ziehen und zieht immer wieder die Gesellschaft nach.

Der Komplex »Barschel« zeigt den Ernst des Geschehens.

Barschel hinterließ ein Stück verbrannter deutscher Nachkriegserde. Das nördlichste Bundesland, bisher fast hinter dem Mond, wurde plötzlich zum Schauplatz staatsfaschistischer Umtriebe. Angeblich ohne Wissen des höchsten Mannes in Schleswig-Holstein, wie Barschel es bis zu seinem in Szene gesetzten Tod der Öffentlichkeit weismachen wollte – Muttersöhne »wissen nie« etwas und »machen fast nie« etwas –, wurde aus der Staatskanzlei heraus ein Mensch bespitzelt, verfolgt, entnervt, bedroht. Warum? Um Macht zu erhalten. Was Stalin und Hitler – und anderen in kleineren Dimensionen – gelang, ihre Angst nach außen zu kehren und sie im ganzen Land zu verteilen, das mißglückte Barschel. Seine Angst, herrührend aus seiner seelischen Diffusität, seiner Identitätslosigkeit, blieb in ihm stecken. Er versuchte, sie mit Psychopharmaka wegzustopfen und bei seinem Kampf um die nackte Macht, mit »unheiligsten« Mitteln, zu verflüchtigen. Ausnahmsweise geriet ein Politmuttersohn dabei einmal selbst zu Fall und ließ unerhört Aufschlußreiches ans Licht kommen, so daß für viele Menschen ein Einblick in das Chaos möglich wurde.

Macht zu erringen und zu behalten, war für Uwe Barschel jahrzehntelang Lebenstradition. Er wurde 1944 geboren, war der zweite Sohn einer Änderungsschneiderin und Witwe, verlor seinen Vater gegen Kriegsende. Er trieb sich als Erwachsener unentwegt hinein in die steilste politische Karriere der Bundesrepublik. Notorisches Nach-oben-Drängen kennzeichnete Barschel von früh an. In allen seinen Positionen war er der Jüngste und galt er als Bester. In seiner Kindheit schwärmte er für den designierten Hitler-Nachfolger, den Großadmiral Dönitz. »Er identifizierte sich mit ihm«? Eben nicht. Er versuchte, Dönitz als Versatzstück-Vater in die vom leiblichen Vater freigelassene Stelle einzusetzen. Wie das nicht reichte, eine Identität als Mensch und als Mann aufzubauen, hat Barschel eindrucksvoll vorgelebt: immer mußte er siegen, konnte es letztlich nicht, mußte groß verlieren. In allen Ämtern unbedingtes Vorstoßen zum Ersten! Das bedeutet, einen Schweif vieler kleiner Zerstörungen hinter sich herzuziehen. Auf so einer Marschroute müssen unablässig andere Männer ausgeschaltet werden, um selbst jüngster, bester Erster zu sein. Barschels Engholmkampagnen haben ein Vorgeschehen aus seiner Schülerzeit. Als er Schulsprecher werden wollte, setzte er den Mitbewerber um diese Position gefechtslos durch das in Umlauf gebrachte Gerücht, der andere Junge sei homosexuell. Gewählt wurde daraufhin der unbeleumundete Uwe.

Der »Barschelkomplex« macht den Unterschied deutlich zwischen den Muttersohn-Generationen der zwei Nachkriegszeiten. Von 1918 an wurde das Gewaltpotential der heranwachsenden Söhne ziemlich bald und direkt abgerufen. Die Schlägertrupps der Nazis eröffneten schon den Achtzehnjährigen die Entfaltung ihrer Grausamkeit. Die spätere Machtübergabe an die Massen von Schlägern und Zerstörern bot auch jüngsten Männern die unabreißbare Gelegenheit, ihre Identitätslosigkeit an allen Mitmenschen auszulassen. Nach 1945 schien es anders zu sein. So schnell und direkt konnte die Männergesellschaft nicht wieder auf pure Gewalt setzen, vor allem nicht so sichtbar, wie sie es nach 1918 und endgültig nach 1933 getan hatte. Das Gewaltpotential war aber auch nach 1945 wie nach 1918 in geballtem Maße da. Es äußerte sich im Typ des Softsadisten. Von 1945 bis in die 80er Jahre hinein wurde unterschwellig Gewalt angewendet, wurde ökonomisch und ökologisch zerstört. Das smarte Polit- und Industriemanagement gab »Mutter Erde« den Rest. Der Umbruch der Muttersöhne von Soft- in Hardsadisten steht uns nun bevor. Was einem Oppositionspolitiker unter Barschel widerfuhr, wird anderen Menschen von Staats wegen auch angetan: beobachtet, bespitzelt, registriert, verfolgt.

Barschel mußte sterben, weil er zu früh von der unsichtbaren in die sichtbare Gewalt umgestiegen war. Einen Tag vor seinem Abflug nach Genf soll er bei einem befreundeten Waffenhändler zu Besuch gewesen sein. Kohl hat den heimlichen Waffenhandel der staatseigenen Kieler Howaldtswerke mit Südafrika selber vorangebracht. So sieht die Eisbergspitze aus, deren Grund durch den »Barschelkomplex« erhellt wurde. Die Nach-45-Vaterlosen haben ihr Gewaltpotential in der Demokratie versteckt, höhlen sie immer mehr aus und drehen wieder einmal das »Rad der Geschichte« zurück.

> »Wer Barschel so erlebt, wie er sich in einem Zustand, der an Ekstase heranreicht, von sich selber entfernen kann, gewinnt den Eindruck, was er notfalls zu leisten imstande ist. Die Wirklichkeit wird ausgeblendet... und an die Stelle von tatsächlicher Wahrnehmung tritt die Bereitschaft, sich in einer Scheinwelt zu verschanzen... ›Als Barschel (vom Telefon) zurückkehrt, ist er nicht mehr derselbe Mann: Bleich wie Hamlets Geist, fahrig, ringt er mit zitternden Händen nach Worten... wie gelähmt... apathisch.‹... Nicht mal zwei Stunden danach präsentiert sich derselbe Mensch vor einer eilends zusammengetrommelten Journalistenschar schon wieder im üblichen Panzer: ›Ein, zwei Nächte‹ wolle er darüber schlafen, sagt er robust, um sich alsdann ›dem Komplex mit aller schonungslosen Unnachgiebigkeit zuzuwenden‹. ›Schonungslos‹ und ›unnachgiebig‹ sind die Abwehrvokabeln, die der Ministerpräsident von Stund an in einem fort im Munde führt.«*

---

* Hans-Joachim Noack über Uwe Barschel. In: Bölsche, Jochen (Hrsg.): Waterkantgate – die Kieler Affäre. Göttingen 1988, S. 86

Die Emanzipation

Wenn die Erziehungsnorm – vom Mann unbegehrte Ehefrau und von der Gesellschaft nicht geachtete Hausfrau als fast ausschließliche Allein-Begleiterin der Söhne – allmählich abgeschafft wird, wird es keine gewalttätigen Männer mehr geben. Alles wäre einfach, würden Männer aufhören, Rudimentväter werden zu wollen, unterließen sie es, Gesellschaft als etwas vom Mann Bestimmtes zu handhaben und Frauen die Kindererziehung und die Regelung des privaten Wohn- und Lebensbereiches zuzuweisen, würden Männer das Modell Weltmacher und Hausmacherin als überlebt abschaffen. Sie tun es nicht. Ein Augenaufschlag in den zu Tode gerittenen Tag und in die sich aushauchende Nacht genügt, um die Schultern aller Veränderungswilligen hängen zu lassen. Das Modell ist der Ausgangspunkt für die Männer-Gewalt. Die Produzenten, Ausübenden und Genießenden der Gewalt – industriell und persönlich – haben keine Veranlassung, das Modell, das ihre Geschlechtsgenossen zum gewaltvollen Umgang mit der Welt befähigt, abzuschaffen. Also müssen sich alle Opfer wehren. Opfer sind Frauen in der Position der Mutter, Söhne von doppelt unterdrückten Frauen und Liebhaberinnen der zu Gewaltspezialisten verformten Männer.

Am Königinnenbeispiel beweist sich, daß eine Frau in Kraft, versehen mit gesellschaftlicher Bedeutung und geschlechtlicher Freiheit, Muttersöhne nicht hervorbringt. Unheil in den Seelen der Söhne entsteht nicht durch die »übermächtige präödipale Mutter«, wie die Psychoanalyse es formuliert, sondern durch Verhaltensweisen der Frau im spätkindlich-jugendlichen Alter des Sohnes – am meisten in seinem zweiten Jahrzehnt –, durch ihre Besetzung von ihm als Partner, als Lebenssinn. Nicht aus der Frau als alleinerziehende Mutter kommt die Gefahr, sondern aus der alleinstehend-beziehungslosen oder der verheirateten, aber vom Ehemann nicht begehrten Frau. Solche Frauen vergelten das Nicht-Bezogensein oder Nicht-Begehrtwerden am Sohn, indem sie statt eines sich einlassenden Mannes oder statt des davonfühlenden Partners den Sohn begehren, was sie so unbewußt tun, wie es für die Verschleierung dieser Begierde nötig ist.

Nicht aus dem Dasein als Hausfrau entsteht das Vakuum, das der Sohn mit Bestätigung füllen muß, sondern aus der Nichtachtung, die die Gesellschaft dieser Lebensform gegenüber zum Ausdruck bringt und die der Ehemann meist subtil walten läßt. Eine unzufriedene, eine ihre Tätigkeit nicht liebende, eine vereinsamte Frau besetzt den Sohn. In der Männergesellschaft, in der nur Produktionsarbeit und Werdegänge, Titel und Positionen, Eigentum und Ehrungen, nur männerkollektive Aktivitäten etwas gelten, wird die Lebensweise der Hausfrau leicht ein Anlaß zum Sich-Unbedeutend-Fühlen. Die »Haus«-Frau bewältigt mit ihrem Tun nicht die (Männer-)Welt, was dann vom erwachsen werdenden Mann die ganze Männergesellschaft verlangt. Und hat er von seiner Mutter »Weltmachen« nicht gelernt, muß er, um sich als Mann darzustellen, seine Identifikation mit ihr, der Innenstehenden, niedertreten, tritt außen alles nieder, was an Mutter erinnert, wird frauenverachtend und – was immer heißt – lebensfeindlich.

Frauen, die sich in diesen Zustand der ihnen oktroyierten Existenz weiter dreinschicken, geben die ihnen angetane Gewalt auf dem Umweg der Besetzung ihrer Söhne an die Menschheit zurück. Die »selbstlose«, »aufopferungsvolle« Frau ist nicht das Ende der Gewaltkette, sondern der Garant für einen neuen Anfang.

Wenn die Frau in einem noch so kleinen Ausschnitt sich den direkten Zugang zur Gesellschaft erkämpft, kann der Sohn sich mit diesem Tun seiner Mutter identifizieren. Erst recht kann er der Mutter nacheifern, wenn sie befriedigende Liebesbeziehungen zu Männern oder zu Frauen hat, wodurch dem Sohn eine Distanz zur Mutter ermöglicht wird. Die gesellschaftlich anerkannte Tätigkeit ist nur die *eine* Kraft der »Königin«, die zweite ist ihre entfaltete Geschlechtlichkeit. Eine berufstätige, aber außer Liebe lebende Frau wird Reste ihres Liebesbedürfnisses auf ihre Kinder lenken, nur »Reste«, die jedoch den Rückkoppelungseffekt beim Sohn/bei der Tochter fördern und seine/ihre Emanzipation behindern.

Die Männerwissenschaft konnte sich dem Phänomen »Muttersohn« bisher nicht oder nur bruchstückhaft zuwenden, weil durch alle ihre Disziplinen immer noch ein seltsames Frauenbild geistert. Da die gesamte Männergesellschaft so aufgebaut ist, daß die Frau nicht freien Zugang zu allen Arbeiten und Positionen hat und ihr keine freie Entfaltung ihrer Liebesmöglichkeiten erlaubt ist, wird unter Männern über die Folgen dieser doppelten Beschneidung kaum nachgedacht. Männer können oder wollen sich nicht vorstellen, was geschieht, wenn Taten- und Liebesdrang der Frauen gebremst werden. Das Infamste und Einfachste war, den Frauen »Trieb« abzusprechen. Ihnen wurde als angemessenes »weibliches« Lebensprinzip die Passivität aufgedrückt. Von früh an wird das Mädchen von jeglicher Tat zurückgehalten, von der Liebestat, der Denktat wie von der Weltgestaltungstat. Tat sei bei den Frauen die Biologie. Und diese Biologie hätte etwas mit Sitzen zu tun. So müssen Frauen statisch werden, sich niederlassen. Sie sind es geworden, sie haben es getan, aber um den Preis der Niederlassung in den Seelen ihrer Kinder. Aus Sitzen wurde Besetzen. Denn weil Frauen keine Länder, Positionen, Denkmodelle, Utopien, Identitäten und Liebhaber besetzen können, besetzen sie Kinder. Ihr Tatendrang war bremsbar, nicht ihre seelische Aktivität »zu Hause«.

Jede wiedergewonnene Tat, die Verwirklichung der Frauen in befriedigender Liebe und bestätigender Arbeit, hebt ihr »Sitzen« auf, enthebt die Söhne ihrer Besetzung.

Der Sohn nun aber muß »Madonna« abspecken. Die Mutter hoch und heilig, jeden Sonntag Besuch, jeden Dienstag Telefon, die Krisen brav mit Mutter besprochen, die Geburtstagsfeiern vice versa zelebriert, Weihnachten unter gemeinsamem Baum, allersimpelst die Sohneswäsche in Mutterhand, die obergute Unantastbare an allen Sohnessäften von Rotz bis Sperm anwesend sein lassen? Das ist nicht erwachsen. Und ach, die Neujahrskarte vom weit ab in der Welt tigernden Sohn, Frauen aufreißend und Leben abreißend...? So kann es nicht bleiben!

Der Mann muß den Zusammenhang herstellen zwischen seinem lebensfeindlichen Herumirren und seiner seelischen Erstarrung. Es wimmelt von Zeugnissen seiner Spaltung. Entweder er ist nach außen sichtbar links, revolutionär, friedensbewegt, drittewelt-rechtlerisch..., und in seinen vier Wänden hindert er seine Frau daran, eine Identität aufzubauen, ja ahndet ihre Befreiungsversuche mit körperlicher Gewalt. Oder er ist gesellschaftlicher Sadist – beteiligt sich irgendwo am Zerstören des Ganzen – und dazu passend privater Masochist, verlangt von seiner Frau direkt oder indirekt die Peitsche. Sie soll ihm den fehlenden Vater ersetzen oder die überragende Mutter darstellen.

Einen zweiten Zusammenhang müßte der Mann begreifen, den Zusammenhang zwischen seinem abgehobenen Verhältnis zu seinen Kindern und der Entstehung des Gewaltpotentials bei seinen Söhnen. Das sachlich-sexuelle Stillegen der Frau, ihre gesellschaftliche Zurücksetzung, wurde von Männern erzwungen, um die Gewaltfähigkeit ihrer Geschlechtsgenossen in der nächsten Generation heranzubilden. Mag sein, daß früher die Gewaltausübung der Männer Vorteile beim Existenzkampf hatte, bei der Auseinandersetzung mit der noch wilden Natur. Heute bedroht und zerstört die Gewalt des Mannes alles Leben auf der Erde. Männer, die ihre Frauen und Söhne nach alter Manier zusammenschweißen oder sich vor der Reife ihrer Kinder – nicht selten schon nach der Zeugung oder der Geburt – aus dem Staube machen, drehen an der Gewaltspirale, fördern mit ihrem Entzug den Tod von morgen.

»Muß« und »müßte« glitzern imposant beschwörend auf dem Papier, haben jedoch keine gesellschaftliche Basis, von der aus Männer massenhaft zu gewalt-beendenden Taten schreiten würden. Ob Söhne von allein etwas tun, bleibt fraglich, da ihre

Schadstellen, zugefügt durch ihre Mutterbindung, immer noch zu gut von der Gesellschaft ihres Geschlechts bepflastert werden. Lippenbekenntnisse schon an vielen Orten, Taten nur an wenigen.

Es kommt auf die Frauen an, sich nichts mehr gefallen zu lassen, wenn Männer zu *wenig* lieben! Zur Wiedergewinnung der Tat, der gesellschaftlichen Emanzipation der Frau, gehört der Kampf mit dem einzelnen Mann, ihre persönliche Emanzipation.

Deshalb heran an die Männer, ihr Liebhaberinnen! Und dabei keine falsch verstandene Geschlechtersolidarität. »Mutter« ist nicht nur eine Kategorie des Guten. Das Alter braucht nicht geehrt zu werden, wenn es sich nicht in Weisheit ausdrückt – und zur Weisheit gehörte auch Selbstgenügsamkeit –, wenn »arme alte Frau« nichts anderes heißt als In-Beschlag-Behalten der Seele des Sohnes. Die »patriarchalische« Mutter ist sozial und sexuell ein Loch, das letztlich immer wieder die Frau und Freundin des Sohnes stopfen muß. Dieses Sich-umeinander-Drehen der Frauen stützt die Männergesellschaft, denn sie wird dadurch von ihnen in Ruhe gelassen.

Der zerstörerische Kreislauf muß beim Sohn unterbrochen werden. Gar nicht erst anfangen mit Männern, die sagen: »Mutti ist die beste!« Bedingungen stellen: »Weg mit den Schenk- und Sorgeriten!« Fragen: »Wo wohnst du? Wie oft siehst du deine Mutter? Was weiß sie von dir?« Und fordern: »Gib mir die Quarantäne von drei mutterlosen Jahren – keine Adresse, keine Telefonnummer für die Mutter –, dann werden wir sehen, ob ihr, Mutter und Sohn, euch mit einer Freundschaft bescheidet und der Liebe von Frau und Mann den Vorrang laßt!«

Was Liebe von Mannesseite her beeinträchtigt, ist sein Gefängnis in den Gittern »Mutter« und »Sohn«, die beide gesprengt werden müssen, wenn er als Mensch zum Vorschein kommen will.

»Mordsgirl« Michael Ryan

»Das ist der Massenmörder Michael Ryan, gekleidet im Drillichanzug, den er während der Schießerei trug, die in einem ruhigen englischen Landstädtchen fünfzehn Tote hinterließ. Es ist das einzige bekannte Foto von Ryan als Erwachsenem, wurde letztes Jahr aufgenommen. Alle anderen Fotos des ›copy cat Killers‹ wurden wahrscheinlich zerstört, als Ryan das Haus seiner Mutter anzündete, nachdem er sie erschossen hatte. Freunde und Nachbarn enthüllten gestern, wie der Junge, der ›ein Muttersohn‹ war, als ein Vereinsamter endete. ›Michael war ein verhätschelter kleiner Jammerlappen‹, sagte Dennis Morley, ein Freund der Familie. ›Er bekam von seiner Mutter alles, was er wollte, und schlug sie dafür auch noch zusammen.‹ Ryans bester Freund, Sicherheitsbeamter Brian Meilke, 27, beschrieb ihn als ›einen wirklichen Muttersohn‹. ›Sie gab ihm alles, was er wollte‹, sagte Meilke, ›er hatte die besten Kleider, die schnellsten Wagen und die neuesten Platten.‹ Die Liebe seiner Mutter zu ihm wurde ihr vergolten mit Schlägen und am Ende mit einer tödlichen Kugel. Später, nachdem er mit der Polizei gesprochen hatte, erschoß er sich und starb acht Stunden nach dem Blutbad. ›Er zeigte sich betroffen, daß er seine Mutter erschossen hatte‹, sagte Polizeichef Colin Smith. ›Er äußerte die Ansicht, wie seltsam es sei, daß er andere Menschen erschießen könnte, aber nicht sich selbst, und dann hörten wir einen Schuß.‹ Ein alter Schulfreund des Killers, Gary Devlin, meinte, Ryan wäre uninteressiert gewesen für die meisten Dinge, auch für Mädchen. ›Ich sah Michael nie eine Freundin haben. Ich denke, er war mehr hinter seinen Pistolen her‹, sagte Devlin. ›Das war es, was er liebte.‹«
(The Daily Telegraph, Sydney, 22. 8. 87)

»Muttersöhne« auf einen Blick

Es geht um eine Theorie der Gewalt. Die sogenannten Aggressionstheorien – u.a. von Freud, Fromm, Hacker, Lorenz, Plack – haben zwei Nachteile: 1. enthält der Begriff »Aggression« Positives, umschließt verwandte Tätigkeiten wie Antrieb, Trieb, Wehr, Selbstbehauptung, Wut, Abgrenzung, Hunger ... Demgegenüber soll das ausschließlich Negative der Beschädigung und Zerstörung, des unaufhörlichen, global gewordenen Schadenstiftens getroffen werden. 2. wird jede Aggressionstheorie auf »den« Menschen bezogen und dabei die Realität außer Acht gelassen, daß Destruktion ein Phänomen der Männergesellschaft ist, an der Millionen einzelne Männer Anteil haben. Deshalb war es notwendig, eine Theorie der Gewalt geschlechterspezifisch aufzustellen, im Fall »Muttersöhne« auf den Mann zu beschränken.

Sieben Bedingungen müssen zusammenkommen, um einen Mann gewaltanfällig zu machen, ihn direkt oder indirekt zerstörerisch tätig werden zu lassen:

1. Eine Mutter als Frau ohne Identität
Identität ist nicht die Biologie, sondern ein Beruf, ein Bestätigung gebender »Broterwerb«. Die Bindungsmutter ist »selbstlos«, ohne Selbstbestätigung, ohne direkte Resonanz der Gesellschaft. Die Haustätigkeit – Säuberung der Wohnung, Erziehung der Kinder – gilt nicht als Erwerbsarbeit. Sie wird nicht bezahlt und rubriziert in keinem Fragebogen der Behörden unter der Sparte »Beruf«.

2. Eine Mutter als Frau ohne Liebesbeziehung
Es handelt sich um eine Frau, die ohne Liebesobjekt allein lebt oder verbarrikadiert ist in einer Ehe, deren zärtlich-sinnliche

Leiblichkeit erlosch. Die Frau liebt den Mann nicht mehr, oder sie wird von ihm nicht mehr geliebt. Gefesselt sein kann die Frau auch dadurch, daß sie noch in einer ungelösten Beziehung zu ihrer Mutter (häufig) oder zu ihrem Vater (selten) steht. Durch die Sehnsucht der Frau, befreit zu werden, die kein Partner erfüllt hat, rutscht ihr Sohn in die Position des Retters hinein.

3. Der Mangelvater
Neun Zehntel ihres Lebens verbringen Männer fern von ihren Kindern. Die Ferne ist eine physische und eine psychische. Durch die Vaterferne bekommt der Junge Schwierigkeiten bei der Bildung seiner Identität als Mann.

Nicht die Identifikation mit einem gewalttätigen Vater macht den Sohn gewalttätig, sondern das Defizit von Identifikation mit dem Vater, aus dem sich ein Defizit von Identität als Mann ergibt. Jenes Defizit hat mehrere Ursachen (Die Gewalttätigkeit des Vaters ist eine von vielen): ein abwesender, entrückter, toter, schwacher, brutaler, kranker, gespaltener, von der Mutter verachteter, die Mutter hassender, den Sohn ablehnender oder – das Gegenteil – in ihn vernarrter, allgemein unliebenswürdiger, unliebbarer Vater. Es genügt schon, wenn die Mutter ein negatives Bild vom Vater hat, vom Mann und – keine Seltenheit bei dem, was Frauen angetan wird – von Männern schlechthin.

4. Identifikation mit der »Überfluß«-Mutter
Die Männergesellschaft geht davon aus, der Junge identifiziere sich mit den massenhaft herumschwirrenden männlichen Vorbildern. Da in der Kindheit die Identifikation Nähe, Wärme, Faßlichkeit des Vorbildes erfordert und der Fernvater diese Bedingungen schlecht oder nicht erfüllt, kann der Sohn ihn für den Aufbau seiner Person kaum gebrauchen, identifiziert er sich mit der nahen, warmen, überschaubaren Mutter.

5. Der gesellschaftliche Zwang zur Männlichkeit
a) Die erste der Gewalttaten, die der heranwachsende, bald verunstaltete Mann dem Leben antun wird, tut er sich selber an. Er muß die Identifikation mit der Mutter, seine Frauenähnlichkeit, wie ungeschehen machen. Er muß Krieg in seinem Innern führen.
b) Der Junge muß »Mannsein« imitieren, die unzähligen Vorbilder und die ihm fremd gebliebene Vatergestalt nachstellen. Er mißversteht Männlichkeit, praktiziert sie mit den verschiedenen Spielarten der Gewalt, da er von der Außenwelt als desto männlicher veranschlagt wird, je härter, durchtriebener, karrieristischer, unnachgiebiger er sich verhält.

6. Verschiebung der Ablösungsproblematik
So sehr die Frau im Filiarchat als »zweites Geschlecht« gehandhabt wird, so unantastbar ist sie in der Rolle der Mutter. Der Sohn darf sich nicht von der Mutter trennen. Das hochgeehrte Madonnenbild der Frau als Starke und die real schwache, sich aufopfernde Mutter verhindern die Emanzipationsdramatik zwischen Mutter und Sohn. Der Haß der Männer geht anstatt auf die Mutter auf starke und zugleich auf schwache Lebenseinheiten, auf die Natur, andere Länder, fremde Völker, bedeutende Menschen, und – entsprechend dem Doppelt, in dem die Mutter erfahren wird – auf Frauen, Minderheiten, Tiere, Kinder, Kranke. Im Privaten wird die Ablösung von der Mutter auf die Partnerin verschoben, in der Regel auf die Ehefrau, die der Mann quält, von der er sich grausam allmählich trennt.

7. Beschädigung der männlichen Sexualität
Es scheint so etwas zu geben wie ein natürliches Angebot zur Sexualität, das die Gesellschaft annehmen muß, wenn Sexualität sich entfalten und nicht verkümmern oder irrläufig destruktiv werden soll. Die »wilden« oder »Wolfs«-Kinder, ausgesetzt und in Tiergemeinschaften am Leben geblieben, später von Menschen aufgestöbert und zurückgeholt, hatten keine Sexualität, zumindest

kein Verlangen, mit *Menschen* in sexuellen Kontakt zu treten (Kaspar-Hauser-Syndrom). Männer, die ihr Begehren nicht lernen konnten, wollen sich nicht liebend vermischen. Aus Eindringen wird Einstechen, Bohren, Aufreißen, Spalten, Zerstören, Töten.

Letztlich bleibt etwas Rätselhaftes daran, wie sich identisch-positive Männlichkeit entfaltet. Sie kann sich auch über die Identifikation mit einer »Königin«-Frau entwickeln. Es bedarf nicht der Anwesenheit eines *körperlich* männlichen Menschens. Sicher ist, daß die Störung dieses Prozesses, die überall beobachtet werden kann, durch die unaufgelöste Bindung des Sohnes an eine zweifach beschränkte Frau geschieht.

Nachwort

Verwandtschaftsformen

1888 beging ein Mann in London an fünf Frauen Morde, die zu dem Schrecklichsten gehören, das Männer Frauen zugefügt haben. Dieser Mann wurde unter dem Namen »Jack the Ripper« bekannt. Der Name entstammt einem an die Londoner Polizei gerichteten anonymen Brief. Hundert Jahre nach den unaufgeklärt gebliebenen Taten gelang es den englischen Forschern Martin Howells und Keith Skinner*, die Person des »Rippers« eindeutig in der bürgerlichen Existenz eines bestimmten Mannes zu konkretisieren und darüber hinaus – was für die vorliegende Gewalttheorie von Belang ist – die Muttersohncharakteristik dieses Mannes aufzudecken, die sich in seinem Falle durch besondere Komplikationen zugespitzt hatte.

»Jack the Ripper«, Montague John Druitt, war zweiter, 1857 geborener (Lieblings-)Sohn der Haus- und Arztehefrau Ann Druitt, Mutter von sieben Kindern. Sein älterer Bruder William wurde ein erfolgreicher Rechtsanwalt in der Vaterstadt Wimborne. Montague Druitt gelang eine ihn stabilisierende Berufstätigkeit nicht. Er scheiterte als Anwalt in London mangels genügender Aufträge, versuchte sich als Sportlehrer in einem Internat, aus dem er kurz vor seinem Tode Ende 1888 fristlos entlassen wurde.

Howells und Skinner brachten zum ersten Mal die Fakten der Morde mit den familiären Daten um Mutter und Sohn in Zusammenhang. Am 5. Juli 1888 wurde Ann Druitt wegen geistiger Zerrüttung vom ältesten Sohn in eine Londoner Nervenheilanstalt

---

* The Ripper Legacy. London 1988

gebracht. Der Vater war schon vor Jahren gestorben. Die Schauplätze der Morde lagen zwischen dem Krankenhaus und der Wohnung Montague Druitts, in der er allein lebte.

Die plötzlich ausgebrochene Geisteskrankheit der Mutter war für den mit ihr seelisch verschmolzenen Sohn eine existentielle Bedrohung, provozierte bei ihm gleichfalls einen psychischen Kollaps. Mit blutigen, auf die Tötung fremder Frauen verschobenen Symbolhandlungen versuchte er, sich explosiv von der Mutter abzutrennen. Vier der fünf Frauen waren ältere Prostituierte im Slumviertel Whitechapel, das Druitt vor und nach den häufigen Besuchen bei seiner Mutter durchqueren mußte.

Die Tat entsetzte die Menschen außergewöhnlich und ließ sie ratlos, weil die Körper der Frauen extrem und bisher ohne Vergleich mit ähnlichen Beispielen zugerichtet worden waren. Mehrere Male hatte Druitt die Gebärmutter herausgeschnitten und mitgenommen.

Für den Beginn einer Distanzierung oder gar Trennung von seiner Mutter war es nach ihrer geistigen Umnachtung zu spät.

Die Gewaltakte gegen die Frauen, das Morden, Aufschneiden, »Ausweiden« waren nur eine Abfuhr, ein Amoklauf vor dem eigenen Zusammenbruch. Die unverändert gebliebene Ursache heizte Druitt innerhalb von kaum mehr als zwei Monaten – zwischen dem 31. 8. und dem 9. 11. 1888 – zu viermaligen Wiederholungen an. Aus dem Unvermögen zum »psychischen Schneiden«, zum Durchtrennen der emotionalen Verbindungsschnur zwischen Sohn und Mutter, geschahen die undenkbaren, brutalsten Abirrungen ins körperliche Schneiden.

Die Schlitz- und Schnitthandlungen werden nicht nur von der Dynamik des mißlungenen, verzerrten Trennungsversuchs gesteuert, sondern auch noch von Haßimpulsen gejagt worden sein. Das 19. Jahrhundert glaubte daran, daß Geisteskrankheit mit sexueller Ausschweifung in Zusammenhang stünde, das Ergebnis von Syphilis oder Selbstbefriedigung sei und erblich weitergegeben werde. Henrik Ibsen hatte 1881 über diese Problematik sein die Zeitgenossen aufwühlendes Stück »Gespenster« geschrieben.

Genährt von der Zeitmeinung mußten Druitts emotionale Vereinsamung – er empfand gegenüber Frauen nur Abneigung – und sein berufliches Scheitern ihm wie eine Schuld seiner Mutter erscheinen, deren »Fluch« ihn nun überkommen hatte und ihn gegenüber dem damaligen Sinnbild ungezügelter Sexualität, der Prostituierten, mörderisch ausfallend sein ließ.

Kurz nach dem letzten Mord verschwand er, wurde Ende 1888 tot in der Themse gefunden.

Das Buch von Howells und Skinner rekonstruiert nicht nur die Taten und das familiär-psychische Konfliktfeld des Mörders, sondern schlüsselt auch die Fakten um seinen Tod auf, den die Autoren als Mord nachweisen – ausgeübt von Angehörigen der bürgerlichen Gesellschaftsschicht, der Montague Druitt entstammte, für die ein öffentlicher Prozeß ein Skandal gewesen wäre.

Werden Mörder, Politiker, Unternehmer, Künstler und Religionsdiener in einen Zusammenhang gebracht, scheint die Theorie von der Gewalt des Mannes zu vielen einzelnen selbst Gewalt anzutun.

Bei den verschiedenen Formen des Muttersohncharakters ist es ähnlich wie bei Darwins »Entwicklung der Arten«: Fische, Vögel, Säugetiere und Menschen sind nicht dasselbe, aber sie sind miteinander verwandt.

Gewaltinhalte transportierende Filmemacher, Stückeschreiber, Romanciers, Gewaltreligionen verfechtende Gottesmänner und autoritäre Staaten vertretende, rüstende Politiker sind von Hitler, Stalin, Napoleon und allen kleinen Mördern entfernt und doch – was ihren Zugang zur Gewalt betrifft – mit ihnen verwandt. Wie die Wirbeltiere das Knochengerüst, so verbindet alle diese Männer der gleiche psychische Bau. Der Zugang zur Gewalt und der Umgang mit ihr ist bei den verschiedenen Ausprägungen der Muttersöhne äußerst verschieden.

1886, zwei Jahre bevor in Montague Druitt die Spaltung aufriß, beschrieb Robert Louis Stevenson in seiner Novelle »Der seltsame Fall von Dr. Jekyll und Mr. Hyde« diese Spaltung eines Mannes. Dr. Jekyll ist der liebenswürdige, geachtete Zeitgenosse, der in seinen Laboren experimentiert und sich einen Stoff zusammenbraut, der, wenn er ihn einnimmt, ihn des Nachts zum gewalttätigen, vergewaltigenden, furchterregenden und schließlich mordenden Mr. Hyde werden läßt.

Kaum etwas kann den Effekt einer Muttersohneigenart deutlicher beschreiben als diese zwei Seiten in einem Mann. Die Geschichte vom Fall Dr. Jekyll und Mr. Hyde umfaßt nur siebzig Seiten, gelangte sofort nach ihrem Erscheinen zu internationaler Berühmtheit, die bis heute anhielt. Stevenson hat mit einem literarischen Bild den Grundcharakter des Mannes so präzise getroffen, daß Männer von ihm überwältigt wurden und durch die Verschlüsselung nicht zu realisieren brauchten, es handelt sich um ein Phänomen ihrer selbst.

Vor und nach seinen Morden lebte Montague Druitt das unscheinbare angepaßte Leben weiter, das er zuvor geführt hatte, spielte am Tag, gefolgt auf die erste Mordnacht, wieder Kricket, unterrichtete seine Schüler und nahm an den Aktivitäten seiner Gesellschaftskreise teil.

Für die Reihe der Gewalttransporteure gibt es auch nach männergesellschaftlichen Kriterien feine Abstufungen in gutes, neutrales und schlechtes Mannsverhalten. Der persönlich Hand anlegende Mörder ist der verachtetste Gewaltexponent. In der Mitte stehen die Politiker, Militärs und Unternehmer, die hochgeehrt werden, solange sie erfolgreich sind. Erst bei Erfolglosigkeit oder Überschreiten der Gewaltgrenzen, die die Männergesellschaft zu ihrem eigenen Schutz aufstellt, darf die Frage nach den Ursachen von Erfolglosigkeit und Grenzübertritt aufgeworfen werden, wobei die Herstellung und Praktizierung der Gewalt an sich weiter tabuiert bleibt. Hitler und andere Nazimänner sind selbstverständlich zu Objekten von Gewalttheorien freigegeben.

Daß der Schlächter von Lyon, Klaus Barbie, das typische Männerschicksal der Nachkriegsgeneration des Ersten Weltkriegs hatte, fiel bei dem Rummel um seinen Prozeß nicht auf. Er verbrachte seine Jugend unter fernem Vater und naher Mutter wie die meisten seiner Altersgenossen. Sein Vater kam schwerverwundet aus dem

»summer girl« schrieb Grace Hemingway 1901 an den Rand des
Fotos ihres fast zweijährigen Sohnes Ernest

DIE...

Krieg zurück. Der Sohn erlebte einen körperlich eingeschränkten, seelisch zermürbten, kranken Mann, der vor ihm sein allmähliches Sterben zelebrierte, bis er am Ende von Klaus' Jugend wirklich starb. Für den Aufbau einer männlichen Identität hatte der Vater dem Sohn kein Vorbild sein können. Mutter und Sohn wuchsen nach dem Tod des Vaters noch enger zusammen. Wie der römische Gewaltkaiser Konstantin nahm Barbie seine Mutter dorthin mit, wo er »tätig« war. Während all seiner vollbrachten Greuel in Lyon, seiner Folterungen, Morde und Razzien für die Transporte nach Auschwitz lebte seine Mutter mit ihm, seiner Frau und seinen Kindern zusammen.*

Die Frage nach der Gewalt der anderen Männer, des Unterbaus der ganzen Gewaltgesellschaft, zu stellen, verletzt das Selbstwertgefühl des Mannes. Jedoch, eine Gewalttheorie nur auf die äußersten Auswüchse eines Prinzips anzuwenden, hieße, sie männeremanzipatorisch wertlos zu machen.

Am unberührtesten sind die Künstler. Sie genießen die konträre Einschätzung, die üblicherweise Mördern zuteil wird, stehen in der Reihe am von ihnen entgegengesetzten Ende. Sie sind Idole. Und die Idealisierung trübt den Blick noch mehr als die Verehrung, die den Bossen und Politikern dargebracht wird.

Wie unterschiedlich die Gewalt zum Ausdruck kommt, ist meist nur eine Frage des Talents – Talent in zweifacher Hinsicht: die Gewaltneigung zu verschleiern und über eine Begabung zu verfügen, mit der eine angepaßte und verehrte Kanalisierung der Gewalt gelingt.

Es gibt Künstler, denen Durchbrüche in tatsächliche Gewalt passiert sind und an denen das Prinzip gut sichtbar wird. Ein solcher Künstler war Ernest Hemingway.

Hemingway ist für die Muttersohntheorie der Wald, der vor Bäumen nicht gesehen werden kann. Die drei männergesellschaftlich akzeptierten Ausprägungen der Gewalt – Krieg, Jagd

---

* Bower, Tom: Klaus Barbie. Butcher of Lyons. London 1984

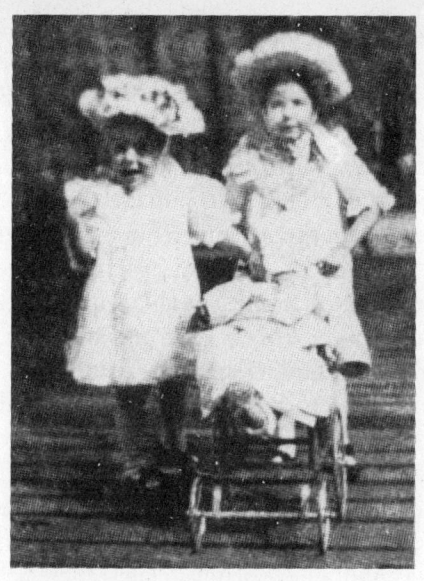

*»the twins« (Hemingway – links –,
dreijährig, als »Kindermädchen« neben
Marcelline beim Spaziergang mit der
Schwester Ursula)*

... *KEIME*

und Stierkampf – beherrschen Leben und Literatur von Hemingway.

Er war freiwilliger Kriegsteilnehmer im Ersten Weltkrieg, Kriegsberichterstatter im Zweiten, leidenschaftlicher Jäger und glühender Verehrer der spanischen Stierkämpfer. Hemingway stand dem Männer- und dem Tiertöten gleichermaßen nah. Todessehnsucht und Todesverherrlichung ziehen sich durch sein Werk. Am Ende seines Lebens verfiel er dem Alkohol. Auf dem Höhepunkt seiner Karriere, sieben Jahre nach Erhalt des Nobelpreises, brachte er sich mit seinem Jagdgewehr um, vollzog an sich selbst, was er den Helden seiner Bücher zuvor »angetan« hatte.

Hemingways seelische Basis war mürbe. Er wuchs auf umgeben von vier Schwestern. Grace Hall, die Mutter, eine vor der Verwirklichung gestoppte Sängerin, hatte den Arzt Clarence Edmonds Hemingway geheiratet, ihrer Kunst entsagen müssen, dafür ihre Theaterinteressen in die Familie umlenken können. Sie kleidete »Ernie« und seine eineinhalb Jahre ältere Schwester Marcelline als weibliche Zwillinge. Sie begründete das gegenüber den erwachsen gewordenen Kindern damit, es sei schon immer ihr Wunschtraum gewesen, Zwillinge zu haben. Ungefähr als Ernest ein halbes Jahr alt war, kaufte Grace Hemingway alle Kleider für beide Kinder in gleicher Ausführung und unterschiedlicher Größe. Nicht nur die Kleider sollten die Geschwister zu Zwillingen machen, sondern auch der gleiche Haarschnitt. Mehr noch: Die Mutter wollte, daß Schwester und Bruder sich als Zwillinge *fühlen*. Sie sollten alles *gleich* haben und alles gemeinsam machen. »Sie schliefen im selben Raum in einem weißen Zwillingskinderbett, sie hatten die gleichen Puppen, sie spielten mit dem gleichen Teeservice, sie mußten später zusammen angeln gehen, zusammen wandern und zusammen Freunde besuchen, ja – nachdem die Mutter ihre älteste Tochter zurückgehalten hatte – sogar die Schule gemeinsam beginnen.«* Bis zu seinem siebenten Lebensjahr hielt Ernests Training in Zwillingsschwesternschaft an.

---

* Lynn, Kenneth S.: Hemingway. London 1989, S. 41f

Hemingway
DIE FRUCHT

So wuchs Hemingway weder in eine männliche noch in eine eigene Identität hinein. Unter dem öffentlich herausgeputzten Männerimage des Kriegers, Kämpfers, Jägers blieb er die kleine Zwillingsschwester, eine der gleichen »süßen Holländerpüppchen«*, die seine Mutter aus ihm und Marcelline in seinen ersten Lebensjahren gemacht hatte.

Daß er sich später wie sein Vater umgebracht hat, spricht nicht für eine Identifikation des Sohnes mit dem Vater. Die Identifikation drückt sich aus in einem Gemisch nachgestellter, ähnlicher Eigenschaften und Verhaltensweisen und nicht in einer Kurzschlußhandlung wie einem Selbstmord. Im Selbstmord wirkte lediglich der familiäre Musterzwang, mit dem die väterliche Handlung die des Sohnes determinieren konnte. Identifiziert hatte sich Hemingway mit dem Vater nicht. Denn Identifikation hätte bedeutet, Arzt zu werden und kein Künstler. Hemingway setzt sich nicht wie der Vater für die Rettung von Leben ein, sondern betätigte sich jahrzehntelang als Zerstörer von Leben. Er veranstaltete aus Lust am Töten private Jagden, erschoß am laufenden Band Bären, Elche, Hirsche ..., fuhr zum gesteigerten Kitzel nach Afrika, erschoß dort Büffel, Nashörner, Löwen ... Schon in Hemingways Jugend hatte sein Vater ihm vergeblich beizubringen versucht, daß Tiere nur dann umgebracht werden dürften, wenn die Not des Hungers Menschen dazu zwinge.

Beruflich verwirklichte Hemingway die Träume seiner Mutter, setzte ihre abgebrochene Laufbahn als Künstlerin fort.

Der Fakt von Hemingways Aufwachsen als Zwillingsschwester hatte für sein erwachsenes Leben ärgste Folgen: die weiche und wacklige Zwillingsseele des werdenden Mannes mußte alsbald mit der Männergesellschaft zusammenstoßen, die ganz etwas anderes von ihm wollte. Das Ergebnis dieses Zusammenstoßes hieß »Kompensation«. Nach Alfred Adler ist »Kompensation« der Ausgleich von Minderwertigkeitsgefühlen.

Was Adler geschlechtsunspezifisch erdachte, spielt bei der

---

* a.a.O., S. 41

Mannwerdung die zentrale Rolle. Der Mann als Muttersohn ist in der Männergesellschaft überhaupt nichts anderes als Kompensation. Die männergesellschaftlich definierte Männlichkeit ist identisch mit Kompensation. »Minderwertig« muß präzisiert werden in mindermännlich. Mindermännlich ist keine Naturwunde, sondern eine im Jungen hinterlassene Leere, verursacht durch seine vaterferne Erziehung. Da Kompensation etwas Unechtes ist, ist sie nur über negative Mittel möglich. »Die zwanghafte Besessenheit von Tod und Töten scheint Schuldgefühlen zu entspringen ... Es ist eine gewisse Hysterie zu spüren, die sich in einer uncharakteristisch unklaren und an Wiederholungen reichen Schreibweise ebenso ausdrückt wie in einer willkürlichen Parade von an Goya gemahnenden Bildern der Zerstörung. Er scheint dem Leser das Gefühl geben zu wollen, unrein und voller Unbehagen zu sein, weil er selbst sich so fühlte.«* In der Männergesellschaft als werdender Mann Zwillingsschwester sein zu müssen, ist wohl das Unbehaglichste, das sich für ihn denken läßt.

Kaum ein Mann lebte das Extrempaar Dr. Jekyll und Mr. Hyde so kraß nebeneinander wie Hemingway. Dr. Hemingway – der sensible, international umjubelte Schriftsteller, Mr. Hemingway – der Killertyp, der sein mangelndes Mannbewußtsein mit Abenteuern und Gewalttouren wettmachen, seine Launen wegschießen mußte.

Für die Fans von John Lennon war es bitter, ihren Abgott in seiner jüngsten Biographie als Gewaltmann dargestellt sehen zu müssen.** Lennon zeigte beide Formen der Gewalt, die Gewalt gegen andere und die Gewalt gegen sich selbst. Letztere ist bei Künstlern meist besonders ausgeprägt. Deshalb erscheinen sie oft in einem falschen Märtyrerlicht.

---

* Burgess, Anthony: Ernest Hemingway. Leben und Werk des großen amerikanischen Erzählers. Aus dem Englischen von Joachim A. Frank. München 1987, S. 92
** Goldman, Albert: The lives of John Lennon. New York 1989

Lennon war ein Schläger. Er fühlte sich für den Tod des zeitweiligen Band-Mitglieds Stu Sutcliffe verantwortlich, den er in einem Haßausbruch nachts auf der Straße ohnmächtig geschlagen hatte. Als Stuart 1962 starb, ergab die Obduktion einen Gehirntumor, der von der Schädelverletzung herrühren konnte, die Lennon ihm zugefügt hatte.

Während seines Lebens in Hamburg wurde es ihm zur Gewohnheit, Seeleuten aufzulauern, sie zu überfallen, zusammenzuschlagen und auszurauben. Einmal traktierte er haßgeladen einen Matrosen so, daß er sich hinterher eingestehen mußte, möglicherweise wieder den Tod eines Mannes verursacht zu haben. Auf einer Party schlug er einen Discjockey krankenhausreif, weil er sich von ihm gekränkt wähnte. Als ihn auf einer Gesellschaft etwas an einer Frau ärgerte, riß er sie vor einen offenen Kamin und hielt ihre Hand so lange ins Feuer, bis die Haut brandverletzt war. Er wurde manchmal von Folter- und Tötungsphantasien gegen Frauen gejagt.

In seinem achtundzwanzigsten Jahr geschah ein Bruch. Er heiratete die Performance-Künstlerin Yoko Ono und schien aller Gewalt abgeschwört zu haben. Brüche sind eine Muttersohnspezialität. Die Gewalt verschwand nicht aus John Lennons Leben, nahm andere Gesichter an, richtete sich gegen ihn selbst. Er zerfiel ähnlich wie Elvis und Fassbinder am Drogenkonsum, siechte im schleichenden Selbstmord auf sein gewaltsames Ende zu, beschäftigte sich mit Ermordetwerden, fühlte sich magisch angezogen von Menschen, die Attentaten entkommen waren, fragte sie aus nach ihren Erfahrungen mit Angst, Schock und Schmerz, bis es bei ihm selbst soweit war.

Von »Vater« hatte John Lennon in seiner Jugend keinen Begriff. Er erlebte in seiner frühen Kindheit seinen biologischen Vater, Freddie Lennon, kaum. John war fünf, da verschwand der Vater aus seinem Leben, um erst nach siebzehn Jahren wieder aufzutauchen und sich mit dem berühmt gewordenen Beatle-Sohn zu brüsten. Freddie Lennon verbrachte sein Dasein als Schiffskellner – später avanciert zum Hauptsteward –, meist Monate, einmal anderthalb Jahre lang auf See. Die Mutter Julia tröstete sich in diesen Zeiten mit an Land befindlichen Matrosen, lebte die kurzen Fristen mit ihrem Mann in Streit. Als John fünf geworden war, übergab sie ihn einer ihrer vier älteren Schwestern, der kinderlosen Mary Smith, genannt Mimi, bei der John bis zum Ende seines zweiten Jahrzehnts aufwuchs. Seine Mutter verschwand aber nicht aus seinen Augen, sondern wohnte ein paar Kilometer weiter mit einem neuen Mann zusammen, der den Sohn eines anderen nicht um sich haben wollte. Sie trieb mit John ein Affektversteckspiel, quälte ihn mit Anziehung und Abstoßung. Nach seiner Pubertät lebte er innerhalb der Woche bei seiner Tante, am Wochenende bei seiner Mutter, bis Julia dem Siebzehnjährigen für immer entrissen, auf dem Wege zwischen Schwesternhaus und eigenem Haus von einem Auto überfahren wurde.

Tante Mimi war eine ehemalige Krankenschwester, zu Johns Kinderzeiten Hausfrau, deren Versuch, in höhere Gesellschaftskreise einzuheiraten, mißlungen war und die die Rente ihres Mannes mit Zimmervermietungen an Medizinstudenten aufbesserte. Ihr Ehemann George, ein beruflich gescheiterter Automechaniker und Fuhrunternehmer, Mitte Vierzig schon frühpensioniert, murkelte als Haustrottel, den John verachtete, vor sich hin. Vierzehnjährig von einer Reise zurückgekehrt, erfuhr John vom Tod des Onkels – seine Reaktion war ein Lachanfall.

Weder leiblicher Vater noch angeheirateter Onkel ermöglichten ihm eine ungestörte Identifikation mit einem Mann. Es nützt einem Jungen nichts, wenn eine der resignierten Hausseelen – der mit ihm umgehenden, von der Welt abgekoppelten Wohnungsmenschen, wie im Falle Karol Wojtylas – männlichen Geschlechts ist.

Seine Hausfrauenprägung bestätigt Lennon in eigenen Worten: »Die Männer waren wie unsichtbar in unserer Familie. Ich war immer mit den Frauen zusammen. Ich hörte sie andauernd über Männer und übers Leben reden. Sie wußten immer über alles Bescheid. Die Männer hatten von nichts eine Ahnung.«[*]

---

[*] Goldman, a.a.O., S. 41

Die Cousine Leila, Tochter einer anderen Schwester der Mutter, verstärkte dieses Urteil: »In unserer Familie waren Frauen und Kinder wichtig, Männer waren nur irgendwie im Hintergrund. Sie hatten nichts zu sagen. Sie mußten akzeptieren, was die Frauen entschieden.« – »Die meisten dieser Männer waren schwach, passiv und erfolglos wie George Smith.«*

Die Hinzuziehung von John Lennons Geschichte erleichtert das Parieren von zwei Attacken gegen das »Muttersohn«-Modell: 1. sei es nicht klassen- oder schichtrelevant und daher soziologisch unscharf, wenn nicht unbrauchbar, 2. sei es frauenfeindlich.

Wäre John Lennon ein einzelner Star und nicht Mitglied einer Starband gewesen, wären für seine Gewaltdurchbrüche soziologisch gängige Erklärungen hergenommen worden. Er hätte seinen Ruhm nicht verkraftet, das Arbeiterkind wäre durchgedreht. Jedoch, seine schwersten Gewaltausfälle geschahen vor seinem Ruhm, zwischen seinen kaum über den Hunger entlohnten Auftritten in Hamburg.

Ein anderes übliches Argument: John Lennons schlägerisches Verhalten wäre konditioniert worden von seiner Liverpooler Proletarierherkunft.

Die Beatles wuchsen auf in der englischen Hafenstadt Liverpool. Daß sie Proletarierkinder waren, ist ein Mythos, der sich bei genauerem Studium ihrer Biographien nicht halten läßt. Alle sind Bürgersöhne der unteren Mittelklasse, Paul McCartney und George Harrison sogar gut behütete, umgeben von stabilem, talentförderndem Familienmilieu. Bei Paul McCartney geschah im zweiten Jahrzehnt ein lebensgeschichtlicher Einbruch, der für ihn aber keine geschlechtsrollenspezifische Problematik auslöste. Seine Mutter starb, als er vierzehn war, ließ Paul, seinen Vater und seinen um zwei Jahre jüngeren Bruder Michael zurück.

Auch John Lennons Talente wurden gefördert. Onkel George beschäftigte sich in seiner reichlich freien Zeit mit Malerei und

---

* Goldman, a.a.O., S. 41

unterrichtete John in dieser Kunst. Doch konnte er sich allein dadurch nicht als Identifikationsfigur im Jungen plastisch machen.

Die Unterschiede zwischen John und den anderen Beatles: Er war der einzige vaterlose Mutter- und Tantensohn. Die anderen benahmen sich weder vor ihrer Berühmtheit noch nachher wie er. Schon beim ersten, noch gemeinsam als Abenteuer geplanten Matrosenüberfall zogen sich Paul und George vor der Tat zurück und beteiligten sich auch später nie bei Johns Raubzügen. Nach ihrer Berühmtheit verloren sie nicht die Fassung, verkrafteten den Ruhm. Keiner flippte aus oder zerfiel.

Die Theorie, die Gewalt des Mannes aus seinem Mangel an Männlichkeit und der Unterdrückung seiner Weiblichkeit herzuleiten, ist weder ein Angriff auf Frauen noch eine Mutterschelte. Gewalt im Mann – das ist ein Effekt, der Effekt der männergesellschaftlichen Erziehungsnorm. Dieser Effekt ist die Zerreißprobe zwischen einem Dogma und einem Diktat, zwischen dem Dogma, die Kinderbetreuung sei allein Sache der Frauen, und dem Diktat für die männliche Jugend, sie müsse das Ergebnis dieses Aufwachsens – die Identifikation mit den sie großgezogenen Frauen – wie ungeschehen machen. Bei John Lennon ist es nicht nur die eigene Mutter, die diesen Effekt auslöst, sondern auch die Tante. Es kann eine Adoptivmutter sein, eine Großmutter, eine nichtverwandte Betreuerin. Es kann jeder Frau passieren, einen Muttersohn aufzuziehen, wenn sie identitätslos in den vatermangelnden Umgang mit Kindern einwilligt, den die Männergesellschaft zur Norm erklärt. Norm ist: Mann und Beruf, Frau und Familie. Alles andere wird immer noch bekämpft, erschwert oder lächerlich gemacht.

Der Sohn hat in diesem Aufzuchtsmodell keine Möglichkeit, als Erwachsener identisch aufzutreten, da er die männlich-väterlichen Aspekte nicht oder zuwenig beigebracht bekommen hat, die weiblich-mütterlichen als Mann nicht ausleben darf. In Krisen- und Umbruchs-, ja in zu dramatischen Erfolgszeiten kracht die notdürftig zusammengehaltene Fassade auseinander. Gewalt dringt als Abfuhr der inneren Spannung nach außen. Oder der Mann resigniert pantoffelheldisch unter der Macht einer die Mutter ersetzenden Partnerin. John Lennon infantilisierte im letzten Drittel seines Lebens und überließ die Regelung der Belange seines Daseins seiner Gefährtin Yoko Ono, bunkerte sich in einem kleinen Raum seiner Wohnung ein, den ganzen Tag von Musik berieselt, die ganze Nacht von elektrischem Licht bestrahlt.

James Dean erhielt von seiner Mutter Mildred den Doppelnamen James Byron, weil sie den englischen Dichter Lord Byron liebte und ihren Sohn zum Künstler heranziehen wollte. Sie spielte mit ihm Theater und schickte ihn zum Geigenunterricht. Zu seinem Vater, einem Zahntechniker, bekam der Sohn lebenslang kein Verhältnis. Als James vier war, wurde der Vater versetzt, der Junge aus seiner Heimat entrissen und in der neuen, fremden Umgebung noch mehr auf seine Mutter bezogen. Als er neun war, starb sie an Krebs. James verbrachte sein zweites Jahrzehnt bei Verwandten auf einer Farm.

Die Geschichte von der Jugend Deans beginnt genovevarührend – ein Jahrzehnt lang innige Mutter-Sohn-Gemeinschaft, dann stirbt die Mutter. Der Sohn kann keine neue Bezugsperson fassen, hat eine männliche nie gehabt. Der Vater bleibt nun auch physisch fern, lebt nicht mehr mit James seit der Farmzeit zusammen. Onkel und Tante kommen an das eigenwillige Kind nicht heran.[*]

James Dean wird einer der größten Künstler in der Geschichte des Films. Sein Ruhm bezieht sich auf drei Filme, gedreht in kaum mehr als einem Jahr, Mitte 1954 bis Mitte 1955. September 1955, im vierundzwanzigsten Lebensjahr, starb er in seinem Rennwagen nach einem selbstverschuldeten Unfall.

Rennen, Sich-Schlagen, Rebellieren, Verglimmen. James Dean vereint in sich Sensibilität und Zartheit. Er ist der Inbegriff des problematischen Sohns, von Jähzornanfällen und Wutausbrüchen

---

[*] Dalton, David: James Dean. Seine Filme – sein Leben. München 1984; Fuchs, Wolfgang J.: James Dean. Spuren eines Giganten. Eine Dokumentation. Köln 1986

geschüttelt auch im eigenen Leben, auf der Leinwand das Bild eines Rebellen. Rebellion sieht gut aus, ist aber ein innermännergesellschaftliches Funktionieren, kein Sie-aus-den-Fugen-Heben, ein kultivierter Ausdruck der Todessuche, die edelste Form der Gewalt, in Wirklichkeit nichts anderes als das Fehlen von Vorsicht, Vorsicht mit der Welt und mit sich selbst.

Beim Vergleich der Mütter von Hemingway, Lennon und Dean kann noch einmal die »Schuldfrage« aufgeworfen werden: die Theorie »Muttersöhne« führe eine Retourkutsche gegen Frauen, ja das Wort allein enthielte schon eine Schuldzuweisung an die Mütter.

Für die Entstehung der Gewaltanfälligkeit des Mannes spielt es überhaupt keine Rolle, ob der Mutter beim Umgang mit dem Kind etwas vorzuwerfen ist oder nicht. In der überwiegenden Mehrzahl der Fälle trifft die Mutter keine Schuld, Schuld im menschlich-psychischen Sinne des böswilligen, kindschädigenden Verhaltens.

Die Mütter von Hemingway, Lennon und Dean zeigen drei mögliche Verhaltensweisen, die auf die Entstehung der Gewalttendenz im Sohn keinen erheblich voneinander differierenden Einfluß haben.

Mildred Dean ist unschuldig, krank, ihrem Mann ausgeliefert und ihrem Sohn hoffnungsvoll zugewandt.

Grace Hemingway benimmt sich an der Grenze der Schuldhaftigkeit. Wenn sie nicht gedankenlos unbedarft gewesen wäre, hätte sie sich auch ohne – in der damaligen Zeit noch nicht zur Verfügung stehende – Elternaufklärungsbücher vorstellen können, daß es falsch ist, zwei eineinhalb Jahre voneinander entfernt geborene Geschwister verschiedenen Geschlechts als weibliche Zwillinge aufzuziehen, Kinder als »Holländerpüppchen« auszustaffieren und einen Jungen bis zu seiner Schulzeit als »summer girl« zu kleiden.

Eindeutig schuldig ihrem Sohn gegenüber machte sich Julia Lennon. Sie ließ John als Baby nächtelang allein, während sie sich mit Seeleuten in Kneipen amüsierte. Das Kind schrie manchmal so laut und langanhaltend, daß die Nachbarn angelaufen kamen. Sie mutete John alle paar Monate neue »Onkels« zu – ihre aufgegabelten Liebhaber. Sein besonderer Haß auf Matrosen wurde in dieser frühen Zeit eingespeichert. Julia Lennon hintertrieb immer wieder die Entstehung eines Verhältnisses zwischen Vater und Sohn. Sie war das typische Beispiel von Uneindeutigkeit, englisch genannt »double bind«. Als der Vater seine Seemannstätigkeit aufgeben und mit dem Sohn nach Neuseeland auswandern wollte – die Mutter weigerte sich, mitzukommen, hatte längst einen neuen Mann, mit dem sie unverheiratet zusammenlebte –, torpedierte sie diesen Plan mit dem Versprechen, John in ihrer neuen Beziehung unterzubringen, was sie prompt nicht tat, ihn statt dessen zur Tante steckte und dort alle paar Wochen aufstöberte.

Die kontinuierlich und ernsthaft sorgende »gute Mutter«, Tante Mimi, ist wiederum ohne jegliche persönliche Schuld, versuchte, die den Jungen verstörenden Aktionen ihrer Schwester ungeschehen zu machen, was jedoch keinen Einfluß auf die Entstehung oder Verhinderung von Johns Muttersohncharakter haben konnte.

Bei den Gewaltmännern, die gesellschaftspolitisch tätig wurden, ist befremdlicherweise ein umgekehrter Zusammenhang zwischen »Mutterschuld« und Gewaltsohn zu bemerken. Die brutalsten Männer hatten vollkommen unschuldige Mütter, wie es in den Beispielen Hitler, Stalin, Himmler, Goebbels ... deutlich wird. Spuren von humanen Fähigkeiten zeigen sich gerade bei den Männern, deren Mutter in persönlich menschlicher Hinsicht schuldhaft war, die nicht nur als Konstellation wirkte, sondern dem Sohn peinigende Entscheidungen oder Verhaltensweisen zumutete, so bei Napoleon, Bismarck, Göring ...

Schuldig werden zu können, setzt ein Mindestmaß an Identität voraus. Identität der Mütter macht es den Söhnen möglich, sich mit ihnen zu identifizieren *und* diese Identifikation brauchbar für ein Männerleben in der Männergesellschaft *bestehen* zu lassen. Die »schuldhaften« Mütter befinden sich in der Mitte zwischen den unschuldigen und den männergesellschaftlich bedeutenden Königinfrauen, unter denen die Jungen nicht zu Muttersöhnen heranwachsen. Allein die gesellschaftliche Bedeutung einer Frau entscheidet darüber, ob ihr Sohn Muttersohn wird oder nicht. Wäre Grace Hemingway Sängerin geworden – eine der wenigen Positionen, in denen Frauen auch im 19. Jahrhundert gesellschaftliche Bedeutung erwerben konnten –, hätte sie auf Ernest nicht ihre in ihrem eigenen Leben unbefriedigten Künstlerwünsche delegieren müssen, wäre er kein Muttersohn geworden.

Der Muttersohneffekt ist nicht nur für die Mütter eine Katastrophe. Die Schmerzensmutterschaft, die Erfüllung aller alten Frauenrollenwerte – sich aufzuopfern für Mann und Kind . . . – schlägt um in die Gewalt des Sohnes. Der Muttersohneffekt ist auch für die Söhne eine Katastrophe. An Hemingway, Lennon und Dean wird sichtbar, wie dieser psychische Bau ein Leiden ist. Bei den meisten bleibt die seelische Bedingung »Muttersohn« ein Leiden des Individuums an sich selbst oder wird zum Leidenlassen »nur« des persönlichen Umfelds transformiert. Erst gesellschaftliche Situationen – am krassesten das Dritte Reich oder ein Krieg – entstöpseln die Männer, nehmen den Druck von ihnen weg, so daß sie ihre Leiden im Leidenmachen vieler anderer ausbreiten können.

Bei John Lennon blieb beides – Leiden und Leidenlassen – eng nebeneinander bestehen. Als seine Mutter starb, sagte er den verräterischen Bindungssatz: »Nun bin ich für niemanden mehr verantwortlich.«* Er hatte sich zu Lebzeiten seiner Mutter in Sehnsucht nach ihr verzehrt, ihr Tod brachte ihm keine Lösung von ihr. Monatelang hing er verzweifelt herum, strauchelte desorientiert in seinem Leben. Hängen und Straucheln hielten an. Er konnte nirgends wurzeln, weder in Partnern, noch in sich selbst. »John begann, Träume zu haben, in denen er Frauen kreuzigte oder mit einer Axt in Stücke schlug.«**

Die Filmproduktion am Ende des 20. Jahrhunderts schuf eine ähnlich einprägsame verschlüsselte Muttersohngestalt, wie sie die

---

* Goldman, a.a.O., S. 84
** Goldman, a.a.O., S. 86

Literatur des 19. Jahrhunderts in der Janusseele Dr. Jekyll und Mr. Hyde hervorbrachte; das Extra-territorial-(Un-)Wesen E. T. – ein enterdeter, Lichtmeilen von allem Leben entfernter, unbezogener, ausgetrockneter, schrumpelhäutiger Sohn, der den Kontakt zu seinem Vater sucht!

Herzreißend John Lennons Song »Mother«, der herausragt aus seiner nach dem Ende der Beatles meist bemüht wirkenden musikalischen Reflexionslimonade. Mit Ravelscher Bolero-Eindringlichkeit stampft John seine Anklage gegen seine Mutter aufs Podium, schluchzt sein Verlangen nach Vater in die Menge, wiederholt immer lauter werdend, über einen zeitlupengedehnten, hinrichtungstrommelschlagenden Rhythmus, sechsmal den Schrei: »Daddy, come home!«

Der Künstler setzt sein Leben aufs Spiel und verliert es. Der Künstler zermürbt vier Frauen, erschießt Hunderte von Tieren, erledigt Männer in seinen Werken. Der Künstler zerstückelt Frauen in seinen Träumen, schlägt Männer zusammen und läßt sich ermorden. Der Künstler ist nicht nur in seiner Arbeit auf sich selbst bezogen, sondern auch im Ausdruck seiner Gewalt. Sein Gewaltausdruck steht mit der eigenen Person in engem Zusammenhang. Die Gewalt bleibt dadurch in ihrer Wirkung beschränkt.

Nicht so gestoppt und eingegrenzt ist die Gewaltwirkung bei nichtkünstlerisch tätigen Muttersöhnen, den Politikern und Fabrikanten. Der brutalste Ausdruck der Gewalt ist das Hineinschneiden in Leiber und Lebensvorgänge, dessen sich die Mörder und die gesellschaftlich führenden Muttersöhne schuldig machen. Der Zusammenhang zwischen den Privattötern und den Staats- und Wirtschaftsmördern wird nur durch die Zwischenschaltung von Sachen und Personen unkenntlich gemacht. Das Ergebnis ist das gleiche. Handeln und Reden von Politikern und Unternehmern können die Ursachen der Tötung von Tausenden und Millionen sein.

Es bereitet etwas Mühe, die Wege der Gewalt vom lebenszerstörenden Ende bis zu dem Ausgangspunkt des Planens, Befehlens,

In-die-Wege-Leitens zurückzuverfolgen. Dieser Weg läßt sich leichter bei Waffenproduzenten beschreiten. Sie brauchen sich sogar die Hände nicht mit Entscheidungen »blutig« zu machen, aber sie stellen die Materialien her, die die Zerstörungen sicher bewirken werden. Dieses scheinbar harmlose Zurverfügungstellen des »neutralen« Kriegsmaterials setzt selbstverständlich eine Affinität zur Gewalt voraus.

Daß die Männer der Kruppdynastie schwer betroffen von der Muttersohntypologie waren, kam in einer neuen psychoanalytischen Veröffentlichung über die Intimbesonderheiten der Dynastieträger zutage. Mit Hilfe abgewetzten Freudschen Vokabulars werden von Roy C. Calogeras die Verklemmungen, Stagnationen, Verkehrungen der Männer aus der Beziehung der Söhne zu ihren Vätern hergeleitet.* Das ist wohl phänomenologisch richtig beobachtet – aber der Kern des Problems wird dabei nicht getroffen. Scheußliche Väter, wie die Väter aller Krupps es waren – sohnpeinigend, psychisch schwach, labil, unberechenbar, unheimlich, emotional despräsent – verhindern die Identifikation mit ihnen. Folglich werden die Söhne vor das sich perpetuierende Dilemma gestellt: Sie erleiden einen Mangel an Männlichkeit, weil der scheußliche Vater wie der abwesende, distanzierte ... es ihnen unmöglich macht, ihn für den Aufbau ihrer Person an- oder »hereinzunehmen«. »Automatisch« rutscht die Mutter in das vom Vater hinterlassene Vakuum. Aber dieses »Zusammenrutschen« von Mutter und Sohn ist keine Entlastung für den Sohn, sondern macht seine Komplikation erst endgültig. Alles, was von der Mutter her sich in ihm psychisch aufbauen will, muß er bekämpfen und verhindern. Er muß die Mutter »draußenhalten«. So zeichnet ihn am Ende seines Aufwachsens ein Mangel an Weiblichkeit ebenso wie der Mangel an Männlichkeit. Unter der aktionistisch dargestellten Nähe zur Mutter bleibt in der Seele des Sohnes eine Leere, ein Fehlen von identischer Weiblichkeit.

---

* A Psychoanalytic and Cultural Study of the Krupp-Family. New York 1989

Die Krupps lieferten Deutschland die Waffen für zwei Weltkriege. Sie sind also für den Tod der Millionen verantwortlich an forderster Stelle wie Kaiser, Führer und andere entscheidende Köpfe. Weil in der ersten Erbfolge der letzte Krupp – Alfred Friedrich – sich erschoß und keine männlichen Nachkommen hinterließ, wurde die Familie durch Einheirat des Gustav von Bohlen und Halbach fortgesetzt, der bei der Aufzucht seines Sohnes Alfried das gleiche Modell walten ließ, das mit dem »Muttersöhnchen« Arndt als endgültig letztem Glied endete.

Die nach Identifikation mit dem Vater aussehende Firmenfortsetzung der Kruppmänner war in Wirklichkeit nur ein Korsett um die Molluskenseele der Muttersöhne. Schon der erste Krupp, Alfred, tat das Gegenteil von seinem Vater. Friedrich Krupp war zu Beginn des 19. Jahrhunderts in Essen ein Kolonialwarenhändler, der sein Vermögen in einer Gußstahlfabrik einsetzte, mit ihr erfolglos blieb, pleite ging, schon um Mitte Dreißig herum resignierte, sich depressiv ins Bett legte und mit neununddreißig starb. Er ließ seine Frau und den vierzehnjährigen Alfred zurück, gab dem Paar Mutter und Sohn den üblichen Lauf. Von der Mutter zum Unternehmer delegiert, schwoll Alfred zum reichsten Mann Deutschlands an.

Sowohl Sohn Alfred Friedrich in der ersten Linie im 19. Jahrhundert, als auch Sohn Alfred in der zweiten Linie im 20. Jahrhundert betrieben zumindest für ihre eigene Person mehr zerstörerische als fortsetzende Handlungen. Alfred Friedrich schockte die Öffentlichkeit des beginnenden 20. Jahrhunderts mit für den Chef des größten Unternehmens Deutschlands unüblichen Emotions- und Sexualverhaltensweisen. Er hatte seine Ehefrau Margarethe ohne Grund in eine Nervenheilanstalt bringen lassen – sie leitete nach seinem Selbstmord die Firma bis zur Übernahme durch den Schwiegersohn Gustav. Alfred Friedrich vergnügte sich ungestört von den Interventionen seiner Frau auf Capri und im Berliner Hotel »Bristol« mit italienischen Fischerjungen, die im »Bristol« als Kellner getarnt waren, erschoß sich 1902, nachdem sein Tun herausgekommen war.

Gustavs Sohn Alfried gab die Firma 1966 in fremde Hände, entkoppelte sie von der Familie Krupp, starb ein Jahr darauf an Krebs.

Die Gewaltdelegierer und -provozierer betätigen sich mit geschickten Ablenkungsmanövern, verfügen über bessere Verkleidungen ihrer Strukturen als die selbst Hand anlegenden Zerstörer. Die direkten Mörder geben mit ihren Taten keine Rätsel auf, sondern liefern die Schlüssel zu den verschlossenen Seelen der anderen.

In Melbourne erschreckte am 9. 8. 1987 der 19jährige Straßenkiller Julian Knight die australische Bevölkerung ähnlich wie etwas später Michael Ryan die britische. Von einer Brücke aus schoß er in den fließenden Straßenverkehr hinein, auf Autos und Motorradfahrer, wie sie ihm gerade vor den Colt kamen. Er traf dabei sieben Personen tödlich. Am Abend vorher hatte er den Geburtstag seiner Mutter, mit der er zusammenlebte, gemeinsam mit ihr gefeiert, war dann in einen Pub eingekehrt, hatte dort zwölf bis fünfzehn Gläser Bier getrunken, war zurück in das Haus seiner Mutter gegangen, hatte seine drei Pistolen unter ihrem Bett hervorgeholt und sich auf einen günstigen öffentlichen Platz in der Nähe des Mutterhauses begeben. Die Polizei fand an der Stelle, an der er auf Menschen gezielt hatte, vierunddreißig Einschüsse.

Julian Knight war von seinem mit der Mutter nicht mehr zusammenlebenden Vater, einem Berufssoldaten, in die Armeelaufbahn gezwungen worden, die ihm mißglückte. Er wurde nach einem Jahr aus dem Militärcollege entlassen. Als er um sich schoß, hatte er erwartet, von der Polizei getötet zu werden.

Drei Pistolen unter dem Bett der Mutter – kaum ein Bild kann einprägsamer sein und verständlicher machen, was der Zusammenbruch eines Scheinmannes, genauer, was das Nichtentstehenkönnen von männlicher Identität für eine Katastrophe im männlichen Menschen ist. Scheußlicher Vater und hilf- und ahnungslose Mutter – das Vakuum Sohn dazwischen findet in diesem Konzept seiner Aufzucht keinen Zugang zum Leben.

»Boxmeister mit ›mörderischen Absichten‹: Seine Mutter hielt ihn für ›scheu und sanft‹. Er selbst hat bei sich im Ring zuweilen ›mörderische Absichten‹ festgestellt: Weltmeister Mike Tyson, 21. ›Eisen-Mike‹ nennen sie ihn oder einen ›jungen Stier‹, ›eine Kampfmaschine‹ ... Tyson fühlt sich ›eher als Krieger‹ ... Sein kürzester Kampf dauerte nur eine halbe Minute: ›In einem Ausbruch purer, in einem Ring selten gesehener Gewalttätigkeit‹ ... war Tyson ... auf seinen Gegner ... losgestürmt ... Tysons urwüchsige Kraft und sein unbeugsamer Wille zu siegen, haben ›ihn zum gefährlichsten Mann in der Schwergewichtskategorie‹ gemacht ...
Lorna Tyson – von Mikes Vater fehlt, zumindest öffentlich, jede Spur – zog ihren Sohn ... im New Yorker Stadtteil Brooklyn groß. Mike ... habe Brieftauben gehalten und ›Gewalt verabscheut‹. Tyson über seinen Kampf mit seinem ersten entscheidenden Gegner: ›Da stieg ich hinein mit der Absicht, ihn zu zerstören. Hinter jedem Schlag steckte eine mörderische Absicht.‹ Der Satz kommt mit beunruhigendem Gleichmut; milde ruhen seine Augen auf dem Gesprächspartner ...«
(Der Spiegel, Nr. 3 v. 18. 1. 88)

Eine Theorie ist nur dann gültig, wenn sie auf alle möglichen Fälle angewendet werden kann. Da die Gewaltneigung bei einem Sohn entsteht, wenn er unter einem brutalen, einem schwach-kranken oder einem psychisch-physisch abwesenden Vater aufwächst, kann die Gewalt nicht vom Vater auf den Sohn »übertragen« werden, ist die Voraussetzung ihres Entstehens der Mangel an Vater.

Die Theorie soll letztlich auch Söhne nicht verurteilen. Verurteilt werden muß die männergesellschaftliche Norm, die Mangelväterlichkeit noch heute täglich zu propagieren. Jeder Werbespot eines Fernsehprogramms propagiert sie, der die Frau mit Seifen und Salben in Küche und Bad zeigt und den Mann in Büro und Werkstatt tätig sein läßt. Jede Tageszeitung propagiert sie, die mit einer Anzeige Männer zum Herrschen und Regeln anlockt, »Beruf« noch immer von einer gewissen Ebene an aufwärts nur als männlich definiert.

Verurteilt werden soll zugleich das Verhalten des einzelnen Mannes, der auf eine Mangel- und Abbruchvaterschaft zusteuert.

Die Verantwortung für die Entstehung von Muttersöhnen trifft die Abbruch- und Mangelväter. Es ist ihre Gesellschaft und ihre Norm, ein verschwindender oder ungenügender Vater zu werden.

Ein Abbruchvater ist von null bis zum zehnten oder vierzehnten Lebensjahr des Kindes – von 0 bis 3, oder von 0 bis 1 – anwesend, und dann plötzlich weg oder nur sporadisch da. Nach der »Vaterflucht« entsteht aus dem Sohn kein Mann, sondern »Witwe«, ein ewig sich nach Väterlichkeit sehnendes und das Verhalten des Vaters an untauglichen Objekten rächendes Etwas.

Ein Mangelvater ist von null bis ultimo des Kinderlebens anwesend, aber psychisch (manchmal auch physisch) insolvent. Bei den Formen dieser Unzulänglichkeit des Vaters entstehen Halbwitwen und auch keine Männer, ebenfalls Vatersüchtige.

Wer zu Abwesenheiten tendiert, wen es nach Abenteuern verlangt, wer persönliche Nähe zu Frauen und Kindern dauerhaft nicht ertragen kann, muß auf das Zeugen von Nachkommen verzichten.

Wenn eine Vollvaterschaft aus den verschiedenen Gründen nicht möglich ist, dann lieber keine – kein Vater von null an! Da reguliert sich einiges von selbst. Der Sohn sucht sich Väterlichkeit zusammen. Das Zusammensuchen von Väterlichkeit ist eine andere Dynamik als die Witwenschaft, die immer resignativ-destruktive Züge hat. Wenn die Bilder, die in den Vaterlosen eingehen und die Teil- und Nebenväter in Gestalt von Großvätern, Onkels, Lehrern, Nachbarn, Freunden ... nicht sonderdesastrig sind, entsteht aus dieser Entwicklung ein brauchbarer »selbstgestrickter« Mann. Und wenn der Junge das Glück hatte, eine Königinfrau zur Mutter zu haben, nimmt er sich aus ihr Aspekte der Väterlich-Männlichkeit, mixt sie mit den (Vor-)Bildern und Nebenvätern zu etwas Identisch-Stabilem. Doch der Vorgang des selbstgestrickten Mannes ist nur möglich, wenn die Sehnsucht nach einem eigenen Vater durch keine noch so kurze Zeit von Anwesenheit des biologischen Vaters im Keim erstickt wurde.

Die Ideologie, jeder Mann habe ein Kind zu haben, ist erst eine

Einrichtung des bürgerlichen Zeitalters. Bis in das 18. Jahrhundert hinein durfte gar nicht jeder Mensch heiraten. Standesämter sollten sich nicht mehr so sehr dafür interessieren, ob zwei Menschen lebenslänglich zusammensein wollen, sondern ob sie gut zwanzig Jahre lang mit (ihren) Kindern umgehen können.

Als ein Erste-Hilfe-Programm für Erde und Menschen, Tiere und Pflanzen müssen psychologische Tests bei allen Menschen veranstaltet werden, die Wirtschaftsunternehmen und Staaten führen wollen. Was für Piloten gilt, muß auch für Präsidenten (und Präsidentinnen!) gelten. Wer führen will, darf nicht für Gewalt anfällig sein.

Ein Refugium für Muttersöhne kann der Boxring bleiben.

Volker Elis Pilgrim
Australien, im September 1989

Literaturverzeichnis

Abendroth, Walter: Arthur Schopenhauer mit Selbstzeugnissen und Bilddokumenten dargestellt. Reinbek 1967
Alexander, Edgar: Der Mythus Hitler. Zürich 1936. (Nachdruck München 1980)
Allilujewa, Swetlana: Zwanzig Briefe an einen Freund. München 1967
Althaus, Horst: Nietzsche. Eine bürgerliche Tragödie. München 1985
Amery, Carl: Das Ende der Vorsehung. Die gnadenlosen Folgen des Christentums. Reinbek 1972
Arrabal, Fernando: Baal Babylon. Neuwied 1959
Aubry, Octave: Madame Mère. In: Letizia Bonaparte. Napoleons Mutter in ihren Briefen. Hrsg. v. Piero Misciatelli. Erlenbach-Zürich 1949
Augstein, Rudolf: Preußens Friedrich und die Deutschen. Frankfurt/Main 1981
Augustinus, Aurelius: Bekenntnisse. Hrsg. v. Wilhelm Thimme. Zürich 1950

Baer, Harry: Schlafen kann ich, wenn ich tot bin. Das atemlose Leben des Rainer Werner Fassbinder. Köln 1982
Baumgart, Rudolf: Bismarck. Licht und Schatten eines Genies. München 1951
Berglar, Peter: Maria Theresia in Selbstzeugnissen und Bilddokumenten dargestellt. Reinbek 1980
Biemel, Walter: Jean-Paul Sartre in Selbstzeugnissen und Bilddokumenten dargestellt. Reinbek 1976
Binion, Rudolf: ». . . daß ihr mich gefunden habt.« Hitler und die Deutschen. Eine Psychohistorie. Stuttgart 1978
Bismarck, Otto von: Fürst Bismarcks Briefe an seine Braut und Gattin. Hrsg. v. Fürst Herbert Bismarck. Stuttgart 1900
Bismarck, Otto von: Fürst Bismarck als Redner. Vollständige Sammlung der parlamentarischen Reden Bismarcks seit dem Jahre 1847. Hrsg. v. Wilhelm Böhn. Berlin o. J.
Bismarck, Otto von: Gedanken und Erinnerungen. Stuttgart 1898
Blumenberg, Werner: Karl Marx in Selbstzeugnissen und Bilddokumenten dargestellt. Reinbek 1976

Boerner, Peter: Johann Wolfgang von Goethe mit Selbstzeugnissen und Bilddokumenten dargestellt. Reinbek 1985
Bonaparte, Letizia: Napoleons Mutter in ihren Briefen. Hrsg. v. Piero Misciatelli. Zürich 1949
Brandi, Karl: Kaiser Karl V. Werden und Schicksal einer Persönlichkeit und eines Weltreiches. München 1967
Brown, Peter: Augustinus von Hippo. Frankfurt/M. 1973
Bujak, Adam/Malinski, Mieczyslaw: Johannes Paul II. Ein Text-Bildband. Graz 1979
Burschell, Friedrich: Friedrich Schiller mit Selbstzeugnissen und Bilddokumenten dargestellt. Reinbek 1985

Cowles, Virginia: Wilhelm II. Der letzte deutsche Kaiser. München 1976
Craig, Gordon A.: Über die Deutschen. München 1982
Craig, Gordon A.: Deutsche Staatskunst von Bismarck bis Adenauer. Düsseldorf 1961
Craig, Gordon A.: Das Ende Preußens. Acht Porträts. München 1985
Craig, Gordon A./George Alexander L.: Zwischen Krieg und Frieden. Konfliktlösung in Geschichte und Gegenwart. München 1984
Crankshaw, Edward: Bismarck. München 1983
Cremerius, Johannes: Die Reaktionsbildung im Leben Philipp II. und ihre Bedeutung für das Schicksal Spaniens. In: Neurose und Genialität, Psychoanalytische Biographien. Hrsg. v. Johannes Cremerius.

Dahms, Hellmuth Günther: Francisco Franco. Soldat und Staatschef. Göttingen 1972
Dankelmann, Otfried: Franco zwischen Hitler und den Westmächten. Berlin 1970
Deutscher, Isaac: Stalin. Eine politische Biographie. Stuttgart 1962
Dermenghem, Emile: Mohammed in Selbstzeugnissen und Bilddokumenten dargestellt. Reinbek 1980
Djilas, Milowan: Gespräche mit Stalin. Frankfurt/M. 1962
Drews, Wolfgang: Gotthold Ephraim Lessing mit Selbstzeugnissen und Bilddokumenten dargestellt. Reinbek 1984

Ege, Konrad/Ostrowsky, Jürgen: Ronald Reagan. Eine politische Biographie. Köln 1986
Eichenbaum, Luise/Orbach, Susie: Feministische Psychotherapie. Auf der Suche nach einem neuen Selbstverständnis der Frau. München 1984
Eichler, Oskar: Die Wurzeln des Frauenhasses bei Arthur Schopenhauer. Bonn 1926

Eissler, K. R.: Goethe. Eine psychoanalytische Studie. Band 1. Frankfurt/M. 1983
Erikson, Erik H.: Der junge Mann Luther. Frankfurt/M. 1975
Erikson, Erik H.: Die Legende von Hitlers Kindheit. In: Neurose und Genialität. Psychoanalytische Biographien. Hrsg. v. Johannes Cremerius. Frankfurt/M. 1971
Eucken-Erdsiek, Edith: Größe und Wahn. Drei Essays über Friedrich den Großen, Napoleon, Hitler. Wiesbaden 1978
Eulenburg, Philipp: Politische Korrespondenz. Band 1. Hrsg. v. John Röhl. Boppard 1976

Faludy, George: Erasmus von Rotterdam. Frankfurt/M. 1970
Ferdinandy, Michael de: Philipp II. Größe und Niedergang der spanischen Weltmacht. Wiesbaden 1977
Fichte, Hubert: Versuch über die Pubertät. Frankfurt/M. 1976
Fraenkel, Heinrich/Manvell, Roger: Himmler. Kleinbürger als Massenmörder. Herrsching 1981
France, Empereur, I.: Das Testament Napoleons. Vollständiges Faksimile des Testaments und der zugehörigen Dokumente in den Archives Nationales Paris. Stuttgart 1973
Franck, Barbara: Mütter und Söhne. Gesprächsprotokolle mit Männern. Hamburg 1983
Frauen um Hitler, nach Materialien von Henriette von Schirach. München 1983
Frenzel, Ivo: Friedrich Nietzsche in Selbstzeugnissen und Bilddokumenten dargestellt. Reinbek 1966
Friedenthal, Richard: Diderot. Ein biographisches Porträt. München 1984
Friedenthal, Richard: Goethe. Sein Leben und seine Zeit. München 1963
Friedenthal, Richard: Georg Friedrich Händel mit Selbstzeugnissen und Bilddokumenten dargestellt. Reinbek 1985
Friedenthal, Richard: Leonardo. Eine Bildbiographie. München 1959
Friedenthal, Richard: Luther. Sein Leben und seine Zeit. München 1982
Fromm, Erich: Anatomie der menschlichen Destruktivität. Reinbek 1979
Funke, Peter: Oskar Wilde in Selbstzeugnissen und Bilddokumenten dargestellt. Reinbek 1970

Gail, Anton J.: Erasmus von Rotterdam in Selbstzeugnissen und Bilddokumenten dargestellt. Reinbek 1974
Gall, Lothar: Bismarck. Der weiße Revolutionär. Frankfurt/M. 1980
Goebbels, Joseph: Tagebücher 1945. Die letzten Aufzeichnungen. Bergisch Gladbach 1980

Görlitz, Walter: Hannibal. Eine politische Biographie. Stuttgart 1970
Görlitz, Walter: Hindenburg. Ein Lebensbild. Bonn 1953
Goethe, Johann Wolfgang von: Gedenkausgabe der Werke, Briefe und Gespräche. Hrsg. v. Ernst Beutler. Zürich 28. 8. 1949
Gordeaux, Paul: Napoleon und die Liebe. München 1980
Gran, Gerhard: Henrik Ibsen. Leipzig 1928
Grant, Michael: Nero. Despot – Tyrann – Künstler. München 1978
Grant, Michael: Paulus, Bergisch Gladbach 1978
Greither, Aloys: Wolfgang Amadé Mozart mit Selbstzeugnissen und Bilddokumenten dargestellt. Reinbek 1985
Grey, Ian: Iwan der Schreckliche. Tübingen 1965
Grimm, Tilemann: Mao Tse-tung in Selbstzeugnissen und Bilddokumenten dargestellt. Reinbek 1968
Gundolf, Hubert: Massenmord. Das dunkelste Kapitel der Menschheitsgeschichte von Nero bis Hitler, von Troja bis Hiroshima. München 1981
Gutman, Robert: Richard Wagner. Der Mensch, sein Werk, seine Zeit. München 1970

Hackett, Francis: Heinrich der Achte. Frankfurt/M. 1978
Haffner, Sebastian: Anmerkungen zu Hitler. München 1978
Haffner, Sebastian: Winston Churchill in Selbstzeugnissen und Bilddokumenten dargestellt. Reinbek 1967
Hallgarten, George W. F.: Dämonen oder Retter. Eine kurze Geschichte der Diktatur seit 600 vor Christus. Frankfurt/M. 1957
Hartau, Friedrich: Wilhelm II. in Selbstzeugnissen und Bilddokumenten dargestellt. Reinbek 1978
Häussermann, Ulrich: Friedrich Hölderlin mit Selbstzeugnissen und Bilddokumenten dargestellt. Reinbek 1983
Heinsohn, Gunnar/Steiger, Otto: Die Vernichtung der weisen Frauen. Herbstein 1985
Hemleben, Johannes: Charles Darwin in Selbstzeugnissen und Bilddokumenten dargestellt. Reinbek 1968
Hemleben, Johannes: Rudolf Steiner mit Selbstzeugnissen und Bilddokumenten dargestellt. Reinbek 1985
Hermanowski, Georg: Nicolaus Coppernicus. Sein Leben und sein Werk. München 1971
Herre, Franz: Kaiser Franz Joseph von Österreich. Köln 1978
Hesse, Hermann: Gesammelte Schriften. Frankfurt/M. 1949 ff.
Hesse, Hermann: Kindheit und Jugend vor Neunzehnhundert. Hermann Hesse in Briefen und Lebenszeugnissen 1877–1895. Hrsg. v. Ninon Hesse. Frankfurt/M. 1966

Hirsch, Helmut: Rosa Luxemburg mit Selbstzeugnissen und Bilddokumenten dargestellt. Reinbek 1985
Hochhuth, Rolf: Goebbels in seinen Tagebüchern. In: Joseph Goebbels. Tagebücher 1945. Die letzten Aufzeichnungen. Bergisch Gladbach
Hohoff, Curt: Heinrich von Kleist mit Selbstzeugnissen und Bilddokumenten dargestellt. Reinbek 1985
Hölderlin, Friedrich: Sämtliche Werke. Hrsg. v. Friedrich Beissner. Stuttgart 1944 ff.
Hölderlin, Friedrich: Sämtliche Werke. Große Stuttgarter Ausgabe. Hrsg. v. Friedrich Beissner. Stuttgart 1943 ff.
Holmsten, Georg: Friedrich II. in Selbstzeugnissen und Bilddokumenten dargestellt. Reinbek 1969
Holmsten, Georg: Jean-Jacques Rousseau in Selbstzeugnissen und Bilddokumenten dargestellt. Reinbek 1972
Holmsten, Georg: Voltaire in Selbstzeugnissen und Bilddokumenten dargestellt. Reinbek 1971
Horst, Eberhard: Konstantin der Große. Düsseldorf 1986
Höss, Rudolf: Kommandant in Auschwitz. Hrsg. v. Martin Broszat. München 1963

Institoris, Heinrich/Sprenger, Jakob: Der Hexenhammer. München 1985
Institut für Marxismus-Leninismus beim ZK der KPdSU (Autorenkollektiv): W. I. Lenin. Biographie. Berlin 1971
Iremaschwili, Josef: Stalin und die Tragödie Georgiens. Berlin 1932

Jerussalimski, Arkadi: Bismarck. Diplomatie und Militarismus. Köln 1984
Jewett, Robert: Paulus-Chronologie. München 1982
Jones, J. Sydney: Hitlers Weg begann in Wien. Wiesbaden 1980

Kafka, Franz: Gesammelte Werke. Hrsg. v. Max Brod. Frankfurt/M. 1951 ff.
Kahl, Joachim: Das Elend des Christentums oder Plädoyer für eine Humanität ohne Gott. Reinbek 1968
Kalckhoff, Andreas: Richard III. Bergisch Gladbach 1980
Katharina II. in ihren Memoiren. Hrsg. v. Erich Boehme. Frankfurt/M. 1972
Keitel-Holz, Klaus: Charles Darwin und sein Werk. Versuch einer Würdigung. Frankfurt/M. 1981
Kesting, Marianne: Bertolt Brecht in Selbstzeugnissen und Bilddokumenten dargestellt. Reinbek 1966
Kirkpatrick, Sir Ivone: Mussolini. Berlin 1965

Klein, Peter: Francos zweite Inquisition. Spanien zwischen Folter und EWG. Ein Report aus dem Jahre 1970. München 1971
Kleinschmidt, Arthur: Die Eltern und Geschwister Napoleons I. Berlin 1886
Kleist, Heinrich von: Sämtliche Werke und Briefe. Hrsg. v. Helmut Sembdner. München 1977
Koeberlein, Ernst: Caligula und die ägyptischen Kulte. Erlangen 1962
Konzelmann, Gerhard: Mohammed. Allahs Prophet und Feldherr. Bergisch Gladbach 1980
Krewerth, Rainer A.: Johannes Paul II. Bergisch Gladbach 1979
Kubizek, A.: Adolf Hitler, mein Jugendfreund. Stuttgart 1966
Kühner, Hans: Giuseppe Verdi mit Selbstzeugnissen und Bilddokumenten dargestellt. Reinbek 1985

Lagercrantz, Olof: Strindberg. Frankfurt/M. 1980
Lamb, Harold: Alexander von Macedonien. Die Reise zum Ende der Welt. Genf, Darmstadt 1954
Lenin-Chronik. Daten zu Leben und Werk. Zusammengestellt von Gerda und Hermann Weber. München 1974
Lenin, Wladimir Iljitsch: Dokumente seines Leben 1870–1924. Ausgewählt und erläutert von Arnold Reisberg. Frankfurt/M. 1977
Lenz, Jacob Michael Reinhold: Briefe von und an J. M. R. Lenz. Hrsg. v. Karl Freyer und Wolfgang Stammler. Leipzig 1918
Lenz, Jacob Michael Reinhold: Gesammelte Schriften. Hrsg. v. Ernst Lewy. Leipzig 1917
Liedtke, Max: Johann Heinrich Pestalozzi mit Selbstzeugnissen und Bilddokumenten dargestellt. Reinbek 1984
Lilje, Hans: Martin Luther in Selbstzeugnissen und Bilddokumenten dargestellt. Reinbek 1965
Liman, Paul: Bismarck in Geschichte, Karikatur und Anekdote. Stuttgart 1915
Lindner, Burkhardt/Lüdke, W. Martin (Hrsg.): Materialien zur ästhetischen Theorie Theodor W. Adornos. Frankfurt/M. 1980
Ludwig, Emil: Bismarck. Ein psychologischer Versuch. Berlin 1921
Ludwig, Emil: Hindenburg. Legende und Wirklichkeit. Hamburg 1962
Ludwig, Emil: Napoleon. Berlin 1925
Luna, Giovanni de: Benito Mussolini in Selbstzeugnissen und Bilddokumenten dargestellt. Reinbek 1978

Malinski, Mieczyslaw: Johannes Paul II. Freiburg im Breisgau 1979
Manfred, A. S.: Napoleon Bonaparte. Berlin 1978

Mann, Heinrich: Die traurige Geschichte von Friedrich dem Großen. Düsseldorf 1986
Mann, Thomas: Briefe. Hrsg. v. Erika Mann. Frankfurt/M. 1962 ff.
Mann, Thomas: Gesammelte Werke. Frankfurt/M. 1960 ff.
Mann, Thomas: Tagebücher. Hrsg. v. Peter de Mendelssohn. Frankfurt/M. 1977 ff.
Mannoni, Octave: Sigmund Freud in Selbstzeugnissen und Bilddokumenten dargestellt. Reinbek 1977
Marcel, Luc-André: Johann Sebastian Bach mit Selbstzeugnissen und Bilddokumenten dargestellt. Reinbek 1985
Markham, Felix: Napoleon. New York 1963
Marrou, Henri: Augustinus mit Selbstzeugnissen und Bilddokumenten dargestellt. Reinbek 1984
Maser, Werner: Adolf Hitler. Legende, Mythos, Wirklichkeit. München 1971
Massie, Robert K.: Peter der Große. Sein Leben und seine Zeit. Königstein/Ts. 1982
Massin, Jean: Robespierre. Berlin 1972
Mauriac, Claude: Marcel Proust in Selbstzeugnissen und Bilddokumenten dargestellt. Reinbek 1979
Maurois, André: Napoleon in Selbstzeugnissen und Bilddokumenten dargestellt. Reinbek 1983
Mayer, Hans: Richard Wagner in Selbstzeugnissen und Bilddokumenten dargestellt. Reinbek 1979
Meyer, Arnold Oskar: Bismarck. Der Mensch und der Staatsmann. Stuttgart 1949
Meyer, Hans Georg: Ibsen. Velber 1967
Michel, Karl Markus: Versuch, die »Ästhetische Theorie« zu verstehen. In: Lindner, Burkhardt/Lüdke, W. Martin: Materialien zur ästhetischen Theorie Theodor W. Adornos. Frankfurt/M. 1980
Miller, Alice: Am Anfang war Erziehung. Frankfurt/M. 1983
Miller, Alice: Das Drama des begabten Kindes und die Suche nach dem wahren Selbst. Frankfurt/M. 1979
Miller, Merle: Offen gesagt. Harry S. Truman erzählt sein Leben. Stuttgart 1975
Moeller, Michael Lukas: Männermatriarchat. In: Barbara Franck: Mütter und Söhne. Hamburg 1983
Mommsen, Wilhelm: Otto von Bismarck mit Selbstzeugnissen und Bilddokumenten dargestellt. Reinbek 1985
Moor, Paul: Das Selbstporträt des Jürgen Bartsch. Frankfurt/M. 1972
Morozow, Michael: Der Georgier. Stalins Weg und Herrschaft. München 1980

Mosley, Leonard: Göring. München 1975
Müller, Hans-Dieter: Der junge Goebbels. Dissertation. Freiburg im Breisbau 1974
Mussolini, Rachele: Mussolini ohne Maske. Hrsg. v. Albert Zarca. Stuttgart 1974

Napoleon I.: Darstellung der Kriege Caesars, Turennes und Friedrichs des Großen. Hrsg. v. Hans E. Friedrich. Berlin 1938
Napoleon: Ich, der Kaiser. Autobiographie. München 1978
Nette, Herbert: Karl V. in Selbstzeugnissen und Bilddokumenten dargestellt. Reinbek 1979
Neumann, Herta: Die Mutter des Religionsstifters (Mohammed). Dissertation. Stuttgart 1935
Neumann-Hoditz, Reinhold: Dschingis Khan mit Selbstzeugnissen und Bilddokumenten dargestellt. Reinbek 1985
Neumann-Hoditz, Reinhold: Peter der Große in Selbstzeugnissen und Bilddokumenten dargestellt. Reinbek 1983
Neurose und Genialität. Psychoanalytische Biographien. Hrsg. v. Johannes Cremerius. Frankfurt/M. 1971
Nietzsche, Friedrich: Briefwechsel. Kritische Gesamtausgabe. Hrsg. v. Giorgio Colli und Mazzino Montinari. Berlin 1975 ff.
Nietzsche, Friedrich: Werke in drei Bänden. Hrsg. v. Karl Schlechta. München 1956
Nietzsche, Friedrich: Sämtliche Werke in Einzelbänden. Stuttgart 1965 ff.
Nietzsche, Friedrich: Kritische Gesamtausgabe. Hrsg. v. Giorgio Colli und Mazzino Montinari. Berlin 1967 ff.
Nürnberger, Helmuth: Johannes XXIII. mit Selbstzeugnissen und Bilddokumenten dargestellt. Reinbek 1985
Nürnberger, Helmuth: Theodor Fontane in Selbstzeugnissen und Bilddokumenten dargestellt. Reinbek 1969

Oppermann, Hans: Julius Caesar in Selbstzeugnissen und Bilddokumenten dargestellt. Reinbek 1968
Orieux, Jean: Das Leben des Voltaire. Frankfurt/M. 1968
Owssejenko, Anton: Stalin. Porträt eines Tyrannen. München 1983

Palmer, Alan: Bismarck. Düsseldorf 1976
Paris, Jean: William Shakespeare mit Selbstzeugnissen und Bilddokumenten dargestellt. Reinbek 1985
Paul, Fritz (Hrsg.): Henrik Ibsen. Darmstadt 1977
Paul, Wolfgang: Wer war Hermann Göring? Esslingen 1983
Payne, Robert: Stalin, Macht und Tyrannei. München 1981

Pestalozzi, Heinrich: Sämtliche Werke. Berlin 1927 ff.
Pestalozzi, Heinrich: Werke in 8 Bänden. Hrsg. v. Paul Baumgartner. Zürich
Peters, Heinz F.: Zarathustras Schwester. Fritz und Lieschen Nietzsche. Ein deutsches Trauerspiel. München 1983
Pisa, Karl: Schopenhauer. München 1978
Presser, Jacques: Napoleon. Das Leben und die Legende. Stuttgart 1977
Psycho-Pathographien I. Schriftsteller und Psychoanalyse. Hrsg. v. Alexander Mitscherlich. Frankfurt/M. 1972
Pusch, Luise (Hrsg.): Feminismus. Inspektion der Herrenkultur. Ein Handbuch. Frankfurt/M. 1983

Raab, Kurt/Peters, Karsten: Die Sehnsucht des Rainer Werner Fassbinder. München 1982
Rau, Heimo: Mahatma Gandhi mit Selbstzeugnissen und Bilddokumenten dargestellt. Reinbek 1984
Ravenscroft, Trevor: Der Speer des Schicksals. Das Symbol für dämonische Kräfte von Christus bis Hitler. Zug (Schweiz) 1974
Reagan, Ronald: Woher ich komme. München 1982
Reiners, Ludwig: Bismarcks Aufstieg 1815–1864. München 1980
Richter, Werner: Bismarck. Frankfurt/M. 1962
Ringel, Erwin: Die österreichische Seele. 10 Reden über Medizin, Politik, Kunst und Religion. Köln 1984
Rilke, Rainer Maria: Sämtliche Werke. Hrsg. vom Rilke-Archiv. In Verbindung mit Ruth Sieber-Rilke besorgt durch Ernst Zinn. Wiesbaden 1957 ff.
Röhm, Ernst: Die Geschichte eines Hochverräters. München 1934
Romanow, Nikita/Payne, Robert: Iwan der Schreckliche. München 1980
Rosanow, M. N.: J. M. R. Lenz. Der Dichter der Sturm- und Drangperiode. Sein Leben und sein Werk. Leipzig 1909
Rubel, Maximilien: Josef W. Stalin mit Selbstzeugnissen und Bilddokumenten dargestellt. Reinbek 1984
Russell, Bertrand: Warum ich kein Christ bin. Reinbek 1968

Salis, J. R. von: Anmerkungen zu Rilkes Lebensgeschichte. In: Rilkes Leben und Werk im Bild. Hrsg. v. Ingeborg Schnack. Wiesbaden 1956
Sandvoss, Ernst R.: Bertrand Russell in Selbstzeugnissen und Bilddokumenten dargestellt. Reinbek 1980
Schachermeyr, Fritz: Alexander der Große. Das Problem seiner Persönlichkeit und seines Wirkens. Wien 1973

Schnack, Ingeborg: Rainer Maria Rilke. Chronik seines Lebens und seines Werkes. Frankfurt/M. 1975
Schnack, Ingeborg: Rilkes Leben und Werk im Bild. Wiesbaden 1956
Schopenhauer, Arthur: Sämtliche Werke. Hrsg. v. Wolfgang Frhr. von Löhneysen. Darmstadt 1961 ff.
Schram, Stuart: Mao Tse-tung. Frankfurt/M. 1969
Schröter, Klaus: Thomas Mann in Selbstzeugnissen und Bilddokumenten dargestellt. Reinbek 1964
Schulte, Günter: »Ich impfe euch mit dem Wahnsinn«. Nietzsches Philosophie der verdrängten Weiblichkeit des Mannes. Frankfurt/M. 1982
Schwind-Waldeck, Peter: Wie deutsch war Hitler? Eine historisch-psychologische Untersuchung. Frankfurt/M. 1979
Siciliano, Enzo: Pasolini. Leben und Werk. Frankfurt/M. 1985
Sieburg, Friedrich: Napoleon. München 1981
Sieburg, Friedrich: Robespierre. Tübingen 1949
Skasa-Weiss, Eugen (Hrsg.): Gott hat mich benachteiligt. Genie und Mißgestalt in elf historischen Porträts. Bergisch Gladbach 1967
Skasa-Weiss, Eugen: Mütter, Schicksal großer Söhne. Oldenburg 1966
Smith, Denis Mack: Mussolini. München 1983
Smith, Edward E.: Der junge Stalin. München 1969
Stahr, Adolf: Agrippina, die Mutter Neros. Berlin 1880
Steffahn, Harald: Adolf Hitler in Selbstzeugnissen und Bilddokumenten dargestellt. Reinbek 1983
Stein, Walther (Hrsg.): Bismarck. Des eisernen Kanzlers Leben in annähernd 200 Bildern. Leipzig 1915
Stephan, Werner: Joseph Goebbels. Stuttgart 1949
Stern, Carola: Willy Brandt in Selbstzeugnissen und Bilddokumenten dargestellt. Reinbek 1975
Stierlin, Helm: Adolf Hitler. Familienperspektiven. Frankfurt/M. 1975
Sueton: Leben der Caesaren. Hrsg. v. André Lambert. Reinbek 1960

Terril, Ross: Mao. Hamburg 1981
Toland, John: Adolf Hitler. Bergisch Gladbach 1981
Tolstaja, Sofja A.: Tagebücher. Königstein/Ts. 1982, 1983
Tritsch, Walther: Olympias, die Mutter Alexanders des Großen. Das Schicksal eines Weltreiches. Frankfurt/M. 1936
Tulard, Jean: Napoleon oder der Mythos des Retters. Frankfurt/M. 1982

Ulam, Adam B.: Stalin. Koloss der Macht. Esslingen 1977

Venohr, Wolfgang: Fridericus Rex. Porträt einer Doppelnatur. Bergisch Gladbach 1985
Verchau, Ekkhard: Otto von Bismarck. Berlin 1969

Wackwitz, Stephan: Friedrich Hölderlin. Stuttgart 1985
Wagner, Richard: Über das Weibliche im Menschlichen. In: Mein Denken. Hrsg. v. Martin Gregor-Delling. München 1982
Weber, Hermann: Wladimir I. Lenin in Selbstzeugnissen und Bilddokumenten dargestellt. Reinbek 1970
Weininger, Otto: Geschlecht und Charakter. Wien 1905
Wiggershaus, Renate: George Sand mit Selbstzeugnissen und Bilddokumenten dargestellt. Reinbek 1983
Wilde, Harry: Leo Trotzki in Selbstzeugnissen und Bilddokumenten dargestellt. Reinbek 1969
Winowska, Maria: Johannes Paul II. Aschaffenburg 1979
Winzinger, Franz: Albrecht Dürer in Selbstzeugnissen und Bilddokumenten dargestellt. Reinbek 1971
Wirth, Gerhard: Alexander der Große in Selbstzeugnissen und Bilddokumenten dargestellt. Reinbek 1973
Wöhrmann, Klaus-Rüdiger: Hölderlins Wille zur Tragödie. München 1967
Wojtyla, Karol: Der Bruder unseres Gottes. Strahlung des Vaters. Freiburg im Breisgau 1981
Wojtyla, Karol/Jawien, Andrzej: Der Laden des Goldschmieds. Freiburg im Breisgau 1979
Wojtyla, Karol: Erziehung zur Liebe. Stuttgart 1979
Würtenberg, Gustav: Nero oder die Macht der Dämonen. Düsseldorf 1947

Zentner, Christian: Anmerkungen zu »Holocaust«. Die Geschichte der Juden im Dritten Reich. München 1979
Zobeley, Fritz: Ludwig van Beethoven mit Selbstzeugnissen und Bilddokumenten. Reinbek 1985
Zwerenz, Gerhard: Der langsame Tod des Rainer Werner Fassbinder. München 1982

Literaturverzeichnis zu Adenauer, Strauß, Kohl...
Adenauer. Eine Biographie in Bild und Wort von Ulrich Frank-Planitz. Bergisch Gladbach 1975
Das Adenauer Bildbuch. Hrsg. v. L. Fritz Gruber. Stuttgart 1956
Barudio, Günter: Gustav Adolf – der Große. Eine politische Biographie. Frankfurt/M. 1982

Berner, Felix: Gustav Adolf. Der Löwe aus Mitternacht. Stuttgart 1982
Bolesch, Hermann Otto/Leicht, Hans Dieter: Der lange Marsch des Willy Brandt. Ein Porträt des deutschen Bundeskanzlers. Tübingen 1970
Collier, Peter/Horowitz, David: Die Rockefellers. Eine amerikanische Dynastie. Frankfurt/M. 1976
Filmer, Werner/Schwan, Heribert: Helmut Kohl. Düsseldorf 1985
Filmer, Werner/Schwan, Heribert: Richard von Weizsäcker. Profile eines Mannes. Düsseldorf 1986
Harpprecht, Klaus: Willy Brandt. Porträt und Selbstporträt. München 1970
Honecker, Erich. Skizze seines politischen Lebens. Frankfurt/M. 1977
Koch, Peter: Konrad Adenauer. Eine politische Biographie. Reinbek 1985
Kohl, Helmut: Katholisch, liberal, patriotisch. In: Mein Elternhaus. Ein deutsches Familienalbum. Hrsg. v. Rudolf Pörtner. Düsseldorf 1984
Kreisky, Bruno: Zwischen den Zeiten. Erinnerungen aus fünf Jahrzehnten. Berlin 1986
Lippmann, Heinz: Honecker. Porträt eines Nachfolgers. Köln 1971
Medwedjew, Zhores: Der Generalsekretär. Michail Gorbatschow. Eine politische Biographie. Neuwied 1987
Messner, Reinhold: Überlebt. München 1987
Miller, Russell: Die Gettys. Düsseldorf 1986
Nirumand, Bahman/Daddjou, Keywan: Mit Gott für die Macht. Eine politische Biographie des Ayatollah Chomeini. Reinbek 1987
Oppenheimer, Wolfgang: Prinz Eugen von Savoyen. Feldherr, Staatsmann und Mäzen 1663–1736. München 1979
Poljanski, Nikolai/Rahr, Alexander: Gorbatschow. Der neue Mann. München 1986
Prittie, Terence: Willy Brandt. Biographie. Frankfurt/M. 1973
Schwarz, Hans-Peter: Adenauer. Der Aufstieg: 1876–1952. Stuttgart 1986
Stiftung Bundeskanzler-Adenauer-Haus: Konrad Adenauer. Dokumente aus vier Epochen deutscher Geschichte. Bad Honnef 1986
Stradal, Otto: Der andere Prinz Eugen. Vom Flüchtling zum Multimillionär. Wien 1982
Strauß, Franz Josef: Erkenntnisse Standpunkte Ausblicke. Hrsg. v. Karl Carstens, Alfons Goppel, Henry Kissinger, Golo Mann. München 1985
Strauß, Franz Josef: Großer Bildband von Helmut Wald-Wagenburg und Hans Klein. Percha 1979
Strauß, Franz Josef: Der Mensch und der Staatsmann. Ein Porträt. Hrsg. v. Walter Schöll. Percha 1984

Strauß, Maria: Herkunft und Familie. In: Strauß, Franz Josef: Erkenntnisse Standpunkte Ausblicke ...
Uexküll, Gösta von: Konrad Adenauer in Selbstzeugnissen und Bilddokumenten dargestellt. Reinbek 1976
Waldheim, Kurt: Im Glaspalast der Weltpolitik. Düsseldorf 1985
Winter, Ingelore M.: Der unbekannte Adenauer. Düsseldorf 1976
Zierer, Otto: Franz Josef Strauß. Lebensbild. München 1986

Nachweis der Abbildungen

Ullstein Bilderdienst, Berlin: 42. 44. 46. 120, 156. 191, (224)
Archiv für Kunst und Geschichte, Berlin: 226
Thomas-Mann-Archiv, Zürich: 154
Bildarchiv der Österreichischen Nationalbibliothek, Wien: 124
Alle anderen Abbildungen aus privaten Archiven.

Anmerkungen

Hitler, Stalin, Napoleon

1 Schwind-Waldeck, S. 85, 86
2 Fraenkel/Manvell, S. 81
3 Schwind-Waldeck, S. 84–86
4 Payne, S. 35, 36
5 Ulam, S. 406
6 Payne, S. 388
7 Fraenkel/Manvell, S. 82
8 Ravenscroft, S. 198
9 Ruschtaweli, Schota: »Der Ritter im Leopardenfell«, zitiert in Payne, S. 12–18
10 Napoleon: Kriege. S. 18, 19
11 Napoleon: Kriege. S. 19
12 Napoleon: Kriege. S. 19
13 Sueton, S. 11
14 Röhm, S. 14
15 Höss, S. 28
16 Mann, Heinrich, S. 129–131
17 Maurois, S. 77
18 Maurois, S. 40
19 Maurois, S. 52
20 Maurois, S. 50
21 Maurois, S. 51
22 Maurois, S. 122
23 Goethe: Gespräche mit Eckermann. In: Band 24, 11. 3. 1828, S. 672
24 Maurois, S. 51
25 Tulard, S. 307
26 Tulard, S. 326
27 Tulard, S. 308
28 Tulard, S. 310
29 Maurois, S. 123
30 Kleist: Politische Schriften des Jahres 1809. Katechismus der Deutschen. In: Band 2, S. 354
31 Maurois, S. 37
32 Markham, S. 16
33 Napoleon: Kriege. S. 199, 200
34 Bonaparte, Letizia, S. 71, 72
35 Bonaparte, Letizia, S. 89–94
36 Bonaparte, Letizia, S. 189, 190
37 Dahms, S. 10, 11
38 Dahms, S. 11
39 Aubry, S. 18
40 Kleinschmidt, S. 14
41 aus ihrem Brief vom 26. 4. 1834 an den Kammerdeputierten Sapey, zitiert in Bonaparte, Letizia, S. 328
42 Presser, S. 27
43 Sieburg, S. 26–34

Die Migränekultur

1 Friedenthal: Händel, S. 20
2 Hölderlin: Brief an die Mutter v. 18. 6. 1799. In: Band 6, S. 358
3 Hölderlin: Brief an die Mutter v. 28. 1. 1802. In: Band 6, S. 460
4 Hölderlin: Brief an die Mutter v. 11. 12. 1798. In: Band 6, S. 318, 320
5 Hölderlin: Brief an die Mutter v. 28. 1. 1802. In: Band 6, S. 461
6 Hölderlin: Brief an die Mutter v. 16. 4. (Karfreitag) 1802. In: Band 6, S. 461, 462
7 Hölderlin: Brief an den Bruder Karl v. 31. 12. 1798 / 1. 1. 1799. In: Band 6, S. 329
8 Hölderlin: Brief an die Mutter v. 28. 1. 1802. In: Band 6, S. 460
9 Hölderlin: Brief an die Mutter v. 16. 4. (Karfreitag) 1802. In: Band 6, S. 461, 462
10 zitiert in Hölderlin (Große Stuttgarter Ausgabe), Band 7, I, S. 186
11 Hölderlin: Hyperion. Zweiter Band. Zweites Buch. In: Band 3, S. 159
12 Hölderlin: Meiner verehrungswürdigen Großmutter. In: Band 1, S. 267
13 Hölderlin: Der Tod des Empedokles. Zweite Fassung. Letzter Auftritt des zweiten Aktes. In: Band 4, S. 122
14 Hölderlin: Hyperion. Zweiter Band. Zweites Buch. In: Band 3, S. 156
15 Hölderlin: Gedichte. In: Band 1, S. 67
16 Hölderlin: Gedichte. In: Band 1, S. 296
17 Hölderlin: Gedichte. In: Band 1, S. 100
18 Hölderlin: Hyperion. Zweiter Band. Zweites Buch. In: Band 3, S. 160
19 Friedenthal: Goethe, S. 19
20 Eissler, S. 58
21 Lenz, Band 2, S. 159
22 Goethe: Brief an Johann Caspar Lavater v. 16. 9. 1776. In: Band 18, S. 350, und Goethe: Brief an Charlotte von Stein v. 10./12. 9. 1776. In: Band 18, S. 348
23 Lenz, Band 2, S. 141
24 Lenz, Band 4, S. 312
25 Lenz, Band 4, S. 324, 325
26 Eissler, S. 61
27 Eissler, S. 66
28 Pestalozzi: Schwanengesang. In: Pestalozzi (Baumgartner), Schriften aus den Jahren 1805–1826, Zweiter Teil, S. 427
29 a.a.O., S. 437
30 Pestalozzi: Pestalozzis Selbstschilderung, Juni/Juli 1802. In: Band 14, S. 89
31 a.a.O., S. 90
32 Nietzsche: Mein Leben (aus dem Jahre 1863). In: Band 3, S. 108
33 Nietzsche: Mein Leben (aus

dem Jahre 1864). In: Band 3, S. 117

34 Nietzsche: Ecce homo. Warum ich so weise bin, 1. In: Band 2, S. 1070

35 Nietzsche: Also sprach Zarathustra. Zweiter Teil. Von der Selbstüberwindung. In: Band 2, S. 371

36 Nietzsche: Also sprach Zarathustra. Dritter Teil. Vom Gesicht und Rätsel, 1. In: Band 2, S. 407, 408

37 Nietzsche: Also sprach Zarathustra. Vorrede, 3. In: Band 2, S. 280

38 Nietzsche: Also sprach Zarathustra. Die Reden Zarathustras. Von alten und jungen Weiblein. In: Band 2, S. 328–330

39 Nietzsche: Brief an Franz Overbeck v. 26. 12. 1888. In: Nietzsche (Briefwechsel) Band III / 5, S. 551

40 Nietzsche: Brief an Reinhart von Seydlitz v. 12. 2. 1888. In: Band 3, S. 1276

41 Nietzsche: Gedichte. In: Nietzsche (Einzelbände), S. 457, 458

42 Nietzsche: Also sprach Zarathustra. Zweiter Teil. Das Nachtlied. In: Band 2, S. 362–364

43 Nietzsche: Ecce homo. Also sprach Zarathustra, 8. In: Band 2, S. 1138

44 Payne, S. 36

45 Payne, S. 83

46 Maurois, S. 54

47 Nietzsche: Brief an Peter Gast v. 11. 9. 1879. In: Band 3, S. 1157

48 Goethe: Gedichte. In: Band 1, S. 69

49 Goethe: Gedichte. In: Band 1, S. 49, 50

50 Nietzsche: Ecce homo. Also sprach Zarathustra, 7. In: Band 2, S. 1136

51 Nietzsche: Ecce homo. Also sprach Zarathustra, 8. In: Band 2, S. 1138

52 Nietzsche: Dionysos-Dithyramben. In: Band 2, S. 1256–1259

53 Nietzsche: Also sprach Zarathustra. Vierter Teil. Der Zauberer, 1. In: Band 2, S. 490

54 a.a.O., S. 493

55 Kleist: Brief an Ernst von Pfuel v. 7. 1. 1805. In: Band 2, S. 749, 750

56 Goethe: Gedichte. In: Band 1, S. 322

57 Nietzsche: Ecce homo. Menschliches, Allzumenschliches, 5. In: Band 2, S. 1122

58 Kleist: Brief an Ulrike von Kleist v. 21. 11. 1811. In: Band 2, S. 887

59 Nietzsche: Aus dem Nachlaß der Achtzigerjahre. In: Band 3, S. 427

60 a.a.O., S. 623

61 Nietzsche: Also sprach Zarathustra. Zarathustras Vorrede, 3. In: Band 2, S. 279

62 Nietzsche: Ecce homo. Warum ich ein Schicksal bin, 1., 2. In: Band 2, S. 1152, 1153

63 Nietzsche: Zur Genealogie der Moral. »Gut und Böse«, »Gut und Schlecht«, 16. In: Band 2, S. 797
64 Nietzsche: Aus dem Nachlaß der Achtzigerjahre. In: Band 3, S. 423
65 a.a.O., S. 633
66 a.a.O., S. 599
67 Nietzsche: Nachgelassenes Fragment 19, 4 [78]. In: Nietzsche (Gesamtausgabe). Nachgelassene Fragmente November 82–Februar 83, 7. Abteilung, Band 1, S. 138
68 Pisa, S. 257
69 Schopenhauer: Paralipomena. Kapitel 27. Über die Weiber. In: Band 5, § 363, S. 720
70 a.a.O., § 369, S. 728
71 a.a.O., S. 729
72 a.a.O., § 366, S. 723
73 a.a.O., § 371, S. 734, 735
74 Schopenhauer: Paralipomena. Kapitel 12. Nachträge zur Lehre vom Leiden der Welt. In: Band 5, § 148, S. 343
75 a.a.O., § 150, S. 344
76 a.a.O., § 150, S. 344, 345
77 Kafka: Tagebücher. 2. November 1911.
78 a.a.O., 4. Mai 1913
79 Lenz: An den Geist. In: Band 2, S. 159
80 Nietzsche: Dem unbekannten Gott. In: Nietzsche (Einzelbände), S. 458
81 Miller: Drama. S. 159
82 Hesse: Kinderseele. In: Band 3, S. 460
83 a.a.O., S. 464
84 a.a.O., S. 462
85 a.a.O., S. 463
86 Hesse: Brief an die Eltern v. 11. 9. 1892. In: Hesse (Briefe), S. 263
87 Johannes Hesse: Brief an seinen Sohn Hermann Hesse v. 13. 9. 1892. In: Hesse (Briefe), S. 267
88 Hesse: Brief an den Vater v. 14. 9. 1892. In: Hesse (Briefe), S. 268, 269
89 Hesse: Brief an die Mutter v. 20. 10. 1892. In: Hesse (Briefe), S. 287
90 Hesse: Brief an die Eltern v. 11. 9. 1892. In: Hesse (Briefe), S. 261
91 Mann: Bruder Hitler. In: Band 12, S. 849
92 a.a.O., S. 851
93 Mann: Die Todesstrafe. In: Band 10, S. 880
94 Mann: Bruder Hitler. In: Band 12, S. 852
95 Mann: 14. 7. 1920
96 Mann: 25. 7. 1920
97 Mann: 17. 10. 1920
98 Mann: 23. 2. 1921
99 Mann: 8. 6. 1921
100 Mann: 11. 6. 1921
101 Mann: 5. 7. 1921
102 Mann: 6. 5. 1934
103 Mann: 19. 2. 1938
104 Mann: Bruder Hitler. In: Band 12, S. 847
105 Mann: Ein nationaler Dichter. In: Band 13, S. 376
106 Mann: Bruder Hitler. In: Band 12, S. 851
107 Mann: Brief an Jonas Lesser v. 15. 10. 1951. In: Mann (Briefe) 1948–1955, S. 226

108 Salis, S. 23
109 Salis, S. 23–25
110 Rilke: Gedichte. In: Band 2, S. 101, 102
111 Lagercrantz, S. 11
112 Michel, S. 71
113 Siciliano, S. 50
114 Siciliano, S. 518
115 Fichte, S. 30
116 Fichte, S. 31
117 Müller, Heiner: Quartett. Programmheft der Münchner Kammerspiele, Spielzeit 83/84
118 Kroetz, Franz Xaver: Interview. In: »Theater 1985«. Jahrbuch der Zeitschrift »Theater heute«, S. 83, 84
119 a.a.O., S. 87
120 a.a.O., S. 78

Jesus und die Wundenmänner

1 Evangelium des Lukas, Kapitel 2, Vers 49
2 Sueton, S. 223
3 Evangelium des Matthäus, Kapitel 28, Vers 18
4 a.a.O., Verse 19, 20
5 1. Brief des Paulus an die Korinther, Kapitel 9, Vers 16
6 Dermenghem, S. 23
7 2. Brief des Paulus an Timotheus, Kapitel 3, Vers 16
8 a.a.O., Kapitel 4, Vers 2
9 Brief des Paulus an die Römer, Kapitel 7, Verse 15, 18, 19, 24
10 2. Brief des Paulus an Timotheus, Kapitel 3, Vers 12
11 1. Brief des Paulus an die Korinther, Kapitel 13, Vers 7
12 Evangelium des Matthäus, Kapitel 26, Verse 27, 28
13 Horst, S. 258, 259
14 Brown, S. 24
15 Augustinus, 5. Buch, 8. Kapitel, S. 124, 125
16 Brown, S. 25
17 Augustinus, 1. Buch, 11. Kapitel, S. 44
18 Wojtyla: Strahlung, S. 131
19 a.a.O., S. 134
20 a.a.O., S. 133, 134
21 a.a.O., S. 177
22 Krewerth, S. 82
23 Malinski, S. 358
24 Wojtyla: Strahlung, S. 133
25 a.a.O., S. 174
26 Malinski, S. 165

Von Bismarck zu Reagan

1 Mommsen, S. 46
2 Bismarck: Brief an Johanna von Puttkamer v. 23./24. 2. 1847. In: Bismarck (Briefe), S. 48,
3 Bismarck: Gedanken. Band 1, S. 14
4 zitiert in: Liman, S. 13
5 Bismarck: Gedanken, Band 1, S. 13

6 zitiert in: Ludwig: Bismarck. S. 76
7 Bismarck: Gedanken. Band 1, S. 14
8 Ludwig: Bismarck. S. 93
9 Mommsen, S. 90
10 Ludwig: Bismarck. S. 122–125
11 Bismarck: Reden. Band 2, S. 12
12 Bismarck, zitiert in Craig/George, S. 287
13 »Münchner Abendzeitung« v. 14./15. 8. 1984
14 Reagan, S. 10–13
15 a.a.O., S. 15
16 a.a.O., S. 19, 20
17 a.a.O., S. 234
18 a.a.O., S. 350
19 a.a.O., S. 364–366
20 Miller, Merle, S. 16, 17
21 a.a.O., S. 30
22 a.a.O., S. 31, 32
23 a.a.O., S. 40
24 a.a.O., S. 42
25 a.a.O., S. 44
26 a.a.O., S. 47
27 a.a.O., S. 48
28 a.a.O., S. 60
29 Goebbels, S. 51, 52
30 Terril, S. 377
31 Ege/Ostrowsky, S. 14, 17
32 Ludwig: Hindenburg, S. 259

Adenauer, Strauß, Kohl

1 Strauß, Maria, S. 50, 51
2 Kohl, S. 312–317

Das Politikum

1 Nirumand/Daddjou
2 a.a.O., S. 24–28
3 Stradal, S. 18
4 a.a.O., S. 170
5 Messner. In: »Bunte« 45 v. 30. 10. 1986. S. 16–18, 204, 205

Danksagung

Viele Menschen haben mir in den sieben Jahren meiner Beschäftigung mit dem Thema »Muttersöhne« geholfen, mich mit Ratschlägen und Taten vorangebracht. Gespräche mit Freundinnen und Freunden ermöglichten mir immer wieder das kostbare Gedankenzünden, das Überspringen eines Funkens: Tatsachen wurden zu Ideen, und Ideen ließen mich auf die Suche nach Tatsachen gehen. Es ist wahrscheinlich, daß mir jetzt nicht alle Personen vor Augen kommen, die mich inspiriert oder die mir bei der Arbeit an dem Buch geholfen haben. Sie sollten nicht »13. Fee« spielen, böse sein, daß ihr Name hier fehlt, sondern sich mir lieber in Erinnerung bringen, damit ich das Versäumte bei späteren Auflagen wiedergutmachen kann.

Ich denke im Moment an die Hilfe von Sonja Abramowicz, Achim Bartz, Monika Berger, Gerlach Bommersheim, Eva Bornemann, Jonatan Briel, Alex Brooking, Klaus Budzinski, Peter Contra, Hans Czermak, Gundula Dechert, Siegfried Rudolf Dunde, Joachim Dyck, Hans Eppendorfer, Bert Fatherson, den Frauengesprächskreisen Lohmar und Köln, Brigitte Fuchs, Hannelore und Claus Fuchs, Hans-Jochen Gamm, Helga Goetze, Martina Gollhardt, Dona Greaves, Helga Guitton, Frank Heibert, Niels Höpfner, Oliver Holl, Rolf Hülsberg, Klaus Körber, Betina Krause, Ursula von Kardorff, Anne Rose Katz, Ita Kaufmann, Liesel Keese, Regina Keichel, Rita Keller, Achim Klooß, Herbert Liffman, Jutta und Sergej Malnic, Klaus Marner, Gundi Mitton, Peter Morgan, Ingrid Mößinger, Imelda Mück, Edith und Hans Josef Mundt, Hans Pfannschmidt, Rosa von Praunheim, Johanna und Hans Rambeck, Ulrike Ramsauer, Frank Riploh, Anne Robertson, Ulrike Rohde, Ute Rose, Annelie Runge, Sigrid

Salzung, Jochen Schmoldt, Hans Schreiber, Burgel und Martin-Jochen Schulz, Walter Schulz, Ruth-Eva Schulz-Seitz, Simone Sitte, Helga Sittl, Colin Smith, Michael Süßmuth, Charlotte Tangerding, Hiltraut Tüllmann, Walter Victoria, Sina Walden, Max Weinberger, Lutwin Weitner, Barbelies Wiegmann, Günter Wirtz, James Yuncken.

Bei der Gestaltung des Inhalts und der Form haben mir ganz besonders geholfen: Wolfgang Etterich, Siegfried Henrichs, Wolfgang Korruhn, Alexej Mend, Michael Merschmeier, Dirk Mueller, Anton Raab, Gerda Smith, Ulfa von den Steinen, Hans-Günther Stolze, Jürgen Volbeding, allen voran meine Lektoren Krista Maria Schädlich und Helmut Frielinghaus.

Inhalt

Mißglück der Mannwerdung 7
Hitler, Stalin, Napoleon 21
Die Migränekultur 93
Jesus und die Wundenmänner 193
Von Bismarck zu Reagan 263

Adenauer, Strauß, Kohl 351
Das Politikum 377
Die Emanzipation 401
»Muttersöhne« auf einen Blick 409
Nachwort 1989 413

Literaturverzeichnis 439
Nachweis der Abbildungen 451
Anmerkungen 452
Danksagung 458

Volker Elis Pilgrim

Der Vampirmann

Über Schlaf, Depression und die Weiblichkeit
Eine Forschungsnovelle

176 Seiten, gebunden, Schutzumschlag

Weshalb eigentlich sind Männer aller Altersstufen rotgesichtig, während Frauen über 18 ungeschminkt, blaß und ausgezehrt aussehen?
Diesem Phänomen der plötzlichen Blässe geht Pilgrim auf seine Weise nach – provokativ und aberwitzig zugleich. Eine aufregende Lektüre mit allen bizarren Ecken, die man vom Verfasser der »Muttersöhne« erwarten kann.

Claassen

Postfach 30 03 21, 4000 Düsseldorf 30